발견자들 2

THE DISCOVERERS

발견자들

세계를 발견하고 인류를 발전시킨 탐구와 창조의 역사

대니얼 J. 부어스틴 지음 | 이경희 옮김

2

자연

THE
DISCOVERERS

EBS
BOOKS

마치 신의 첩자라도 되는 것처럼
사물의 신비한 비밀을 책임지리라.

– 셰익스피어Shakespeare, 『리어왕King Lear』〈5막 3장〉

루스에게 헌정하며

오히려 솔로몬 왕은 재물과 웅장한 건물, 신박 건조와 항해, 헌신과 배려, 좋은 평판과 명성 등에서 영예를 얻었지만 자신은 그런 영예를 한 번도 요구한 적이 없었다. 다만 그가 요구한 것은 진리 탐구의 영예뿐이었다. 그런 의미에서 솔로몬은 "일을 숨기는 것은 하나님의 영예요, 일을 살피는 것은 왕의 영예라"라고 분명히 말했다. 아이들의 보물찾기처럼, 하나님도 창조물을 숨겨 놓았다가 결국 발견되는 것에 기쁨을 얻는데, 그렇게 하나님의 놀이 상대가 되는 것보다 더 큰 영예는 없다는 의미였다.

– 프랜시스 베이컨Francis Bacon, 『학문의 진보The Advancement of Learning』(1605년)

2권 **차례**

1권 **차례**

3권 **차례**

독자에게 전하는 글

4편 사회

〈일러두기〉

- 각주는 독자의 이해를 돕기 위한 옮긴이의 주입니다. (국립국어원 표준국어대사전 참고)
- 본 도서의 원서는 1권으로 구성되었으나 한국어판은 3권으로 나누어 출간합니다.
- 이 책은 역사적인 인물과 인용문이 많이 등장하기 때문에 혼동을 일으키거나 앞뒤 맥락에서 의미를 파악할 수 없을 때만 원문과 달리 인물 정보를 구체적으로 모두 표기했고, 그 외에는 저자의 의미를 왜곡하지 않도록 주의하며 번역했습니다.
- 인용문에 쓰인 〔 〕는 저자가 인물을 구체적으로 명시한 부분입니다.
- 몇몇 도서명의 원어는 현재 잘 알려진 제목으로 표기했습니다.
- 중국의 역사 속 인물과 지명은 한자 표기도 함께 실었습니다.
- 원문의 역사적인 사건의 연도가 잘못된 부분은 사실을 확인하여 바로잡았습니다.
- 본문의 성경 구절 번역은 '개정 공동번역 성서'를 따랐습니다.

독자에게 전하는 글

이 책의 주요 인물들은 모두 위대한 발견자들이다. 지금 우리가 서양의 지식 관점에서 바라보는 세계, 즉 시간의 전망, 육지와 바다, 천체와 인체, 식물과 동물, 과거와 현재의 인간 사회와 역사 등은 무수한 콜럼버스 같은 존재들이 우리를 위해 펼쳐 놓은 것이다. 과거의 깊숙한 곳에서 그들은 여전히 이름도 알려지지 않은 채로 남아 있다. 현대에 가까워질수록 그들은 역사의 빛으로 나타나, 인간의 본성만큼 다양한 인물로 등장한다. 새로운 발견은 위대한 발견자들이 우리에게 펼쳐 놓은 새로운 세계들처럼 예측할 수 없는 개개인의 일대기 속 이야기들이 된다.

발견을 가로막는 지식의 환상이라는 방해물들도 역사의 일부분이다. 지금은 잊힌 그 시대의 인정된 상식과 신화들을 배경으로 할 때에야 비로소 우리는 위대한 발견자들의 용기와 과단성과 투지가 넘치고 상상력이 풍부한 추진력을 알게 된다. 그들은 당시에 지식인들이 내세우던 '사실들'과 독단론에 맞서 싸워야 했다. 나는 그러한 환상들을 상기하려고 했다.

예컨대 콜럼버스와 발보아를 비롯한 마젤란과 쿡 선장 이전의 지구와 대륙과 바다, 코페르니쿠스와 갈릴레오와 케플러 이전의 천체, 파라셀수스와 베살리우스와 하비 이전의 인체, 레이와 린네를 비롯한 다윈과 파스퇴르 이전의 식물과 동물, 페트라르카와 빙켈만을 비롯한 톰센과 슐리만 이전의 과거, 애덤 스미스와 케인스 이전의 부, 뉴턴과 돌턴과 패러데이를 비롯한 클러크 맥스웰과 아인슈타인 이전의 물리 세계와 원자 등을 생각해 내려고 했다.

나는 이런 몇 가지 낯선 의문들이 생겼다. 왜 중국인들은 유럽이나 아메리카를 '발견'하지 않았을까? 왜 아랍인들은 아프리카와 세계를 일주하는 항해를 하지 않았을까? 왜 사람들은 지구가 태양 주위를 돌고 있다는 사실을 알아내는 데 그토록 오랜 기간이 걸렸을까? 왜 사람들은 식물과 동물의 '종'이 있다고 믿기 시작했을까? 왜 선사시대의 사실들과 문명 발달의 발견을 그토록 천천히 알아냈을까?

이 책에는 발견의 필수적인 도구가 된 몇 가지 중요한 발명들, 예컨대 시계, 나침반, 망원경, 현미경, 인쇄기와 주조 활자 등에 관한 이야기만 담았다. 정부의 형성, 전쟁, 제국의 흥망성쇠 등은 이야기하지 않았다. 그리고 인간 경험의 즐거움을 몇 배로 높여 주었지만 건축, 그림, 조각, 음악, 문학 등에 관한 창조자로서 인간의 이야기인 문화의 연대기도 싣지 않았다. 나는 잘 알려지지 않은 그곳에 무엇이 있는지를 인류가 알아야 할 필요성에 중점을 두었다.

이 책은 전체적으로 연대순으로 이루어져 있고, 세부적으로는 서로 겹치도록 배열되어 있다. 고대에서 현대로 이야기가 전개되면서 15부가 각각 연대순으로 앞부분과 겹친다. 맨 먼저 경험의 원초적인 차원들 중에서 가장 규정하기 힘들고 신비로운 '시간'으로 시작한다. 그 다음으로 지구와 바다에 관한 서양인의 확대되는 전망을 살펴본다. 또 다음으로는 하늘과 땅의 물리적 대상, 식물과 동물, 인체와 그 작용 등 자연을 탐구한다. 마지막으로 인간의 과거가 이전에 상상했던 것과 다르다는 사실을 알아내고, 발견자인 인간의 자아 발견과 원자 속 암흑 대륙에 관해 살펴보는 등 사회를 다루고 있다.

이 책은 끝이 없는 이야기다. 세상 전체는 여전히 아메리카와 같다. 인간 지식의 지도 위에 지금까지 쓰인 가장 기대되는 말은 '미지의 영역terra incognita'이다.

DISCOVERERS THE

3편 **자연**

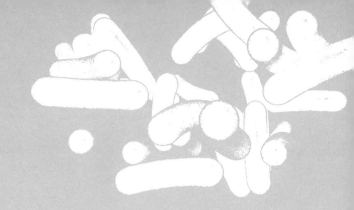

자연의 탐구는 끝없이 펼쳐진 목초지와 같다.
그곳에서는 모두가 풀을 뜯을 수 있고,
더 많이 뜯을수록 풀은 더 자라고, 맛이 더 좋으며,
영양도 더 풍부하다.

– 토머스 헨리 헉슬리Thomas Henry Huxley (1871년)

행성의 운동이나 식물과 동물 등 자연의 새로운 발견을 위해서는 먼저 사회 통념을 깨뜨려야 했다. 과학은 일상의 경험을 입증하면서가 아니라 역설을 파악하고 미지의 세계로 모험을 하면서 진보했다. 특히, 망원경이나 현미경 같은 새로운 기구들은 혼란스러운 새로운 관점을 안겨 주었을 것이다. 과학 집단(학구적 언어가 아닌 방언을 사용하는 지식 공동체)에서는 비전문가가 전문가에게 도전할 수 있고 또 전문가들이 서로 도전할 수 있었다. 그리고 대중이 목격자이자 후원자가 되었다. 새로운 것은 소중히 여겨지게 되었다. 자연은 그 자체로 역사가 있으므로 지구의 헤아릴 수 없는 아주 먼 옛날에는 지금은 더 이상 존재하지 않는 무수한 생명체들이 나타났다. 여기에 새로운 자극을 받아 발견되지 않은 종을 찾으려고 세상을 샅샅이 뒤지고 영원히 변화하는 자연의 신비를 풀 실마리를 찾아다니게 되었다.

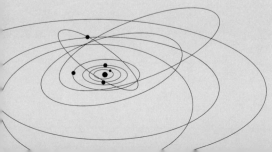

보이지 않는 것을 보다

망원경이 끝나는 곳에서 현미경이 시작된다.
둘 중 어느 쪽이 더 넓은 광경을 보여 주겠는가?

– 빅토르 위고Victor Hugo, 『레 미제라블Les Misérables』(1862년)

38

'역설의 안개' 속으로

지구가 고정되어 움직이지 않고 우주의 중심에 있다는 관념은 무엇보다 명백했다. 근대의 서구 과학은 이 상식의 원칙을 부정하면서 시작되었다. 과학의 탁월한 역설의 탄생이며 원형이 된 이런 부정은 보이지 않는 무한한 세계에 대한 도전이었다. 아담과 이브가 벌거벗은 사실을 깨닫고 옷을 입었다는 것이 바로 지식이었던 것처럼, 지구가 중심이 아니거나 고정되어 있지 않다는 이런 단순한 역설을 묵인한 죄책감으로 인간은 지각의 벌거벗음을 깨닫게 되었다. 일상생활의 기반이 되는 상식은 더 이상 세상을 지배하는 역할을 할 수 없었다. 복잡한 기구와 정교한 계산을 만들어내는 과학 지식이 의심할 여지없는 진리를 밝혀냈을 때, 이제는 눈에 보이는 것만이 사물이 되지는 않았다.

고대 우주론은 설득력 있고 생생하게 묘사한 신화를 이용하여 상식의 판단을 미화시키고 천체의 움직임을 설명했다. 이집트 '왕가의 계곡Valley

9부 보이지 않는 것을 보다 23

of the Kings'에 있는 파라오의 무덤 벽화에는 하늘의 반구형 지붕을 떠받치고 있는 '공기의 신God of Air'이 지구 위에 서 있는 형형색색의 그림이 그려져 있다. 그곳에는 또한 태양신, 라Ra가 매일 하늘 가운데로 배를 저어 가고 있는 그림도 볼 수 있다. 태양신은 매일 밤에 지구 아래에 있는 바다를 또 다른 배로 건너가서 낮에 여행을 시작하는 곳으로 돌아왔다. 앞서 살펴보았듯이, 이런 신화의 관점으로 이집트인들은 수천 년 전에 가장 정확한 태양력을 만들게 되었다. 그런 신화는 보통의 이집트인들도 이해를 했다. 그들이 매일 낮이나 밤에 직접 눈으로 본 사실과 모순되지 않았기 때문이다.

고대 그리스인들은 지구는 구형이며 그 위에 인간이 살고 있고, 하늘은 회전하는 원형의 지붕이며 그 안에 별이 있어 움직이고 있다고 생각했다. 이미 확인했듯이, 지구가 구형이라는 사실은 배가 수평선 아래로 사라지는 일과 같은 상식적인 경험으로 입증되었다. 또한 하늘이 둥글게 보이는 사실도 매일 밤낮으로 모든 사람들의 육안으로 확인될 수 있었다. 고대 그리스인들은 별들이 있는 하늘의 지붕 밖에는 공간도 텅 빈 곳도 아무것도 없다고 여겼다. 별들로 이루어진 구형 안쪽에는 태양이 지구 주위를 매일, 그리고 매년의 진로로 돌고 있었다. 플라톤은 늘 사용하는 신화적인 표현으로 이 두 구형의 우주 창조물을 이렇게 설명했다. "그러므로 그는 이 세계를 모든 방향의 끝이 중심에서 등거리에 있는 구형을 이루도록, 즉 가장 완전하고 모든 것이 서로 같은 형태를 이루도록 만들었다. 그는 같은 것이 서로 다른 것보다 훨씬 타당하다고 생각했기 때문이다."

아리스토텔레스는 자신의 저서 『천체에 관하여On the Heavens』에서 이런 상식적인 관점을 하나의 흥미로운 독단론으로 설명해 놓았다. 투명하고 무게가 없는 '에테르'가 별과 행성들을 운반하는 동심의 천체 공간인 하늘의 순수한 물질이었다고 했다. 그의 일부 제자들은 동의하지 않았지만 아리스토텔레스는 이런 에테르로 된 동심 구형 껍질들이 정확히 55개로 이루어져 있다고 주장했다. 지구에서 각 행성에 이르는 다양한 거리는 각 행성이 각각의 독특한 구형의 가장 안쪽 끝에서 가장 바깥쪽 끝으로 이동하는 운동으로 설명되었다. 수 세기 동안 서구의 주요 천문학자, 점성학자, 우주학자 등의 이론들은 이런 형태를 단순히 수정하는 정도에 불과했다.

근대과학의 역설적인 출발을 이해하려면 현대 학교에서는 매우 웃음거리가 된 우주에 관한 이런 멋진 대칭형의 모형이 실제로 천문학자와 비전문가 모두에게 잘 받아들여졌다는 사실을 떠올려야 한다. 우주에 관한 대칭형의 모형은 하늘을 육안에 의한 관찰과 계산에 맞게 정확하게 설명한 이론이었다. 그 모형의 단순성과 대칭성과 상식은 철학과 신학과 종교의 무수한 원칙들을 확인해 주는 것처럼 보이게 했다. 또한 실제로 과학적 설명의 역할을 하기도 했다. 그 모형은 유용한 사실에 적합했고, 거의 만족할 정도의 예측을 할 수 있는 방식이었으며, 또한 나머지 자연현상과 조화를 이룰 수 있었기 때문이다. 게다가 그 당시 하늘에 관해 알려진 잡다한 사실들을 대신하여 편리하고 논리 정연한 모형으로 천문학자의 기억에 도움을 주었다. 더 나아가 아주 잘못된 지구중심설, 즉 '프톨레마이오스' 모형은 비전문가의 머릿속에 명확한 모습을 제공하면서도 천문학자들이 미지의 세계로 나아가도록 도움을 주었다. 콜럼버스가 증명했듯이, 프톨레마이오스 모형은 모험을 하는 선원이나 항해자에게도 매우 유용했다. 만일 수정해야 할 지구중심설이 존재하지 않았더라면 코페르니쿠스의 태양중심설이라는 근대적 진보는 상상하기 어려웠을 것이다. 코페르니쿠스는 우주 모형의 형태를 변화시킨 것이 아니라 단순히 우주 모형의 중심 위치를 변화시켰을 뿐이다.

　물론 수 세기에 걸쳐서 아리스토텔레스와 프톨레마이오스와 다른 수많은 사람들의 전통적인 지구중심설은 그 자체의 약점이 있었다. 예컨대 이 이론은 행성들의 불규칙적인 운동을 설명하지 못했다. 그러나 비전문가는 이런 불규칙성을 거의 알 수 없었으며, 어쨌든 그 불규칙성은 행성 각각의 독특한 에테르의 구형 내에서 일어난다고 여겨지는 운동으로 적절히 설명되는 것처럼 보였다. 천문학자들은 지구중심설의 전체 체계에서 큰 관심사가 되는 복잡한 주전원周轉圓,epicycle, 대원大圓,deferent, 동시심equants, 이심원eccentrics 등＊의 다양성에서 생기는 사소한 문제들일 뿐이라고 해명하는 데 능숙했다. 중요하지 않은 부차적인 문헌이 많이 나올수록 본질로 되돌아가기가 더욱 어려워졌다. 만일 지구중심설이 옳지 않다면 그 많은 지식인들은 구태여 미묘한 수정을 많이 제시하려고 노력하지 않았을 것이다.

　니콜라우스 코페르니쿠스Nicolaus Copernicus(1473-1543년)는 왜 일상의 경험과 전통과 권위로 충분히 지지를 받고 있던 이론을 바꾸기 위해 그토록 많은 어려움을 겪었을까? 코페르니쿠스의 시대를 잘 알게 될수록 코페르니쿠스에게 설득되지 않았던 사람들이 오히려 분별 있는 사람들이었다는 사실을 더욱 알 수 있다. 유용한 증거가 있어도 기존의 체계를 수정하도록 만들지는 못했다. 천문학자와 수학자들이 새로운 사실들을 수집하고 새로운 기구를 알아내는 데 수십 년이 지나야 했고, 비전문가들이 상식을 버리도록 설득되기까지 한 세기 이상이 걸렸다. 분명하게도, 천문학자와 수

＊ 모두 프톨레마이오스의 우주 모형 개념도에 등장하는 개념들

학자들이 고안한 난해한 수정에도 불구하고 낡은 체계는 알려진 모든 사실에 완전히 적합하지 않았다. 하지만 코페르니쿠스의 단순한 모형도 마찬가지로 적합하지 않았다.

코페르니쿠스는 사실의 힘이 아닌 심미적이고 형이상학적인 관심으로 활력을 얻었던 것처럼 보인다. 그는 다른 모형이 얼마나 더 아름다울 수 있을까를 상상했다. 코페르니쿠스는 장난기가 매우 많았고 대담한 상상력을 지녔다. 그러나 그의 경력에 특별한 점은 없었다. 코페르니쿠스는 성직자가 되지는 않았지만 교회의 비호를 받아 전 생애를 편안하게 지냈다. 사실 교회가 그에게 광범위한 지식과 예술적 관심을 추구할 수 있게 했다. 코페르니쿠스는 1473년에 폴란드 북부의 비스와강Vistula River 유역의 활발한 상업 도시인 토룬Thorn에서 태어났다. 그는 겨우 10세 때 부유한 도매상이며 도시의 관리였던 아버지를 여의었다. 폴란드 북부의 에르멜란트Ermeland 교구의 주교가 된 삼촌이 보호자로서 코페르니쿠스를 교구 대성당이 돌보도록 주선했다. 코페르니쿠스는 프롬보르크Frauenburg(또는 프라우엔부르크)시의 주교 성당에서 24세의 나이로 교단 회원이 되었고, 그 지위로 죽을 때까지 생계를 유지할 수 있었다.

코페르니쿠스는 천문학자로서 그저 아마추어에 불과했다. 그는 천문학이나 천문학을 응용해서 생계를 꾸리지도 않았다. 우리의 기준으로 보면, 코페르니쿠스는 대단히 다재다능한 사람이었으므로 전성기 르네상스의 주류 속에 포함되었다고 할 수 있다. 그는 레오나르도 다빈치(1452-1519년)가 최고 전성기였을 때 태어났으며, 미켈란젤로(1475-1564년)와 거의 동년배였다. 코페르니쿠스는 크라카우 대학교University of Cracow에서 처음 수학을 공부했으며, 괜찮은 자화상이 지금까지 남아 있을 정도로 그림 실력도 매우 뛰어났다. 그는 프롬보르크에서 교단 회원으로 쉽게 임명된 후, 곧 이탈리아로 긴 여행을 떠나 볼로냐와 페라라에서 교회법을 공부했고, 파도바에서 의학을 공부했으며, 그리고 우연히 천문학에 관한 강의도 듣게 되었다. 프롬보르크로 돌아온 코페르니쿠스는 1512년에 삼촌이 세상을 떠날 때까지 주교의 주치의로 일했다. 그 혼란스러운 시기에 교단 회원이라는 그의 지위는 결코 쉽지 않은 일이었다. 그는 회계를 맡아야 하고, 교구사제단의 정치적 이익이 보호되는지를 확인해야 하며, 교구 전체의 대리 역할도 해야 했다. 그런 일을 하면서 폴란드의 그루지웅츠Graudenz 지방의회에 통화 개선 계획을 제시하기도 했다. 그러다가 태양중심설을 하나의 취미로 만들어 낸 코페르니쿠스는 친구와 제자들의 열성적인 설득으로 그 이론을 출판하게 되었다.

코페르니쿠스는 자신의 이론이 상식에 어긋나는 것처럼 보인다는 사실을 잘 알고 있었다. 바로 그 이유로 친구들은 코페르니쿠스의 이론을 출판하기를 '권고하고 강요하기까지 했다.' "내 지동설이 처음에는 이상하게 보일 수 있지만, 내 해설서가 출간되어 역설의 안개를 없애 버리면 존경을 받고 인정을 받을 수 있을 것이라고 그들은 주장했다"라고 코페르니쿠스는 언급했다.

코페르니쿠스가 자신의 이론에 관해 저술한 최초의 종합 해설서인 『짧은 해설서Commentariolus』, 즉 『천체 운동에 관한 가설의 개요Sketch of his Hypotheses for the Heavenly Motions』는 그의 생전에 출판되지 않았고, 다만 몇몇 복

• 현 크라쿠프 대학교

사본만 친구들 사이에 퍼져 있었다. 매우 이상하게도, 코페르니쿠스의 획기적인 이론을 세상에 처음 알린 사람은 코페르니쿠스 자신이 아니라 총명하면서 엉뚱한 면이 있는 25세의 제자였다. 원래의 이름이 게오르크 요아힘Georg Joachim(1514-1574년)이었던 이 젊은 오스트리아인은 주술을 부린다고 참수를 당한 마을 의사인 아버지의 오명을 피하려고 레티쿠스Rheticus라는 이름으로 알려져 있었다. 1539년 여름에 프롬보르크에 도착하여 코페르니쿠스를 만난 레티쿠스는 코페르니쿠스의 새로운 우주론에 관해 많이 배웠는데, 그때까지도 출판은 이루어지지 않았다. 레티쿠스는 비텐베르크 대학교University of Wittenberg에서 로마법이 점성술 예측을 금지하지 않는다는 주제로 석사 학위를 받은 직후였다. 그 주제는 의학의 예측처럼 점성술 예측도 관찰 가능한 물리적 원인에 근거를 두었다는 주장이었다. 레티쿠스는 분명 용기가 있고 설득력이 강한 젊은이였다. 자신의 새로운 흥미로운 사상을 출판하라는 요청을 계속 거부했던 코페르니쿠스는 이제 자신을 대신하여 레티쿠스가 그 일을 하도록 허용했다.

몇 개월이 지나지 않은 같은 해 9월 말에 레티쿠스는 코페르니쿠스의 이론에 관한 '첫 번째 보고서Narratio Prima'를 작성하여 서신 형식으로 그의 전 스승에게 보냈는데, 이것이 1540년 초에 단치히Danzig에서 출판되었다. 코페르니쿠스에게 대중의 반응을 보기 위한 이런 조치는 분명 유익했다. 만일 반응이 좋으면 코페르니쿠스는 자신 있게 수를 늘려 더 많이 출판할 수 있었을 것이고, 그렇지 않으면 그대로 두거나 그 이론을 수정할 수도 있었을 것이다. 레티쿠스의 『첫 번째 보고서』가 1541년에 제2판을 인쇄할 필요가 있었을 때 코페르니쿠스의 의문은 해소되었다. 그때 코페르니쿠스는 10년 전에 거의 완성한 위대한 원고를 출판하려고 수정 작업을 하기 시작했다. 코페르니쿠스는 이 획기적인 저서의 출판을 완성하는 업무를 레티쿠스에게 맡겼다. 그러나 마지막 순간에 레티쿠스는 개인적인 이유로 그 작업을 끝내지 못하고 안타깝게도 지인 안드레아스 오시안더 Andreas Osiander(1498-1552년)에게 넘겨주게 되었다. 이 투지가 넘치는 마키아벨리 사상을 지닌 루터교도 신학자는 신의 계시가 진리의 유일한 원천이라고 믿고 있었다. 그리고 앞으로 살펴보겠지만 오시안더는 코페르니쿠스의 주장을 자신의 정통적 개념에 맞추려고 최선을 다했다. 출판이 이루어지는 곳에서 멀리 떨어진 프롬보르크에서 자리에 누워 죽어 가고 있는 코페르니쿠스는 그 일에 관여할 아무런 힘도 없었다.

코페르니쿠스의 획기적인 주장은 지구 자체가 움직인다는 사실이었다. 만일 지구가 태양 주위를 돈다고 하면 우주의 중심은 지구가 아니고 태양이 된다. 만일 지구 대신에 태양이 중심이라고 상상한다면 천체에 관한 전체 체계는 갑자기 더 단순해지지 않았을까?

코페르니쿠스의 목적은 새로운 물리 체계를 고안하는 일이 아니었으며, 더군다나 새로운 과학적 방법을 고안하는 일도 아니었다. 코페르니쿠스는 지구가 중심이 아니고 움직인다는 1가지만 수정하고 프톨레마이오스 이론의 많은 특징들은 그대로 두었다. 그는 프톨레마이오스 이론에서 가장 중요한 구형 학설을 그대로 받아들였지만 천구가 상상에만 존재하는지, 아니면 사실인지에 관한 논란은 피했다. 그리고 행성뿐만 아니라, 자신의 이론에 따라 지구도 회전하고 있는 '구형(궤도)orbes'이라는 것은 그 행성들이 어떻게 움직이는가를 설명하려고 편리하게 기하학적으로 생각해 낸 구상인지, 아니면 어떤 에테르 같은 투명한 물질로 만들어진 두꺼운 껍질인지에 관해서는 언급하지 않았다. 코페르니쿠스에게 '궤도'란 단순히 구형을 의미했으며, 구형의 전통적인 개념을 자신의 이론에서 분명하게 유지하고 있었다. 코페르니쿠스의 이론을 마지막으로 종합한 가장 중요한 저서의 제목인 『De Revolutionibus Orbium Caelestium』은 행성을 언급하는 것이 아니라 '천구의 회전에 관하여'라는 의미다. 우주가 유한한지 무한한지에 관한 또 다른 중요한 문제에 관해서도 코페르니쿠스는 의사를 분명히 밝히려고 하지 않는다. 그 문제는 '자연철학자들의 논의'에 맡기고 있다.

콜럼버스가 적극적으로 충분히 추구되지 않은 주장들이 들어 있다고 생각한 프톨레마이오스와 다른 전통 서적에 의존했듯이, 코페르니쿠스도 고대의 사상에서 실마리를 찾았다. 코페르니쿠스는 무엇보다도, 기원전 6세기 그리스의 철학자이며 수학자였던 사모스의 피타고라스를 따르는 피타고라스학파의 학설에 의존했다. 피타고라스의 저서는 지금까지 남아 있지 않았지만 추종자들이 따르는 그의 사상은 근대 역사상 가장 영향력이 있었다. 피타고라스학파의 주장에 따르면, 순수한 지식은 영혼의 정화catharsis에 있었다. 다시 말해, 인간의 감각 정보를 초월하는 것을 의미했다. 그들은 가장 순수한 본질적 실체는 수의 영역에서만 발견될 수 있다고 주장했다. 간단하고 경이로운 수의 비율이 듣기에 아름다운 음악의 화음을 설명할 수 있다고 했다. 그런 이유로 그들은 2:1, 3:1, 4:3으로 표현되는 옥타브, 4도 음정, 5도 음정 등의 음악 용어를 만들어 냈다.

천문학에 관해서도 수를 예찬하는 피타고라스학파는 강력한 메시지를 전했다. 이에 관해 아리스토텔레스는 『형이상학Metaphysics』에서 이렇게 간결하게 요약했다. "그들은 사물 자체는 수이며, 수학의 대상을 형상과 지각 있는 사물 사이에 두지 않는다고 주장한다. 또한 음계의 변경과 비율을 수로 표현할 수 있으며, 또 자연 전체의 다른 모든 것들도 수를 본떠서 만들어지는 듯하며 수가 자연 전체의 기본으로 보이기 때문에 그들은 수의 요소가 만물의 요소이고, 또한 천체도 하나의 음계이며 하나의 수라고 추측했다…. 그리고 하늘의 모든 배열을 수집하여 그들의 이론에 맞추었고, 어딘가에 차이가 있으면 이론 전체가 논리 정연하도록 기꺼이 추가하기도 했다." 코페르니쿠스의 시대에도 피타고라스학파는 여전히 진리에 이르는 유일한 방법은 수학을 통해서라고 믿었다.

코페르니쿠스의 사상과 근대과학의 실용주의 토대를 이룬 또 다른 풍부한 원천은 놀랍게도 플라톤과 그를 따른 신비주의 신플라톤주의자들Neoplatonists이었다. 코페르니쿠스는 자신이 감각을 통제하는 과학적 신념의 예언자라는 사실을 의식하지 못했더라도 모든 감각의 정보가 실체가 없는 그림자일 뿐이라고 생각한 플라톤의 가르침을 따랐던 것이다. 플라톤은 '실재' 세계를 이상적인 세계로 여겼고, 그런 관점에 따라 기하학이 물리학보다 더욱 실재적이라고 생각했다. 플라톤의 아카데미 입구에는 "기하학을 모르는 자는 이 문을 들어오지 말라"는 경고가 씌어 있었다고 한다.

플라톤을 따르는 신플라톤주의자들도 그들의 세계관을 이상적인 수학 위에 세웠다. 수는 신과 세계정신world-soul°에 대한 인간의 가장 좋은 관점을 제시했다. 이에 관해 신플라톤주의의 마지막 가장 훌륭한 그리스 학자인 프로클로스Proclus(서기 410?-485년)는 이렇게 말했다. "모든 수학적 종species은… 영혼 속에 하나의 근본적인 실재가 있다. 따라서 지각할 수 있는 수

° 우주나 세계를 지배하는 통일적 · 창조적 원리가 되는 정신

들 이전의 그 깊은 곳에는 스스로 운동하는 수들이 있고… 화음 이전에 조화의 이상적 비율이 있고, 또한 원형으로 회전하고 있는 실재들 이전에 보이지 않는 궤도가 있다…. 우리는 수학적 형식에서 영혼의 기원을 찾아내고 영혼의 구조를 완성해야 하며, 또한 존재하는 모든 사물의 원인을 영혼의 본질 속에 두어야 한다는 티마이오스Timaeus의 원칙을 따라야 한다."

코페르니쿠스가 태어난 르네상스 시대에 다시 활발해진 신플라톤주의는 스콜라 철학의 형식적이고 단조로운 정신에 대항하여 싸우기 시작했다. 12세기에 새로운 아리스토텔레스학파의 서적이 발견되면서 아리스토텔레스의 확고한 상식적인 접근법이 강화되었다. 이에 맞서 신플라톤주의는 시와 자유로운 상상력을 내세우며 싸웠다. 코페르니쿠스가 볼로냐에서 공부하고 있을 때 그의 스승은 프톨레마이오스 이론을 공격하는 열광적인 신플라톤주의자인 도메니코 마리아 데 노바라Domenico Maria de Novara였다. 분명히 천체의 구조는 주전원, 대원, 동시심 등의 현학적인 용어를 필요로 하기에는 매우 단순했다. 천문학자들은 어쩌다 천체의 수에 관한 근본적인 매력을 틀림없이 놓쳤을 것이다.

코페르니쿠스는 자신의 저서 『천구의 회전에 관하여』의 서문에서 스승의 말을 빌려 자신은 신플라톤학파에 속한다고 당당히 말했다. 그에 따르면 "프톨레마이오스 이론은 행성의 운동을 설명하려면 운동에서 불변성의 제1원칙을 어기는 것으로 보이는 많은 전제들을 인정해야 하며, 그 전제들은 주요한 사실, 즉 우주의 형태와 그 부분들의 변하지 않는 대칭성을 구별하거나 추론할 수도 없었다." 코페르니쿠스는 자신의 이론이 낡은 지구중심설보다 당연히 존재해야 할 우주에 더 잘 들어맞는다고 확신했다. 그는 자신이 본질적으로 수학적인 우주의 실제적 진리를 표현하고 있다고 믿었다.

천체의 운동은 완전히 원이어야 했다. 이런 사실로 코페르니쿠스의 시대에는 천문학이 여전히 수학의 한 분야였음을 알 수 있다. E. A. 버트Burtt의 표현에 따르면, 천문학은 '하늘의 기하학'이었다. 피타고라스학파와 신플라톤주의 학설을 따르는 그런 생각은 실제 세계를 설명하려고 추상적인 구조를 연역적으로 연구하는 대신에 수학 자체에 큰 의미를 담았다. 이런 개념이 바뀌기까지는 시간이 걸렸다. 한편으로 이런 개념은 천문학자를 비롯한 다른 학자들을 근대과학으로 향하는 문을 통과하도록 이끈 유익한 혼란이 되기도 했다.

코페르니쿠스는 어느 정도 권위적이면서 흥미로운 가설을 세웠지만, 아직은 그의 직감을 뒷받침할 증거가 없었다. 이는 또한 인도로 가기 위해 가마가 동쪽으로 항해하여 성공을 했지만, 콜럼버스가 서쪽으로 항해할 가치가 있다고 생각했으나 직접적인 증거가 부족했던 일과 마찬가지였다. 그리고 마찬가지로 수 세기 동안 프톨레마이오스 이론의 달력이 사용되었다. 코페르니쿠스가 제안한 이론은 미적으로 관심을 받았지만, 관찰된 사실과 더 잘 들어맞는 것은 아니었다. 또한 그는 낡은 이론의 입증된 정확성 등으로 행성의 위치를 예측할 수도 없었다.

코페르니쿠스는 자신의 제안을 얼마나 진지하게 생각했을까? 그는 천문학의 핵심 문제를 최종적으로 해결했다고 생각했을까, 아니면 그저 다른 사람들이 탐구하도록 잠정적인 제안을 했다고 생각했을까? 코페르니쿠스가 임종 상태에서 받았던 자신의 위대한 저서 『천구의 회전에 관하여』(1543년)의 초판에는 이 의문을 의심의 여지없이 답해 주는 서명 없는 긴 서문이 실려 있었다.

나는 이 새로운 가설이 이미 널리 알려졌기 때문에 일부 지식인들이 심한 불쾌감을 느끼고 있다고 확신한다. 이 책은 지구가 움직이고 태양은 우주의 중심에 정지하고 있다고 선언하고 있기 때문이다. 그들은 올바른 기초로 오래전에 확립된 교양과목을 혼란 속으로 빠뜨릴 수 없다고 분명 확신하고 있다. 그러나 그들은 그 문제를 확실히 확인하려고 한다면, 이 책의 저자가 비난 받을 일을 하지 않았다는 사실을 알게 될 것이다. 주의 깊고 능숙한 관찰로 천체의 운동에 관한 사실을 기록하는 것은 천문학자의 의무이기 때문이다. 또한 천체 운동의 원인이나 그 운동에 관한 가설을 생각해 내야 한다. 가설, 즉 가정된 원인을 세우지 못하면 과거뿐만 아니라 미래의 운동에 관해 기하학의 원리에서 비롯한 정확한 계산을 할 수 없기 때문이다. 저자는 이 2가지 의무를 탁월하게 수행했다. 이 가설들이 사실이어야 할 필요도 없고 가능하지 않아도 된다. 만일 이 가설들의 계산이 관찰과 일치한다면 그것만으로 충분하다…. 가설에 관한 한, 어느 누구도 천문학에서 확실한 것을 기대해서는 안 된다. 다른 목적을 위해 품은 생각을 진리로 받아들이지 않도록, 그리고 이 문제에 들어올 때보다 더 큰 바보가 되어 떠나지 않도록 천문학은 확실한 것을 제공할 수 없다. 이만 작별을 고하며.

나중에서야 이 서문은 코페르니쿠스가 쓴 것이 아니라는 사실이 밝혀졌다. 정통 루터파를 위해 비양심적인 안드레아스 오시안더가 코페르니쿠스의 진짜 서문을 몰래 숨기고 직접 날조한 이 서명 없는 서문으로 대체했던 것이다. 이 익명의 필자를 식별하고, 코페르니쿠스의 과학적 성실성을 모략한 오시안더의 '가장 터무니없는 날조'에서 코페르니쿠스를 옹호한 사람은 요하네스 케플러Johannes Kepler(1571-1630년)였다. 오시안더는 코페르니쿠스를 옹호한다고 생각했지만, 그의 어리석은 행동은 쓸데없는 짓이었음이 입증되었다. 『천구의 회전에 관하여』가 해외로 널리 배포되었을 무렵에는 코페르니쿠스가 세상을 떠났으므로 세상의 어떤 교회의 징벌도 받을 수 없었다. 케플러의 주장에 따르면 "고대의 천문학자들과 마찬가지로 그는 자신의 가설이 사실이라고 생각했다…. 그는 단순히 그렇게 생각한 것이 아니라 그 가설이 사실임을 입증하고 있다…. 따라서 코페르니쿠스는 신화를 만들어 낸 것이 아니라 역설적인 사실을 성실히 설명한 것이고, 그것이 바로 철학적인 연구이며 천문학자에게 필요한 일이었다."

코페르니쿠스는 오시안더가 그에게 의도했던 신학에 맹종하는 일은 없었다. 그러나 늘 열렬한 지지자였던 케플러는 코페르니쿠스 이상으로 코페르니쿠스파가 된 듯 보인다. 코페르니쿠스는 자신이 문을 조금 열기만 했다고 깨달았던 것 같다. 그는 동시대의 사람들에게 앞으로 생길 일을 잠깐 들여다보게 한 것으로 만족했다. 그것도 용기가 필요했다. 코페르니쿠스는 대담하게 신세계를 탐험할 준비가 되어 있지 않았다. 그는 자신이 열어 놓은 신세계가 얼마나 새로운지를 깨닫지 못했고, 깨달을 수도 없었다. 또한 콜럼버스처럼 여전히 옛 지도에 크게 의존하고 있었다.

코페르니쿠스는 자신의 이론을 '가설'이라고 표현했다. 그런데 프톨레마이오스의 시대에는 가설이라는 말이 단순한 실험적인 개념을 넘어 더 많은 의미가 담겨 있었다. 더 정확히 말하면, 이론 전체의 기반이 되는 원칙이나 근본적인 명제proposition(동의어로 principium, 원리 혹은 assumptio, 소전제라는 뜻)를 나타냈다. 코페르니쿠스에 따르면, 가설이라는 말은 그의 명제가 2가지 본질적인 특성이 있다는 의미였다. 첫째는 "현상을 지켜야 한다apparentias salvare"였다. 이 말은 현상에서 이끌어 낸 결론이 실제의 관찰과 일치해야 한다는 의미였다. 이 간단한 말의 흥미로운 모호함은 육안으로 구별할 수 없었던 '현상'을 망원경으로 볼 수 있는 다음 세기에 사실로 나타나게 된다. 1543년에는 '현상을 지키는 것'은 여전히 자명하고 명확한 기준처럼 보였다. 그러나 육안으로 보이는 것에 적합하다는 사실만으로는 충분하지 않았다. 두 번째 요건은 과학적인 명제가 물리적인 원칙으로 받아들여지는 선험적인 기본 개념에 부합해야 하고 입증되어야 했다. 예컨대 천체의 모든 운동은 원운동이어야 하고, 또한 이런 모든 운동은 동일해야 한다는 원칙에 부합되어야 했다. 코페르니쿠스에 따르면, 프톨레마이오스 이론은 관찰된 현상에 충분히 들어맞았지만 필요한 동일성과 원운동에는 적합하지 못했다. 코페르니쿠스의 기준으로 '참된' 이론은 눈만 만족시키지 않고 정신도 즐겁게 해야 했다.

코페르니쿠스가 자신의 천문학 체계가 이단으로 몰릴까 봐 두려웠다면 그가 살아 있을 때뿐만 아니라 세상을 떠난 후 반세기 동안에도 그런 두려움은 근거 없는 일이었음이 입증되었다. 추기경과 주교를 비롯한 교회의 고위층 친구들은 코페르니쿠스의 『천구의 회전에 관하여』를 출간하도록 오랫동안 권고해 왔다. 사실, 코페르니쿠스는 자신의 위대한 저서를 교황 바오로 3세Paul III에게 헌정하여 수학 지식이 있는 교황이 특별한 관심을 불러일으키기를 바랐다.

루터Luther(1483-1546년), 멜란히톤 Melanchthon(1497-1560년), 칼뱅Calvin(1509-1564년) 등 개신교의 선지자들은 모두 코페르니쿠스와 거의 동시대의 사람들이었으며 강경한 근본주의 신자들로 반지성주의 태도를 지녔다. 루터는 1539년에 이루어진 '탁상 담화Table Talk'에서 코페르니쿠스를 '건방진 점성가'라고 칭했다. 루터의 제자인 멜란히톤은 코페르니쿠스가 세상을 떠나고 수년 뒤 이렇게 덧붙여 말했다. "이 어리석은 사람은 천문학 전체를 뒤집으려고 한다. 하지만 성스러운 성경은 여호수아가 지구가 아니라 태양을 멈추게 했다고 우리에게 알려 주고 있다. 이제 그런 개념을 공공연하게 주장하는 것은 정직하지 않고 품위가 없으며, 그런 예는 해로운 것이다. 신이 계시한 것을 진리로 받아들이고 순순히 따르는 것이 선한 마음이다." 칼뱅은 코페르니쿠스를 전혀 알지 못하는 것 같지만 근본주의적 편견으로 그와 제자들은 분명 코페르니쿠스를 지지하지 않았다. 거짓으로 꾸민 변명을 늘어놓은 서문으로 코페르니쿠스의 신학적 측면을 순진하게 숨기려고 했던 오시안더는 개신교의 정통적인 사상을 지닌 잘 알려진 루터교 전도사였다. 이런 이유로 『천구의 회전에 관하여』가 예상과 달리 레티쿠스가 대학교수로 있었던 비텐베르크에서 출간되지 않았다는 사실을 알 수 있다. 루터가 '95개조 반박문'을 올 세인츠 교회All Saints Church의 정문에 내붙인 비텐베르크는 루터와 멜란히톤의 설교 본거지였다.

가톨릭교회는 세속적인 과학에 대해 더욱 수준 높고 관대한 태도를 보였다. 14세기 이후에는 교회가 어떤 정통 우주론도 공식적으로 선언한 적이 없었다. 아마도 기독교 지리학의 어리석음과 좌절, 그리고 새로운 항해 시대의 흥미로운 세속적 발견 등이 관련이 있었을 것이다. 그러나 이런 개방성의 이유가 무엇이든 간에, 코페르니쿠스의 『천구의 회전에 관하여』는 실제로 최고의 가톨릭 대학에서 읽을 수 있었다. 교회는 수많은 세속적인 새로움을 견뎌 왔다. 현자들은 영원한 계시의 진리와 신성한 근거는 현실 세계의 변화하는 설명에서 안전하게 분리되어 보존될 수 있기를 계속 바랐다. 이러한 분리는 코페르니쿠스가 세상을 떠난 후 수십 년이 지난 후에는 불가능하게 되었다.

　천문학에서는 다른 과학과 달리 어떤 체계에 대한 간단한 공공연한 시험이 있었다. 천체에 관한 완전한 이론에서는 여름과 겨울의 시작을 알리는 하지와 동지를 규칙적이고 정확하게 예측했을 것이다. 코페르니쿠스의 시대에는 달력의 차이에서 일반적으로 받아들여진 천체 이론이 완전히 옳은 것이 아니라는 공개적인 증거가 나타났다. 앞서 살펴보았듯이, 율리우스 카이사르는 기원전 45년에 이집트력을 이용해서 로마력을 개정하여 3년 동안의 365일 다음에 366일의 윤년 하나가 따르는 체계를 만들었다. 이 체계는 1년이 365.25일이 되어, 실제의 태양 주기보다 약 11분 14초가 더 길다고 입증되었다. 수 세기가 지나면서 이 오차는 누적되어 마치 느리게 가는 시계처럼 달력의 현저한 차이를 나타냈다. 그 결과, 코페르니쿠스가 살았을 때는 북반구에서 전통적으로 봄의 시작을 알려 주는 춘분이 3월 21일에서 3월 11일로 앞당겨져 있었다. 농부들은 파종과 수확을 위해 이 시대의 달력을 더 이상 신뢰할 수 없었고, 상인들은 계절 물품의 인도를 위한 계약을 맺을 때 또한 이 달력에 의존할 수 없었다.

　코페르니쿠스는 달력의 혼란을 프톨레마이오스 이론의 대안을 만들어내려는 이유로 사용했다. 그는 『천구의 회전에 관하여』의 서문에서 이렇게 단언했다. "수학자들은 태양과 달의 운동을 확실히 알 수가 없으므로 일정한 계절의 길이를 관찰하거나 설명할 수도 없다." 분명히 코페르니쿠스는 이런 오차가 나는 달력을 만들어 낸 이론에 뭔가 문제가 있다고 주장했다.

한편, 세계 곳곳으로 확대되고 있는 르네상스 시대의 도시국가와 해상 무역은 정확하고 신뢰할 수 있는 새로운 달력이 필요했다. 그러므로 르네상스 시대의 교황들이 달력을 개혁하기 시작한 것은 놀라운 일이 아니다. 그러나 코페르니쿠스는 그 개혁에 협력할 것을 요청 받았을 때 아직 때가 이르다고 생각했다. 프톨레마이오스의 낡은 지구중심설이 정확한 달력을 만들 수 없긴 하지만, 코페르니쿠스의 태양중심설이 그보다 더 좋다고 입증할 증거는 아직 없었다. 그 사실을 입증할 때가 되었어도, 천문학의 역사학자들이 언급하듯이, 코페르니쿠스의 개정된 이론은 실제로 제대로 효과 있게 사용되지도 못했다.

그렇지만 코페르니쿠스의 이론들은 교황 그레고리우스 13세가 달력을 개정하는 데 이용되었고, 그것이 우리가 현재 사용하고 있는 달력이다. 이후 반세기 동안 코페르니쿠스의 이론이 직접적으로 공공 활용된 것은 이 실용적인 목적이 유일했다. 그래도 코페르니쿠스의 이론이 진리라는 '입증'은 코페르니쿠스가 직접 한 것이 아니었고 어떤 위험한 우주론적 변화를 야기하지 않을 방법으로 제시되었다.

달력에 관한 연구는 천문학적 계산에 재능과 열정이 있었던 또 다른 코페르니쿠스의 열성적인 제자, 에라스뮈스 라인홀트Erasmus Reinhold (1511~1553년)를 통해 이루어졌다. 25세에 에라스뮈스 라인홀트는 루터의 경외할 만한 대리인인 필리프 멜란히톤Philipp Melanchthon을 통해 1536년 비텐베르크 대학교의 천문학 교수mathematum superiorum로 임명되었다. 인쇄술로 교과서가 대학 내에서 일반적으로 저렴하게 쓰인 1540년대에 라인홀트는 프톨레마이오스 이론과 견고한 천구를 해설하는 권위 있는 논문의 대중판을 만들어 냈다. 또한 비텐베르크 대학의 교수였던 그의 동료 레티쿠스는 코페르니쿠스에 대한 열정이 다시 생겨났다. 이로 인해 라인홀트는 '적극적인 기대'를 하게 되었고 코페르니쿠스가 '천문학을 부활시킬' 것이라는 희망을 가졌다. 『천구의 회전에 관하여』가 출간되었을 때, 라인홀트는 그 책에 주석을 달기 시작했으며, 당시에 사용하던 어떤 것보다 완전한 천문학적 도표를 작성하겠다는 자극을 받게 되었다. "이 거대하고 까다로운 과업"(케플러의 표현)에 7년간 몰두한 후, 라인홀트는 마침내 1551년에 자신의 계산 결과를 발표했다.

후원자였던 프로이센 공작의 이름을 따서 명명한 라인홀트의 '프로이센 표Prutenic Tables'는 당시에 그 어떤 것보다 뛰어났기 때문에 곧 유럽의 표준 천문 도표가 되었다. 라인홀트는 낡은 도표를 수정하려고 코페르니쿠스의 저서에 포함되어 있었던 관찰을 마음대로 사용했다. 물론 그는 행성의 위치와 운동에 관한 코페르니쿠스의 개념들을 단순한 원의 조합이라고 가정했지만, 이는 사실이 전혀 아니라는 것을 알지 못했다. 그럼에도 불구하고 라인홀트의 도표는 매우 개선되었으며 널리 쓰이게 되었다. 라인홀트는 대체로 코페르니쿠스의 은혜에 감사하고 있었지만 태양중심설에 관해서는 언급조차 하지 않았다. 태양과 행성의 추측된 새로운 배치는 더 좋은 도표 수치를 위한 수단인 듯 보였을 뿐, 특별한 흥미로운 점은 없었다. 교황 그레고리우스 13세는 1582년에 새로운 달력을 만들었을 때 라인홀트의 도표에 의존했다. 그 도표의 뛰어난 정확성은 코페르니쿠스 이론의 진리보다 라인홀트의 직관을 증명한 특이한 역사적 우연이었던 것으로 보인다.

위대한 육안 관측자

하늘을 관측하고 해석하는 육안의 능력은 코페르니쿠스가 세상을 떠난 지 바로 3년 후에 태어난 지칠 줄 모르는 한 덴마크의 천문학자를 통해 그 극한에 이르렀다. 튀코 브라헤 Tycho Brahe (1546-1601년)는 네덜란드의 부유한 귀족의 장남으로 태어났다. 신사적인 취미를 넓히고 쾌락적인 취향을 갖도록 장려한 아버지 덕분에 튀코 브라헤는 그 시대의 교양 있는 유럽인들 사이에 이름이 널리 알려졌다. 튀코 브라헤는 코펜하겐의 루터교 대학교에서 7개 교양과목(문법, 수사학, 논리학의 3학과와 기하학, 천문학, 산술, 음악의 4학과)을 배웠다. 여기에서 튀코 브라헤는 아리스토텔레스를 깊이 습득했고 프톨레마이오스의 천체 이론을 접하게 되었다. 물론 그는 점성학도 공부를 했다. 점성학은 천문학과 의학이 결합한 '학제적' 학문이었으며, 그 때문에 천문학은 일상생활에 유용한 것처럼 보였다. 또한 그는 자신의 교육을 완성하려고 법률을 공부하러 라이프치히로 갔다.

책을 통한 교육이 조숙한 튀코의 천문 관측에 대한 열정을 억누르지는 않았다. 물론 천문 관측은 대학의 교육과정에 포함되어 있지 않았다. 튀코는 14세가 채 되지 않았을 때 일식이 실제로 정확하게 예측되는 사실에 놀라고 흥미를 느꼈다. 그것이 튀코에게는 '사람들이 별의 움직임을 정확히 알 수 있어서 오래전부터 별자리와 별들의 상대적 위치를 예측할 수 있는 신성한 것'으로 보였다.

그러나 튀코는 더 전통적인 학문을 공부하기를 바란 가족들 때문에 그 열정을 몰래 불태울 수밖에 없었다. 라이프치히에서는 가족들이 튀코가 다른 길로 가지 못하도록 개인 교사를 고용했기 때문에 낮 동안에 튀코는 어쩔 수 없이 의무적인 수업을 받아야 했다. 하지만 별들이 빛나고 개인 교사가 잠든 밤에는 튀코가 정말 관심이 있는 분야에 몰두했다. 그는 용돈을 아껴서 더 많은 천문학 도표를 구입했고 개인 교사 몰래 자신의 주먹만 한 아주 작은 천구의celestial globe를 구하여 별자리에 관해 독학했다.

운 좋게도, 행성이 근접하는 현상이 일어나 튀코는 천문학의 학설을 확인하는 일을 하게 되었다. 1563년 8월, 널리 예측되었던 토성과 목성의 근접으로 아직 17세도 채 되지 않았던 튀코는 직접 천문 관측을 시작할 기회를 잡았다. 튀코에게 유일한 도구는 평범한 제도용 컴퍼스 1쌍뿐이었다. 튀코는 컴퍼스의 중심에 눈을 대고 컴퍼스의 양 다리로 두 행성을 가리키게 한 다음, 360도와 0.5도로 구분된 원을 직접 그린 종이 위에 그 컴퍼스를 올려놓았다. 1563년 8월 17일, 튀코는 이후에 수천 번에 이르게 되는 관측들 중에 첫 번째 관측을 기록했다. 8월 24일에는 토성과 목성이 매우 근접하여 그 사이의 간격을 구별할 수 없었다. 그는 놀랍게도 옛 알폰신 표Alphonsine tables가 실제 관측과 거의 1달 가량의 차이가 있고, 또한 라인홀트의 개정 프로이센 표도 수일간의 차이가 있다는 사실을 알게 되었다.

다음 해에 튀코는 당시에 흔한 종류의 간단한 직각기를 도구로 추가했다. 그 직각기는 눈금을 매긴 약 1야드(약 0.9미터) 길이의 가벼운 막대기에 같은 길이의 반 정도의 눈금을 매긴 또 다른 막대기가 부착되어 이 두 막대기 사이가 늘 직각을 이룰 수 있게 한 도구일 뿐이었다. 관찰자가 두 막대기의 끝에 고정된 가늠 장치를 통해 두 물체를 동시에 볼 수 있도록 짧은 막대기를 움직이면 두 물체 사이의 각도를 측정할 수 있었다. 튀코는 가정교사가 잠들면 이 직각기를 이용하여 몰래 하늘을 관찰했다. 그는 직각기가 정확한 각도를 측정하기에 너무 조악해서 더 좋은 것을 사려고 했다. 하지만 튀코는 부모에게 돈을 청할 엄두가 나지 않아 대신에 그 도구의 조악함을 보완하기 위한 독자적인 교정 도표를 만들었다. "가장 훌륭한 천문학자, 튀코가 1564년에 처음으로 생각해 내고 결정한" 그 노력을 찬미하여 그해를 '천문학 부활의 해'라고 위대한 케플러는 언급했다.

튀코는 관찰하는 천문학자의 모범이었을 뿐만 아니라 그 시대의 매우 특이한 성격을 지닌 인물이었다. 그는 로스토크 대학교University of Rostock에 다니던 20세 때, 무도회가 열린 한 교수의 집에서 누가 더 나은 수학자인가를 두고 다른 학생과 싸움을 벌였다. 이 문제를 해결하려고 1566년 12월 29일 밤 7시에 '완전히 캄캄한 어둠' 속에서 결투가 벌어졌는데, 그때 튀코는 코의 일부를 잃고 말았다. 그는 손상된 코의 일부를 금과 은으로 된 정교한 고안물로 대체했다. 튀코의 코는 프레데리크 2세Frederick II가 관측을 위해 그에게 제공한 덴마크의 벤Hven섬에 세워진 화려한 시설의 여러 인상적인 모습 중 하나가 되었다.(1901년에 튀코의 무덤이 그의 사망 기념일에 공개되었을 때 코 부위의 유골이 푸르게 물들어 있었던 사실이 드러나 튀코의 코에는 분명 구리가 섞여 있었음을 암시했다.)

튀코의 관측은 이전의 어떤 관측보다도 천문학의 지식에 많은 사실을 더해 주었다. 그 대부분의 관측은 덴마크와 스웨덴 남부 사이의 해협에 있는 2,000에이커(약 8제곱킬로미터)의 벤섬에서 20년 동안 이루어졌다. 프레데리크 2세는 벤섬의 거주민들이 내는 모든 세금을 튀코에게 주었다. 튀코는 사재를 들여 벤섬에 웅장한 천문대를 세웠고, 그것을 우라니보르 그Uraniborg(하늘의 성)라고 불렀다. 하지만 벤섬의 공동체 전체가 천문학 연구에 헌신했기 때문에 그곳은 천문 도시라고 불렸을 수도 있었다. 그곳에는 기구들을 만드는 장인들의 작업장 외에도 화학 실험실, 제지 공장, 인쇄소, 옥수수를 분쇄하고 가죽을 만드는 공장, 60개의 양어장, 꽃과 약초를 키우는 정원, 300종의 나무들이 있는 수목원, 물을 공급하는 풍차와 펌프 장치 등이 있었으며, 이는 모두 천문학자들을 부양하기 위한 시설이었다.

이 선구적인 과학 '두뇌 집단'은 20세기의 과학자들도 부러워했을 조직이었다. 궁전 같은 관측소에는 5피트(약 1.5미터) 크기의 천구의가 있는 우아한 도서관, 연구실, 회의실, 학자와 조수들의 침실 등이 있었다. 인접한 더 작은 독립된 관측소인 '별의 성Stjerneborg'에는 여러 기구들과 함께 고대와 근대의 유명한 천문학자들의 초상이 있으며, 그 중심에는 물론 위대한 튀코 브라헤의 초상화도 있었다. 튀코가 사용한 기구는 모두 육안으로 관측의 방향을 정하고 관측을 되풀이하는 간단한 장치들이었다. 그러나 이 장치들은 당시에는 최고의 기구들이었고, 튀코는 그 기구들을 더 크게 만들고, 더 정밀한 눈금을 갖추게 했으며, 수직이나 수평으로 더 잘 회전하도록 개선했다. 동시에 튀코는 그 기구들을 일정한 장소에 고정시켜 동일한 지점에서 연속적인 관측이 가능한 방식을 만들어 내기도 했다.

튀코는 또한 기계시계보다 더욱 정확하기를 바라며 물시계를 만들기도 했다. 그가 만든 가장 유명한 기구는 반경이 6피트(약 1.8미터)인 거대한 '벽 사분의mural quadrant'였다. 이 사분의는 원호의 범위가 컸기 때문에 측정 정확도가 증가했다. 튀코는 철저한 규칙성으로 관측을 되풀이하고 조합하여 자신의 불완전한 기구들을 보완하려고 노력했다. 그 결과, 그는 오차의 한계를 원호의 1분 이하 단위까지 감소시켰으며, 망원경이 발명되기 이전의 그 누구보다 정밀한 관측을 실시했다.

튀코는 많은 학생들과 동료들의 도움으로 자신의 저서 『새로운 천문학 입문Astronomiae Instauratae Progymnasmata』(1602년)에서 항성 777개의 위치를 목록에 수록했다. 또한 그는 정확도 한계를 다른 사람들이 평가할 수 있도록 자신의 관측 방법과 기구의 상세한 설명과 도면을 포함시켰다. 튀코의 방대한 작업은 곧 프톨레마이오스의 고전적인 목록을 대신했다. 그리고 튀코는 마침내 223개의 별을 추가하여 총 1,000개의 별들을 수록했다.

튀코는 벤섬에 오기 이전에 이미 카시오페이아 별자리에서 새로운 별을 발견하였으며, 이 별은 달보다 멀리 있었으므로 천구에 관한 낡은 이론을 수정해야 했다. 벤섬에서 튀코의 관측은 월등했지만, 그의 이론은 관측만큼 뛰어나지는 않았다. 매슈 아널드Matthew Arnold에 따르면, 튀코는 "두 세계 사이에서 방황하고 있었는데, 하나는 죽은 세계이고 다른 하나는 태어나기에는 무력한 세계였다." 천체에 관한 튀코의 이론은 낡은 프톨레마이오스의 지구중심설에는 부적당하고, 새로운 코페르니쿠스의 태양중심설에 이르기에는 증거가 불충분하여 어느 것에도 적합하지 않다는 사실을 보여 주었다.

튀코는 우주의 중심에서 움직이지 않는 지구라는 신념을 포기하지 않았다. 그는 지구가 움직이지 않는다는 아리스토텔레스의 물리학에 매우 강한 애착이 있었다. 튀코에 따르면, 만일 지구가 실제로 회전한다면, 지구의 회전 방향으로 쏜 포탄은 반대 방향으로 쏜 포탄보다 더 멀리 가야만 하는데, 사실은 그렇지 않았다. 또한 성경의 여호수아서에는 태양이 하늘에서 멈추었다고 분명히 말하고 있었다.

그러나 태양중심설이 우주의 모습을 명료하게 설명할 수 있는 것을 알고 튀코는 자신만의 명료한 절충설을 만들어 냈다. 프톨레마이오스의 이론처럼 중심에는 움직이지 않는 지구와 지구 주위를 회전하는 태양이 있지만 다른 행성들은 지구를 돌고 있는 태양 주위를 돌고 있다는 주장이 튀코의 새로운 이론이었다.

튀코 브라헤는 죽음을 맞이하면서 자신이 관측한 방대한 기록들을 더욱 틀에 얽매이지 않고 자유로운 사고를 지닌 한 젊은이에게 물려주었다. 튀코는 요하네스 케플러에게 그 기록들을 개선된 천문학 도표로 만들도록 청했다. 또한 그는 케플러가 그 도표를 사용하여 튀코 이론(코페르니쿠스 이론이 아니라는 사실!)을 입증해 주기를 바랐다.

코페르니쿠스는 천체들의 관계를 과감히 변화시키려고 했지만 튀코는 천체들의 완전한 원운동이나 전체 체계의 원 형태를 변화시키려고 하지 않았다. 케플러가 그 다음 단계를 실현했다. 케플러는 더욱 정교한 천체 궤도의 수학적 대칭성뿐만 아니라 천체의 거리와 주기 사이의 관계를 찾아내려고 아리스토텔레스학파가 주장하는 천체 운동의 완전한 원형 이론을 과감하게 포기했다. 돌이켜 보면, 케플러는 관측된 모든 운동을 수학 방식으로 표현된 단순한 경험 법칙에 맞추어, 부수적으로 코페르니쿠스 이론을 더욱 타당하게 보이도록 했다는 사실을 알 수 있다.

천문학의 근대기는 일반적으로 케플러가 행성운동법칙*을 발표한 때부터 시작된다. 그러나 케플러는 자신의 연구가 신학과 형이상학을 발전시킨다고 확신하고 있었으며, 확실히 존재하는 조화를 드러내는 일을 과학자의 의무로 여겼다. 그는 자연의 길이 아니라 조화의 길을 탐구하고 있었다.

요하네스 케플러는 루터교와 가톨릭교의 싸움터였던 독일 남부의 뷔르템베르크Württemberg에서 태어났다. 삼십년전쟁(1618-1648년)으로 그곳은 인구가 크게 감소되었고, 농업이 황폐되었고, 상업이 위축되었으며, 농민들이 고통을 받았다. 케플러의 루터교 가족은 무능한 아버지가 네덜란드에서 일어난 신교도 폭동을 진압하기 위한 싸움에 용병으로 참전하여 불명예를 안게 되었다. 케플러는 22세까지 목사가 되기 위한 준비를 하고 있었다. 그는 가톨릭교도로 끌어들이려는 돈과 지위의 유혹을 물리쳤다. 그리고 매일 신의 뜻을 확인하고 있는 열렬한 루터파 신교도로 끝까지 남아 있었다.

어제 글을 쓰느라 지쳐 있었을 때, 저녁 식사가 준비되어 있다고 해서 가 보니 내가 청했던 샐러드가 내 앞에 놓여 있었다. "땜납으로 된 접시, 상추, 소금, 물, 식초, 기름과 계란 조각 등이 영원의 세계에서 하늘에 있다가 마침내 샐러드가 되어 우연히 나타난 것 같소"라고 나는 말했다. 그러자 "그렇겠지요. 하

---

* 독일의 천문학자 케플러가 발견한 행성의 3가지 운동 법칙. 제1법칙은 모든 행성은 태양을 초점으로 하는 타원 궤도를 그리며 돈다는 것이고, 제2법칙은 태양과 행성을 연결하는 직선이 같은 시간 동안에 그리는 면적은 항상 일정하다는 것이며, 제3법칙은 행성의 공전주기의 제곱은 태양과 행성의 평균 거리의 세제곱에 비례한다는 것이다. 이러한 경험 법칙은 그 후 뉴턴에 의하여 이론적으로 증명되었다.

지만 내가 만든 이 샐러드처럼 좋은 것은 아니었을 거예요"라고 아내가 대답했다.

이렇듯 케플러는 하늘에서 나타난 것 같은 샐러드를 즐겁게 맛보면서 신의 요리법을 찾으려고 했다.

만일 케플러가 가정이 부유했다면 천문학자가 되지는 못했을 것이다. 케플러는 신학이 그의 첫사랑과도 같았지만 오스트리아 남부의 작은 마을에서 수학 선생으로 생계를 꾸려 나가기 위해 튀빙겐Tübingen에서 목사가 되려는 준비를 마지못해 포기했다. 그는 날씨를 예보하고, 왕자들의 운명, 농민의 반란, 터키가 침략할 위험 등을 예언하는 점성술 달력을 만들어 수입을 보충했다. 모든 것이 실패했을 때 점성술은 케플러의 수입원으로 남아 있었다. 그는 예언이 적어도 구걸보다는 낫다고 말했다.

"나는 신학자가 되려고 오랫동안 쉬지 못할 정도로 노력을 했습니다. 그러나 이제 나의 노력으로 하나님이 얼마나 천문학으로 찬양되고 있는지를 보십시오" 하고 케플러는 1595년에 처음으로 그에게 코페르니쿠스의 천문학을 소개해 준 튀빙겐 교수 미하엘 메스틀린Michael Maestlin에게 설명했다. 『우주의 신비Mysterium Cosmographicum』(1596년)라는 케플러의 첫 책은 수학적 신비주의에 관한 역작이었으며, 케플러가 일생의 방향을 정하는 계기가 되었다. 그는 행성의 상대적 크기와 궤도에는 수학적 아름다움이 있다는 확신을 상세히 설명하고 계속 연구했다.

이 고통스러운 작업으로 여름 전체가 거의 지나갔다. 마침내 아주 사소한 기회에 나는 진리에 가까이 도달했다. 나는 신의 섭리를 통해 자신의 노력으로는 결코 얻을 수 없는 것을 우연히 얻었다고 확신한다. 내가 이것을 더욱 확신하는 이유는, 만일 코페르니쿠스가 말한 것이 사실이라면 내가 그 사실을 계승할 수 있게 해 달라고 끊임없이 신에게 기도했기 때문이다. 1595년 7월 19일에 내가 교실에서 〔토성과 목성의〕 그 거대한 근접이 연속적인 여덟 개의 황도대 별자리를 나타내면서 일어난 것과, 그 근접이 서서히 하나의 3분의 1대좌trine에서 다른 곳으로 옮겨 간 것을 보여 주면서, 내가 하나의 원 속에 많은 삼각형을 기입하여 하나의 끝이 다음 것의 시작이 되도록 했을 때 그 진리가 생각이 났다. 이러한 방법으로 삼각형의 선이 서로 교차하는 점들에 의해 하나의 작은 원이 만들어졌다.

케플러가 이 두 원을 비교했을 때, 안쪽 것은 목성에 해당하고 바깥 원은 토성에 해당했다. 이것이 그의 실마리였을까?

케플러는 갑자기 놀라운 우연의 일치를 기억해 냈다. 즉 기하학에서는 5가지 형태의 정다면체가 있고, 지구 이외에 5개의 행성들이 있다는 사실을 떠올렸다.

그러고는… 문득 떠오르는 생각이 있었다. 3차원 궤도에 왜 평면도형이 있을까? 독자들이여, 보라, 이 작은 책 속의 새로운 발견과 내용을! 그 사건의 기억 속에서 나는 착상이 떠오른 순간을 글로 옮기고 있다. 지구의 궤도는 모든 것의 척도이다. 지구 궤도 주위에 십이면체가 외접하고 이것을 포함하는 원이 화성이 되고, 화성 주위에 사면체가 외접하고 이것을 포함하는 원이 목성이며, 목성 주위에 정육면체가 외접하고 이것을 포함하는 원이 토성이 된다. 그리고 지구 내부에 정이십면체가 내접하고 이 안에 포함되는 원은 금성이며,

금성 안에 팔면체가 내접하고 이 안에 포함되는 원은 수성이 된다. 이제 여러분은 행성들 수의 원인을 알게 되었다…

이런 일은 기회였고 내 노력은 성공했다. 그리고 이 발견으로 나의 큰 기쁨은 말로 표현할 수가 없었다. 나는 여기에 소모한 시간을 후회하지 않았다. 나는 이 생각이 코페르니쿠스의 궤도와 일치하는지, 아니면 내 기쁨이 바람에 날려가 버릴지를 확인하려고 밤낮으로 계산에 열중했다. 나는 며칠 내에 모든 것을 끝내고 행성들이 하나씩 모두 제자리에 정확하게 들어맞는 것을 확인했다.

케플러의 기하학적 환상은 실제로 효과가 있었다. 만일 우리가 행성 궤도의 편심성 eccentricity °을 인정하고 수성에 관한 약간의 문제를 넘어간다면, 모든 행성은 케플러의 정교한 도표에 5퍼센트 이내의 오차 안에서 들어맞는다.

케플러의 '방법'이 어떻든 간에 케플러가 만든 결과물은 깊은 감명을 주었다. 그래서 케플러에게는 신학에서 천문학으로 진로를 바꾼 일이 옳았던 것으로 보였다. 이상하게도, 코페르니쿠스의 『천구의 회전에 관하여』이후, 반세기가 지난 뒤에야 25세의 케플러가 쓴 이 책은 처음으로 코페르니쿠스의 새로운 이론을 거리낌 없이 옹호했다.

지구가 아닌 태양을 중심으로 옮겨 놓은 코페르니쿠스 이론에서는 태양이 여전히 행성들에게 빛을 비춰 주는 광학 기능만 수행했을 뿐, 행성들이 운동하는 원인은 아니었다. 태양이 힘의 중심이라고 여긴 케플러는 거대한 한 걸음을 내딛은 것이다. 그는 행성이 태양에서 멀리 떨어져 있을수

° 안쪽으로 쏠리는 성질

록 그 행성의 공전주기가 길다는 사실에 주목했다. 이 사실에 관해 중세의 천문학자들은 신비적이거나 영적인 해석만 내놓았다. 예컨대 케플러가 율리우스 카이사르 스칼리제르Julius Caesar Scaliger의 고전 교과서에서 연구한 스토아학파는 모든 행성이 하늘에서 운행을 이끌어 주는 고유의 정신(영혼 또는 지성)을 갖고 있다고 믿고 있었다. 각각의 행성이 고유의 투명한 구체에 붙어 있다고 여긴 중세에 널리 퍼진 관점도 그 구체들이 하늘의 지성을 통해 움직인다고 확신했다.

행성이 태양에서 멀어질수록 선속도linear velocity °가 감소한다는 것을 설명하려고 했을 때 케플러도 처음에는 각각의 행성이 자체의 '운동 정신anima motrix'을 갖고 있다고 생각했다.

따라서 우리는 다음과 같은 2가지 사실을 확립해야 한다. 즉 [행성들의] '운동 정신들'이 태양에서 멀어질수록 약해지거나, 아니면 '운동 정신'이 궤도의 중심, 즉 태양 안에 오직 하나가 있어서 가까이 있으면 더 격렬하게 움직이게 하지만, 먼 거리에 있을 때는 거리와 그 힘의 약화 때문에 효과적이지 못하게 된다.

이후에 중요하게도 케플러는 '만일 정신anima이란 말을 힘vis이란 말로 대체한다면' 천체물리학에 관한 자신의 전체 이론이 완전히 이해가 된다는 사실을 추가했다. 따라서 그는 우주의 유기적 설명에서 기계론적 설명으로 가는 방향을 과감하게 제시했다. '정신'과 '천체의 지성'이 힘으로 대

° 물체의 나중 위치와 처음 위치의 차이를 나타내는 벡터양, 즉 변위를 시간으로 나눈 값

체된 것이다.

사실, 케플러는 기계론적 해석을 시도한 것이 아니라 전혀 그 반대였다. 케플러에게 코페르니쿠스가 설명한 이론은 실제로 정신적인 해석으로 보이지 않았다. 케플러는 움직이지 않는 태양을 성부로서 빛과 힘과 깨달음의 근원으로 보았고, 행성들 너머에 존재하는 움직이지 않는 고정된 별들을 성자로 보았다. 그 사이의 공간에 스며든 태양의 운동력은 성령이었다. 이런 신성한 기반에서 케플러는 천체의 역학 이론을 만들었다.

케플러가 이런 힘들을 자기력을 발산하는 것과 같다고 설명한 것은 정확성에서 벗어났지만 그는 앞을 내다보는 직관이 있었다. 영국의 물리학자 윌리엄 길버트William Gilbert (1544-1603년)가 1600년에 자기력에 관한 획기적인 저서를 출판했을 때, 케플러는 마침내 천체 운동의 원인이 되는 힘을 확인했다고 생각했다. 케플러는 "천체라는 기계는 성스러운 유기체라기보다는 하나의 시계와 같은 것인데… 모든 천체의 다양한 운동은 시계가 매우 간단한 추로 움직이는 것처럼, 각 천체의 매우 간단한 자기력으로 움직이고 있다는 것"을 보여 줄 수 없을까 하는 의문을 제기했다.

케플러는 코페르니쿠스의 통찰력 있는 이론과 튀코 브라헤가 수집한 방대한 자료를 자신의 신비스러운 수학적 열정으로 구체화하여 3개의 행성운동법칙을 만들어 냈다. 케플러는 "튀코 브라헤의 관측 서적들이 없었다면 내가[케플러가] 가장 명료하게 밝힌 모든 것은 어둠 속에 남아 있었을 것이다"라고 했다. 그리고 이 법칙들로 케플러는 근대 물리학을 이끌어 낸 과학의 선구자가 되었다.

케플러가 행성 운동의 제3법칙을 발견했을 때의 희열은 위대한 종교 예언자와 같은 느낌이 들게 한다.

이제, 8개월 전의 새벽 이후로, 3개월 전의 한낮 이후로, 그리고 며칠 전 이후로, 빛나는 태양이 나의 경이로운 사색을 비추었을 때, 아무것도 나를 막을 수가 없었다. 나는 거룩한 기쁨을 만끽했다. 나는 이집트에서 멀리 떨어진 곳에 신의 성막을 지으려고 이집트의 황금 그릇을 훔쳤다고 솔직히 고백한다. 용서를 받는다면 나는 기뻐할 것이고, 비난을 받는다면 나는 참을 것이다. 주사위는 이미 던져졌고 나는 책을 쓰고 있다. 지금 읽혀질 것인지 후대에 읽혀질 것인지는 문제가 아니다. 하나님이 한 사람의 증인을 6,000년이나 기다렸던 것처럼 이 책은 한 사람의 독자를 위해 100년을 기다릴 수 있다.

40

고난과 놀라움의 시각

육안을 통한 관측에서 기구의 도움을 받는 관측으로 바뀐 도약은 천체에 관한 역사에서 가장 위대한 발전의 하나가 되었다. 그러나 망원경을 발명하기 시작한 사람은 아무도 없었다. 도움을 받지 않고 인간의 감각에 직접 의존하려는 믿음은 가장 깊고 널리 퍼진 편견 중의 하나였다.

누가 어디서 어떻게 안경을 발명했는지는 알 수 없다. 다만 광학을 전혀 배우지 못한 일반인이 우연히 안경을 발명했다는 사실만 알고 있다. 아마도 창문에 설치할 유리판을 만들고 있던 한 늙은 유리 제조인이 검사하려고 유리판을 통해 살펴보다가 놀랍게도 훨씬 더 잘 보인다는 사실을 알게 되었을 것이다. 이 발명가가 학자는 아니었을 것이다. 학자들은 자신의 발명을 자랑하기를 좋아하며, 13세기 이전에 그런 자칭 발명가의 기록이 없기 때문이다. 안경을 표현할 때 쓰는 이탈리아어 'lente'(먹는 콩인 렌즈콩 'lentil'에서 유래한 영어의 렌즈라는 단어 'lens'와 같은 의미)나 'lente di vetro(유리 렌즈)'는 분명히 학술 용어가 아니다. 이 용어는 유식한 학자가 자신의 광학 이론에 사용할 수 있는 그런 종류의 말이 아니다. 1300년 이전 처음으로 안경의 사용이 기록될 때부터 거의 300년 이후 망원경이 발명될 때까지, 렌즈는 유식한 학자들에게 무시당하고 있었다. 여기에는 많은 이유가 있었다. 빛의 굴절 지식에 관해서는 거의 알려지지 않았다. 불행하게도, 소수의 물리학 탐구자들은 유리의 단순한 곡면에서 굴절을 연구하는 대신, 완전한 형태인 원이나 구체에 또다시 유혹되었다. 그들은 완전한 유리 구면에서 굴절을 연구하기 시작했지만 그곳에는 매우 복잡한 수차aberration *가 관련되어 있었기 때문에 실제로 아무것도 알아낼 수가 없었다.

자연철학자들은 렌즈의 효과를 찾아내기 위해 빛과 영상의 이론에 한정되어 있었다. 이른 시기부터 유럽의 철학자들은 물리적 현상으로서 빛의 성질보다는 사람들이 어떻게 보느냐는 생각에 몰두하고 있었다. 고대 그리스인들은 영상을 외부에서 받는 물리적 인상의 수동적 기록으로 보지 않고, 인간의 생생한 눈의 적극적 과정으로 보았다. 시각에 관한 유클리드Euclid의 이론에서는 눈이 보이는 대상이 아니라 시선의 시작점이라고 했다. 플라톤과 피타고라스학파는 보는 과정을 보이는 대상을 둘러싸는 눈의 발산 현상으로 설명했다. 프톨레마이오스도 이런 접근 방식으로 생각했다. 반대로 데모크리토스와 원자론자들은 보이는 물체에서 나오는 발산 현상이 눈으로 들어와 영상을 만들어 낸다고 주장했다. 유럽 해부학의 권위자 갈레노스는 산과 같은 커다란 영상이 아주 작은 눈동자 속으로 들어올 수는 없다는 상식적인 반대를 제기했다. 원자론자들도 하나의 물체가 한꺼번에 수많은 사람들이 볼 수 있게 하는 발산 현상을 어떻게 만들

---

* 렌즈나 거울 같은 광학계가 맺는 물체의 상이 흐려지거나 일그러지는 현상

어 낼 수 있는가를 설명하지 못했다. 갈레노스는 눈의 생리학과 관련시켜 절충 이론을 만들어 냈다. 중세의 기독교 유럽은 시각 경험을 내부의 영혼에 근거를 둔 '적극적인 눈active eye'이라는 관념에 여전히 지배되고 있었다. 다시 말하면, 눈 자체가 광학적 도구가 아닐 뿐만 아니라 물리적 현상인 빛과도 관련이 없다는 의미였다.

그리고 광학 연구나 육안을 보조하는 기구를 제작하는 일에는 종교의 방해가 있었다. 예컨대 예수는 산상 설교에서 "너희는 세상의 빛이다〈마테오의 복음서 5장 14절〉"라고 말했다. 요한은 "하느님은 빛이시고 하느님께는 어둠이 전혀 없다는 것입니다〈요한의 첫째 편지〉"라고 했다. 성서 기록자에 따르면, 창조의 첫째 날에 "하느님께서 '빛이 생겨라!' 하시자 빛이 생겨났다〈창세기 1장 3절〉"라고 적었다. 태양과 달과 별들은 넷째 날에 창조되었다! 따라서 빛에 대해 함부로 간섭을 하거나 빛을 단순히 물리적 현상으로 다루는 일은 성체를 화학적으로 분석하는 것과 같은 금기 사항이었다.

신학은 민간전승과 상식으로 더욱 강화되었다. 외부 세계에 있는 대상의 진짜 형태와 크기와 색상을 알기 위한 것이 아니라면 왜 사람에게 눈이 주어졌다는 것일까? 또한 거울, 프리즘, 렌즈 등의 기구들은 영상을 거짓으로 보이게 했던 것일까? 당시에는 시각적 영상을 증대시키거나 변화를 주고, 확대시키거나 감소시키고, 또는 이중으로 만들거나 반대로 향하게 하는 인위적인 기구들은 모두 진리를 왜곡시키는 수단이었다. 경건한 기독교 신자나 정직한 철학자들은 그런 술수와 전혀 관계가 없었을 것이다.

그러나 실용적인 사람들은 앞서가고 있었다. 그들은 도움이 되기 때문에 안경을 코에 걸치고 사용하기를 좋아했다. 안경을 처음 사용한 것은 나이가 들어 눈의 수정체가 단단해지기 시작하여 눈이 가까이 있는 물체에 초점을 정확히 맞출 수 없어 생기는 노안(또는 원시)을 교정하기 위해서였을 것이다. 14세기 초에 피렌체 주교의 재산 목록에는 실제로 '은테 안경 1개'가 포함되어 있었다. 1300년경에 베네치아에서는 안경 제작이 매우 흔한 일이어서 안경 제작자가 고객에게 유리를 주면서 수정을 준 것처럼 속이는 행위를 금지하는 법률이 제정되어야 했다. "곤란하게도 내 나이가 60세가 넘으니… 안경의 도움을 받아야만 했다"라고 페트라르카Petrarch(1304-1374년)는 『후손에게 주는 편지Letter to Posterity』라는 자서전에서 불평을 털어 놓았다. 또한 케플러도 안경을 썼다. 14세기 중반에 저명한 유럽인들은 안경을 쓴 모습의 초상화를 소장하고 있었다. 안경을 만드는 방법을 알아낸 장인들이 자신들의 비밀을 공개하거나 경쟁자들에게 알리지 않으려는 충분한 상업적 이유가 있었기 때문에 안경에 관한 상세한 이야기는 알 수가 없다.

1623년 갈릴레오의 글에 따르면 "망원경을 처음 발명한 사람은 단순한 안경 제작자였다. 그는 다양한 종류의 안경을 다루다가 우연히 하나의 볼록렌즈와 다른 하나의 오목렌즈 2개를 눈에서 각각 다른 거리를 두고 보고는 뜻밖의 결과를 알아내어 이 도구를 만들었으리라 확신한다"라고 했다. 이런 렌즈의 운 좋은 결합은 안경 제작자들의 여러 상점에서 거의 같은 시기에 일어났을 것이다. 가장 그럴듯한 이야기는 1600년대 미델뷔르흐Middelburg에 살았던 한스 리페르허이Hans Lippershey라는 무명의 네덜란드 안경 제작자의 경우이다. 어느 날 리페르허이의 상점에 우연히 들어온 두 아이가 렌즈를 갖고 놀았다고 한다. 그 아이들이 나란히 겹친 2개의 렌즈를 통해 멀리 있는 교회의 풍향계를 보았을 때 그것이 놀라울 정도로 확대되어 보였던 것이다. 리페르허이는 이 사실을 직접 확인하고 망원경을 만들기 시작했다.

리페르허이는 '무식한 숙련공'으로 알려져 있었다. 그러나 무식한 사람이 아니었던 리페르허이는 그 행운을 이용하여 이익을 취할 줄도 알았다. 1608년 10월 2일에 네덜란드의 통치 기구인 네덜란드 의회는 리페르허이에게서 다음과 같은 청원서를 받았다.

> … 국가가 인정한 먼 거리를 볼 수 있는 기구를 발명한 안경 제작자로서, 이 기구에 관해 비밀을 유지하고 그 이외에는 아무도 이 기구를 제작할 수 없도록 30년간 그에게 권리를 주거나, 아니면 연금을 지급해 줄 것을 청원하고, 외국의 왕이나 왕자에게는 판매하지 않고 이 국가만을 위해 이 기구를 만들어 낼 수 있게 해 줄 것을 청원합니다. 청원자와 연락하여 그 발명품에 관해 개선할 수 있는지 조사하여 사람들이 두 눈으로 그 기구를 통해 볼 수 있도록 의회에서 위원회를 구성해 줄 것을 청원합니다….

그때 네덜란드는 재원이 풍부한 펠리페 2세의 스페인 군대를 상대로 독립 전쟁을 하고 있었으므로 새로운 군용 기구를 판매하기 위한 심리적으로 좋은 기회였다. 독립군의 뛰어난 지휘관이었고 과학의 후원자였던 마우리츠 판 오라녀 Maurice of Nassau 대공은 '먼 거리를 볼 수 있는 기구'를 전장에서 사용하는 것을 환영했다. 대공의 궁전에 있는 한 탑에서 리페르허이의 발명품을 시험한 후, 한 위원회는 이 기구를 '국가에 유익할 것'이라고 선언했다.

리페르허이에게는 불운하게도 똑같은 시기에 다른 네덜란드인들이 망원경의 발명에 관한 명예와 이익을 주장하고 나섰다. 그중 한 사람인 알크마르의 제임스 메티우스James Metius는 이미 리페르허이와 같은 망원경을 만들었고, 제작 비밀을 알고 있었으며, 의회의 지원을 받으면 더 좋은 망원경을 만들 수 있다고 주장했다. 당국이 메티우스의 주장을 즉시 인정하지 않았기 때문에 별난 메티우스는 누구에게도 자신의 망원경을 보여 주지 않았고, 죽을 때에 자신의 명예를 지키기 위해 그 기구를 파괴해 버렸다. 이 발명의 소문이 널리 퍼지면서 자신이나 자기 아버지가 발명했다고 주장하는 사람들이 많이 생겼다. 이러한 이전부터 망원경의 발명가라고 주장하는 사람들 중에 가장 뻔뻔했던 사람은 미델뷔르흐의 또 다른 안경 제작자였던 자카리아스 얀센Zacharias Janssen(1588-1631?)이었다. 그는 적을 괴롭히기 위해 스페인의 동전을 위조하여 성공했고, 고국에서는 금은 주화까지 위조했다. 그 위조로 결국 유죄 선고를 받은 그는 끓는 기름에 들어가는 형벌을 받았다. 이후에 그의 아들은 망원경에 관한 아버지의 아이디어를 고향 사람인 리페르허이가 훔쳐 갔다(그의 아버지 얀센이 겨우 2살이었을 시기이다)고 선서를 하고 증언했다.

혼란스러운 상황에 이르자 네덜란드 의회는 리페르허이의 청원을 거부했다. 그렇게 하여 그 새로운 발명품에 관해서는 어떤 인정도 하지 않고 현금도 제공하지 않았다. 그 사이에 망원경은 세상에 알려지고 있었다. 1608년에 헤이그에 있던 프랑스 대사가 앙리 4세Henry IV에게 망원경을 바쳤고, 바로 그 다음 해에 파리에서 망원경이 판매되기 시작했다. 1609년에는 망원경을 프랑크푸르트 박람회에서 볼 수 있었다. 망원경은 '네덜란드 관Dutch trunks', '조망 기구', '원통' 등의 이름으로 밀라노와 베네치아와 파도바에서 등장했으며, 그해가 가기 전에 런던에서도 제작되고 있었다.

그러나 신중한 사람들은 눈으로 직접 보며 확인하는 증거가 어떤 의심스러운 새로운 도구로 위압당하는 것을 꺼렸다. '자연철학자들'을 갈릴레오의 기구를 통해 보도록 설득하는 일은 쉽지 않았다. 그들은 자신의 육안으로 보지 않은 것은 믿지 않는 여러 박식한 이유가 있었다. 유명한 아리스토텔레스학파의 체사레 크레모니니 Cesare Cremonini 는 "갈릴레오 혼자만 보았고⋯ 게다가 그런 안경으로 본다면 두통이 생기므로" 갈릴레오의 기묘한 장치를 통해 관찰하는 것은 시간 낭비라고 거절했다. 또 다른 적개심을 품은 동료는 이렇게 기록했다. "파도바의 수학자, 갈릴레오 갈릴레이가 망원경을 들고 볼로냐로 와서 그것을 사용하여 4개의 거짓 행성을 보았다고 했다. 나는 24일과 25일을 밤낮으로 잠도 안 자고 갈릴레오의 기구를 여기 아래에 있는 것들과 위에 있는 것들에 관해 수천 방식으로 시험해 보았다. 아래로 볼 때 그 기구는 놀랍도록 효과가 있었으나 위로 보았을 때는 어떤 항성이 둘로 보이듯이 사람들을 속였다. 나는 가장 뛰어난 사람들과 고상한 의사들을 증인으로 데리고 있으며⋯ 모두가 이 기구가 속이는 것이라고 인정했다. 갈릴레오는 말이 없었고, 26일에⋯ 슬퍼하며 떠났다." 로마 대학의 수학 교수인 유명한 클라비우스 Clavius 신부는 갈릴레오가 발견한 목성의 거짓된 4개의 위성들을 비웃으면서 '안경 속에 그 위성들을 만들어 낼 수 있는 시간'만 준다면 자신도 그것들을 보여 주겠다고 말했다.

갈릴레오는 망원경을 통해 물체를 보고 나서는 그 물체로 가서 자신이 결코 사기를 당하고 있는 것이 아님을 확인했다. 1610년 5월 24일에 갈릴레오는 "자신은 수십만 개의 별들과 여러 물체들을 수십만 번 망원경으로 시험했다"라고 주장했다. 1년 뒤에도 갈릴레오는 여전히 시험을 하고 있었다. "2년이 지난 지금, 나는 망원경(더 정확히 말하면 수십 개의 망원경들)을 사용하여 멀고 가까운, 크고 작은, 그리고 빛과 어둠 속에서 수백만 개의 물체를 관찰하는 시험을 했다. 그러므로 내가 관측할 때 단순한 마음으로 속고 있다고 생각하는 사람들을 도저히 이해할 수가 없다."

참으로 단순한 마음을 지닌 갈릴레오는 상식이라는 억압에 맞서 과학의 역설을 내세운 초기의 운동가였다. 망원경의 위대한 취지는 갈릴레오가 개인적으로 입증하고 육안으로 확인할 수 있는 지상에 있는 물체들을 망원경을 통해 보여 준 모습이 아니라, 오히려 개인적으로는 확인할 수 없고 육안으로는 보이지 않는 '다른 물체들'의 무한성이었다.

망원경은 오랜 기간 동안 사람들을 혼란스럽게 하고 나서야 사람들을 완전히 설득할 수가 있었다. 1611년에 영국의 시인 존 던John Donne(1572?-1631년)은 '진실일 수도 있는' 코페르니쿠스의 사상이 '모든 사람들의 정신 속으로 스며들고 있다'는 사실에 주목했고, 이 근대적 불안을 다음과 같이 고전적으로 표현했다.

그리고 새로운 철학은 모든 것을 의심스럽게 여기고,
불의 원소는 아주 꺼져 버리고,
태양과 지구는 사라지고, 그것을 어디서 찾아야 할지
안내해 줄 인간의 지혜는 어디에도 없네.
이 세상이 소진되었다고 사람들은 거리낌 없이 고백하며,
행성과 하늘에서는 너무나 많은 새로운 것을 찾지만,
이 세계가 다시 원자로 허물어질 것이라고 보고 있네.
모든 것이 산산조각 나고 모든 질서는 사라지고,

모든 것은 그냥 나타나고, 그리고 모든 관계는….

그리고 이 별자리들에는 새로운 별들이 생겨나고,

낡은 별들은 우리 눈에서 사라진다….

1619년에 존 던은 유럽 대륙을 방문했을 때 수고를 아끼지 않고 오스트리아의 외진 곳인 린츠Linz 마을로 케플러를 찾아갔다.

존 밀턴John Milton(1608-1674년)도 새로운 우주론에 혼란스러웠으며, 그것이 무엇을 의미하는지 확신이 없었다. 그는 30세가 되었을 때 맹인이 된 천문학자 갈릴레오가 교황의 명에 따라 갇혀 있던 피렌체 근처의 아르체트리Arcetri를 방문했다. 그리고 밀턴은 갈릴레오가 세상을 떠나고 2년 뒤에 출판된 『아레오파지티카Areopagitica』(1644년)라는 자신의 저서에서 갈릴레오를 영웅적인 희생자로 이렇게 설명했다. "이 일은 이탈리아의 영예로운 지혜를 꺾어 버렸다… 이제 이 많은 세월을 아첨과 과장 외에는 표현할 수가 없다. 그곳에서 나는 종교재판의 죄수인 유명한 갈릴레오가 나이를 먹어도 프란체스코회나 도미니크회의 검열관들의 생각과는 다른 천문학을 생각하고 있다는 사실을 알게 되었다." 그러나 20년 후 밀턴은 『실낙원Paradise Lost』에서 '인간에 대한 신의 길을 정당화하려고' 전통적인 프톨레마이오스-기독교의 우주론을 내세웠다. 밀턴은 실제로 2개의 다른 이론들을 설명했지만, 그중 어느 하나를 명확하게 선택하지는 않았다. 그러나 그는 서사시에서 성경의 우주를 표현했기 때문에 어느 이론을 선택했는지는 분명 드러나고 있었다. 그의 이야기는 위에 있는 하늘과 아래에 있는 지옥, 그리고 특별히 사람들을 위해 신이 창조한 움직이지 않는 지구만이 의미가 있었다. 밀턴이 프톨레마이오스 사상을 나타내는 장면에서는 사탄이 하늘로 계단을 따라 올라가 태양으로 내려와서 거기서부터 지구로 향한다. 코페르니쿠스의 『천구의 회전에 관하여』 이후 한 세기가 지나도, 밀턴은 여전히 새로 발견된 우주와 다른 자신의 사고를 수정할 수 없었거나 수정하려 하지 않았다.

갈릴레오 갈릴레이가 망원경을 사용하게 된 계기는 연달아 생긴 우연의 일치였다. 이 일은 프톨레마이오스의 우주론을 수정하거나 천문학을 발전시키거나, 또는 우주의 형태를 연구하려는 누군가의 욕망과 아무런 관계가 없었다. 직접적인 동기는 베네치아 공화국의 해상과 군사적 야망이었고 영리 사업으로 자극된 실험 정신이었다.

리페르허이가 마우리츠 대공에게 신청한 후 1개월도 채 되지 않아, 망원경에 대한 소문은 베네치아에 도달했다. 이 소문을 처음 들은 사람은 과학에 열정이 깊은 다재다능한 수도사 파올로 사르피Paolo Sarpi(1552–1623년)였다. 베네치아 상원의 정부 신학자이며 교황과 지속적인 논쟁에서 주된 상담자 역할을 했던 사르피는 해외 상황에 관한 정보를 알고 있어야 했다. 교황 바오로 5세에게서 파문을 당한 사르피 자신은 암살 음모의 표적이기도 했다. 독창적인 기구 제작자인 갈릴레오의 친구이기도 했던 사르피는 갈릴레오가 발명한 새로운 계산 기구를 위해 밀라노의 사악한 표절자의 주장과 맞서 싸운 적도 있었다. 이때는 갈릴레오가 파도바 근처에서 베네치아 상원에 의해 임명된 대학의 수학 교수로 이미 15년 동안 일을 해 오던 무렵이었다. 갈릴레오는 베네치아의 무기 상점들을 자주 방문했고 파도바에서 작은 상점도 운영했다. 그리고 그곳에서 측량 기구와 컴퍼스를 비롯한 여러 수학 도구들을 만들었다. 그 상점에서 얻은 소득으로 부족한 교수직 보수금을 보충하고 누이들의 결혼 지참금을 마련했을 뿐 아니라,

동생들과 나이 많은 어머니를 부양했다. 그 무렵에 갈릴레오는 기구 제작자로서 확고한 명성을 얻고 있었다.

한 외국인이 상원에게 망원경을 팔기 위해 베네치아에 도착했을 때, 그 일은 사르피에게 먼저 전해졌다. 사르피는 망원경이 해상력 증대에 유용하다는 사실을 알고 있었지만 갈릴레오가 더 좋은 것을 만들 수 있다고 확신을 했으므로 상원에게 외국인의 제의를 거절하도록 조언했다.

갈릴레오에 대한 사르피의 확신이 옳다는 사실은 곧 입증되었다. 1609년, 7월에 우연히 베네치아에 있었던 갈릴레오는 망원경에 관한 소문을 들었고, 또한 한 외국인이 망원경을 들고 파도바에 왔다는 소식도 들었다. 호기심이 생긴 갈릴레오는 즉시 파도바로 돌아갔으나 그 이상한 외국인은 이미 베네치아로 떠난 뒤였다. 그 외국인의 망원경이 어떻게 만들어졌는지를 들은 갈릴레오는 곧바로 직접 제작에 착수했다. 8월 말 이전에 베네치아로 돌아간 갈릴레오는 그 외국인이 제안한 망원경보다 3배나 더 높은 9배의 배율을 가진 망원경을 보여 주어 상원과 사르피를 놀라고 기쁘게 했다. 갈릴레오는 1609년 말까지 망원경을 계속 개량하여 마침내 30배의 배율을 가진 망원경을 만들어 냈다. 당시 사용하던 그 어떤 설계(볼록 대물렌즈와 오목 접안렌즈로 구성)의 망원경에도 이 배율이 실현 가능한 한계였고, 그 발명품은 갈릴레오 망원경이라고 알려지게 되었다.

갈릴레오는 그 발명품을 팔려는 대신에 품위 있는 태도로 1609년 8월 25일의 의식에서 베네치아 상원에게 선물로 기증했다. 그 보답으로 상원은 다음 해로 끝나는 갈릴레오의 교수 임기를 연장하고 연봉을 520플로린florin에서 1,000플로린으로 올려 주었다. 이 거래로 갈릴레오를 시기하는 동료 학자들은 원한을 품고 갈릴레오의 나머지 생애를 괴롭혔다. 그들은 갈릴레오가 다른 사람들이 이미 발명한 망원경을 만들어 지나친 대가를 얻었다고 여기며 반감을 느꼈던 것이다.

갈릴레오는 광학에 대한 특별한 통찰도 없이 능숙한 기구 제작자로서 시행착오를 거치며 자신의 발명품을 만들었다. 그러나 만일 갈릴레오가 그저 현실적인 사람이었다면 망원경 때문에 그처럼 괴로움에 시달리지는 않았을 것이다. 다른 국가들도 베네치아의 상원처럼 멀리 있는 물체를 볼 수 있어서 상업과 전쟁에 기여하는 이 새로운 발명품에 같은 열정을 보였을 것이다. 그러나 어떤 까닭인지 갈릴레오는 그 정도에 그치지 않았다. 1610년 1월 초에 갈릴레오는 지금은 너무나 당연한 행동일 테지만, 하늘을 향해 망원경을 돌렸다. 오늘날에는 이런 일에 용기나 상상력이 필요하지는 않겠지만, 갈릴레오의 시대에는 그렇지 못했다. 누가 감히 장난감을 사용해 성스럽고 위대한 천구를 관찰할 수 있었겠는가? 신의 천국을 훔쳐본다는 것은 불필요하고 불손하며 불경스러운 짓이었다. 갈릴레오는 말하자면, 신학 세계의 엿보기 좋아하는 사람이나 다름없었다.

움직이는 지구와 태양이 중심인 우주를 주장한 코페르니쿠스의 『천구의 회전에 관하여』 이후 공공연한 문제가 되는 일 없이 반세기가 지났다. 분명, 코페르니쿠스의 이론은 천문학적인 발견도 아니었고, 새로운 관측에 근거한 것도 아니었다. "수학은 수학자를 위한 것이다!"라는 생각이 신중한 코페르니쿠스의 경고였다. 코페르니쿠스가 세상을 떠난 후 수십 년 동안 그의 복잡한 논증과 심미적이며 철학적인 견해는 일반인들에게 이르지 못했고, 신학자들을 지나치게 혼란스럽게 하지도 않았다.

갈릴레오가 망원경을 만들기 10년 전, 코페르니쿠스의 견해에 대한 지배적인 태도는 열린 사고를 지녔다고 정평이 나 있던 박식한 장 보댕Jean

Bodin(1530-1596년)을 통해 잘 표현되었다.

의식이 있거나 물리학에 약간의 지식이 있는 사람은 누구든 자체의 무게와 질량이 엄청나게 큰 지구가 그 자체와 태양을 중심으로 위 아래로 비틀거리고 있다고 생각하지는 않을 것이다. 왜냐하면 지구가 조금이라도 흔들린다면 도시와 성채나, 마을이나 산들까지 붕괴되었을 것이다. 어떤 궁정 점성가가 프로이센의 앨버트 공작 앞에서 코페르니쿠스의 사상을 지시하고 있는 것을 본 아울리쿠스Aulicus라는 조신은 팔레르노 포도주를 따르고 있던 하인을 향해 "포도주를 엎지르지 않게 주의하라"라고 말했다. 만일 지구가 움직인다면, 똑바로 쏘아 올린 화살이나 탑 꼭대기에서 떨어지는 돌이 수직으로 떨어지지 않고 앞이나 뒤로 떨어질 것이다… 마지막으로, 아리스토텔레스가 말한 것처럼 모든 물건은 그들의 성질에 적합한 자리에 그대로 있다. 따라서 지구는 그 성질에 알맞은 자리가 정해져 있기 때문에 그 자체 이외의 다른 운동으로 회전할 수가 없다.

1597년에 갈릴레오는 파도바에서 계속 강의를 했을 때 프톨레마이오스의 이론을 실제로 지지했고, 그때 저술하고 있었던 『우주 구조론Cosmography』에서도 전통적인 우주에 관해 아무런 의심도 나타내지 않았다. 그러나 같은 해에 갈릴레오는 코페르니쿠스의 가설에 대한 부당한 비판을 공격하는 서신을 피사의 옛 동료에게 보냈다. 갈릴레오는 코페르니쿠스의 이론을 옹호하고 있는 케플러의 첫 저서인 『우주의 신비』를 받았을 때 케플러에게 공감하며 그 내용을 인정했다. 갈릴레오가 코페르니쿠스에 대한 케플러의 해석에 공감을 한 이유는 천문학 때문이 아니라 지구의 조수에 관한 자신의 특별한 이론과 일치하고 있기 때문이었다. 그래서 케플러가 새로운 세계관에 대해 언급해 줄 것을 청했을 때 갈릴레오는 이를 거부했다.

갈릴레오는 망원경으로 처음 하늘을 관측했을 때 하늘에서 발견한 것이 너무 놀라워 자신이 관측한 사실을 즉시 출판했다. 1610년 3월에 출간된 24페이지의 소책자인 『별들의 사자Sidereus Nuncius』는 지식 사회를 놀라게 하면서도 괴롭게 했다. 희열에 넘친 갈릴레오는 이렇게 기록했다. "가장 아름답고 즐거운 광경이다… 모든 관측자들의 자연현상에 관한 가장 큰 흥미는… 첫째는 자연의 탁월함이고, 둘째는 완전한 새로움이고, 그리고 마지막으로 내가 이런 사실들을 이해할 수 있도록 도움을 주는 기구 때문이다." 그때까지 '인위적인 시력 없이' 볼 수 있던 모든 항성들을 실제로 헤아릴 수 있었다. 이제 망원경은 "전에는 볼 수 없었던 수많은 다른 별들을 눈앞에 분명히 보이게 했고, 그 별들은 이전부터 알려진 오래된 별들의 수를 10배 이상이나 능가했다." 이제 육안으로 보던 모습과 달리 달의 반경은 "약 30배, 면적은 약 900배, 그리고 고체의 체적은 2만 7,000배나 더 크게 나타났고, 결과적으로 달이 매끈하게 보이는 것은 우리들의 감각 때문임을 알게 되는데, 사실 달의 표면은 편평하고 매끈한 것이 아니고 지구의 표면과 마찬가지로 거칠고 고르지 않으며, 깊은 구덩이와 만곡으로 가득하다는 것을 누구나 확인할 수 있다."

그 다음에 망원경은 은하수에 관한 논란도 해결했다. "아주 많은 시대에 걸쳐 철학자들을 괴롭혀 온 이 모든 논란은 부정할 수 없는 우리 눈의 증거로 곧 해소되었고, 이 문제에 관한 장황한 논쟁에서 자유로워졌다. 은

하수는 무리 지어 함께 모여 있는 무수한 별들로 덮여 있기 때문이다. 망원경을 어느 방향으로 두고 보아도 무수한 별들의 집단이 나타난다…"

갈릴레오는 또 이렇게 단언했다. "그러나 모든 천문학자와 철학자의 관심을 특별히 불러일으키게 한 가장 놀라운 것은, 나 이전의 어떤 천문학자도 알지 못했고 관측할 수 없었던 4개의 행성이 한 특정한 밝은 별 주위에 궤도를 가지고 있다는 것을 내가 발견했다는 사실이다." 이 행성들은 실제로 목성의 4대 위성이었다.

갈릴레오의 단순한 관측은 모두 '아리스토텔레스-프톨레마이오스 우주론'의 핵심을 흔들어 놓았다. 갈릴레오는 자신의 능력으로는 세어 볼 수 없는 무수한 항성들을 이제 직접 눈으로 보았던 것이다(우주는 무한한 것일까?). 그는 달이 지구와 마찬가지로 그 형태가 완전하지 않다는 사실을 알게 되었다(결국, 천체의 실체와 지구의 실체 사이에는 차이가 없는 것일까?). 은하수는 무수한 별들의 집단일 뿐이라는 사실이 입증되었다(결국, 아리스토텔레스가 주장한 고귀한 천상의 물질 이론은 아무것도 아니었을까? 천체의 과정이 본질적으로 지상의 과정과 다르지 않았던 것일까?). 이런 간단하고 우연한 관측들이 전통적인 독단론에서 나온 방해물을 없애기 시작했지만, 아직 그 어떤 것도 실제로 코페르니쿠스의 이론이 사실임을 확인하려 들지 않았다.

그러나 갈릴레오는 망원경으로 하늘을 관측한 것만으로 생각이 바뀌기에 충분했다. 갈릴레오는 소책자 『별들의 사자』에서 코페르니쿠스의 이론을 지지한다는 사실을 과감히 알렸다. 케플러가 설득할 수 없었던 갈릴레오는 이제 망원경으로 설득되었던 것이다. 갈릴레오는 목성 주위를 회전하고 있는 새로 발견한 4개의 위성을 가장 중요한 발견으로 여겼다. 그 위성들이 지구가 우주에서 유일하지 않을 수 있다는 가장 확실한 증거였기 때문이다. 얼마나 많은 행성들이 자체의 위성을 갖고 있을까? 이런 개념은 자기 주위를 회전하고 있는 다른 천체를 가진 지구와 같은 행성도 다른 천체를 회전할 수 있다는 사실을 입증했다. 따라서 갈릴레오는 다음과 같은 결론을 내렸다.

··· 코페르니쿠스 이론에서 행성이 태양 주위를 돌고 있다는 것을 받아들일 수 있는 사람들의 망설임을 없애 줄 중요하고도 훌륭한 논거가 있다. 하지만 달과 지구가 태양의 주위를 1년의 주기로 하나의 궤도를 돌고 있는 동안에 지구에 대한 달의 운동 때문에 매우 혼란스러워서 이 우주론은 불가능하다고 사람들은 생각한다. 그러나 이제 천체가 다른 것 주위를 회전하면서 그 둘이 태양 주위를 커다란 궤도로 회전하는 것은 하나가 아니다. 달이 지구를 도는 것처럼 4개의 위성이 목성을 회전하고, 그 전체 체계가 12년의 주기로 태양 주위의 거대한 궤도 위로 움직인다는 사실을 '우리의 시각'으로 확인할 수 있다.

갈릴레오는 이런 놀라운 발견으로 곧 명성이 높아졌다. 그러나 파도바와 베네치아에 있는 경쟁자들의 질투에도 어느 정도 영향을 미친 듯 보인다. 베네치아 상원이 후한 대우를 해 준다는 자신들의 약속을 지키지 않았기 때문이다. 갈릴레오는 천문학의 새로운 흥미를 추구할 수 있는 학자의 직책을 다른 곳에서 찾고 있었다. 이런 생각으로 갈릴레오는 자신이 발견한 목성의 4대 위성을 피렌체 메디치의 코시모 2세Cosimo II 대공의 집안 명칭을 붙여 '메디치 행성Medicean planet'이라고 명명했다. 또한 그는 코시모 2세 대공에게 '정교한' 망원경 하나를 선물로 보냈다.

이런 선물은 즉시 원하던 효과를 얻었다. 코시모 2세 대공은 갈릴레오에게 금목걸이와 메달을 보냈고, 1610년 6월에 갈릴레오를 '피사 대학교의 수석 수학자 및 대공의 철학자로 임명하여 가르칠 의무 없이 대학 내에서나 피사에서 살며, 연간 1,000피렌체 스쿠디scudi를 지급한다'는 서신을 보냈다. 그렇게 피렌체는 갈릴레오가 나머지 생애 동안 학문에 열중할 근거지가 되었다.

그 사실들을 예상한 믿음이 있었던 케플러는 마침내 갈릴레오가 의심을 '떨쳐버린' 것을 기뻐하면서 그를 지지하는 책 2권을 지술했다. 한편, 갈릴레오는 망원경 관측을 계속하여 코페르니쿠스 이론을 뒷받침하는 더 많은 단서를 얻었다. 그는 토성의 타원형 형태를 알게 되었다. 그리고 육안으로는 볼 수 없었던 금성의 위상이 금성이 태양을 돌고 있다는 가능성을 높였다. 이런 관측들이 태양중심설의 직접적인 증거로 제시되기 시작했다.

갈릴레오는 로마에 초청되어 그곳에서 아주 뜻밖의 성공을 누렸다. 1611년 4월 1일에 도착한 갈릴레오는 즉시 교황 바오로 5세를 알현했고, 교황은 그에게 무릎을 꿇고 있지 않아도 좋다는 좀처럼 보기 힘든 경의를 표했다. 예수회 신부들은 로마 대학에서 특별한 모임을 열었는데 그 모임의 명칭은 '로마 대학의 별들의 사자'였다. 갈릴레오는 교회 당국자들에게 자신의 망원경을 보도록 설득했다. 그들은 망원경으로 관측한 사실에 기뻐했지만 여전히 갈릴레오의 해석을 받아들이지는 않았다.

1611년 4월 14일 밤에, 갈릴레오를 위한 연회가 로마의 성 판크라티우스 문St.Pancratius Gate 밖의 언덕 대저택에서, 선구적인 과학 학회인 린체이 아카데미Accademia dei Lincei를 통해 개최되었다. 이 학회의 상징은 눈을 치켜뜨고 지하 세계의 문을 지키고 있는 머리 셋 달린 지옥의 개, 케르베로스의 내장을 물어뜯는 용감한 스라소니(무지에 맞서 싸우는 진리)였다. 기록에 따르면, "손님은 여러 신학자, 철학자, 수학자 등이었다. 갈릴레오는 그들에게 많은 천문학적 경이로움과 함께 목성의 위성들을 보여 주고 나서, 그들에게 자신의 기구를 통해 산 조반니 인 라테라노 대성당St.John Lateran의 축복 기도실과 식스투스 5세Sixtus V의 비문을 명확히 보여 주었다. 그렇다 하더라도⋯ 그 거리는 3마일이었다."

　이때에 갈릴레오의 기구에 명칭이 붙여졌다. 그 명칭은 몬티첼리Monticelli의 상속자이자 아콰스파르타Acquasparta의 공작이며 학회의 주최자인, '페데리코 세시Federico Cesi'를 통해 발표되었다. 하지만 '망원경telescope'이란 말은 그곳에 참석했던 그리스의 신학자 시인이 생각해 내었고, 그것을 계기로 근대과학 기구들의 명칭을 고대 그리스어에서 차용하는 관례가 시작되었다.

41

집중포화에 휩싸이다

피렌체로 돌아온 갈릴레오는 성경과 코페르니쿠스 이론이 모두 진리라고 하는 논거를 모으기 시작했다. 자신의 정통 신앙을 지키기를 열망한 갈릴레오는 성경의 말씀과 자연의 사실 사이에 나타난 분명한 차이를 재치 있게 설명했다. 그에 따르면, 진리는 하나뿐이지만 2개의 형태, 즉 성경의 언어와 자연의 언어로 전달된다. 두 언어는 모두 신의 말씀이다. 성경에서 신은 현명하게 방언으로 말하고 자연에서는 더 심오한 언어로 말한다. 이에 관한 갈릴레오의 설명은 다음과 같았다.

… 성경과 자연은 모두 신의 말씀에서 나온다. 전자는 성령의 말씀이고 후자는 신의 명령을 가장 잘 준수하여 집행한 것이다. 또한 일반 백성에게 이해시키기 위해 성경은 절대적 진리와 (말의 의미에 관해)다르게 보이는 것을 많이 전달하고 있는 반면, 자연은 냉혹하고 변경할 수 없으며 사람들을 이해시키기 위하여 숨겨진 이유를 전혀 설명하려 하지 않는다. 자연이 주어진 법의 한

계를 넘어서지 않는 한, 감각 경험을 통해 우리 눈앞에 놓인 물리적 영향이나, 또는 필요한 논증의 결론은 어떤 이유가 있더라도 말이 또 다른 의미를 가진 것처럼 보이는 성경의 구절 때문에 의심해서는 안 된다… 두 진리는 절대 서로 모순될 수 없다….

한편, 로마에 있는 예수회 신부들은 갈릴레오의 설명에 쉽게 만족하지 않았다. 교황의 대변자인 명석하고 호전적인 추기경 로베르토 벨라르미노Robert Bellarmine(1542-1621년)에게 자극 받은 예수회 신부들은 이단의 낌새를 알아챘다. 또한 신학 논쟁술과 아리스토텔레스 정통파의 대가인 벨라르미노에게 사회통념은 유리한 조건이 되었다. 그는 부추겨진 신부들에게 성 아우구스티누스도 '엄밀히 증명된' 반대가 없는 한 성경의 글자 그대로의 의미를 진리로 받아들여야 한다고 주장했음을 상기시켰다. 사람의 일상 경험으로 보면 '분명히 지구는 움직이지 않고 있음을 알 수 있으며' 지구의 자전과 태양 주위를 돈다는 상황을 보면 '엄밀히 증명될' 수 없기 때문에 글자 그대로의 성경은 분명히 옹호되어야 했다. 그리고 '태양은 제자리로 되돌아간다'는 솔로몬 왕의 판단은 말 그대로 정확한 의미를 나타낸다고 했다.

갈릴레오는 자신을 변호하려고 로마로 가는 실수를 저질렀다. 앞으로 수 세기 동안 역사의 흥미로운 쟁점이 된 그 여행은 갈릴레오에게 전혀 도움을 주지 않았다. 17년 후에 종교재판에서 갈릴레오에게 내려진 그 악명 높은 판결은, 1616년에 추기경 벨라르미노와 교황 바오로 5세 앞에서 이루어진 갈릴레오의 심문에서 무엇을 언급했고, 또 무엇을 언급하지 않았는가로 결정되었다. 갈릴레오는 코페르니쿠스의 이론을 가르치지 말도록 실제로 명령을 받았을까? 무엇이 실제로 논의되었을까? 만일 갈릴레오가 로마로 되돌아가지 않았더라면 그에 대한 교회의 재판은 아주 달랐을 것이다. 로마를 방문한 기간 동안 갈릴레오는 지구가 움직인다는 자신의 이론을 교회 당국이 인정하도록 설득하는 데 실패했다. 지구가 움직인다는 개념을 표현하는 일은 금지되었지만, 갈릴레오는 개인적으로 유죄 선고를 받지 않았고, 또 자신의 책은 금서가 되지도 않았다.

가장 유능한 근대의 과학 철학자 가운데 몇몇은, 예컨대 프랑스의 물리학자 피에르 뒤앙Pierre Duhem(1861-1916년)과 영국의 철학자 칼 포퍼 경Sir Karl Popper은 근대 실증주의의 관점에서 보면 벨라르미노 추기경이 갈릴레오보다는 더 진리에 가까웠다고 여전히 주장하고 있다. 그들에 따르면, 벨라르미노는 코페르니쿠스의 이론이 '현상을 지키고' 있음을 인정하고 있었는데도 갈릴레오는 실제로 일어나고 있는 것을 설명한 적이 없었다는 것이다.

1624년에 새 교황 우르바노 8세Urban VIII에게 경의를 표하려고 갈릴레오는 다시 로마로 갔다. 갈릴레오는 1616년의 금지 조치에도 불구하고 프톨레마이오스와 코페르니쿠스의 이론을 비교하는 공정한 책을 출간할 수 있도록 교황의 허가를 간청했으나 소용이 없었다. 피렌체로 돌아온 갈릴레오는 그 뒤 6년 동안 『2가지 주요 세계관에 관한 대화Dialogue on the Two Chief World Systems』를 저술하는 데 시간을 보냈다. 이 책은 코페르니쿠스 이론에 관한 논증은 아니었지만 새로운 우주에 관한 설득력 있는 설명을 담았다. 플라톤의 전통 방식을 이어 갈릴레오는 코페르니쿠스의 이론에 관한 찬반양론을 3명의 친구들 사이의 대화로 이끌어 냈다. 즉 그들은 코페르니쿠스의 이론을 믿는 피렌체 귀족, 지구중심설의 아리스토텔레스 대변인,

그리고 이 논쟁을 유발한 열린 사고를 지닌 베네치아의 귀족이었다.

알려진 것처럼, 만일 이런 방식이 '검열관을 속이기 위한' 목적이었다면 갈릴레오는 실패한 것이다. 『별들의 사자』가 망원경으로 본 무한한 우주를 알렸던 것처럼 『2가지 주요 세계관에 관한 대화』는 태양중심설 우주론에 관한 분명한 사실을 보여 주었다. 이를테면 지구가 정말 태양의 주위를 돌고 있는 또 하나의 '행성'에 불과한 것이 아닐까라는 문제가 부각되었다.

코페르니쿠스의 학설은 코페르니쿠스 이후 반세기 동안 거의 절반은 수면 상태에 놓여 있었다. 망원경이 없었더라면 태양중심설은 흥미는 있지만 설득력 없는 가설로 오랫동안 남아 있었을 것이다. 그런데 망원경이 상황을 변화시키는 중요한 역할을 했다. 갈릴레오는 망원경으로 직접 관측한 사실로 코레르니쿠스의 학설을 사실로 믿게 되었다. 그리고 갈릴레오는 혼자가 아니었다. 망원경을 사용하기 전에는 기독교 정통의 옹호자들이 코페르니쿠스의 사상을 금지시킬 필요성을 느끼지 않았다. 그러나 감각에 직접 호소하는 이 새로운 발명품은 성직자들의 하늘에 대한 절대 지배권에 방해가 되었다. 천문학이 박식가들의 신비스러운 이론에서 대중들의 경험으로 바뀌게 되었다.

45세였던 갈릴레오는 처음 자신의 망원경으로 우주를 관찰하기 시작했을 때 이미 아리스토텔레스학파에 도전을 한 셈이다. 갈릴레오가 유명한 피사의 탑 실험을 그 전에 실행했더라도 그들에게 신뢰를 주지 못했을 것이다. 갈릴레오는 갑자기 우주론에 관한 대논쟁의 폭풍 속으로 던져졌다. 그러나 그는 이러한 도전에 위축되지는 않았다. 선천적으로 호전적인 기질이 있는 갈릴레오는 정통파들이 새로운 진리를 전하도록 허락해 줄 때까지 기다리고 있었다. 갈릴레오의 전기 작가, 루도비코 제이모나트Ludovico Geymonat에 따르면, 갈릴레오는 이 유혹적인 새로운 발명품을 이용하여 이중 방식으로 설득하려고 했다. 즉 유식한 일반인들에게는 하늘을 관측하는 이 새로운 방법에 흥미를 갖게 하고, 교회의 경우에는 이 불가피한 사실을 받아들이도록 설득했다.

1632년 2월 21일에 피렌체에서 출간된 갈릴레오의 『천문 대화Dialogue』의 반응으로 갈릴레오는 대중에게 널리 알리는 자신의 활동이 성공하고 있다고 생각했다. 당시에 유럽에서는 대부분의 과학 서적이 라틴어로 쓰여 있었지만 갈릴레오는 그 책을 일반 독자를 위해 이탈리아어로 써서 출간했다. 한여름이 되자 갈릴레오에게 독자들의 편지가 넘쳐 났다. 예컨대 "당신이 매우 간편하게 만든 새로운 이론과 뛰어난 관측 결과로 직업이 다른 나 자신도 그 일부를 이해할 수 있었습니다.", "당신은 아무도 도달하지 못한 수준까지 대중의 호응을 얻었습니다.", "솔직히 말해, 이탈리아에서 누가 코페르니쿠스의 이론에 관심을 가졌겠습니까? 그러나 당신이 그 이론에 생명력을 불어 넣었고, 그리고 정말 중요하게도 자연의 참모습을 밝혀 주었습니다." 등의 편지가 있었다. 그리고 어떤 사람들은 다음과 같은 더 큰 의미를 파악하기도 했다. "코페르니쿠스의 이론이 토대가 되지만 당신의 이론은 그보다 훨씬 강하다는 것을 알았습니다… 낡은 진리에 대한 이 이론의 새로움, 새로운 말, 새로운 별들, 새로운 체계, 새로운 국가 등은 새로운 시대의 시작입니다."

로마 교회를 설득하려고 했던 갈릴레오의 바람은 천문학과 전혀 관계가 없는 원인으로 좌절되었다. 갈릴레오는 가톨릭과 개신교 사이에서 집중포화를 맞았다. 개신교의 늘어나는 공격으로 교황 우르바노 8세는 고대

기독교 신조의 순수성을 유지하기 위한 로마 교회의 결단을 보여 주었다. 신교도들이 기독교 근본주의를 독차지하게 해서는 안 되었다. 갈릴레오와 같은 오랫동안 총애하는 사람을 억압하는 것이 교황의 사도다운 열성을 극적으로 보여 주는 일이었다. 게다가 사소한 인쇄상의 문제가 성마른 교황에게 충격을 주는 계기가 되었다. 갈릴레오의 『천문 대화』를 출간했던 피렌체 란디니Landini 출판사가 평소에 늘 하던 대로 그 책에 3마리의 물고기가 그려진 자체의 인지를 찍었다. 갈릴레오의 적들은 그 표시를 교황이 직위를 높여 준 능력 없는 조카들 세 명에 대한 명예 훼손의 증거라고 여겼다. 또한 그들은 갈릴레오의 『천문 대화』에 등장하는 보수적인 지구 중심설의 옹호자인 심플리치오Simplicio라는 무례한 인물은 교황 우르바노 8세를 풍자한 것이 아니냐고 주장했다.

갈릴레오가 받은 잔인한 종교재판에 관한 이야기는 잘 알려져 있다. 교황의 소환 명령이 피렌체에 있던 갈릴레오에게 도달했을 때, 갈릴레오는 중한 병으로 누워 있었다. 의사는 갈릴레오를 로마로 옮기면 목숨이 위태로울 수 있다는 진단을 내렸다. 그런데도 교황은 갈릴레오가 스스로 오지 않으면 체포해서 데려오겠다는 위협을 했다. 피렌체의 대공은 들것을 제공했고 1633년 2월의 겨울에 갈릴레오는 로마로 옮겨졌다. 재판은 1616년으로 거슬러 올라가 벨라르미노 추기경이 갈릴레오에게 무엇을 말했고 무엇을 말하지 않았는가에 관한 세부적인 내용에 중점을 두었으며, 또한 코페르니쿠스의 학설을 교황청이 반대한 사실을 갈릴레오가 얼마나 명확히 알고 있었는가에 치중했다. 갈릴레오의 진술이 사실인지를 보장하기 위해 고문을 하겠다는 위협도 있었지만 실제로 고문이 실행되지는 않았다. 6월 16일에 기록된 교황의 평결은 모든 대안 가운데 가장 굴욕적인 선택이었다. 교황은 『천문 대화』가 '수정'될 때까지 그 책의 판매와 독서를 금지시키거나 갈릴레오에게 개인 참회와 가택 연금의 형을 내릴 수도 있었다. 그러나 『천문 대화』는 완전히 금서가 되었고, 갈릴레오는 공개적이며 공식적인 포기 선언을 해야 했으며, 무기징역을 선고 받았다. 6월 22일 수요일 아침에 갈릴레오는 재판관 앞에서 무릎을 꿇고 공손하게 다음과 같이 선언했다.

피렌체의 빈센치오 갈릴레이의 아들이며 70세인, 나 갈릴레오는 이 법정에 직접 출두하여 전 기독교 연방에 걸쳐 이단적 타락에 맞서는 가장 탁월한 종교재판관 추기경 앞에 꿇어 앉아, 내 눈앞에 있는 신성한 성경에 손을 얹고 성스러운 가톨릭과 사도 교회가 가르치고 설교하는 모든 것을 항상 믿어 왔으며, 지금도 믿고 있으며, 하나님의 도움으로 앞으로도 믿을 것을 맹세합니다. 태양이 세상의 중심이며 움직이지 않는 것이고, 지구는 세상의 중심이 아니며 움직이고 있다는 잘못된 의견을 버릴 것과, 그 잘못된 생각을 입으로나 글로서나 어떤 방법으로도 표현하지도 않고 옹호하지도 않으며 가르치지도 않을 것을 이 법정이 합법적으로 나에게 명령했으며, 또한 그 잘못된 학설이 성경에 어긋난다는 것을 통고했습니다. 그러나 그 후에도 나는 책을 저술하고 출간하여 그 책 속에서 이미 비난 받은 이 새로운 학설을 다루었고, 어떤 해결법도 제시하지 않고 태양이 중심이며 움직이지 않고 지구는 중심이 아니고 움직인다는 것을 믿고 주장하였으므로 이단이라는 큰 혐의를 받고 심판을 받았습니다.
따라서 추기경과 모든 충실한 기독교인들의 마음에서 나에 대한 이 강한 의심이 없어지기를 바라면서, 진실한 마음과 거짓 없는 신앙으로 나는 앞서 말한 잘못과 이단, 그리고 성스러운 교회와 반대되는 모든 잘못과 이단을 버리고 저주하고 혐오할 것입니다. 또한 앞으로 이와 비슷한 의심을 일으킬 어떤 것에 대해서도 입으로나 글로 표현하지 않고 주장하지 않을 것이며, 더 나아가 어떠한 이단이나 이단이라고 생각되는 사람이 있으면 그를 이 종교재판소나 내가 있을 곳의 어느 교회에든 고발할 것입니다….

갈릴레오는 법정의 결정에 의문을 제기하지 않고 그 정당한 판결을 따르며 "70세라는 나이에 10여 개월 동안 늘 정신적 불안감에 시달려 왔으며, 가장 험악한 계절에 길고 고된 여행에 시달려 온 상황과 자신의 신체적 불편함을 고려해 달라고" 재판관들에게 청했다.

피렌체 근처에 있는 아르체트리의 외딴 집에 유폐된 갈릴레오는 교황의 대리인의 허가 없이는 어떤 방문객도 들일 수가 없었다. 갈릴레오는 피렌체로 돌아간 직후, 자신의 유일한 위안인 사랑하는 딸의 죽음으로 깊은 슬픔에 빠졌다. 그는 모든 일에서 흥미를 잃은 듯했다. 그러나 갈릴레오의 넘치는 호기심은 억압될 수 없었다. 갈릴레오는 4년 동안 '2개의 새로운 과학(하나는 역학에 관한 것이고, 다른 하나는 물체의 힘에 관한 것이다)'에 관한 책을 저술했다. 이 책도 이탈리아어로 쓰였으며, 살비아티Salvati, 사그레도Sagredo, 심플리치오Simplicio 사이의 대화로 이루어졌다. 종교재판이 갈릴레오의 책을 금지시킨 이후로 이 책은 국외로 밀반출되어 레이덴의 엘지비어Elzevirs 출판 가문에서 출간되었다. 갈릴레오의 마지막 저서인 이 책은 하위헌스와 뉴턴이 역학을 발전시키고 마침내 만유인력의 이론을 만들어 내는 토대가 되었다.

갈릴레오가 생애 마지막 4년 동안 앞을 볼 수 없었던 이유는 아마도 망원경을 통해 몇 시간씩이나 태양을 관측했기 때문이었을 것이다. 존 밀턴이 갈릴레오를 찾아와 『투사 삼손Samson Agonistes』을 위해 또 영감을 받은 것은 이 무렵이었다(자신도 시력을 잃었는데도). 마침내 교황은 갈릴레오에게 젊은 학자 빈첸초 비비아니Vincenzo Viviani와 함께 지내도록 허락했다. 그리고 1642년 1월 8일 78세의 생일 1개월 전에 갈릴레오의 죽음을 알린 사람은 이 젊은 학자였다. "철학자이면서 기독교인의 확신을 지닌 갈릴레오는 자신의 영혼을 창조주에게 맡겼다. 그러면서 갈릴레오는 그 영원하고 변하지 않는 경이로운 세상을 더 가까이 볼 수 있는 곳에서 보고 즐거워하고 믿고 싶었을 것이다. 그는 섬세한 발명품을 이용해 열의와 갈망으로 우리의 눈에 그 경이로운 세상을 더 가까이 가져다준 사람이었다."

42

새로운 미시의 세계

현미경은 망원경과 같은 시대에 만들어진 발명품이었다. 그러나 코페르니쿠스와 갈릴레오가 근대화의 선지자로서 유명한 영웅이 되었던 반면에, 현미경 세계의 선지자였던 훅과 레이우엔훅은 전문 과학의 신전에서 무시당했다고 볼 수 있다. 코페르니쿠스와 갈릴레오는 '과학'과 '종교' 사이의 널리 알려진 싸움에서 선구적인 역할을 했지만, 훅과 레이우엔훅은 그렇지 못했다.

현미경을 발견한 사람이 누구인지는 정확히 알 수 없다. 가장 유력한 사람은 미델뷔르흐의 잘 알려져 있지 않은 안경 제작자 자카리아스 얀센이다. 안경이나 망원경처럼 현미경도 광학의 원리가 이해되기 훨씬 전부터 사용되었고, 또한 망원경처럼 우연히 만들어졌을 것이라고 알려져 있다. 그때까지 상상도 할 수 없었던 현미경의 세계를 들여다보기 위해 누군가가 현미경을 발명했을 것 같지는 않다. 망원경이 처음 만들어진 후, 사람들은 그것을 사용해서 가까이 있는 물체를 확대해 보려고 단순히 노력했을 것이다. 처음에는 같은 의미의 이탈리아어 '오키알리노occhialino'나 라틴어 '페르스피실룸perspicillum'이 망원경과 현미경에 모두 쓰이고 있었다. 갈릴레오도 망원경을 현미경으로 사용하려고 노력했다. 갈릴레오는 1614년 11월 피렌체에서 한 방문객에게 이렇게 말한 적이 있었다. "이 망원경으로 내가 파리를 보았더니 그것이 양처럼 크게 보였고, 털로 덮여 있었으며, 뾰족한 손톱이 있어서 유리의 구멍 사이에 손톱을 넣어 거꾸로 매달려 걸어 다닐 수 있다는 사실을 알게 되었소." 갈릴레오는 별에 초점을 맞추는 망원경이 겨우 2피트(약 0.6미터) 길이였는데 반해, 가까이 있는 작은 물체를 확대시켜 보려면 두 배나 세 배 길이의 원통이 필요하다는 사실을 알고는 당황스러워했다.

이미 1625년에 린체이 아카데미의 회원이며 박물학자 의사였던 존 파버John Faber(1574-1629년)가 이 새로운 발명품에 이름을 붙였다. "이 광학 원통을… 나는 망원경과 비슷하게 현미경이라 부르고 싶다. 왜냐하면 이것은 미세한 물체를 볼 수 있기 때문이다."

갈릴레오를 비판한 사람들은 그의 망원경을 보기를 꺼려하고 또 그들이 본 사실을 믿으려 하지 않았던 똑같은 의심으로 현미경에도 악담을 했다. 망원경은 분명히 전쟁에서 유용했지만 현미경이 전쟁에서 유용하다는 사례는 아직 없었다. 광학이라는 분야가 존재하지 않기 때문에 분별 있는 사람들은 '시각의 착각deceptiones visus'을 특히 경계했다. 모든 광학 발명품에 관한 이런 중세의 불신감이 광학 분야에 가장 큰 방해물이었다. 앞서 살펴보았듯이, 감각과 보이는 대상 사이에 놓이는 어떤 발명품도 신이 부여한 능력을 잘못 인도할 뿐이라고 믿고 있었다. 또한 어느 정도는 당시의 조악한 현미경이 그들의 의심을 더욱 부추겼다. 색 수차와 구면 수차*

가 여전히 흐릿한 영상을 만들어 냈다.

1665년에 로버트 훅Robert Hooke(1635-1703년)은 빛과 색에 관한 이론, 연소와 호흡에 관한 이론, 현미경의 사용법 등을 자세히 설명하고 있는 흥미로운 모음집 『마이크로그라피아Micrographia』를 출간했다. 그러나 '시각의 착각'에 대한 널리 퍼진 의구심은 훅을 힘들게 했다. 훅이 현미경을 통해 보았다고 주장한 '새로운 세계'는 예컨대 토머스 섀드웰Thomas Shadwell의 대중적인 익살극 『예술의 거장The Virtuoso』(1676년)에서처럼, 처음에는 웃음거리가 되었다.

갈릴레오의 『별들의 사자』가 망원경과 하늘의 세상에 관해 알렸듯이 훅의 『마이크로그라피아』는 이제 현미경에 관해 알렸다. 갈릴레오가 망원경을 발명하지 않았던 것처럼, 훅도 현미경을 발명한 것은 아니었다. 그러나 훅이 현미경을 통해 발견한 사실을 설명함으로써 유럽의 지성인들은 경이로운 내부 세계에 눈뜨게 되었다. 훅이 직접 그린 57가지의 놀라운 그림들은 처음으로 파리의 눈, 벌의 독침 기관, 벼룩과 이의 형태, 깃털의 세부 구조, 식물 같은 곰팡이의 형태 등을 보여 주었다. 그는 코르크의 벌집 모양의 구조를 발견하여 그것이 '세포'로 만들어졌다고 말했다. 훅의 그림은 19세기까지 교과서에 수록되어 있었다.

망원경이 지구와 먼 거리에 있는 천체를 모두 사고의 단일 체계 속에 가져다 놓은 것처럼 이제는 현미경의 영상이 놀랍게도 대단히 작은 세계를 일상적인 큰 규모로 보여 주었다. 얀 스바메르담Jan Swammerdam(1637-1680년)은 『곤충의 자연사Historia Insectorum Generalis』라는 책에서 곤충도 '고등'동물

● 한 점에서 나온 빛이 렌즈나 거울에 의하여 상(像)을 만들 때, 광선이 한 점에 완전히 모이지 아니하고 상이 흐려지거나 비뚤어지거나 굽거나 하는 현상

처럼 복잡한 구조로 되어 있으며, 자연 발생으로 생겨나지 않는다는 사실을 보여 주었다. 그는 현미경을 통해서 사람과 마찬가지로 곤충도 각 기관을 차례로 발생시키는 후성설epigenesis에 따라 발생한다는 사실을 알게 되었다. 그러나 다른 형태의 자연 발생설에 관한 믿음은 계속 남아 있었다. 앞으로 살펴보겠지만, 자연 발생설이 과학적으로 인정받을 수 없게 된 것은 19세기에 루이 파스퇴르Louis Pasteur가 발효에 관한 훌륭한 실험을 하고 그것을 우유 보존에 응용한 이후였다.

현미경은 이전에 들어가 본 적이 없었으며 여러 면에서 탐험하기 쉬운 암흑의 대륙을 열어 놓았다. 대규모 항해에는 막대한 자본, 조직적 재능, 지도력, 그리고 엔리케 왕자나 콜럼버스, 또는 마젤란이나 가마와 같은 카리스마가 필요했다. 천문학의 탐험에는 많은 곳에서 많은 사람들의 공동 관측이 필요했다. 그러나 현미경 하나만 있으면 경험 있는 항해사나 숙련된 비행사가 아니더라도 어디서든 혼자서 처음으로 모험을 할 수 있었다.

안톤 판 레이우엔훅Antoni van Leeuwenhoek(1632-1723년)은 현미경으로 또 다른 세상을 탐험하는 새로운 과학을 개척했다. 레이우엔훅이 태어난 델프트Delft에서 그의 아버지는 유명한 델프트 도기를 세계 시장으로 내보내는 데 사용하는 바구니를 만들고 있었다. 레이우엔훅도 비단, 양모, 면직물, 단추, 리본 등을 도시의 풍족한 시민들에게 팔면서 넉넉한 삶을 살았으며 시의회의 의장, 도량형 기구의 검사관, 법정 조사관 등의 업무로도 상당한 수입이 있었다. 레이우엔훅은 화가 얀 페르메이르Jan Vermeer의 막역한 친구였으며, 베르메르가 죽자 그의 파산한 재산을 관리하는 사람으로 지명되기도 했다. 레이우엔훅은 대학엔 가 본 적이 없으며, 평생 90년 동안 네덜란드를 떠났던 적은 한 번은 앤트워프, 그리고 또 한 번은 영국으로 2

번뿐이었다.

레이우엔훅은 라틴어를 전혀 몰랐으며 자신이 태어난 델프트의 네덜란드 방언으로만 글을 쓸 줄 알았다. 그러나 근대적 기구를 통한 감각적 경험은 언어를 초월하는 일이었다. 과학자들의 세계에 들어가기 위해 더 이상 히브리어, 그리스어, 라틴어, 아랍어 등이 필요하지는 않았다.

동인도의 보배를 차지하려고 네덜란드와 영국 사이의 격렬한 상업 경쟁이 있었던 시대에 과학 분야에서는 활발한 공동 작업이 있었다. 영국과 네덜란드의 제독들은 서로를 향해 총포를 쏘고 있었지만 영국과 네덜란드의 과학자들은 서로 정보를 정중하게 교환하고 새로운 과학의 전망을 공유하고 있었다. 과학의 국제사회가 성장하고 있었다. 1688년에 런던 왕립학회의 『자연과학 회보Philosophical Transactions』에는 이탈리아의 렌즈 제작자인 유스타키오 디비니Eustachio Divini(1610-1685년)가 현미경을 사용하여 '지금까지 볼 수 있었던 것보다 더 작은 동물'을 발견했다는 이탈리아의 학술지 초록이 실렸다. 5년 후 영국과 네덜란드의 해전이 한창일 때, 헨리 올덴부르크Henry Oldenburg(독일에서 태어나 위트레흐트 대학을 졸업하고 당시에 런던에 살면서 『자연과학 회보』를 출판하고 있었다)는 네덜란드의 해부학자 레니에 드 그라프Regnier de Graaf(1641-1673년)에게서 서신 1통을 받았다.

무력의 충돌이 있더라도 인간성과 과학이 우리 사이에서 사라지지 않았다는 더 큰 증거가 될 수 있도록, 나는 당신에게 이곳의 레이우엔훅이라는 아주 독창적인 사람이 우리가 이제까지 본 유스타키오 디비니와 다른 사람들이 제작한 것보다 훨씬 나은 현미경을 발명했다는 사실을 알려드립니다. 동봉한 그의 편지에는 이전의 사람들보다 더 정밀하게 관찰된 물체를 설명하고 있는 것으로 그가 연구한 견본이 있을 것입니다. 당신이 괜찮으시다면 이 가장 부지런한 사람의 기술을 시험해 보고 그를 격려해 주셨으면 합니다. 그리고 당신의 의견도 함께 이런 종류의 더 어려운 문제들을 제안하는 편지를 그에게 보내 주시기를 바랍니다.

'격려'를 받은 레이우엔훅은 한 과학 공동체에 들어가게 되었고 그가 처음 보는 세싱의 동료들과 50년 동안 의사소통을 하는 즐거움을 누렸다.

레이우엔훅과 같은 세심한 포목상들은 옷감의 품질을 확인하려고 배율이 낮은 확대경을 사용하는 습관이 있었다. 레이우엔훅의 첫 현미경은 유리구를 손으로 연마한 작은 렌즈를 구멍 뚫린 2개의 철판 사이에 끼워 고정시켜 그 렌즈를 통해 물체를 볼 수 있게 만든 것이었다. 그 현미경에는 표본을 고정시키기 위한 조절 장치가 부착되어 있었다. 그는 단일 렌즈 방식만으로 사용하는 '간단한' 현미경으로 모든 일을 해냈다. 레이우엔훅은 약 550개의 렌즈를 연마했고 그중에서 가장 성능이 좋은 것은 확대율이 500배, 해상력이 1m의 100만 분의 1이 되는 렌즈였다. 연금술과 기구 제작이나 지도 제작의 전통에 따라 레이우엔훅도 자신의 연구를 비밀로 유지했다. 레이우엔훅은 자신의 상점으로 찾아온 손님들이 볼 수 있는 현미경은 그가 비밀로 사용하며 공개하지 않는 더 우수한 렌즈가 달린 현미경에 비하면 아무것도 아니라고 주장했다. 레이우엔훅은 지역 사람들에게서 마술사라고 불렸지만 그것이 별로 달갑지는 않았다. 그는 해외에서 온 호기심 많은 방문자들을 특히 경계하며 이렇게 말했다. "그들은 내 깃털로 자신들을 치장하려고 할 뿐, 내게는 전혀 도움이 되지 않는다."

왕립학회는 레이우엔훅에게 그가 발견한 것들을 190여 통의 편지로 보고하도록 권했다. 체계적인 연구 계획이 없었던 레이우엔훅에게 편지는 뜻밖의 발견물이든 무엇이든 모든 내용을 보고하는 완전한 형식이 되었다. 레이우엔훅은 처음에 우연히 발견한 사실에 가장 놀라워했다. 갈릴레오가 은하수에서 별들을 구분해 내고 목성의 4대 위성을 발견하여 매우 기뻐했다면 물 1방울 속에서 하나의 우주를 발견하는 것은 더욱 놀랄 만한 일이 아닐까!

레이우엔훅은 현미경이 완성되자 그것으로 볼 수 있는 대상물을 찾기 시작했다. 1674년 9월에 호기심이 생긴 레이우엔훅은 델프트 외곽으로 2마일(약 3킬로미터) 떨어진 늪에서 떠 온, 푸르스름한 탁한 물을 유리병에 채웠다. 지역 사람들은 그 물을 '감로수'라고 불렀다. 그 물을 확대경으로 관찰한 레이우엔훅은 '매우 많은 극미 동물'을 발견했다. 또한 레이우엔훅은 현미경으로 후추가 섞여 있는 물을 1방울 살펴보았다.

지금 나는 한 덩어리로 뭉쳐 꿈틀거리는 작은 뱀장어나 벌레가 있는 것을 분명히 보았다. 마치 서로 사이에서 꿈틀거리는 작은 뱀장어들과 물로 가득한 통 안을 육안으로 보는 것 같고, 물 전체가 이런 다양한 극미 동물과 함께 살아 있는 듯 보였다. 이것은 내가 자연에서 발견한 경이로운 것들 중에서 가장 놀라운 광경이었다. 이 수천 개의 생물들이 물 1방울 속에 살아 있으며, 여러 생물들마다 각각 고유의 운동으로 서로 사이에서 움직이는 것보다 더 즐거운 광경을 이전까지는 본 적이 없다고 나는 말해야겠다….

레이우엔훅은 왕립학회에 보낸 유명한 편지 18(1678년 10월 9일)에서 "살아서 움직이는 것을 육안으로 볼 수 있는, 스바메르담이 '물벼룩' 또는 '물이'라고 부르고 묘사했던 극미 동물보다 내 눈에는 이런 작은 동물들이 1만 배나 더 작다"라고 결론지었다.

거대한 남빙양Southern Ocean을 발견하고 그 크기에 놀란 발보아나 무한한 별들을 새로 발견하고 기뻐한 갈릴레오처럼, 레이우엔훅도 이런 작은 생명체들과 그 무한한 숫자에 탐닉했다. 레이우엔훅에 따르면, 그는 가느다란 유리관에 좁쌀만큼 물을 붓고 그 유리관을 30등분으로 구분한 다음 "나는 위아래로 밀 수 있도록… 부착시켜 놓은 은 또는 구리 스프링을 이용하여 이 물을 현미경으로 가져왔다. 그때 레이우엔훅의 상점에 있던 방문객은 놀라워했다. 좁쌀 하나 크기의 30분의 1에 해당하는 물 안에서 1,000개의 극미 동물을 이 신사가 실제로 보았다면, 이 좁쌀 크기의 물 안에는 3만 개의 생명체가, 그리고 한 방울의 물 안에는 27만 3,000개의 생명체가 있을 것이다. 그런데 방문객에게 보여 주지 않은 훨씬 더 작은 생명체들이 있었지만 그것은 (나 자신만을 위해 갖고 있는)다른 현미경과 다른 방법으로 관찰할 수 있었다"라고 레이우엔훅은 덧붙여 기록했다.

이 보고서를 읽은 사람들이 의심을 한 것도 당연하다. 어떤 사람은 '확대경으로 본 것이 아니라 상상으로 본 것'이라고 레이우엔훅을 비난하기도 했다. 레이우엔훅은 왕립학회를 설득시키기 위해 목격자들이 서명한 증거를 제시했다. 그 목격자들은 동료 과학자들이 아니라 존경할 만한 시민들, 공증인, 델프트의 개신교 목사 등의 사람들이었다. 그들은 그 작은 동물들을 직접 눈으로 본 사람들로서 스스로를 목격 증인testis oculatus이라고 칭했다.

박테리아의 세계를 발견한 레이우엔훅은 그 생명체들을 중요한 존재처럼 보이게 했다. 그는 '하등동물'에 대한 아리스토텔레스의 독단에 반대하여 극미 동물은 모두가 생명을 유지하는 데 필요한 완전한 신체 기관을 갖추고 있다고 주장했다. 따라서 곤충이나 장내의 기생충 같은 작은 동물들이 쓰레기, 배설물, 먼지, 그리고 유기물의 부패에서 저절로 생긴다고 믿을 이유가 없어졌다. 오히려 성서가 암시하듯이, 생명체는 각각 그 종을 따라 번식하며 같은 종의 조상에서 나오는 자손이었다.

레이우엔훅은 현미경으로 관찰한 인간의 정액에 관한 보고서를 왕립학회에 보내면서 조심스럽게 사죄하는 태도를 보이며 이렇게 전했다. "만일 각하께서 이 관찰이 학자들에게 혐오감을 주거나 반감을 품게 한다고 생각하신다면 이것들을 개인적으로 다루어 결정대로 출판하거나 또는 파기하시기를 바랍니다." 몇 년 전에 윌리엄 하비William Harvey가 『동물 발생론De Generatione』(1651년)이라는 책에서 난자가 새로운 생명의 유일한 원천이라고 설명한 일이 있었다. 정액은 수정시키는 '증기'일 뿐이라는 것이 당시의 널리 퍼진 생각이었다. 운동 능력을 생명과 동일시한 레이우엔훅은 살아 있는 정자들이 헤엄쳐 다니는 현상을 보았을 때 생각이 다른 극단으로 치우쳐 그것에 새로운 생명을 창조하는 지배적인 역할을 부여했다.

활력이 넘치는 탐구자로서 레이우엔훅은 후추의 톡 쏘는 맛은 현미경에 나타나는 가시 같은 조직 때문이며, 인간의 성장을 정자 속에서 기관을 미리 형성한다는 '전성설preformation'로 설명하는 등의 많은 착오도 저질렀다. 그러나 레이우엔훅은 또한 미생물학, 발생학, 조직학, 곤충학, 식물학, 결정학 등의 새로운 길을 열었다. 레이우엔훅은 충분히 누릴 자격으로 왕립학회의 회원으로 선택되었을 때(1680년 2월 8일) 몹시 기뻐했다. 이 일은 지식의 전통적인 수호자들만이 지식을 발전시키는 것이 아니라는, 국제적이며 비학구적인 과학자들의 새로운 세계를 암시했다. 단순한 '기계공' 같은 비전문가들도 자신의 역량을 발휘할 수 있었다.

43

중국의 갈릴레오

중세에 광학 이론과 시각에 관한 지식은 아랍의 의사와 자연철학자들을 통해 크게 발전했다. 최초의 아랍 철학자라고 불리는 알킨디Al-Kindi(813-873년)는 비추어진 물체에서 눈으로 직선의 빛이 이동하는 개념을 만들어 냈다. 선구적인 실험가인 알하젠Alhazen(또는 이븐 알하이삼Ibn al-Haytham)(965-1039년)은 기독교 철학자들이 아직도 받아들이지 않은 이 개념을 더욱 발전시켜, 영상은 보는 눈과 전혀 다른 요소를 통해 만들어진다고 여겼다. 그는 더 나아가 비추어진 표면의 모든 점에서 직선의 빛이 방출된다는 개념을 발전시켰다. 알하젠은 눈이 부시다는 문제를 실험하여 망막 위에 영상이 지속되어 나타나는 현상에 주목하고 눈을 하나의 광학기구로 다루기 시작했다. 그렇게 해서 아랍 과학자들은 광학의 주류로 자리 잡게 되었다.

중국에서는 많은 발명품 목록 어디에도 망원경이나 현미경을 찾아볼 수가 없다. 그러나 중국인들은 이미 기원전 7세기에 거울을 만드는 기술을 터득했다. 매우 이른 시기에 그들은 볼록거울과 오목거울을 만들었고, 기원전 5세기에는 유리 세공 기술에 능숙했으며, 15세기에는 실제로 안경을 착용하고 있었다. 그리고 사진기의 어둠상자camera obscura는 11세기까지 사람들의 위안거리가 되었다. 이미 기원전 4세기에 중국 물리학의 고전인 묵자墨子*에는 르네상스 이후의 세련된 유럽 사상을 앞지른 광학 이론을 자세히 설명했다. 아마도 '영혼'에 대한 신념 때문에 혼동되지 않았기 때문인지, 중국인들은 눈에서 발산되는 빛의 개념이 걸림돌이 되지 않았던 것으로 보인다. 대신에 그들은 물체에서 나오는 빛의 작용을 연구했다.

앞서 살펴보았듯이, 중국인들은 천체 현상을 열성적이고 정확하게 관측하고 기록했다. 그러나 신부 마테오 리치는 중국에 도착했을 때 중국의 천문학이 뒤쳐진 상태라는 사실을 알게 되었다. 마테오 신부에 따르면, 중국인들은 서양인들보다 더 많은 400개 이상의 별들을 헤아렸지만 희미한 별들을 모두 포함했기 때문이었다. 그는 또한 이렇게 언급했다. "이런 모든 일에도 불구하고 중국의 천문학자들은 천체 현상을 수학 분야로 변형시키려는 노력을 전혀 하지 않고⋯. 그들의 모든 관심을 우리 과학자들의 용어로는 점성술이라고 부르는 천문학 분야에만 집중시키고 있다. 그 이유는 지구에서 일어나는 모든 현상은 별들에 따라 결정된다고 그들이 믿기 때문일 것이다⋯. 현재 점성술의 연구를 규제하고 있는 왕조의 창시자는 세습의 권리로 선정되지 않는 한, 누구도 이 학문의 연구에 종사하지 못하게 했다. 이 금지는 별에 대한 지식을 얻은 사람이 제국의 질서를 무너뜨릴 수 있는 능력이 생겨 그런 기회를 노릴 수 있다는 두려움에 근거

• 묵자의 사상서

를 두었다." 마테오 신부는 중국인들의 잘못된 개념 가운데 하나가 '투명한 천구를 믿지 않는 것'이라고 여겼다. 모든 기하학 형태 중에서 원을 가장 완전한 것으로 찬양하는 그리스인들과 달리, 중국인들은 행성의 운동과 항성의 자전을 그 이상적인 형태 속에 한정시킨 유클리드와 플라톤의 동기를 가지고 있지 않았다.

1605년 5월 12일에 마테오 신부는 북경에서 자신과 함께 일할 유능한 천문학자 1명을 파견해 달라고 청하는 서신을 로마의 상관에게 보냈다. "지구의, 시계, 천체의, 아스트롤라베 등을 내가 제작하여 그 사용법을 가르쳐 주고 그들에게서 세상에서 가장 훌륭한 수학자라는 명성을 얻었으며…. 만약 내가 청한 수학자가 여기에 온다면, 우리는 손쉽게 우리의 도표들을 중국어로 번역하여 그들의 달력을 바로잡을 수 있습니다. 그러면 우리의 위신은 높아질 것이고, 중국의 문은 더욱 크게 열릴 것이며, 우리들은 더욱 안전하고 자유롭게 살아갈 수 있을 것입니다." 마테오 신부는 갈릴레오가 아주 놀라운 관측을 하기 이전에 이미 이렇게 서신을 썼다.

로마의 학식 있는 예수회 신부들이 갈릴레오의 업적을 받아들였다는 소식이 마침내 동방에 전해졌을 때, 중국에 있던 예수회 신부들은 그 소식을 활용하여 자신들의 천문학 위업을 중국인들에게 알리기로 결정했다. 파도바에서 갈릴레오의 옛 제자였으며 린체이 아카데미의 회원이었던 신부 존 슈레크John Schreck가 북경의 예수회 선교단에 합류하게 된 것은 우연한 일이었다. 로마에서 그 유명한 갈릴레오의 파티에 참석한 적이 있었던 슈레크는 그 파티에서 한 손님이 환영 받지 못할 사실을 믿을 수밖에 없을까 봐 갈릴레오의 망원경을 보지 않겠다고 거절한 일을 기억하고 있었다. 이미 1612년 말 이전에, 인도에 있던 한 예수회 선교사가 갈릴레오의 발견 소식을 듣고 망원경을 하나 보내 주거나, 아니면 그 제작법을 보내 달라고 청한 적이 있었다. 1615년에는 북경의 한 예수회 신부가 중국어로 된 천문학에 관한 소책자 마지막 페이지에 망원경에 대한 설명을 추가해 놓았다. 당시에는 그리 긴 세월이 아니었지만 갈릴레오의 『별들의 사자』가 로마에서 북경에 도착하기까지 5년이란 세월이 걸렸다.

갈릴레오가 북경의 선교사들에게 천문학 자료로 도와주기를 거절하자 그 선교사들은 케플러에게 부탁하여 도움을 받았다. 로마에 있는 예수회 총장은 마침내 독실한 코페르니쿠스학파 1명을 포함한 몇몇 유능한 수학자들을 북경의 전도를 강화하려고 파견했다. 1611년 5월에 갈릴레오에게 영예를 준 로마 대학의 평의회에 있었던 신부 샬Schall은 갈릴레오의 이론을 기억하고 있었다. 이제 북경에 주재하게 된 샬 신부는 1626년에 망원경을 만드는 상세한 방법을 그림으로 설명해 놓은 책을 만들었다. 그 서문에는 '보이는 것에서 보이지 않는 것으로' 인도하고 현미경으로 새로운 능력을 얻게 되는 눈을 극찬했다. 1634년에는 예수회 신부들의 지도를 받아서 만들어진 망원경이 격식을 갖추어 황제에게 바쳐졌다.

점성술에 매우 유용한 이런 발명품은 체제를 전복할 수단이 될 수 있다는 의심이 황제의 조정에서 이미 나타나고 있었다. 이 발명품은 '다른 기구들이 도달할 수 없는 곳까지 도달할 수 있는 기구'로서만 그럴듯하게 정당화되었다. 중국의 한 학자의 설명에 따르면 "만일 뜻밖의 군사혁명이 일어난다면… 멀리서도 적의 진영을 볼 수 있어 병사와 군마들이 얼마나 무장을 하고 있는지 알 수 있고, 따라서 어느 정도 준비가 되어 있는지, 공격하는 것이 적합한지, 방어하는 것이 적합한지, 또한 대포를 발사하는 것이 좋은지를 알 수가 있다. 이 기구보다 더 유용한 것은 없다."

중국에 있는 예수회 선교사들은 1633년에 있었던 갈릴레오의 재판과 유죄판결을 아직 알지 못했다. 그들은 그 소식을 알았을 때에도 망원경에 대한 열정은 조금도 수그러들지 않았지만 코페르니쿠스의 태양중심설을 내세우는 일은 중단했다. 앞서 살펴보았듯이, 갈릴레오는 교황청의 유죄판결에 스스로 복종했다. 1642년에 갈릴레오가 세상을 떠났을 때에도 학계에서는 여전히 코페르니쿠스 학설을 받아들이지 않았다. 예수회 학자들의 개개의 태도는 개인적인 적대감, 시기, 질투 등으로 흐려져 있었다. 갈릴레오의 어떤 친구들은 '그는 자신의 재능에 지나치게 빠져 있고 다른 사람의 재능을 존중하지 않았기 때문에 자신을 망친 것'이라고 생각했다. 그리고 주요한 예수회 수학자 크리스토퍼 슈라이너Christopher Schreiner(1575-1650년)는 태양의 흑점을 처음으로 관측한 영예를 자신으로부터 갈릴레오가 훔쳐 갔다고 비난하기도 했다.

이 모든 일의 결과를 보면, 중국에 들어온 망원경은 태양중심설을 선전하는 효과적인 기구가 될 수 없었다. 예수회 신부들은 태양중심설에서 공식적으로 물러나는 것을 정당화하려고 노력했다. 그들에 따르면, 중국의 전통적인 과학은 지구를 우주의 중심으로 여겼기 때문에 태양중심설을 주장하는 것은 예수회에 대한 불필요한 반감을 생기게 하고 그들이 전파하는 기독교 신앙의 신뢰를 떨어뜨릴 수 있게 된다는 것이다. 그들은 또한 코페르니쿠스의 우주론으로 바꾸기에는 중국이 아직 사회적 조건이 갖추어지지 않았다고 주장하기도 했다. 1635년에는 망원경이 실제로 전쟁에서 포병을 지휘할 때 사용되었다. 니덤에 따르면 『별들의 사자』가 출간된 후 10년도 안 되어 중국의 '광학 제조 거장' 2명이 현미경과 환등기를 합성한 기구를 비롯한 광학기구들을 제작했다고 한다. 갈릴레오가 죽기 전에 몇몇 중국학자들은 그 야만인 천문학자를 표음 방식으로 '치아리레로Chia-li-lê-lo'라 칭하기도 했다.

동아시아의 어느 지역을 향한 망원경의 전파는 우리가 예측할 수 있듯이 소수의 공식적인 통로를 통해서만 이루어졌다. 1631년 북경으로 가는 한국의 사신*이 마르오에 피난하고 있던 포르투갈의 예수회 선교사인 존 로드리게스John Rodriguez 신부를 만났다. 한국의 사신이 천문학에 대한 흥미와 달력의 개량에 흥미를 보이자 로드리게스 신부는 갈릴레오의 발견 내용이 수록된 책 2권과 망원경 하나를 주었다. 그 망원경은 멀리 볼 수 있다고 해서 '천리경'이라 불렸다.

망원경이 어떻게 좁은 해협을 건너 한국에서 일본으로 전해졌는지에 관해서는 알 수가 없다. 그러나 갈릴레오가 죽기 전인 1638년에 유일하게 외국인이 출입할 수 있었던 나가사키에 망원경이 하나 있었다. 그 망원경은 그곳에서 경계가 심한 일본인에게 달갑지 않은 외국인이 들어오는 것을 알려 주는 데 사용되고 있었다. 나가사키의 남동쪽 끝에는 외국인 감시소가 있어서 망원경을 지닌 관리가 항구를 내려다보고 있었다. 그의 임무는 외국 선박이 들어오는 것을 발견하면 검은 깃발을 단 배를 보내어 항해 관청에 알리는 일이었다. 반세기가 지나면서 망원경은 다른 목적으로 바뀌었다. 이하라 사이카쿠Ihara Saikaku의 소설 『사랑으로 인생을 보낸 남자(호색일대남)』(1682년)에는 9세의 주인공이 지붕 위에 앉아 목욕하고 있는 하녀를 망원경으로 보는 장면이 등장한다.

코페르니쿠스와 갈릴레오의 사상은 결국 북경에 있는 예수회 선교사

• 조선 후기의 진주사(중국에 임시로 보낸 사신) 정두원

가 인쇄한 중국 서적을 통해 일본에 전해졌다. 그 영향을 받은 사람들 중 1명이 자신만의 독특한 계산 방법을 발명한 '일본의 뉴턴' 세키 고와Seki Kowa(1642?-1708?)였을 것이다. 나가사키는 이런 외래 사상이 들어오는 항구가 되었다. 18세기 말에는 코페르니쿠스의 이론이 수많은 일본 천문학자들에게 받아들여졌고, 비록 '믿지 않는 사람들이 훨씬 다수였지만' 평판이 좋은 학자들의 저서를 통해 점차 대중화되고 있었다. 나가사키에서는 예수회 선교사 대신에 네덜란드 상인들이 서구 과학을 전하는 대리인이 되었다. 코페르니쿠스의 사상은 일본에 늦게 전달되었지만 유럽보다는 완강한 저항이 적었고 19세기 초의 서구 과학의 명성 때문에 특별한 흥미를 끌었다.

아시아는 기독교와 관련이 없는 다원적인 세계관 때문에 마침내 과학적인 이익을 얻게 되었다. 일본에서는 코페르니쿠스 이론에 대한 종교적인 반대가 없었다. G. B. 샌섬Sansom에 따르면, 일본인의 신념은 "결코 인간 중심적이거나 지구 중심적이지 않았고, 따라서 지구가 하나의 위성이라는 이론이 위험한 생각이 아니었으며, 또한 인간의 중요성을 깎아내리는 생각도 아니었다"라고 한다. 오래전부터 일본인은 코페르니쿠스 이론을 자신들의 발명이라고 주장하면서 존중하고 있었다. 몇몇 과학자들은 그 이론을 유럽보다 앞서, 독립적으로 발견했다고 주장했다. 전통을 따르는 일본학자들은 태양 중심의 우주에서 태양은 실제로 '하늘의 중심을 다스리는 신'이라는 일본인들의 고대 신 '아메노미나카누시노카미Ame-no-Minakanushi-no-Kami'였으므로, 태양중심설은 원래부터 그들의 전통적인 믿음이었다고 설명하기 시작했다.

10부

우리의 내부 세계

경험은 결코 잘못 판단하지 않는다.
다만 경험의 능력 밖에 있는 것을 기대하는 우리의 판단력이
오류를 범할 뿐이다.
– 레오나르도 다빈치Leonardo da Vinci(1510년경)

44

미래의 길을 알려 준 미친 예언자

16세기의 유럽에서는 인간의 우주 탐구를 방해했던 것과 같은 상식과 민간 지식이 인간 자신에 대한 통찰과 인체의 탐구를 방해했다. 그러나 천문학과 달리 인체해부학은 누구나 어느 정도 직접 알고 있는 주제였다. 유럽에서 인체에 대한 지식은 성문화되어 있어서 영향력 있고 독점적이며 존경 받는 전문가에게 맡겨졌다. 학문 용어(그리스어, 라틴어, 아랍어, 히브리어 등)로 축적된 이 지식은 스스로 '의학자Doctors of Physick'라고 부르는 사람들의 전유물이었다. 치료나 해부를 위하여 인체를 다루는 일은 오히려 도살업자에 가까운 또 다른 직업 분야였으며, 때로는 이발 외과 의사barber-surgeon라고 불리기도 했다.

약 1300년까지는 인체가 해부학 교육을 위해 절개되는 일은 없었다. 그 당시에 시체를 절개하는 것은 특히 불쾌한 일이었다. 냉동장치가 없었기 때문에 가장 부패하기 쉬운 부분부터, 즉 복강에서 시작해서 흉부, 그리고 마지막으로 머리와 사지의 순으로 절개해야만 했다. '해부'로 알려진 절개는 4일 동안 신속하게 밤낮 계속되었으며, 대체로 야외에서 이루어졌다. 초기의 해부학 교과서에 인쇄된 삽화를 보면, 의학교수인 의사는 모자와 가운으로 완벽하게 옷을 차려입고 권좌cathedra라는 왕좌와 같은 의자에 높이 앉아 있었다. 반면에 이발 외과 의사는 그 아래 잔디 위에 서서 목조 작업대 위에 펼쳐진 신체 내장을 다루고 있고, 설명자는 지시봉으로 신체 각 부위를 가리키고 있다. 그리고 의학교수는 손에 갈레노스Galen나 아비센나Avicenna(또는 이븐 시나)의 책을 들고 해부 장소에서 멀리 떨어진 청결한 곳에서 그 책을 읽고 있는 것을 볼 수 있다.

의학자들은 환자가 읽을 수 없는 용어를 사용하여 의학에 관한 비밀을 지켰다. 그들이 학문의 권위와 신비로운 경외심을 누리고 있다는 사실은 놀랄 일이 아니다. 학계의 귀족이며 삶과 죽음을 다루는 사람들이었던 의학자들은 일반인들이 공격할 수 없는 안전한 곳에 위치하고 있었다. 사람들은 값비싼 치료비나 고통스러운 위험과 극단적인 치료 대신에, 흔히 향신료 상인이나 식료품 장수보다 더 나을 것이 없는 가까이 있는 약제사에게 상의를 했다.

의학의 세계는 분리의 세상이었다. 예컨대 신체에서 책의 분리, 경험에서 지식의 분리, 치료가 가장 필요한 사람들에게서 학식 있는 치료사의 분리 등으로 이루어진 세상이었다. 그렇지만 그런 분리 때문에 경탄할 만한 직업이라는 위엄을 갖추게 되었다.

15세기 말에는 학문 용어를 애써 배워서 저명한 의학교수의 제자가 된 의사라면 누구든 전통 지식과 일반화된 독단에 치우쳐 있었다. "건강을 지키도록 노력하라, 그리고 건강을 지키기 위해서는 의사를 멀리할수록 더욱 좋다. 의사의 약은 일종의 연금술이며 연금술에 관한 책은 약에 관한 책만큼이나 많기 때문이다"라고 레오나르도 다빈치는 경고했다. 이 의학이라는 요새를 공격한다는 것은 그 위엄의 규범을 부정하고 대학 사회와 길드에서 쫓겨날 각오를 해야 했다. 그런 모험에는 지식과 함께 열정이 있어야 했으며, 신중하기보다는 과감해야 했다. 의학의 길을 개척하려면 전문적인 지식이 있어야 하면서도 그 전문직에 구애 받지 않아야 했다. 의사의 세계에 있으나 그 세계의 일부가 되지 말아야 했다.

근대 의학을 향하는 길은 전통에 얽매인 저명한 교수를 통해서는 분명히 개척될 수가 없었다. 개척에 필요한 존재는 정착하지 않고 공상적이며 신비로운 무모함이 있는 사람이어야 했다. 그런 길을 과감하게 가르쳐 준 사람은 방언을 사용하며, 말을 하기보다는 날카롭게 외쳐야 했을 것이다.

파라셀수스Paracelsus(1493-1541년)는 당대의 의문스러운 존재였고 돌팔이 의사라는 평판을 듣고 있었다. 그는 신에 대한 믿음으로 인간과 치료 기술에 대한 새로운 통찰력을 갖고 있었다. 우주의 신성한 균형에 대한 케플러의 신념이 천체에 대한 코페르니쿠스 학설을 확인시켜 주었던 것처럼, 인체 내의 신성한 질서에 대한 믿음이 파라셀수스를 고취시켰다.

'파라셀수스'는 이 별명으로 살았던 삶 자체가 하나의 수수께끼이다. 어쩌면 그가 자신을 위대한 로마의 의학 권위자인 켈수스Celsus와 동등하다고 여겼거나, 또는 단순히 의학의 일반적인 견해에 반대하는 역설적인 글을 썼기 때문일 수도 있다. 파라셀수스의 본명은 '테오파라투스 필리푸스 아우레올루스 봄바스투스 폰 호엔하임 Theophrastus Philippus Aureolus Bombastus von Hohenheim'이었다. 그의 이름이 영어의 '허풍bombast'이란 말의 기원은 실제로 아니었지만 어쩌면 그랬을 수도 있다. 파라셀수스는 스위스 동부에서 태어났고, 사생아로 태어난 그의 아버지는 의사였으며, 어머니는 아인지

델른Einsiedeln의 베네딕트 수도원에서 노예로 있었다. 파라셀수스가 9세 때 어머니가 세상을 떠나자 아버지는 오스트리아 카린시아Carinthia 마을의 광산으로 이주했고 파라셀수스는 그곳에서 자랐다. 정식으로 교육을 받지 못했던 파라셀수스는 때로는 아버지에게서, 또 때로는 의학과 전통적인 신비 사상에 능숙한 교회 사람들에게서 일정하지 않은 교육을 받았다. 아마도 그는 의사 면허를 받지 않았을 것이다. 파라셀수스는 한곳에 정착하지 않고 떠돌이 생활을 하면서 티롤Tyrol의 푸거Fugger 광산에서 일한 적도 있고 덴마크와 스웨덴에서 베네치아 군대의 외과 의사로 근무한 적도 있었다. 또 그는 로도스섬과 더 먼 동쪽까지 모험을 하기도 했다.

파라셀수스는 스트라스부르Strasbourg에서 개업의로 한때 번창한 일도 있었다. 또한 그는 요한 프로벤Johann Froben(1460-1527년)의 치명적인 질병을 치료하기 위해 바젤로 초대 받는 행운도 있었다. 요한 프로벤은 초기의 가장 영향력 있는 인쇄소들 중 하나를 창설했고, 최초의 그리스어판 신약성서를 출간했던 유명한 출판업자였다. 파라셀수스는 프로벤의 회복으로 명성을 얻게 되었다. 당시에 프로벤과 함께 지냈던 유명한 에라스뮈스(1466-1536년)도 파라셀수스에게 치료를 받았다. 두 사람은 젊은 파라셀수스의 탁월한 분별력에 매우 감동을 받아 1527년에 그에게 시에서 정한 의사의 자리를 보장하고 대학교수로 임명했다. 그러나 파라셀수스는 히포크라테스 선서를 거부했고, 또한 의사 면허도 없었기 때문에 교수들로부터 외면당했다.

33세의 파라셀수스는 자수성가한 사람의 특유한 거만함과 자칭 신의 대변인으로서 논리 정연한 태도를 갖추고 있었다. 인도주의 차원에서 주요 출판업자의 후원을 받은 파라셀수스는 바젤에서 주어진 그런 운 좋은 기회로 의학 제도를 비난했다. 동시에 그는 의술에 관한 자신만의 도전적인 선언문을 만들어 전통 히포크라테스 선서를 대신할 수 있기를 바랐다. 10년 전에 루터가 기존의 교회에 반기를 든 것처럼, 파라셀수스도 의학의 주교와 추기경 같은 수뇌부들과 기존의 의학 원리에 반기를 든 것이다. 그는 1527년 6월 24일 '성 요한의 축일St. John's Day'에 갈레노스의 저서들과 아비센나의 존경 받는 『의학전범Canon』을 학생들의 모닥불 속으로 던져 버리면서 자신의 진지함을 보여 주었다. 또한 그는 대담하게도 의학 교육 과정을 환자를 통해 직접 얻은 경험에 기반을 둘 것이라고 선언했다.

파라셀수스는 더 나아가 라틴어를 사용하는 대신에 '스위스 독일어Schweizerdeutsch'라고 하는 독일어의 스위스 방언으로 강의를 해서 다른 의학교수들을 화나게 했다. 그런데 이런 행동은 또한 일반인들을 무능한 의사들에게서 보호하기 위하여 올바른 의사는 전문적 지식을 지킬 것을 맹세한다는 히포크라테스 선서를 위반하는 일이었다. 그리고 성 마태오 복음에 따르면 "거룩한 것을 개에게 주지 말고 진주를 돼지에게 던지지 마라. 그것들이 발로 그것을 짓밟고 돌아서서 너희를 물어뜯을지도 모른다〈마태오의 복음서 7장 6절〉"라는 구절도 있었다.

박식한 의사들은 파라셀수스를 공격했다. 그의 강력한 지지자였던 프로벤이 1527년 10월에 갑자기 세상을 떠나자 파라셀수스의 모든 적들은 하나의 세력으로 뭉쳤다. 예컨대 교수들을 비롯해, 지식도 없이 큰 이익만 취한다고 파라셀수스가 공격한 약제사들과 파라셀수스의 열정을 즐겨 조롱하던 학생들까지 합류했다. 고위 성직자에게서 엄청나게 비싼 치료비를 받아 내려는 소송에 패한 후, 파라셀수스의 행운은 산산조각이 났다. 위장 장애로 심한 고통을 받던 고위 성직자가 자신을 낫게 해 준다면 파라셀수스에게 고액의 치료비를 주겠다고 실제로 약속을 했었다. 그런데 파라셀수스가 아편 환약 몇 알을 사용하여 간단히 치료를 해 주자 그 고위 성직자는 치료비 지불을 거절했던 것이다. 결국 불리한 판결을 받은 파라셀수스는 그 판결을 비난하여 바젤에서 강제로 추방되고 말았다. 파라셀수스는 바젤에서 파란만장한 짧은 2년 동안 마지막 정식 직업으로 일했던 것이다. 그 뒤로 다시는 어느 기관에도 소속되지 않았다. 파라셀수스는 말하자면 학계의 악동, 의학계의 돈키호테였다. 1529년에 파라셀수스는 뉘른베르크에 오랫동안 머물면서 위험한 양의 수은과 유창목 기름guaiacum으로 매독을 치료하곤 했다. 유창목 기름은 아메리카의 활엽수에서 추출한 것으로, 그곳에서 온 매독을 치료하기 위한 신의 의도로 여겨졌다. 파라셀수스는 자신에게 출판 권리를 주지 않는 그 지역의 성직자와 의학교수단을 비난했다. 그는 또한 광부들의 질병을 연구하려고 '거지 복장'을 하고 인스부르크Innsbruck와 티롤을 방문했다. 그리고 아우크스부르크Augsburg와 울름Ulm을 거쳐 바바리아Bavaria와 보헤미아Bohemia로 떠돌아다녔다. 그러다가 그는 1538년에 아버지가 4년 전에 죽은 필라흐Villach라는 마을로 돌아갔다.

파라셀수스는 가난한 생활을 하고, 유해 환경에 노출되었으며, 힘든 방랑 생활을 겪어 건강이 나빠졌어도 여전히 의료에 종사하려고 노력했다. 그의 신랄한 호전적인 태도는 세월이 흐를수록 심해졌다. 박식한 의사들에게 쫓겨난 파라셀수스는 마지막으로 잘츠부르크로 가서 그곳에서 1541년 9월 24일 48세의 나이로 세상을 떠났다. 파라셀수스는 그곳의 성 세바스찬 구빈원에 묻혔고, 그의 무덤에는 다음과 같은 글귀로 끝나는 영예로운 묘비명이 기록되어 있었다. "끔찍한 상처, 나병, 통풍, 수종, 그리고 신체의 여러 전염병을 놀라운 의술로 치료했고, 그의 좋은 능력이 가난한 사람들에게 나눠지기를 바랐던 걸출한 의사 필립푸스 테오파라투스가 이곳에 잠들어 있다."

의사들의 반대로 파라셀수스의 글들은 대부분 그가 살아 있을 때는 발간될 수가 없었다. 그러나 파라셀수스가 사망한 후 수십 년 내에, 의사들의 학문적 영역을 넘어선 그의 사상을 담은 인쇄물은 널리 퍼졌다. 그리고 파라셀수스는 낭만적인 영웅이 되어 크리스토퍼 말로, 괴테, 로버트 브라우닝, 슈니츨러 등의 찬사를 받았으며, 베를리오즈의 음악으로도 찬미되었다.

파라셀수스의 병에 관한 근본 개념은 신비스러운 근원이었는데도(또는 그 때문에) 근대 의학의 원리를 제공했다. 중세 유럽의 질병에 관한 지배적인 관점은 의학자들이 내용을 풀어서 밝힌 고전에서 전해진 것이다. 그들은 질병을 인체에 있는 '체액'의 균형이 깨진 것이라고 주장했다. 의학 이론은 인간 본성에 관한 일반 이론의 일부일 뿐이었다. 모든 개인에게는 '기본적인 4체액 four cardinal humors'('체액 humor'은 액체 또는 수분이라는 뜻의 라틴어 'umor'에서 유래됨), 즉 혈액, 점액, 황담즙, 흑담즙이 있었다. 건강은 이 4가지 체액의 균형으로 이루어져 있었고, 질병은 4가지 체액 중 어느 하나가 너무 많거나 적으면 발생했다. 각 개인의 '기질'은 4가지 기본 체액의 독특한 균형으로 이루어져 있으므로, 어떤 사람들은 '다혈질'이고, 또 어떤 사람들은 '점액질'이거나 '담즙질', 또는 '우울질' 등의 기질이 있었다.

개인의 독특한 체액과 관련된 장애가 질병이었기 때문에 개개인이 각각 다른 만큼 질병도 다양하게 많았다고 여겨졌다. 체온에 일정한 기준이 없었기 때문에 프랜시스 베이컨은 학식 있는 사람들 중에 '모든 체온을 가진 사람'이 있다고 말했다. 1618년에 월터 롤리 경Sir Walter Raleigh은 '분명히 사람들은 각각 체온이 매우 다르다'라고 기록했다. 어떤 사람한테는 열병이라도 다른 사람에게는 정상일 수 있었다. 체온계가 발명되기 전에는, 그리고 발명된 후로도 한동안은 '체온'이 '기질'과 동의어에 불과했다.

모든 것을 포함하는 체액설은 생리학인 동시에 병리학이고, 심리학이었다. 셰익스피어가 직접 연기한 적이 있었던 벤 존슨Ben Jonson의 『십인십색Every Man in his Humour』(1598년)은 질투 많은 남편의 '기질'을 중심으로 풍자하는 희극이었다. 윌리엄 오슬러 경Sir William Osler이 '비전문가가 쓴 최고의 의학 논문'이라고 평한 로버트 버턴Robert Burton의 "우울의 해부Anatomy of Melancholy"(1621년)는 또 다른 종류의 체액 장애에 관한 포괄적인 연구 논문이었다. 이 논문은 인간의 모든 관심사를 주제로 다루었기 때문에 영국 고전의 하나가 되었다. 버턴은 병을 '자연에 모순되는 신체에 대한 영향'으로 정의했다. 병이란 신체의 모든 요소의 장애이기 때문에 병의 치료는 신체 전체를 다루어야 했다. 체액에 관한 전통 지식으로 의사들은 각 개인의 독특한 '자연적'인 체액의 균형을 알아내는 법을 터득한 다음에, 발한, 설사, 방혈, 또는 구토와 같은 치료법으로 몸 전체의 균형을 되찾는 방법을 알아냈다.

파라셀수스는 근본적으로 이와 전혀 다른 병의 개념을 기반으로 아주 다른 이론을 내세웠다. 그리고 그 이론은 의학에 광범위한 영향을 미쳤다. 파라셀수스는 병의 원인이 개인의 체액이 불균형하기 때문이 아니라 외부의 특별한 원인에서 비롯된다고 주장했다. 그는 '체액'과 '기질'을 지식인들이 상상 속에서 만들어 낸 산물이라고 비웃었다. 그는 또한 의학을 더욱 탄탄한 기반에 올려놓으려고 노력한 소수의 선구적인 해부학자들한테도 화를 냈다. 파라셀수스에 따르면, 신이 우주 전체에 질서를 세웠을 때는 모든 무질서에 대한 치료법도 제시했다. 병의 원인은 별에서 나온 광물질이나 독이 주로 공기 속에 있기 때문이었다. 이런 통찰은 파라셀수스가 직접 수정한 점성술의 언어에 들어 있었다. 파라셀수스가 신체 외부를 시사하며 여러 질병의 특이성과 원인의 동일성을 주장했을 때 그는 근대 의학으로 향하는 길을 알려 주고 있었다. 파라셀수스의 주장이 잘못되었더라도 그의 통찰력과 예감은 옳았다.

파라셀수스는 깊은 신앙심으로 의사가 모르고 있을 뿐 치료할 수 없는 병은 없다고 확신했다. 예컨대 그는 "하나님이 명령하셨다. 너희는 이웃을 네 몸같이 사랑하라. 그리고 무엇보다 네 하나님을 사랑하라. 만일 네가 하나님을 사랑한다면 하나님의 피조물도 사랑해야 한다. 만일 너희가 이웃을 사랑한다면 아무런 도움도 줄 수 없다고 해서는 안 된다. 대신에 나는 그것을 할 수 없고, 그것을 이해하지 못한다고 해야 한다. 이런 진실이 거짓으로 다가오는 저주에서 너를 지켜 줄 것이다. 따라서 어떻게 말할 것인가 조심하라. 그 나머지는 나중에 방법을 찾게 되고 그 방법으로 좋은 결과가 이루어질 때 찾게 될 것이다"라고 말했다. 그리고 의사는 늘 새로운 치료법을 찾아야 하며 갈레노스가 허용한 처방에만 한계를 두어서는 안 된다고 그는 주장했다.

학계의 의사들은 그들의 처방을 일반적으로 약초 치료제에 한정시켰다. 그들은 약초가 유기물이기 때문에 인체에 적합하다고 믿었다. 이런 이유로 식물학은 의학 교과과정에서 정규 과목의 하나가 되었고 수 세기 동안 의학을 제한했던 편견이 또한 식물학의 연구를 편협하게 했다. 식물의 세계는 약초 치료의 영역이 되었다. 이집트, 수메르, 중국, 그리스 등 모든 곳의 신화는 약초가 신들의 몸에서 만들어졌으며, 신들이 약초의 사용법을 인간에게 가르쳐 주었다고 했다. 약용 식물학medicobotanical 분야에 속하는 '식물지'가 초기의 인쇄된 서적들 가운데 최초의 베스트셀러가 되었다. 삽화가 멋지게 그려진 식물지는 부유한 의사나 상인들에게 쉽게 팔렸다. 중세 유럽에 가장 큰 영향을 미쳤던 식물학에 관한 고대의 책들은 테오파라투스의 저서들처럼 식물의 특성에 관한 철학 논문이 아니라, 의학 용도를 위한 실용적인 지침서였다. 식물에 관한 대표적인 책이며 1,500년간 약리학의 토대가 된 고전은 네로 황제의 군대에서 의사로 일했던 1세기의 그리스인 디오스코리데스Dioscorides의 『약물에 관하여De materia medica』였다.

의학과 식물학은 둘 중 하나가 없으면 발전할 수 없을 정도로 서로 뗄 수 없는 관계로 보였다. 그러나 파라셀수스는 그 두 분야를 떼어 놓은 예언자였다. 의사들은 인체의 병을 치료하기 위해 왜 신이 만든 모든 피조물, 즉 동식물이나 광물, 또는 유기물이나 무기물을 사용하지 않는 걸까? '모든 병에는 각각 독특한 약이 쓰인다.' 누가 감히 광물이나 금속은 치유에 효과가 없다고 한 걸까? 매독을 치료하려고 수은을 사용했듯이 의사들은 드물지만 무기물 치료약을 마지못해 사용하기도 했다. 파라셀수스는 또한, 신체에 이질적이기 때문에 무기물은 '독'이라는 반대는 매우 어리석은 짓이며, 오히려 '모든 음식물을 지나치게 먹으면 독이 된다'고 주장했다.

파라셀수스는 신앙심으로 또한 약초의 형태나 색깔이 치료할 수 있는 기관을 암시할 '표시'라는 민간 원리를 따랐다. 예컨대 난초는 고환의 질환에 사용하도록 되어 있고, 간의 질병에는 황색 식물을 써야 하며, 개에게 물렸을 때는 '물린 개의 털'을 사용하도록 되어 있었다. 체면만 생각하는 동료들과 달리 파라셀수스는 민간요법을 존중했다.

파라셀수스의 시대에는 화학이라고 할 적당한 학문이 없었고, 광물과 금속에 관한 연구는 다른 물질들을 금으로 바꾸기 위해 '현자의 돌'을 찾는 연금술사가 지배하고 있었다. 파라셀수스는 연금술사에게 광물과 금속을 약으로 만드는 새로운 과업을 맡겼다. 그는 연금술사를 부를 추구하는 사람에서 건강을 추구하는 사람으로 변화시키려고 했다.

편안하게 지내는 의학자들이 부유한 환자의 체액 균형에 관해 판단을 내리고 있었을 때, 파라셀수스는 직업병에 대한 선구적인 연구를 하고 있었다. 파라셀수스는 광부들의 생활을 잘 알고 있었다. 파라셀수스가 겨우 9세 때 아버지를 따라 남부 오스트리아의 필라흐라는 광산촌으로 옮겨 갔었고, 젊었을 때는 티롤의 슈바츠Schwaz에서 철 제련공으로 일한 적이 있었기 때문이다. 이후에는 덴마크, 스웨덴, 헝가리, 그리고 인 계곡Inn Valley 등을 떠돌아다니며 광부로 생활했다. 그는 마지막으로 필라흐로 돌아가 푸거의 야금 작업을 관리했다. 이 모든 세월 동안 파라셀수스는 광부와 제련공들의 작업 조건을 알게 되었고, 그들의 특수한 질병을 관찰했으며, 또한 치료법을 알아내기 위한 실험을 했다. 파라셀수스가 저술한 『광부의 직업병과 여러 질환Von der Bergsucht und andern Bergkrankheiten』이라는 저서는 다른 책들처럼 그의 생전에는 출간되지 못했다. 이 저서는 파라셀수스가 세상을 떠나고 25년 후인 1567년에 인쇄되었으며, 다음 세기에 세상에 알려지는 결실을 맺었다.

파라셀수스는 광부의 병은 폐의 질병이며 또한 위궤양을 야기한다고 설명했다. 이런 병은 광부들이 숨 쉬는 공기에서, 그리고 폐나 피부에 들어오는 광물에서 비롯되었다. 그는 급성과 만성중독을 구별하고, 비소, 안

티몬, 알칼리 금속 등으로 발생한 장애들 사이의 차이를 알아냈다. 특히 수은중독에 관한 부문에서는 그 증상들을 떨림, 위장 장애, 구강 염증, 치아의 흑변 등으로 정확히 기록했다. 그는 수은중독에 관한 치료법에 관해서는 수은이 체내의 특정 부분에 축적된다는 가정에 기반을 두어 의사가 수은이 빠져나올 수 있는 배출구를 만들어야 한다고 했다. 수은을 배출하기 위해 궤양을 만들려고 부식성 고약을 투여하거나 목욕을 하는 방법이 있는데, 이런 치료법은 아직도 사용되고 있다.

파라셀수스는 "자연물에는 인간이 헤아릴 수 없는 지식이 매우 많이 들어 있기 때문에 신은 의사를 만들어 냈다… 그리고 악마가 사람에게서 쫓겨나듯이 유독한 질병은 의술로 제거된다. 마치 악이 악을 쫓아내고 선이 선을 간직하듯이…"라고 주장했다. 그는 민간 의학의 성공을 위해 의학자에게 도전했다. "의학자들은, 예컨대 모든 책과 붉은 가운으로 의학자들이 할 수 있는 것보다 무식한 농부들이 더 많이 아픈 사람을 고친다는 사실을 깊이 생각해 보아야 한다. 그리고 붉은 모자를 쓴 그 신사들이 무엇이 원인인지를 알고자 한다면, 니네베Nineveh에서 일어난 일처럼 그들도 잿더미에 앉아 회개를 할 것이다"라고 파라셀수스는 경고했다.

45

갈레노스의 독재

1,500년 동안, 유럽 의사들의 인체에 관한 지식은 인체 자체에 근원을 두지 않았다. 대신에 그들은 고대 그리스 의사들의 기록에 의존했다. 말하자면 '지식'은 지식의 걸림돌이 되었다. 그 고전들은 존경 받는 방해물이 되어 버렸다.

과학 분야의 고대 저자들 중에서 아리스토텔레스와 프톨레마이오스를 제외한 가장 영향력이 있었던 사람은 갈레노스(130-200년경)였다. 하드리아누스Hadrian 황제가 통치할 무렵, 소아시아의 페르가몬Pergamum에서 그리스인 부모한테서 태어난 갈레노스는 15세에 의학 공부를 시작했다. 그는 스미르나Smyrna, 코린트Corinth, 알렉산드리아Alexandria의 의학교수들로부터 배운 뒤에 28세 때 고향 페르가몬으로 돌아와 검투사들의 의사가 되었다. 시체 해부가 금기시되었던 당시에 갈레노스는 검투사들의 상처 내부를 보는 기회로 많은 지식을 쌓았다. 로마로 옮겨간 갈레노스는 일부 유명한 사람들을 치료하고 의학에 관한 대중 강연을 하다가, 마침내 스토아학파의 철학자인 황제 마르쿠스 아우렐리우스Marcus Aurelius(121-180년)와 그의 아들 코모두스Commodus의 궁중 의사가 되었다. 고대에서 가장 많은 저서를 펴낸 작가였던 갈레노스는 해부학, 생리학, 수사학, 문법, 연극, 철학 등에 관해 500여 편의 논문을 그리스어로 저술했다고 전해진다. 이 저서들 가운데 자신의 글을 모아 둔 목록집을 포함한 100여 편의 논문이 남아 있으며, 그 근대 판은 20여 권의 두꺼운 책으로 되어 있다.

갈레노스의 저서들은 내용이 장황했지만 운 좋게도 먼 후세들이 우연히 보존하게 된 그 저서들의 엄청난 분량은 그의 경쟁자들을 압도했다. 갈레노스는 자신을 앞서간 더 이전에 살았던 의사들의 전통 의학 지식을 수집하고 체계화했다. 그러나 그는 단순한 편집자가 아니었다. 의학에 대한 자신만의 독특한 철학을 만들어 냈다. "이 일이 기적적으로 일어났는지, 신이 주신 영감이었는지, 아니면 그저 열광이었는지 아무튼 무엇이 되었건, 나는 어릴 때부터 대중의 의견을 경멸하고 진리와 지식을 열망했다. 이보다 더 고귀하고 신성한 직업은 없다고 믿었다"라고 갈레노스는 우쭐거리기도 했다. 그리고 갈레노스는 로마의 부유하고 권력 있는 사람들을 치료하며 번창했던 동료 의사들이 그를 '절제 없이 진리를 추구한다'고 비판한 사실을 기록했다. 그는 또한 만일 자신이 '아침에 권력자를 방문하고 저녁에 그들과 함께 식사를 하지 않았다면' 의사로서 성공할 수 없었을 것이라고 인정하기도 했다. 갈레노스는 소유욕이 강하고 돈을 탐하는 의사에 대한 파라셀수스의 경멸을 미리 알고 나름대로 손을 썼다. 바로 그는 옷 2벌, 노예 2명, 식기 2벌 이상은 필요 없다고 했기 때문이다.

갈레노스에 따르면, 지식은 축적되는 일이었기 때문에 진보적인 의사는 히포크라테스를 비롯한 이전의 모든 훌륭한 사람들에게서 배워야 한다고 했으며, 그는 뚜렷한 의학의 진보는 여러 세기에 걸쳐 놀라울 정도로 개선되는 로마의 도로 체계와 마찬가지라고 말했다. 그 고대 로마인들은 길을 여러 구획으로 나누고 처음으로 황무지 사이로 길을 낸 다음, 후세대가 제방을 쌓아 다리를 건설하고 돌로 도로를 포장했다. "따라서 히포크라테스가 치료법을 발견한 사실을 인정하면서 우리가 현재의 일을 맡아서 하는 것은 당연한 일이다"라고 그는 언급했다. 갈레노스는 동료들에게 경험을 통해 배우면서 환자를 치료하는 유용한 지식에 중점을 두도록 권유했다. 맥박에 관해 특별히 연구를 했던 갈레노스는 다른 사람들이 믿었던 대로 동맥이 공기를 운반하는 것이 아니라 혈액을 운반한다는 사실을 보여 주었다. 그는 진단에 능숙하다고 알려졌으며, 또한 꾀병에 관한 논문을 쓰기도 했다.

갈레노스의 가장 영향력 있는 저서는 700여 페이지에 이르는 『신체 여러 부위의 유용성에 관해 On the Usefulness of the Parts of the Body』였다. 그는 이 저서에서 신체의 팔다리와 기관을 기술하고 각각 특별한 목적을 수행하기 위해 어떻게 구성되어 있는지를 설명하고 있다. 예컨대 '손'에 관한 책의 서두를 보면 다음과 같다.

따라서 인간은 동물 가운데 가장 지능이 높고, 또한 손은 가장 지능이 높은 동물에게 적합한 수단이다. 그러나 아낙사고라스 Anaxagoras가 말한 것처럼, 인간은 손이 있기 때문에 가장 지능이 높은 것이 아니라, 가장 지능이 높기 때문에 손을 갖고 있다는 아리스토텔레스의 판단이 옳다. 사실 인간은 손이 아닌 이성으로 기술을 배운다. 라이어 lyre °가 음악가의 수단이고 부젓가락이 대장장

이의 수단이듯이 손은 수단이다…. 사람은 모두 본질적으로 특정한 능력이 있
지만 수단의 도움 없이는 자연에서 부여된 능력을 수행할 수 없다.

갈레노스는 아리스토텔레스를 연구하면서도 독자들에게 현학적인 의
학을 조심하도록 이렇게 촉구하고 있다. "누구든 자연의 작품을 관찰하
고 싶다면 해부학 책을 믿지 말고, 직접 눈으로 확인해야 한다. 아니면 내
게 오거나 내 동료에게 묻든지, 또는 직접 열심히 해부 실습을 해야 한다.
그렇지 않고 읽기만 한다면 그 많은 모든 해부학자들을 쉽게 믿어버리게
된다." 갈레노스는 자신만의 관점에 따라 경험에 바탕을 둔 의사였으므로
계속해서 경험을 요구했다.

역사에서 흔히 있는 모순이듯, 갈레노스의 저서가 신성한 교과서가 되
면서 그의 독특한 정신은 잊히게 되었다. 수 세기에 걸쳐 '갈레노스주
의 Galenism'는 의사들의 지배적인 독단론이었다. 아리스토텔레스의 서적들
이 학문적인 철학의 토대가 되었듯이, 갈레노스의 훨씬 방대한 저술들은
학문적인 의학의 기반이 되었다. 갈레노스가 그리스어를 사용했기 때문
에 가장 먼저 영향을 받은 지역은 알렉산드리아와 콘스탄티노플, 로마 제
국의 동부 지역, 그리고 인접하고 있는 이슬람 지역이었다.

의사들은 가장 권위가 있다고 판명된 16개의 저술을 하나로 묶어 갈레
노스 정본 목록'을 만들었다. 이런 선정은 갈레노스의 원칙을 위반한 일
이었다. 갈레노스는 제자들이 방법에 대한 그의 저술을 먼저 공부해야
한다고 주장했기 때문이다. 아랍 세계가 그리스의 과학을 수용했을 때,

● 고대 현악기

아랍인들은 갈레노스의 저서를 아랍어로 번역하고 또한 그를 의사의 본보기로 삼았다. 갈레노스의 자서전은 아랍 과학자들의 전기를 위한 귀감이 되기도 했다. 10세기에는 '이슬람의 갈레노스'라는 칭호가 아비센나(980~1037년)를 비롯한 여러 유명한 의사들에게 붙여지는 최고의 경칭이 되었다.

아랍 세계에서는 갈레노스의 교과서가 변질되어 아랍의 교과서와 결합되었다. 때로는 갈레노스가 라제스Rhazes, 아비센나, 아베로에스Averroës, 마이모니데스Maimonides 등과 경쟁 관계에 있었는데, 그들은 갈레노스를 감히 비판하는 글을 쓰기도 했다. 그러나 갈레노스는 여전히 중세 의학을 통합한 사람으로 존재했고, 의사들은 스스로를 '갈레노스 명문'의 일원이라고 칭했다.

갈레노스의 일부 그리스어 저서들은 6세기경에 라틴어로 번역되었으며, 그 후 지중해에서 아랍계 이슬람 세력이 대두하여 스페인과 시칠리아를 점령하자 갈레노스의 원문은 마침내 유럽에 도달했다. 11세기경에는 서유럽에서도 갈레노스주의가 엄격하게 자리 잡고 있었다. 아리스토텔레스주의는 아리스토텔레스의 말로 계속 지배되었다. 그러나 갈레노스주의는 갈레노스의 원본과 비잔틴이나 아랍 번역본과 혼합되어 여러 논평을 통해 서구에 도달했다. 유럽 기독교인들이 이슬람교도들에 맞서기 위해 지중해를 건너 항해하고 또한 이단자와 유대인을 마을 광장에서 화형에 처하고 있었을 때, 유럽의 기독교 의사들은 이슬람과 유대인 의사들의 선구적인 지혜로 인체의 질병을 고치는 날들을 보내고 있었다. 이미 당시에 근대 의학은 국경이나 종교의 경계를 중요하게 여기지 않는 징후가 보였다. 예컨대 초서Chaucer의 『캔터베리 이야기The Canterbury Tales』에 등장하는 순례자 의사는 그리스와 아랍의 의사들, 즉 아스클레피오스Aesculapius, 히포크라테스, 갈레노스뿐만 아니라 라제스, 아비센나, 아베로에스 등도 '잘 알고 있었다.'

근대과학의 탄생 시기로 여겨지는 르네상스 시대는 이상하게도 모순되고 예상치 않은 영향들을 초래했다. 갈레노스의 과학 서적들은 14세기 이전에는 유럽에서 거의 알려져 있지 않았다. 그리스의 고전이 부흥되는 르네상스 시대 이전에는 갈레노스의 가장 중요한 해부학에 관한 저서도 서구에서는 번역되지 않았기 때문에 일반적으로 이용되지 않았다. 갈레노스의 중요한 저서들이 라틴어 번역판으로 처음 인쇄된 것은 1476년이었다. 알두스 마누티우스Aldus Manutius가 베네치아에 창립한 알두스 출판사Aldine Press에서 처음으로 갈레노스의 그리스어판이 인쇄되었다(1525년). 이 저서는 알두스 출판사의 다른 출판물보다 더욱 광범위한 영향을 미쳤다. 유럽의 의사들은 이제 처음으로 존경하는 대가의 책을 원래의 언어로 볼 수 있게 되었다. 이런 책을 수천 부 판매한 인쇄업자들이 갈레노스의 정통을 강화시켰다. 이런 공동 작업의 산물은 의학도 실험도 아닌 현학이었다.

파리의 의학계는 갈레노스의 알두스판 서적이 출판된 다음 해에 그 서적을 구입했다. 파리의 주요 해부학 교수인 야코부스 실비우스Jacobus Sylvius는 갈레노스가 항상 옳다고 가르쳤다. 그래서 실비우스의 의학 연구는 갈레노스가 정말 무엇을 의미했는가에 중점을 두었기 때문에 실제 '해부학'은 고전 문헌학의 한 분야에 불과했다. 그를 비롯한 다른 갈레노스파들은 인체에 관한 지식에 기여하는 가장 중요한 방법이 갈레노스의 그리스어판 교과서를 라틴어로 더 정확히 번역하는 일이라고 확신했다. 의학적 논쟁은 신학자들이 성경에 있는 말의 의미에 대해 억지스런 변명을 하는 일과 유사했다. 주요 해부학자들은 갈레노스를 옹호하는 데 수고를 아끼지 않았다. 예컨대 해부된 시신이 갈레노스의 교과서에 기록된 형태로 나타나지 않으면 그 이유는 인체가 실제로 변했거나 수 세기를 지나면서 인간이란 종이 갈레노스가 주장한 이상적인 형태에서 퇴보했기 때문이라는 일반적인 견해에 실비우스는 동의했다.

르네상스 시대의 가장 새로운 방식을 추구하는 의학교수까지도 인체의 모습을 고대의 본보기에서 찾았다. 갈레노스에 관한 쇄신은 그 본보기를 다듬는 일에 불과했다. 예컨대 헨리 8세의 의사이고 파도바의 의학자이며 왕립의과대학the Royal College of Physicians(1518년)의 설립자인 토머스 리너커 Thomas Linacre(1460?-1524년)는 그리스어로 된 갈레노스의 저서 6권을 라틴어로 번역하여 의학 명성을 높였다.

그러나 갈레노스가 설명한 대부분은 리너커가 본 적이 없는 것들이었다. 1,500년 동안 복음이었던 말을 전하는 인체해부학의 위대한 권위자는 인체에 관한 연구를 했을 수 있지만 시신을 해부한 적은 없었다. 리너커는 겨우 2번 인체의 전체 골격 구조를 연구할 기회가 있었다고 한다. 한번은 새들이 살을 깨끗이 다 먹어 버린 시신의 골격을 연구할 기회가 있었고, 또 한 번은 강에서 깨끗이 씻긴 골격을 살펴볼 수 있었다.

갈레노스는 당시에 로마 관습이 인체의 해부를 금지했기 때문에 원숭이로 외부의 해부를 하고 돼지로 내부의 해부를 하면서 자신의 해부학을 이루어 낼 수 있었다. 그리고 그가 알아낸 사실을 인체 해부에 적용했다. 갈레노스는 이런 일을 감추지 않았고 인체 해부가 특별히 허용되던 옛 시대에 관해 향수 어린 마음으로 글을 썼다. 갈레노스는 인체 해부를 설명할 목적으로 쓴 영향력 있는 책을 통해 '인간과 가장 유사한 다른 동물'에서 자신이 발견한 사실이 사람한테서도 발견될 것이라고 은연중에 가정하고 있었다.

갈레노스를 해부 지식의 원천으로 삼았던 여러 세대의 의사들은 갈레노스의 자료에 들어 있는 결정적인 결점들을 그대로 받아들이거나 열성적으로 받아들이기도 했다. 그런 식으로 그들은 일을 쉽게 했고, 갈레노스의 사례를 따르는 것을 정당화했다. 살레르노Salerno가 쓴 12세기 해부학 원본에 따르면, '인체 내부의 구조는 거의 모두 알려져 있지 않았기 때문에 고대 의사들, 특히 갈레노스는 내부 기관의 위치를 동물 해부를 이용해 보여 주었다. 원숭이와 같은 동물은 외부 형태가 인간과 비슷하지만, 내부가 인간과 가장 비슷한 동물은 돼지이기 때문에 우리는 이제 돼지를 해부하려고 한다'고 설명하고 있다.

이상하게도 기독교는 해부학이 생겨나는 데 여러 영향을 미쳤다. 육체를 죽음으로 벗어 버리는 그저 쓸모없는 것이라고 무시하고 영혼을 불멸이라고 믿는 기독교는 인체 해부에 관한 열정적인 흥미가 없었다. 그러면서도 영원한 인간의 본질인 영혼에서 육체가 분리된다는 믿음이 결국에는 이집트나 로마보다 시신의 해부를 더 쉽게 허용했다.

중세 이슬람교에서는 인체의 해부를 절대 받아들이지 않았다. 8세기에서 13세기까지 이슬람의 유식한 의사들의 해부학 지식은 그저 '이슬람 옷을 입은 갈레노스'(역사학자 C. D. 오맬리O'Malley의 표현)일 뿐이었다. 최고의 이슬람 의사들이 갈레노스의 해부학을 바로잡을 수 있었던 계기는 체계적인 방법이거나 직접 해부를 통해서가 아니라 우연이거나 행운을 통해서였다. 예컨대 13세기 초에 이집트를 여행하던 한 유명한 아랍 의사가 당시에 유행한 전염병으로 사람의 뼈들이 쌓여 있는 광경을 우연히 목격하고는 그 뼈들을 조사하여 인간의 아래턱뼈에 관한 갈레노스의 잘못된 설명을 수정할 수 있었다.

갈레노스가 유추를 이용해 인체를 설명하려는 노력은 많은 오류를 범했기 때문에 다음 세대의 일부 비평가들은 갈레노스를 '원숭이 해부학'의 주창자라고 조롱했다. 그리고 파라셀수스의 경력이 절정에 이르렀던 때는 그리스어로 된 갈레노스의 저서들이 권위 있는 알두스판으로 출판되는 바로 그 시점이었다. 그러나 갈레노스의 잘못을 폭로하기에는 파라셀수스의 선지자다운 열정으로는 충분하지 못했다.

갈레노스의 시대라 할지라도 레오나르도 다빈치Leonardo da Vinci(1452~1519년) 같은 예리하고 단호한 관찰자는 스스로 발견한 사실을 기술할 수 있었다. 레오나르도는 회화, 건축, 역학 등과 함께 해부학에 관한 논문도 쓰려고 했다. 레오나르도는 어느 논문도 출판한 적이 없었지만 그가 세상을 떠난 후 회화에 관한 논문과 물의 운동과 측정에 관한 논문이 그의 노트에서 발견되었다. 만일 그가 해부학에 관한 논문을 완성하여 출판했더라면 의학은 더 빨리 발전했을 것이다. 그러나 레오나르도는 어느 것도 거의 완성하지 못했다. 그의 가장 중요한 2개의 그림, 즉 스포르차Sforza의 기념비와 「앙기아리 전투Battle of Anghiari」의 벽화가 미완성으로 남게 된 것도 비운의 섭리로 보인다.

레오나르도가 세상을 떠난 후 5,000페이지에 이르는 그의 자필 원고가 수집가의 품목으로 널리 퍼졌다. 거의 모든 페이지마다 레오나르도의 정신을 무한하게 펼쳐 놓은 다양성과 가리지 않는 호기심이 그대로 드러나 있었다. 예컨대 레오나르도가 곡선에 흥미를 보인 한 페이지에는 선의 기하학, 곱슬곱슬한 머리 모양의 그림, 칼라arum lily 식물을 감고 있는 풀, 나무 스케치, 뭉실뭉실한 구름들, 물의 잔물결, 껑충대는 말, 나사 압착기의 설계 등이 그려져 있다.

레오나르도는 이런 여러 자료들을 더욱 알아볼 수 없고 수수께끼처럼 만들기 위한 창의력을 발휘했다. 그는 자신만의 속기법과 철자법을 만들어 내어, 독자적인 방식에 따라 말을 결합하거나 분절하여 사용했고, 구두점은 전혀 사용하지 않았다. 후세가 더욱 혼란스럽게도, 레오나르도가 글자를 거꾸로 쓰고 왼손으로 써서 그 글자를 읽으려면 거울이 필요했다. 19세기 말이 되어서야 레오나르도의 노트에 많은 학자들이 관심을 기울이게 되었다.

마침내 레오나르도는 해부학의 개척자라는 사실이 밝혀졌다. 레오나르도는 "눈은 영혼의 창이므로 자연의 무한한 작품을 가장 완전하고 풍부하게 감상할 수 있는 이해력의 주된 수단이다. 그리고 그 다음으로 귀다"라고 기록하고 있다. 레오나르도는 눈과 코가 예민했으므로 분명 시신에서 역겨움을 느꼈을 것이다. 그러나 현실 세계에서 확인할 수 있는 모든 흔적과 혈관과 작은 돌기는 그에게는 더할 나위 없이 신성한 것이었다. 보이는 것을 부인하는 일은 신성모독이었다. 레오나르도에 따르면 "경험은 결코 잘못 판단하지 않는다. 다만 경험의 능력 밖에 있는 것을 기대하는 우리의 판단력이 오류를 범할 뿐이다." 따라서 레오나르도는 혈액의 순환과 같은 현상을 관찰한 사실을 일반적인 '원리'로 서두르지 않고 서서히 바꾸려고 했다.

레오나르도의 수수께끼 같은 잡다한 기록물 수천 장에서 나온 해부학은 그가 이전의 사람들이 못 보았던 것을 보고 기록했음을 보여 준다. 레오나르도는 자신의 견해를 모두 하나로 모았거나 보편적인 관심들로 주의를 빼앗기지 않았더라면 당연히 갈레노스의 후계자가 되었을 것이다. 사실 레오나르도는 갈레노스를 은밀히 뛰어넘어 인체 자체를 읽고 있었다. 그는 인체의 각 부분이 모든 방향에서 관찰되어야 한다고 말했다. 인체 골격에 관한 미발표된 레오나르도의 그림에는 정면, 후면, 측면에서 본 모습이 그려져 있다. 그는 체계적이고 반복적인 해부를 다음과 같이 강력히 권고했다. "동맥과 정맥에 관해 완전한 지식을 얻기 위해서는 다른 모든 부분을 신중하게 제거한 후, 3번의 [해부]가 필요할 것이다. 피막을 알기 위해서는 또 다른 3번의 해부가 필요하며, 신경, 근육, 인대에 관해서도 3번, 골격과 연골에 관해서도 3번…. 여성의 신체에 관해서도 3번의 해부를 해야 하며, 여기에는 자궁과 태아 때문에 큰 신비로움이 있다." 레오나르도는 눈과 수정체의 형태를 모방한 유리를 만들어 눈의 구조를 조사하여 시신경이 시각적 인상을 운반한다는 자신의 이론을 확증했다. 또한 그는 신체가 하나의 기계라는 신념으로 뼈에 부착된 근육과 그 역할에 관해 매우 정확한 그림을 그릴 수 있었다. 그리고 레오나르도는 구불구불 휘어 있는 소장과 대장의 모습을 그린 선구자였으며 최초로 맹장을 스케치한 사람이었을 것이다. 또한 그는 심장의 심방이 수축하여 피를 심실로 밀어낸다는 사실을 상세히 보여 주었다. 그리고 신체의 각 부위의 본을 떠서 밀랍을 주입하여 견본을 만들었다.

그러나 레오나르도는 완벽한 기술과 근면과 뛰어난 관찰력에도 불구하고 자신의 지식만 늘렸을 뿐, 그 시대의 해부학 지식에는 거의 영향을 미치지 못했다. 또한 자신의 관측물들도 그 시대의 지식을 풍요롭게 했을 수도 있었지만 그러지 못했다. 앞으로 살펴보겠지만, 인쇄된 자료에 관한 공개 토론이 성과물을 개선하는 길이다. 그러나 레오나르도의 업적은 개인적인 일로만 남게 되었다.

46

동물에서 인간으로

안드레아스 베살리우스Andreas Vesalius(1514-1564년)는 만능 천재는 아니었으나 자신의 전문 분야에 열정을 모두 쏟았다. 그는 브뤼셀의 성벽 바로 안에서 태어났는데, 그곳에서는 죄수를 고문하고 사형시키는 언덕이 보였다. 어린 시절에 베살리우스는 교수형을 당하고 그대로 방치된 시신을 새들이 깨끗이 먹어 치우는 광경을 자주 보았을 것이다. 아버지가 카를 5세의 궁정 약제사였던 베살리우스는 잘 알려진 의사 집안에서 자랐다. 파라셀수스와 달리 베살리우스는 당시에 최고의 의학 교육을 받았다. 그는 1530년에 루뱅 대학교University of Louvain에 입학했고, 그 후 파리 대학교로 가서 가장 유명한 갈레노스의 권위자인 실비우스 교수 밑에서 연구를 했다. 프랑스와 신성 로마 제국 사이에 전쟁이 일어나자 적국인이었던 베살리우스는 파리를 떠날 수밖에 없었다. 루뱅에 돌아온 그는 1537년에 의학 석사 학위를 받은 후, 당시에 유럽에서 가장 유명한 의과대학인 파도바로 갔다. 그곳에서 베살리우스는 2일 동안의 시험에 응시하여 '우등으로magna cum laude' 의학 박사 학위를 받았다. 그가 23세의 나이에 시험에 합격하고 이틀 만에 대학의 외과 및 해부학 교수에 임용된 사실로 보면 분명 전통적인 학문에 능통했을 것이다.

베살리우스는 교수가 된 후, 외과와 해부학에 새로운 중요성을 부여했다. 그는 더 이상 갈레노스의 교과서를 해설하는 것을 주요 임무로 여기지 않았기 때문이었다. 베살리우스는 '해부anatomy'(그리스어로 '잘라 내다'라는 뜻에서 비롯됨)를 할 때는 관습에서 벗어났다. 이발 외과 의사가 피 묻은 손으로 시신에서 기관을 꺼낼 때 베살리우스는 이전의 교수들과 달리 교수의 권좌에 높이 앉아 있지 않았다. 대신에 베살리우스는 직접 시신을 다루고 기관들을 해부했다. 시신을 구하지 못했을 때는 학생들을 위해 인체의 구조를 보여 줄 수 있는 상세한 해부 도해를 4개 준비하여 교수 도구로 이용했다. 그리고 각 부위에 학술 명칭을 붙이고, 그리스어, 라틴어, 아랍어, 히브리어 등으로 표시하여 설명과 주를 달았다.

해부 도해를 사용하는 것은 아주 새로운 일이었다. 중세 유럽에서 해부 도해는 거의 쓰인 적이 없었다. 사람들이 갈레노스의 원본을 재발견하여 신중하게 편집하고 새로 번역하여 인쇄하던 16세기에도 해부 도해는 여전히 이용되지 않았다. 베살리우스가 존경하는 스승 실비우스를 비롯한 주요 해부학 교수들 일부는 수업에 그림과 도표를 사용하는 것을 실제로 반대했다. 대신에 학생들은 정통 교과서를 읽어야 했다.

베살리우스의 『6점의 해부도Tabulae Anatomicae Sex』(베네치아, 1538년)는 갈레노스의 가르침을 총망라하여 시각 형태로 나타내는 첫 노력이었다. 당시에 인쇄 기술이 없었다면 베살리우스는 학생들을 위해 마련한 해부 도해들을 발표할 생각이 없었을 것이다. 베살리우스는 해부 도해 하나가 표절을 당하고 나머지도 그럴 가능성이 있어서 해부 도해를 모두 공식적으로 발표했다. 3개의 도해들은 중세의 미술 학생들에게 알려진 '3가지 표준 모양'에서 비롯된 것으로, 티치아노Titian의 네덜란드인 제자, 칼카Calcar의 존 스티븐John Stephen이 그린 골격 그림이었다. 다른 3개의 '도표들'은 베살리우스가 직접 그린 동맥, 정맥, 신경계 등의 도표로 개념상 완전히 독창적이었다. 그 도표들은 표현의 대상보다 표현의 방식이 새로웠다. 베살리우스는 이런 해부학 '도표'로 해부학 분야의 도식법을 만들어 냈다. 오늘날에 보면, 그런 명백한 교수 도구가 만들어져야 했다는 사실이 놀라운 것 같지만 다시 생각해 보면 그리 놀라운 일은 아니다. 수 세기 동안 유럽 최고의 의과대학에서 의사를 양성하면서 일부 해부학이 교육에 들어갔더라도, 인체 내부를 보여 주는 기회는 흔치 않았다.

파라셀수스의 특별한 비난의 대상이 되었던 '체액설'뿐만 아니라 널리 행해지던 의학 점성술도 해부의 상세함을 무시했다. 유명한 '12궁도 인간zodiac man'의 도해는 인체 각 부위를 전체적으로 보여 주고 여기에 어울리는 12궁의 각 별자리를 나타내어, 특정한 치료법을 위한 최고의 계절과 최악의 계절을 가리키고 있었을 뿐이다. 영어의 '인플루엔자influenza(유행성 감기)'라는 말이 이런 연관성의 흔적이다. 베살리우스가 의학을 공부하고 있을 때에도 유식한 의사들은 불행한 별의 의학적 '영향'을 설명하려고 여전히 인플루엔자(영어의 '영향influence'과 같은 뜻의 이탈리아어에서 차용)라는 단어를 사용하고 있었다. 인플루엔자는 처음에는 유행병의 갑작스러운 발생을 의미했고 유행병과 동의어로 쓰이다가, 19세기에 와서 현재와 같이 특정한 질병에 사용되기 시작했다.

베살리우스는 『6점의 해부도』를 펴낸 이후에도 아직 할 일이 많이 남아 있었다. 갈레노스의 뒤를 잇는 그의 도표가 동물의 해부에서 인간의 해부로 되풀이하며 조용히 도약을 했기 때문이었다. 예컨대 인간의 '생명 정신'이 '동물 정신'으로 변형되어 있는 인간 두뇌의 밑부분에는 '괴망rete mirabile(소동정맥그물)'이라는 신기한 망이 있다는 갈레노스의 주장을 도표에도 그대로 나타냈다. 그러나 발굽이 있는 동물한테서 발견되는 '괴망'은 사람에게는 존재하지 않는다. 베살리우스가 보여 준 '커다란 혈관'(상대정맥과 하대정맥)도 유제류에게만 독특하게 나타나는 특징이다. 갈레노스의 원본처럼, 베살리우스가 그린 심장의 형태, 대동맥궁의 줄기, 신장의 위치, 간의 형태 등의 그림은 사람이 아닌 원숭이의 것을 묘사하고 있었다.

인체의 내부를 실제로 검사하는 일은 매우 드물고 끔찍했다. 예컨대 다재다능하다고 전 유럽에 알려진 황제 프리드리히 2세Frederick II(1194-1250년)가 인간의 소화 과정에 관한 호기심을 충족시키려고 했다. 한 연대기 작가의 기록에 따르면 "그래서 프리드리히 2세는 두 사람에게 훌륭한 식사를 제공한 후, 한 사람은 잠을 자도록, 다른 사람은 사냥을 가도록 지시했다. 그리고 다음 날 저녁 누가 음식을 더 잘 소화시켰는지 확인하려고 그의 앞에서 각자의 위를 비워 보게 했다. 그 결과, 외사 의사는 잠을 잔 사람이 더 잘 소화시켰다고 판단했다." 덧붙여 말하자면, 1238년에 프리드리히 2세는 살레르노Salerno 의과대학에서 5년에 1번씩 공개 해부를 실시하도록 명령했다.

십자군 전쟁이 일어났을 때, 죽은 자의 장례를 치르고 그 뼈를 고향 땅에 묻기 위해 시신을 분리하고 삶아서 뼈만 편리하게 선적했기 때문에 인체의 골격을 연구할 소름 끼치는 기회가 가끔 있었다. 이런 관행이 널

리 퍼져 있어서 교황 보니파시오 8세Boniface VIII는 그 행위를 금지하는 칙령
(1299년)을 발표하기도 했다. 많은 성직자들이 개인적으로 인체의 해부를
반대했지만 교황 자신은 원칙적으로 반대를 선언한 적은 없었던 것으로
보인다. 14세기에는 인체 해부가 의학계에서 더욱 익숙한 일이 되었고,
1410년 볼로냐에서 교황 알렉산데르 5세Pope Alexander V가 갑자기 죽었을 때
는 사후 부검도 이루어졌다.

그러나 인체의 해부는 여전히 이상하게 보였고 신의 뜻에 이긋나는 일
로 여겨졌다. 또한 '해부'하는 것이 제왕절개수술로 아기를 출산하는 것으
로 기술되는 일도 있었다. 때로는 망자의 시신에 있는 상처가 실제로 죽음
의 원인이었는지를 판단하려고 법정에서 부검을 명령하기도 했다.

공동체의 건강이 위태로운 상황에 처했을 때에는 부검이 허용되거나
요구되었다. 1348년에 흑사병이 발생한 이후, 파도바의 공중 보건국은 원
인 불명으로 사람이 죽었을 때 의사가 시신을 검사한 후 역병이 아니라는
증명 없이는 매장할 수 없도록 명령을 내렸다. 흑사병의 증상인 림프절의
확장을 발견하려면 시신을 해부할 필요가 있었으므로, 파도바의 의학도
들은 이런 시신의 표본들을 이용해 배울 수 있었다.

많은 사람의 관심을 불러일으킨 저명한 사람들의 사후 부검은 때때로
의학 지식에 조금 보탬이 되기도 했다. 베살리우스는 1536년에 브뤼셀을
방문했을 당시의 경험을 이렇게 보고했다.

내가 프랑스 방문에서 돌아왔을 때 에그몬트 백작 부인의 의사에게서 18세 소
녀의 부검에 참여해 달라는 초청을 받았다. 이 소녀는 귀족이었으며 오랫동안
안색이 창백하고 호흡곤란이(보기에는 그렇지 않았지만) 있었기 때문에 독살

당한 것이라고 그녀의 삼촌은 생각했다. 내가 파리의 학교에서 3일 동안 시행한 조악한 해부 2건 이외에는 해부에 참석해 본 일이 없었지만, 이발 외과 의사의 해부 기술이 너무 서툴러서 나는 그냥 있을 수가 없었다.

그 소녀는 코르셋으로 가슴을 너무 조이게 옷을 입는 습관이 있어서 허리가 길고 가냘픈 모습을 하고 있었다. 그래서 나는 문제가 히포콘드리아hypochondria[늑골 아래]와 허파 주위의 몸통이 압박을 받은 통증에 있다고 판단했다. 그녀는 허파에 병이 있었고 조금 부어오른 난소 외에는 자궁의 협착 증상을 발견할 수 없었지만, 히포콘드리아에 있는 기관에 나타난 놀라울 정도의 압박이 병의 원인이었던 것 같다. 그곳에 함께 있던 여자들이 최대한 빨리 코르셋을 벗어 버리려고 급히 떠나고 나머지 구경꾼들도 모두 떠나고 나자, 나는 시신의 처녀막을 보려고 동료 의사들과 자궁을 해부했다. 보통은 여자 시신에서 처녀막이 원래 있는 자리에서 거의 발견되지 않는 것처럼, 이 처녀의 처녀막도 완전한 것도, 없어진 것도 아니었다. 마치 하찮은 이유였거나, 라제스의 처방에도 나와 있듯이, 자궁의 압박에서 벗어나려고 남자의 개입 없이 자신이 처녀막을 손가락으로 찢은 것처럼 보였다.

처형된 죄수들의 시신이 해부의 주요 대상이었기 때문에 여자의 시신은 특히 부족했으며, 이로 인해 임신과 출산 과정의 발견은 또 다른 난관에 부닥치게 있었다.

해부학은 특정 문제를 해결하기 위한 임시적인 해부를 의미하지 않고, 서서히 인체의 체계적인 연구를 의미하기 시작했다. 1316년 볼로냐의 몬디노 데 루치Mondino de Luzzi가 갈레노스의 지식에 아랍 권위자들의 지식을 추가하여 펴낸 해부학 개요가 200년 동안 갈레노스의 해부학 교수법에 큰 영향을 주었다. 몬디노의 해부 순서도 시간의 긴급한 요구에 따라 가장 부패하기 쉬운 복강의 각 기관을 시작으로 그 다음에 골격, 척추, 사지의 순으로 기술되었다. 몬디노는 동물해부학에서 오랫동안 쓰인 오류를 그대로 받아들였고 특별히 추가한 내용은 없었다.

이미 살펴보았듯이, 인체 내부를 정밀하게 검사할 수 있기까지는 실제적인 장애 요인이 많았다. 냉동장치가 없었기 때문에 해부는 시신이 부패하기 전에 급히 실행되어야 했고, 최고의 대학에서도 1년에 1번이나 2년에 1번만 해부가 이루어졌다. 이런 드문 해부도 4일 동안 조명이 좋지 않은 밤에 실행되었기 때문에 의학도들은 피곤해서 흐릿해진 눈 탓에 질문을 하거나 깊이 생각해 보거나, 다시 살펴볼 시간이 거의 없었고, 그럴 마음도 없었다. 베살리우스의 설명에 따르면,

보통 몇몇 사람이 인체의 해부를 실행하고, 나머지 사람들은 전혀 조사한 적이 없이 다른 사람의 책이나 이미 설명되어 있는 내용을 높은 자리에 앉아 까마귀처럼 아주 거만하게 재잘거리는 지긋지긋한 과정을 기록했다. 해부를 하는 사람도 무식해서 해부를 참관자에게 설명할 수 없었으며, 의사의 지시에 따라 보여 주어야 하는 것을 뒤죽박죽으로 만들었다. 의사들도 인체를 자기 손으로 해부해 보지 못했기 때문에 책의 내용에 따라 오만하게 지시하고 있었다. 그러므로 학교에서 가르치는 모든 것은 잘못되었으며, 우스꽝스러운 질문으로 시간은 낭비되고, 고깃간 주인이 의사를 가르치는 것보다 못한 혼란이 참관자들에게 제시되고 있었다.

수 세기 동안 유럽에서는 합법적으로 해부할 수 있는 시신이 처형된 죄수들밖에 없었으므로 거의 온전한 상태가 아니었다. 영국에서는 교수형이 보통이었지만 지위가 높은 사람들에게는 참수형의 특전이 주어졌다. 베네치아 공화국을 비롯한 유럽 대륙의 여러 지역에서는 참수형이 더 흔했다. 몬디노의 교과서를 보면, '해부는 참수형이나 교수형으로 죽은 사람의 시신'을 눕히는 일로 시작한다고 설명하고 있었다. 이런 사실은 학생들의 관점을 당연히 왜곡시켰다. 예컨대 혈액 순환 같은 내부 현상을 잘못볼 수밖에 없었다. 그럼에도 불구하고 이런 시신의 해부조차도 극히 드물었다. 1562년부터 1621년까지 파도바에서 공식적인 처형이 있었지만 그곳에서 전달 받은 해부에 이용될 시신은 단 1구뿐이었다. 이 경우에는 살인죄로 교수형을 당한 젊은이의 시신이 말꼬리에 연결되어 시뇨리아 광장Piazza della Signoria에서 의과대학까지 끌려왔었다. 처형당했을 때 사지가 훼손되지 않은 시신을 해부할 기회는 거의 없었다.

수단 좋은 교수들은 가장 시시한 결과물이 되건 인체의 조그만 조각이라도 가질 수 있는 기회라면 모두 잡았다. 베살리우스의 유명한 스승인 자코부스 실비우스는 자신만의 방법이 있었다고 제자 1명이 다음과 같이 기록했다.

나는 그가 절개와 해부를 위해 간혹 교수형 당한 사람의 허벅지나 팔을 소매 안에 넣어 오는 것을 본 적이 있었다. 그는 평생 하인 없이 살았기 때문이다. 그 시신의 냄새는 엄청나게 강하고 역겨웠기 때문에 몇몇 청강생들은 용기가 있었다면 기꺼이 내던졌을 것이다. 그러나 피카르디 사람 특유의 고약한 성미를 지닌 이 사람은 1주일 동안 돌아오지 않겠다고 위협을 하면서 크게 격분했기 때문에 사람들은 모두 입을 다물고 말았다.

베살리우스도 해부의 표본들을 모으기 위해 합법적이든 불법적이든 모든 기회를 잡았다. 그는 1536년에 있었던 이런 무모한 행동들 중 한 사례를 다음과 같이 기록했다.

전쟁이 일어나 파리에서 루뱅으로 돌아온 나는 유명한 의사이며 수학자인 제마 프리시우스Gemma Frisius와 함께 돌아다니며 처형 당한 죄수들이 늘 놓여 있는 시골길에서 뼈를 줍기 위해(학생들을 위해서) 돌아다니고 있을 때, 갈레노스가 보았다고 말한 그 강도와 비슷한 바짝 마른 시신을 발견했다. 그 시신은 새들이 살점을 모두 떼어 낸 듯 깨끗했으며 일부는 짚불에 타고 굽힌 채 화형대에 매달려 있었다. 그래서 뼈가 완전히 드러나 오직 인대에만 연결되어 있어서 근육은 붙어 있던 자국만 남아 있었다… 시신이 완전히 건조되어 습기나 썩은 곳이 한 군데도 없었기 때문에 나는 이 뜻밖의 좋은 기회를 이용했다. 그래서 제마의 도움으로 그 화형대에 기어 올라가 좌골에서 대퇴골을 당겼다. 내가 대퇴골을 당기자, 견갑골이 팔과 손과 함께 따라왔고, 손가락과 두 슬개골과 발 하나가 떨어져 나갔다. 머리와 몸통은 두고, 다리와 팔을 차례로 몰래 집으로 가져온 후, 도시의 문이 닫힐 때까지 밖에 있다가 저녁이 되면 쇠사슬에 단단히 묶여 있는 흉곽을 가져오려고 했다. 그 뼈를 가질 욕구가 너무 커서 나는 한밤중에 혼자 그 많은 시신들 한가운데로 들어갔다. 그러고는 상당한 노력을 들여 화형대에 기어 올라가 그 뼈를 망설이지 않고 잡아챘다. 뼈들을 땅으로 끌어내린 후, 먼 곳으로 옮겨 숨겨 놓은 나는 다음 날이 밝아오자 도시의 다른 문을 통해 조금씩 집으로 가져왔다.

베살리우스는 이런 방법으로 마침내 루뱅에서 완전한 골격 표본을 맞출 수 있었다. 그는 위법으로 보이지 않도록 사람들에게 그 골격을 파리에서 가져왔다고 확신시키려고 했다. 다행히 해부학에 흥미가 있었던 루뱅의 시장은 '의학 연구의 지원자들에게 매우 호의적이어서 베살리우스가 시신을 어디에서 구해 왔건 흔쾌히 인정해 주었다.'

그 후, 파도바에서 베살리우스는 자신의 연구를 알려 법정의 재판관에게서 관심을 끌어냈다. 그 재판관은 처형된 죄인의 시신을 베살리우스에게 제공했을 뿐만 아니라 처형을 늦추어 베살리우스가 해부할 때 시신이 변하지 않도록 배려하기까지 했다. 의학도들이 유명한 사람들의 시신을 무덤에서 훔쳐서 해부한 후 그 시신 조각들을 강물에 던지거나 개한테 던져 버린다는 소문도 있었다. 그 결과, 1597년에 파도바에서는 해부한 시신의 부위들을 모두 공개 화장하는 조례를 시행했다. 이런 시행으로 의학도를 만족시킬 만한 시신은 거의 없었던 것으로 보였다. 이후 18세기의 영국에서는 무덤을 약탈하는 직종이 번성했고, '시신을 훔치는 공개적인 직업'을 '시체 도굴자'라고 불렀다. 디킨스의 『두 도시 이야기A Tale of Two Cities』에는 제리 크런처Jerry Cruncher가 이 수익성이 있는 직업을 소개하는 장면이 나온다.

베살리우스는 갈레노스의 교과서를 가르치면서 갈레노스가 인체에서 발견할 수 없는 것들을 기술한 사례가 너무 많다는 사실에 주목했다. 그리고 갈레노스의 '인체' 해부학이 일반적으로 동물에 관한 설명의 개요일 뿐이라는 것을 곧 깨달았다. "나는 해부가 억측을 검증하려고 이용될 수 있다는 가능성에 깊이 생각해 보았다"라고 베살리우스는 1539년에 뜻밖의 이야기를 꺼냈다. 그래서 그는 인체에 관한 자신의 관찰만을 토대로 완전히 새로운 해부학 교과서를 저술하기로 결심했다. 1540년에 볼로냐에서 실행한 공개 해부에서 베살리우스는 원숭이와 사람에 각각 해당하는 2개의 골격 표본을 함께 놓고, 갈레노스가 척추골에서 좌골까지 뻗어 있다고 기술한 부속기관이 원숭이한테만 있다는 사실을 보여 주었다. 베살리우스는 이런 모순이 매우 중요하다고 여겼기 때문에 그 사실을 자신의 『구조론Fabrica』에서 특별히 예증했다. 베살리우스는 자신의 해부학 연구를 행동으로 보여 주면서 학생들이 스스로 보고, 느끼고, 판단해야 한다고 주장했다. 동맥이 실제로 심장의 운동으로 흘러가는가를 묻는 학생들에게 베살리우스는 "내 의견을 제시하고 싶지 않다. 네 스스로 손으로 느끼고 나서 믿어라"라고 대답했다.

베살리우스의 해부학 연구는 전 유럽에 전해져 그를 유명하게 만든 한 책으로 절정을 이루었다. 흔히 『구조론』으로 불리는 베살리우스의 『인체의 구조에 관하여De Humanis Corporis Fabrica』라는 책인데, 1543년 8월에 코페르니쿠스의 『천구의 회전에 관하여』가 출간된 바로 그해에 663페이지의 2절판으로 멋지게 나왔다. 코페르니쿠스의 저서가 천문학을 위해 나왔듯이, 해부학을 위해 나온 이 저서는 평생의 저술이라고 평가되어 왔지만 실제로는 베살리우스가 27세에서 28세 사이에 완성한 작품이었다.

베살리우스는 자신의 눈과 손으로 확인한 것만을 최대한 정확하게 나타내려고 했기 때문에 저작물의 과학적 가치가 도해의 질에 달려 있음을 잘 알고 있었다. 그래서 그는 도해를 만들기 위해 최고의 예술가를 찾아서 감독했다. 베네치아의 가장 능숙한 목판 제작자들이 복사하는 일을 맡았다. 그림에도 재능이 있었던 베살리우스는 직접 일부의 그림을 그리기도 했다. 나머지는 티치아노학파의 화가들이 그렸고 『6점의 해부도』의 그림을 완성했던 칼카의 존 스티븐도 참여했을 것이다.

레오나르도 다빈치는 말뿐인 해부학 교과서의 부정확성에 관해 노트에서 은밀히 이렇게 경고했다. "사지가 각각 다른 모양을 하고 있는 사람의 모습을 말로 표현하려는 생각은 버려야 한다. 표현이 세밀할수록 독자의 마음은 더욱 혼란해지고 설명하려는 대상에 관한 지식에서 더욱 멀리 이끌게 된다. 그러므로 그림을 그려서 설명해야 한다." 이때는 베살리우스가 해부학을 문자의 속박에서 벗어나게 하는 다행한 시기였다. 레오나르도와 같은 르네상스 시대의 예술가들은 궁전과 교회의 벽에 새로운 사실주의를 선언하고 있었다. 레오나르도는 해부학자로 성공할 수 있는 자질은 인내, 끈기, '사물에 대한 애정', 그리고 '보기에도 끔찍한 사지가 찢기고 껍질이 벗겨진 시신들과 함께 밤을 보낼 수 있는' 용기라고 했다. 그러나 이제는 그 자질에 중요하게도 '투시도에 관한 지식을 갖춘 그림 그리는 재능'을 추가시켰다. 레오나르도는 '인체 10구 이상'을 직접 해부하고 거기서 얻은 지식을 하나의 그림 속에 결합시켰다고 노트에 자랑했다. 당연히 레오나르도의 그림과 베살리우스의 『구조론』 속에 등장하는 그림은 놀라울 정도로 유사했다. 그러나 베살리우스가 레오나르도의 그림을 미리 보았다는 확실한 증거는 없다. 새로운 투시도 기법으로 이제 모든 숙련된 화가들은 실제의 대상을 그대로 묘사할 수 있게 되었다.

베살리우스는 올바른 인쇄업자를 선택하는 일이 중요하다고 생각했다. 번창한 베네치아 공화국의 파도바에 있는 교수라면 자신의 저서를 수도에서 인쇄하는 것이 당연한 듯 보였을 것이다. "아드리아해의 여왕"인 베네치아는 인쇄술이 등장한 초기부터 큰 인쇄소들이 있는 본거지가 되었다. 16세기 초반부터 인쇄 기술은 알두스 마누티우스의 멋진 인쇄물이 생겨날 정도로 절정에 이르렀다. 그러나 1540년대에는 법적인 문제들이 발생했다. 서적을 출판하려면 베네치아의 10인 위원회Venetian Council of Ten에 출판 허가 신청을 내기 전에 파도바의 대학 위원들의 동의가 있어야 했다. 지운타Giunta라는 유명한 베네치아 출판 회사가 갈레노스의 『전집Opera omnia』을 새롭게 다시 출판하는 사업을 해 왔으며, 실제로 베살리우스를 최신 결정판의 편집인으로 협력을 얻고 있었다. 그러나 베네치아에서는 인쇄 수준이 떨어져 있었다. 세심한 베살리우스는 가파르고 미끄러워 험난하기로 악명 높은 알프스를 넘는 위험을 무릅쓰고라도 『구조론』의 인쇄 수준을 높이려고 무거운 원고와 수많은 도해용 목판을 산맥을 넘어 바젤의 오포리누스에게 보내기로 결정했다. 베살리우스는 결코 낙담하지 않았다.

베살리우스가 '가장 아끼는 친구 오포리누스'를 신뢰하는 데는 타당한 이유가 있었다. 예술가의 아들인 요하네스 오포리누스Johannes Oporinus는 유명한 프로벤 인쇄소에서 일했으며, 또한 라틴어와 그리스어 교수를 역임하기도 했었다. 또한 그는 바젤에서 까다로운 파라셀수스의 제자이자 비서로 있으면서 선지자의 자질을 갖춘 파라셀수스의 방황을 함께했던 일도 있었다. 오포리누스는 기꺼이 모험을 감수했다. 그는 테오도르 비블리안데르Theodor Bibliander의 라틴어 번역판 코란을 과감하게 출판한 일 때문에 감옥에서 1년을 보내기도 했다. 이제 오포리누스는 베살리우스의 정확한 기준을 충족시킬 수 있다고 확신했기 때문에 책 첫머리에 베살리우스의 인쇄자에 대한 지시 내용을 인쇄하여 독자가 스스로 판단하도록 했다. 베살리우스는 인쇄를 감독하려고 직접 바젤로 갔다.

베살리우스의 호화롭게 장정이 된 『구조론』의 유명한 표제 페이지에는 파도바 대학의 학칙 요구에 잘 맞는 '공개 해부'의 광경이 그려져 있다. 교수인 베살리우스가 한 여자 시신의 노출된 내장 기관을 직접 만지고 있다. 이것이 인간의 해부학이라는 것을 강조하려고 인체의 골격이 시신 바로 위에 앉아 있고 나체의 남자가 옆에서 지켜보고 있다. 앞쪽에 있는 해부대 아래에는 2명의 이발 외사 의사들이 침울하게 앉아 있다. 베살리우스 이전 시대에는 직접 해부를 수행했던 그들은 이제 교수의 칼을 가는 일만 한다. 그리고 이제는 더 이상 교수의 관심 대상이 아닌, 애완용 원숭이가 왼쪽 구석에, 개는 오른쪽 구석에 그려져 있다.

베살리우스의 책 제목 『인체의 구조에 관하여 De Humanis Corporis Fabrica』는 베살리우스가 인체의 '구조'(structure는 'fabric'과 동의어)와 '작용'(working은 불어의 'fabrique'나 독일어의 'Fabrik'와 동의어) 모두 관심이 있음을 나타내고 있다. 베살리우스는 시신의 표면에 숯 조각으로 내부의 골격을 표시하여 인체의 내부 구조를 제자들에게 강조하곤 했다. 『인체의 구조에 관하여』에서 베살리우스는 이제 마침내 부패 정도에 따라 결정되던 절개와 설명의 기존 순서에서 벗어나고 있다. 대신에, 신체의 기본 구조인 골격에서 시작하여 근육, 혈관 계통, 신경 계통, 복부 기관, 흉곽과 심장, 마지막으로 뇌의 순서로 진행하고 있다.

베살리우스는 골격, 근육, 심장, 뇌 등의 부분에서 대체로 노력의 결실을 맺은 듯 보이며, 이는 저서의 반 이상을 차지하고 있었다. 그 부분에서 보여 주고 설명하는 내용들은 그가 직접 확인한 사실들이었다. 28세의 베살리우스가 자신의 관찰만으로 인간의 해부학을 전부 조사할 수 없었다는 것은 당연한 일이다. 그는 심장의 심실 체계 안에 구멍이 나 있다는 갈레노스의 잘못을 거듭 주장하고 있다. 저서의 나머지 부분은 갈레노스의 전통 체계를 여전히 따랐으나, 갈레노스의 명백한 실수를 수정하지 않은 부분은 없다. 예컨대 베살리우스는 갈레노스가 동물의 구조를 인간에게 적용시킨 방식을 보여 주려고 골격 부분에서 하악골, 흉골, 상박골을 예로 들고 있다. 그는 갈레노스가 원숭이, 개, 양 등을 유추하여 사람의 간엽이 여러 개로 이루어져 있다고 설명한 실수를 폭로하고, 사람의 간은 하나의 덩어리라는 사실을 보여 준다. 베살리우스는 『6점의 해부도』에서 설명한 실수를 바로 잡아 사람에게 '괴망'이 전혀 존재하지 않는다는 사실도 보여 준다.

반세기도 안 되어 베살리우스의 해부학은 유럽의 의과대학에 널리 퍼졌다. 서구에서 해부학 연구는 이전과 전혀 달라졌다. 베살리우스가 신체의 모든 기관에 관해 배울 수 있도록 미래의 학생들을 위해 길을 열어 놓은 일에 비하면, 심장이나 뇌에 관해 언급한 일은 그리 중요하지 않았다. 갈레노스의 오류에서 벗어나는 일만으로는 충분하지 않았다. 반복되는 비교 해부에 대한 새로운 열정이 있어야 했다. 다른 방법으로는 의사가 이형異形을 설명하고 있지 않다고 확신할 수 없었다.

해부에 반대하는 관습과 계속되는 편견은 여전히 문제가 되고 있었다. 『구조론』에서는 의사가 시신을 훔치는 것이 부끄러운 일이 아니라고 설명하고 있었고, 발각되지 않는 끔찍한 방법을 다음과 같이 알려 주고 있었다.

이곳 산 안토니오〔파도바에 있는〕의 한 수도사의 아름다운 연인이 자궁의 협착이나 치명적인 질환으로 갑자기 죽은 뒤, 파도바의 학생들이 무덤에서 그 시신을 꺼내어 공개 해부를 위해 가져갔다. 학생들은 엄청난 노력으로 시신의 모든 표피를 벗겨 내어 그 시신의 친척과 함께 무덤에서 시신을 도난당했다고 시의 재판관에게 고소한 수도사가 알아 볼 수 없게 했다.

베살리우스는 또한 심장막pericardium 속의 혈액에 관한 호기심을 충족시키려고 사지가 잘린 채 살아 있는 죄수에게 어떻게 했는지를 보고하고 있다. 그는 연구를 위해 '여전히 뛰고 있는 심장을 허파와 나머지 내장과 함께' 재빨리 옮겨 놓았다. 베살리우스가 표본에 대한 욕심 때문에 간혹 죽지 않은 신체를 절개했다는 소문도 있었다.

베살리우스는 더 많은 해부로 지식을 쌓아 가면서 자신의 저서도 수정했다. 12년 후에 출판된 『구조론』의 제2판에는 중요한 수정 내용을 담았다. 베살리우스는 심장이 영혼의 장소이냐는 논쟁을 일으킬 신학적인 문제를 회피하고 있었지만, 비평가들의 수정을 호의적으로 받아들여 그들을 달랬다. 위대한 가브리엘로 팔로피오Gabriello Fallopio(1523~1562년)가 『구조론』에 관해 무례가 되지 않을 정도의 비평을 발표했을 때, 베살리우스는 그 수정 내용의 일부를 받아들이는 상세한 답신을 정성 들여 써서 보냈다. 베살리우스가 존경하는 스승인 야코부스 실비우스는 잘못이 전혀 없는 갈레노스를 불손하게 대우했다며 베살리우스를 맹비난했다. 그러나 다행히 파도바의 영향력 있는 해부학 교수로 베살리우스의 뒤를 잇는 후임자들은 그의 제자들이었으며, 이들은 완전한 인체해부학에 대한 베살리우스의 요구에 부응했다.

젊은 베살리우스는 『구조론』이 출판된 이후, 해부학의 연구를 갑자기 중단하고 의학 치료에 몰두하다가 황제 카를 5세의 궁정 의사로 임명되었다. 그는 자신이 전념한 의료 분야에서 전문성을 인정받았다. 호색과 탐식은 궁정에 널리 퍼져 있는 죄악이었기 때문에 베살리우스는 '갈리아 병Gallic disease, 위장 장애, 만성질환 등 그의 환자가 평소에 겪는 통증'에 의식적으로 몰두했다. 베살리우스는 자신의 일을 이미 완수했지만 그 후 20년을 더 살았다.

47

보이지 않는 체내의 흐름

14세기 동안 갈레노스는 해부학뿐만 아니라 유럽의 생리학도 지배했다. 갈레노스는 생명 과정에 대한 설득력 있는 설명을 플라톤이 신체를 지배한다고 말한 3개의 '정신' 또는 '프네우마pneuma'에서 시작했다. 갈레노스에 따르면, 뇌 속에 있는 본질적인 이성이 감각과 동작을 지배하고, 심장에 있는 급한 성미가 열정을 통제하며, 간에 있는 가득한 열망이 영양을 공급했다. 들이마신 공기는 허파를 통해 프네우마로 변형되고 생명 과정은 한 종류의 프네우마를 다른 종류의 프네우마로 변형했다. 간은 소화관에서 '유미chyle*'를 만들어 정맥혈 속에 넣어서 '자연 정신'을 운반하게 하여, 그 정신이 정맥 속에서 조수처럼 밀려왔다 밀려갔다 했다. 자연 정신의 일부가 심장의 좌심실로 들어가 더 고등한 형태의 프네우마인 '생명력'이 되었다. 그러고 나서 이 생명력이 뇌의 맨 아랫부분으로 이동되어 훨씬

---

* 소화관에 모이는 젖 빛깔의 림프액

고등한 형태의 프네우마인 '동물 정신'으로 변형되었다. 이 최고급 형태의 프네우마는, 갈레노스가 비어 있다고 생각한 신경을 통해 신체 전체로 확산되었다.

영혼의 모든 측면에는 각각 프네우마가 만들어 내는 능력에 해당하는 특별한 '기능'이 있었다. 갈레노스의 설명에 따르면 "우리는 작용 원인의 진정한 본질을 모르고 있는 한, 그것을 기능이라고 부른다. 따라서 혈관 속에는 피를 만드는 기능, 위에는 소화 기능, 심장에는 박동 기능 등 각 부분에는 그 부분의 기능이나 역할에 해당하는 특별한 기능이 존재한다."

간단히 말해서 이 개념은 본질적으로 '프네우마 학문pneuma-tology'인 갈레노스 생리학의 기본 구조였다. 갈레노스가 모든 것을 설명했어도 아무도 그가 실제로 알고 있는 것보다 더 많은 지식이 있는 척한다고 비난할 수 없었다. 갈레노스가 자신의 이론에서 모든 요소들의 난해한 성질을 거리낌 없이 인정했기 때문이다. 갈레노스의 설명할 수 없는 요소를 설명해야 하는 어려움에 관한 문제는 문헌적인 태도를 취하는 의학자들에게 큰 논쟁거리가 되었다.

갈레노스 이론의 핵심에는 인간의 심장에 관한 특별한 이론이 있었다. 히포크라테스와 아리스토텔레스에 따르면, 신체 전체에 퍼져 있고 산 자와 죽은 자를 구별하는 '선천적인 열innate heat'은 심장에 근원을 두고 있었다. 심장은 프네우마를 통해 영양을 공급받기 때문에 당연히 가장 뜨거운 기관이었으며, 허파로 들어오는 공기로 적절히 냉각되지 않으면 그 자체 열로 전소되어 버리는 용광로와 같았다. 생명 자체와 함께하는 이 열은 따라서 선천적이며 영혼을 나타내는 특징이었다.

심장이 갈레노스 생리학의 핵심이기 때문에 의사들이 '정신'이나 '프네우마' 개념을 버리려면 그 전에 누군가가 심장이 어떻게 기능하는지에 관한 설득력 있는 설명을 해 주어야 했다. 그 설명은 윌리엄 하비William Harvey(1578-1657년)가 이루어 냈다. 영국의 포크스턴Folkestone 근처의 부유한 집안에서 태어난 윌리엄 하비는 장차 의사가 되려는 사람이 바라는 모든 이점을 갖추고 있었다. 그는 캔터베리의 킹스 스쿨King's School을 다닌 후, 케임브리지의 곤빌 앤 카이우스 대학Gonville & Caius College으로 갔다.

곤빌 앤 카이우스 대학은 이전 세대에서 최고의 의학 전문가였으며 힘이 넘치는 활동가였던 존 카이우스John Caius(존 키스John Keys라고도 함, 1510-1573년)가 다시 설립한 이후 의학 교육의 특별한 중심지가 되었다. 카이우스는 파도바의 학생 시절에 그곳에서 해부학을 가르치고 있던 위대한 베살리우스와 실제로 함께 지냈다. 그러나 카이우스는 계속 갈레노스의 신봉자로 남아 있었다. 카이우스의 주장에 따르면 "몇몇 사소한 문제를 제외하고는 갈레노스가 못 보고 넘어간 일은 없었으며, 최근의 저자들이 중요하다고 생각하는 모든 것들을 오로지 갈레노스를 통해 배울 수 있었다"라고 했다. 런던의 의과대학 학장으로서 카이우스는 의사들에게 자격증을 주고 가짜 의사를 추방하는 학교의 권력을 내세웠다. 그는 의학 교육의 수준을 높이기 위해 법관들을 설득하여 1540년에 이발 외사 의사의 연합회사United Company of Barber-Surgeons를 허가해 주었고, 뒤이어 해부를 위해 매년 처형 당한 죄수의 시신 4구를 제공하도록 했으며, 그중 2구는 케임브리지의 대학으로 보냈다. 카이우스는 에드워드 6세, 메리, 엘리자베스의 궁정 의사로 일하는 동안 모은 재산으로 낡은 케임브리지 대학을 '곤빌 앤 카이우스' 대학으로 재건하고 의대생을 위한 첫 장학 기금을 만들었다.

1593년에 하비는 15세에 곤빌 앤 카이우스 대학에 입학하여 6년 동안 의학 장학금을 받았다. 그 후 1599년에 카이우스의 사례를 뒤따른 하비는 파도바로 갔으며 동료들의 신임을 받아 대학 협의회의 '영국' 국가 대표가 되었다. 물론 수업은 라틴어로 이루어졌지만 하비는 읽고 말하는 데 거리 낌이 없었다. 학생 생활은 지적인 흥미를 불러일으키는 일 없이 소란스럽 기만 했다. 하비는 늘 무기를 들고 다녔으며, '사소한 일에도 칼을 쉽게 뽑 아 드는 성격이었다.' 그러나 다행히 한 교수의 격려를 받아 하비의 삶은 의학을 향해 나아가게 되었다.

한때 갈릴레오를 환자로 치료했던 유명한 아콰펜덴테의 파브리치우 스Fabricius ab Aquapendente(1533-1619년)는 포기할 줄 모르는 연구가였지만 여전 히 갈레노스의 신봉자였다. 파브리치우스는 한 무리의 학생들이 자신의 오만한 태도에 반기를 들었을 때, 학생들에게 귀중한 시신 해부를 직접 하 도록 해서 그들과 화해하려고 했다. 파브리치우스가 1595년에 설립한 계 단식으로 된 해부학 강당에서는 해부학 실습을 처음으로 실내에서 할 수 있었다. 해부학 강당은 좁은 해부 실습 공간 위로 6개의 원형 관람석이 5 층으로 된 나무 계단으로 이어져 있었다. 해부학 실습이 시작되면 학생들 은 이 관람석의 난간에 기대어 어둠 속에서 중앙에 있는 테이블을 내려다 보았고, 그 중앙에는 학생들이 해부되는 시신을 밝히는 큰 촛대를 들고 서 있었다. 이 강당은 한꺼번에 300명의 학생들이 해부 실습을 볼 수 있는 공 간이었다. 그리고 해부용 시신을 구하기 힘들고 해부를 자주 할 수 없었던 상황에서 의학 교육이 발전할 수 있는 계기가 되었다. 하비는 이 파브리치 우스의 강당에서 해부를 참관했다. 그리고 한때 하비는 파도바 바로 외곽 에 위치한 멋진 정원이 딸린 파브리치우스의 시골집에서 그와 함께 생활 하기도 했다.

하비가 파도바에 오기 훨씬 전인 1574년에 파브리치우스는 해부 과정 중에 인간의 팔다리 정맥에는 조그만 판막들이 있어서 피를 한 방향으로만 흐르게 한다는 사실을 알아냈다. 그는 이런 판막들이 신체 몸통의 큰 정맥에는 없어서 혈액이 중요 기관으로 직접 흐를 수 있다는 것도 알게 되었다. 파브리치우스는 이런 새로운 사실을 내장에 피를 공급하는 피의 원심운동에 관한 갈레노스의 이론에 적절하게 들어맞게 했다.

자연은 어느 정도 혈액의 속도를 늦추기 위해, 그리고 모든 혈액이 발이나 손과 손가락으로 흘러가 집중되는 것을 방지하려고 그것들〔판막들〕을 만들었다는 것이 내 이론이다. 그에 따라 2가지 안 좋은 현상이 방지된다. 즉 사지의 위쪽 부분의 영양부족과 손발이 계속 붓는 현상을 막을 수 있다. 그러므로 판막은 여러 부분의 영양을 위해 혈액을 제대로 공급하려고 만들어진 것이다….

파도바에서 파브리치우스가 젊은 하비에게 보여 준 이 놀라운 판막의 기억은 하비의 마음속에 생생하게 남아 혼란과 자극이 되었다.

영국으로 돌아온 하비는 엘리자베스 여왕의 궁정 의사였던 의사의 딸과 결혼을 했고, 의과대학의 특별 회원이 되었으며, 상류층의 번창하는 개업의가 되었다. 동시에 그는 1615년에서 1656년까지 대학에서 정기적으로 외과에 관한 강의를 했다. 또한 왕의 친구가 되는 일이 정치적으로 위험하던 시기에 제임스 1세와 찰스 1세의 궁정 의사로 일했다. 모든 분야에 흥미가 있었던 하비는 과학 철학자 프랜시스 베이컨, 장미십자회원Rosicrucian인 로버트 플러드Robert Fludd, 법학자 존 셀던John Selden, 토머스 홉스Thomas Hobbes 등의 인맥을 두었다.

갈레노스는 생명 과정을 개별 기관들로 확산시켜서 각 기관이 특정한 신체 요구를 만족시킨다고 했다. 갈레노스에 따르면, 생명 과정의 통일은 몇 개의 '정신' 또는 프네우마의 공동 작용으로 이루어지기 때문에 혈액은 통합하는 역할을 하지 않았다. 또한 간에서 만들어지는 혈액은 영양소를 각 기관으로 공급하는 특별한 운반 역할만 했다. 하비는 생명 현상의 통합에 관해 연구를 시작했다. 하비는 이 연구의 성공을 1628년에 형편없이 인쇄되어 출간된 72페이지짜리 소논문 "동물의 심장과 혈액의 운동에 관해 De Motu Cordis et Sanguinis in Animalibus"에서 밝혔다.

하비의 이 소책자는 오늘날에 읽어도 설득력이 있어서 여전히 감동을 받게 된다. 하비는 심장이 혈액을 이동시키는 역할을 하며 혈액의 운동은 온몸을 순환한다는 결론을 단계적으로 보여 주고 있다. 우선 그는 동맥과 정맥과 심장에 관한 모든 자료와 그 구조와 작용에 관한 유용한 자료들을 열거한다. 그의 이 모든 관찰은 '살아 있는 동물의 해부에서 평가된 것'이다.

하비가 심장을 연구하기 시작했을 때, 의사들은 심장의 작용이 정맥의 확장과 일치하는 것처럼 보이는 확장할 때 일어나는지, 아니면 수축할 때 일어나는지에 관한 의견의 일치가 아직 없었다. 하비는 어떻게 심장이 작용하느냐에 관한 기초적인 설명에서 출발한다.

흉부를 열고 심장을 둘러싸고 있는 피막을 바로 떼어 낸 후에도 여전히 살아 있는 동물의 심장에서 맨 먼저 볼 수 있는 현상은 심장이 한 번은 움직이고 또 한 번은 움직이지 않는 운동과 휴식을 번갈아 하고 있다는 점이다… 활발한 운동을 할 때의 심장근육은 힘이 있고, 수축하고, 단단해지고, 위로 오르며,

두꺼워진다. 또한 유사하게도 심장은….

동시에 다음과 같은 현상이 발생한다. 즉 심장의 수축과 〔심장의〕박동이 정점에 이르고(심장 박동이 가슴 밖에서도 느껴진다), 또한 심장 벽이 두꺼워지고, 심실의 수축으로 안에 있던 혈액이 강하게 분출한다.

따라서 일반적으로 받아들여지는 개념과 정반대의 현상을 볼 수 있다. 심장이 심하게 뛰고 외부에서 이 박동이 느껴질 때는 심실이 팽창하고 그 속에 혈액이 채워진다는 개념이 일반적인 생각이었다. 그러나 사실은 그 반대이다. 즉 심장은 수축할 때는 비어 있다. 그러므로 일반적으로 심장의 이완이라고 생각한 것이 실제로는 심장의 수축이다. 그래서 심장의 본질적 운동은 이완〔확장〕이 아니고 수축〔축소〕이다. 또한 심장은 이완이 아니라 수축에서 힘이 커진다. 다시 말하면, 축소될 때 움직이고 더 힘이 강해진다.

하비는 심장이 수축하고 혈액을 혈관으로 내보낼 때 동맥이 확장되는 움직임을 계속해서 설명한다. "좌심실에서 동맥으로 혈액이 분출되어 생기는 동맥의 맥박은, 예컨대 장갑 속에 바람을 불어넣었을 때 장갑의 각 손가락이 동시에 부풀어 오르는 것과 같다. 따라서 우리가 동맥에서 느끼는 맥박은, 다름이 아니라 혈액이 심장에서 동맥으로 분출되는 것이다."

또한 하비는 우심실을 떠나는 혈액이 어디로 향하는지 추적한다. 우심실에서 나온 혈액은 허파를 거쳐 좌심방으로 이동되고, 그곳에서 좌심실을 통해 분출된다. 이것이 혈액의 '작은' 순환, 또는 폐를 통한 혈액순환이라는 새로운 생각을 의미했다.

하비의 전체적인 이론에 필수적인 이런 개념은, 갈레노스의 신봉자가 아닌 대담한 실험주의자이며 베살리우스의 후계자인 파도바의 레알도 콜롬보Realdo Colombo(1510-1559년)가 이미 발견한 부분이었다. 이탈리아의 의사이며 식물학자인 안드레아 체살피노Andrea Cesalpino(1519-1603년)는 심장과 연결된 심장판막과 폐의 혈관에 관해 기술한 적이 있었다. 또한 칼뱅이 1553년에 이단으로 화형에 처한 스페인의 학자, 미카엘 세르베투스Michael Servetus는 가장 비난을 많이 받은 신학 논문이며 몇 권만 남아 있는 『기독교의 재건Christianismi Restitutio』(1553년)에서 우연히 혈액의 폐순환을 설명하고 있다. 그리고 이미 13세기에 아랍 의사인 이븐 알나피스Ibn al-Nafis도 같은 생각을 하고 있었던 것 같다.

하비에게 그 중요한 사실을 전한 사람은 콜롬보였다. 콜롬보가 관측한 2가지 중요한 사실이 하비의 심장 혈관 문제에서는 빠져 있었다. 첫째는 혈액이 우심실에서 폐를 거쳐 좌심실로 간다는 것으로, 베살리우스도 알지 못한 사실이었다. 두 번째는 심장 작용의 정확한 설명과 심장의 이완과 수축의 적절한 의미였다. 콜롬보의 주장에 따르면, 심장은 수축할 때 일을 한다고 했다. 또한 그는 심장의 리듬을 '가장 보기에 아름다운 것'이라고 했으며, '심장이 팽창할 때 동맥은 수축하고 심장이 수축할 때 동맥은 팽창된다는 사실을 알 수 있다'고 설명했다. 하비가 스스로 인정했듯이, 이런 단순한 사실은 생체 해부를 어떻게 이용할 것인지에 관한 필요한 실마리를 제시했으며, '정말 힘들고 어려워서 프라카스토리우스Fracastorius처럼 심장의 운동은 신만이 이해할 수 있는 영역이라고 거의 생각하고 싶었던 일'에서 그를 구제했다.

하비는 심장의 펌프 작용에 관한 콜롬보의 통찰력과 혈액을 한 방향으로만 흘러가게 하는 혈관 속 판막에 관한 파브리치우스의 설명을 결합하여 마침내 이해하기 시작했다. 심장은 용광로가 아닌 펌프 역할을 하여 혈액을 내보내어 각 기관에 영양을 공급하게 했던 것이다. 그러나 혈액 운동의 순환성을 입증하려면 여전히 또 다른 사실들이 필요했다. 하비는 (갈레노스조차 자신의 방식대로 주장했던)단순한 혈액의 순환이라는 생각에서 근대 생리학의 기초 개념이 되는, 운동의 순환성이라는 생각으로 옮겨 가는 중요한 도약을 해야만 했다. 이런 도약을 가능하게 한 추론은 넓은 의미에서 획기적인 일이었다. 그 추론은 질에서 양으로, 다시 말해 고대의 '체액설'과 생명력의 세계에서 체온계, 혈압계, 심전도를 비롯한 여러 무수한 측정 장치가 등장하는 근대 세계를 향하는 길을 열었다.

하비는 심장에서 혈액이 들어오고 나오는 방향과 혈액을 계속 흘러가게 하는 심장의 기능을 설명하면서 본질적인 의문이 생겼다. 그는 인체 내부에서 아마존강과 같은 혈액을 계속 흐르게 하는 힘을 발견했지만, 아직도 혈액의 강과 작은 물줄기의 전체 흐름을 알아내지 못했다. 하비는 "동물의 심장과 혈액의 운동에 관해"의 중요한 8장에서 이렇게 설명했다. "그러나 남아 있는 문제점(즉 정맥에서 동맥으로 흘러가는 혈액의 양과 근원)은 고찰할 가치가 충분하지만 매우 새롭고 지금까지 언급되지 않은 것이어서 그 문제점을 말하면 나는 반감을 지닌 소수의 사람들에게서 고통을 받을 뿐만 아니라 나머지 모든 사람들이 나를 반대할까 봐 두렵다. 처음으로 인식되어 깊게 뿌리박힌 관습과 가르침을 따르는 것은 제2의 천성이라 할 수 있다. 사람들은 고대의 저자들에 대한 존경심에 어쩔 수 없이 크게 영향을 받는다."

여기서 하비는, '얼마나 많은 혈액이 정맥에서 동맥으로 흐르는가?' 하는 새로운 양적인 문제를 제기하고, 이 문제에 관한 양적인 해답을 찾기로 결심했다. "나는 또한 심장의 심실뿐만 아니라 그곳과 연결되어 있는 혈관의 대칭성과 크기를 생각해 보았다(목적 없이 일하지 않는 자연이 아무 의미 없이 이 혈관들을 그렇게 크게 생기게 하지는 않았을 것이기 때문이다)." 그는 살아 있는 동물의 동맥을 해부하여 그 해답을 알아낼 수 있기를 바랐다. 그래서 '얼마나 많은 혈액이 얼마나 짧은 시간에 이동되는지'를 조사했다. "'그렇게 많은 혈액의 양'은 우리가 먹는 것으로 공급될 수가 없다… 그리고 그 양은 각 부분의 영양에 필요한 것보다 훨씬 많다." 만일 혈관을 채우는 것이 새로이 섭취되는 음식의 즙으로만 보충된다고 하면, 모든 동맥이 갑자기 비어지며 또한 혈액이 지나치게 유입이 되어 동맥이 파열되는 결과가 생기게 된다.

해답은 무엇일까? 하비에 따르면 "혈액이 동맥에서 정맥으로 어떻게든 다시 흘러 들어가 심장의 우심실로 돌아오지 않는다면, 신체 내의 체계에서는 전혀 설명이 되지 않았다. 그 결과, 나는 그 해답이 순환 운동이지 않을까 하고 생각하기 시작했다."

이 설명은 그 간결성에서 대단히 훌륭했다. 자신이 제기할 수 있는 모든 반론에 대해 가설을 스스로 확인한 하비는 자신의 주장을 뒷받침하려고 모든 고대 권위자를 동원하여 동료들을 설득하기 시작했다. 그는 폐동맥과 폐정맥의 관계에 대한 자신의 이론을 뒷받침하려고 '훌륭한 사람이며 의사의 아버지'인 최고 권위자 갈레노스를 상세히 인용했다. 또한 그는 16세기에 갈레노스의 인쇄된 저서들이 보급된 이후 다소 빛을 보지 못한 아리스토텔레스의 해부학 사상도 되풀이하여 인용했다.

하비는 아리스토텔레스의 생명 과정에 대한 관점에 오랫동안 친근감을 느끼고 있었다. 아리스토텔레스 또한 생명 과정을 '정신'이나 '프네우마'가 체내 기관에 가해질 때 일어나는 어떤 일이 아니라 전체 생명 기관의 단순한 과정으로 보았기 때문이다. 아리스토텔레스의 생명 과정의 통일성이라는 견해는 하비가 찾으려는 해답의 동기가 되었으며, 하비의 결론을 최종적으로 정당화했다. 하비는 혈액의 순환 운동을 처음 설명한 "동물의 심장과 혈액의 운동에 관해"의 8장에서 이렇게 말했다.

> 아리스토텔레스가 공기와 비가 천체의 순환 운동을 본보기로 따라 하고 있다고 말해야 했듯이, 우리도 혈액의 이 운동을 순환이라고 부를 권리가 있다. 아리스토텔레스에 따르면, 촉촉한 땅이 태양으로 가열되어 수증기를 발산하고, 그 수증기가 높이 올라가 농축되어 다시 비로 땅에 떨어져 대지를 촉촉하게 하여, 잇따라 새로운 생명이 생겨난다고 했다. 이와 같은 방식으로 태양의 순환 운동, 다시 말해서 태양이 접근했다가 물러나면 폭풍과 대기 현상을 일으킨다….
>
> 태양을 우주의 심장이라고 할 가치가 있듯이, 이 기관은 생명의 출발점이며 우리 소우주의 태양이라고 할 가치가 있다.

우리는 심장을 중심으로 이루어지는 혈액의 순환 운동이라는 하비의 믿음과 태양을 중심으로 그 주위를 행성이 돌고 있다는 코페르니쿠스의 태양중심설 사이에 연관성을 찾고 싶은 생각이 자연스럽게 든다. 이 유혹적인 추측을 뒷받침할 증거는 없다. 갈릴레오는 하비가 학생이었을 때 파도바에서 학생들을 가르치고 있었지만 우리가 알고 있는 한, 갈릴레오의 제자들 중에 의사는 없었다. 그리고 어쨌든, 당시에 갈릴레오는 프톨레마이오스의 이론을 여전히 충실하게 설명하는 강의를 하고 있었다.

하비는 자신이 설명하는 내용은 단순한 사실일 뿐이지 철학의 응용이나 꾸밈은 아니라는 것을 몇 번이고 주장했다. 그리고 하비는 "동물의 심장과 혈액의 운동에 관해"의 서문에서, '나는 해부학을 철학의 원리에서가 아니라 해부와 자연의 구조에서 배우고 가르치고 있음을 고백한다'고 설명하고 있다. 또한 그는 만년에 회고하기를 "나는 파브리치우스와 함께 '경험이 결론을 부정할 때는 추리를 모두 침묵하게 하자'고 말했다. 이 시대에 너무 익숙한 나쁜 행위는 감각의 증거가 전혀 없는 추측과 피상적인 추론에서 생긴 단순한 환상을 명백한 진리로 강요하는 일이다"라고 했다.

그러나 하비는 혈액 순환에서 연결할 수 없는 하나의 문제가 있었다. 많은 양의 혈액이 항상 심장에서 동맥으로, 그 다음 정맥으로, 그러고는 다시 심장으로 빠르게 이동된다. 그러나 혈액이 동맥에서 정맥으로 끊임없이 전해지지 않으면 전 체계는 작용하지 못한다.

하비는 결국 혈액이 동맥에서 정맥으로 어떻게 들어가는지 해답을 찾지 못했다. 그러나 혈액의 단순한 대순환에 관한 신념으로 하비는 그 순환의 경로에서 마지막 결정적인 연결 부분이 있으리라는 확신을 했다. 하비는 (나중에 의사들이 '혈관의 접합 부분anastomoses'이라 부르게 되는)그 연결 통로를 발견하지 못했지만, 그 연결 통로가 아직은 발견되지 않은 '감탄할 만한 기교'로 실제로 이루어져 있다는 강한 신념을 표현했다. 하비는 가끔 확대경을 사용했지만 현미경은 없었는데, 모세혈관을 발견하려면 현미경이 필요했던 것이다. 결국 하비는 자연이 분명히 순환을 완성시킬 것이라는 신념 위에 이론을 세워야 했다.

48

질에서 양으로 옮겨 가다

뉘른베르크 근처에 있는 알트도르프 대학교University of Altdorf의 유명한 의학교수이며 정통 갈레노스학파였던 카스파 호프만Caspar Hofmann은 동시대의 하비의 저서에 대해 전형적인 비판을 했다. 유명한 의사들에 관한 평가를 하던 중에 호프만은 하비가 '해부학자의 관습을 버리고' 갑자기 수학자 노릇을 했을 때 그의 전문직 명성을 내던진 것이라고 비난했다. "진실을 위해 당신의 눈을 사용하거나 또는 사용되도록 명령해서는 안 되고, 대신에 추리와 계산에 의존해야 합니다. 말하자면, 신중하게 때를 정하여 짧은 반시간 동안에 몇 파운드, 몇 온스, 몇몇 드램drachm의 혈액이 심장에서 동맥으로 이동하는지를 알아야 합니다. 참으로 하비, 당신은 조사될 수 없는 사실, 즉 계산할 수 없고, 설명할 수 없고, 알 수도 없는 사실을 찾으려고 하고 있습니다." 이렇듯 호프만은 하비가 궤변을 늘어놓은 양적 접근으로 전체 논거의 방향을 잘못 잡았다고 평가했다. 올바른 논거는 자연의 위대한 목적이 있는 계획에 관련되어 있어야 한다며 호프만은 다음과 같이 주장했다.

　I. 당신은 영양의 생산과 분배라는 가장 중요한 작용을 잘 못하고 있다고 자연의 어리석음을 비난하는 것 같습니다. 한번 그렇게 인정해 버리면 혈액에 의존하는 다른 모든 작용에 정말 많은 혼란이 뒤따르지 않겠습니까!

　II. 바로 그런 이유로 당신은 자연에 관해 보편적으로 인정되는 원리를 옳지 않다고 생각한 것 같습니다. 당신 스스로도 자연은 필요할 때 부족하지 않고 또한 불필요할 때 여분을 남기지 않는다는 사실을 찬미하고 있지 않습니까!

　갈레노스학파의 격노에도 불구하고 하비는 '궤변을 늘어놓은' 양적 접근에 관한 문제에 상당한 관심을 끌었다. 하비는 혼자가 아니었다. 유럽 곳곳에서 이제는 기계의 언어로 말하고 경험을 측정의 새로운 문법으로 분석하기 시작했다. 익숙한 경험들이 바뀌고 있었다. 무엇보다 뚜렷한 점이 열기와 냉기에 관한 새로운 사고방식이었다. 뜨겁고 차고, 건조하고 습한 것 등은 분명 촉감의 구분이었다. 고대 그리스인들에 따르면, 이러한 질적인 요소들이 결합하여 전 세계를 구성하고 있는 땅, 공기, 불, 물 등을 만들어 냈다. 오늘날 우리가 냄새나 맛을 양적으로 다른 것이 아닌 종류가 다른 것으로 다루듯이, 당시에는 온도를 그런 식으로 다루고 있었다. 예컨대 이미 확인했듯이 17세기 이전의 '온도temperature'('혼합하다', '결합하다' 또는 '적당한 비율을 유지하다' 등의 뜻이 있는 'temper'라는 동사에서 비롯됨)라는 영어는 절대적이거나 양적인 의미가 아닌 다른 많은 의미가 있었다.

　의학이 갈레노스의 체액설로 지배를 받고 있던 시기에는 어떤 외부의 기준에 근거해 신체 내부의 상태를 양적으로 비교하는 방법은 있을 수가 없었다. 개개인 안에 있는 기질이 적절하게 혼합되면 건강하고 적절히 혼합되지 않으면 질병이 생긴다고 여겨졌다.

열기와 냉기의 가장 뚜렷한 차이는 기후나 기상의 가장 뚜렷한 차이였다. 따뜻함의 정도에 관한 개념은 처음에는 기후에 적용되었던 것으로 보인다. 기후는 프톨레마이오스가 지구를 여러 구역으로 구분하는 데 적합했다. 근대적 의미에서 온도라는 척도의 일부 개념은 온도를 측정하는 도구가 생기기 이전에 나타났다. 갈레노스도 같은 양의 얼음과 끓는 물을 섞었을 때를 기준으로 정한 중립 지점에서 양쪽으로 '열기와 냉기의 온도' 4개를 측정할 수 있다고 주장한 적이 있었다. 갈레노스가 내린 정의는 매우 모호했으며, 물론 심장이 신체에서 가장 뜨거운 기관이라고 그는 믿고 있었다.

보편적으로 체온을 측정하는 방식이 생기기 전까지 사람들은 당연히 체온이 세상의 각 지역마다 다르다고 믿었다. 열대지방에 사는 사람들의 체온은 추운 지방의 사람들보다 더 높을 것이라고 여겼다. 유럽 최초의 의료 수학에 관한 책으로 알려진 『의료 논리 계산에 관해 De Logistica Medica』(베른의 요하네스 하슬러가 저술, 1578년)는 '나이, 계절, 극의 고도[즉 위도]를 비롯한 여러 영향 요소로 결정되는 각 개인의 자연 체온을 발견하는 문제'를 처음으로 제기했다. 책의 저자는 위도에 따라 사람에게 예상되는 온도의 정도를 보여 주는 도표를 제시하여 의사들이 그 '온도'에 맞추어 약을 처방해야 한다고 설명했다.

눈금으로 측정하는 '온도계 thermometer'가 생기기 전에는 온도의 변화를 나타내는 '서모스코프 thermoscope (초기의 온도 측정기)'가 있었다. 비잔티움의 필로Philo(기원전 2세기)나 알렉산드리아의 헤로Hero(또는 헤론, 서기 1세기)와 같은 고대 과학자들은 열이 물을 상승시킨다는 사실을 알았고, '하늘로 솟는 분수' 실험을 생각해 냈다. 잘 알려져 있듯이, 최초는 아니었을 테지만 갈릴레오는 대기의 온도 변화를 측정하는 기구를 만들었다. 사용이 최초로 기록된(1633년) 영어의 'thermometer(온도계)'는 '대기 속의 열기와 냉기의 정도를 측정하는 기구'라고 설명되어 있다.

물론 기온의 변화는 대기 압력의 변화에 훨씬 앞서 기록되어 있었다. 대기 압력은 공기에 무게가 있다는 사실을 알아낼 때까지 시간이 걸려야 했기 때문이다. 그동안에도 이런 모든 기계에 눈금을 매기는 일은 혼란스러웠다. 17세기 영국에서는 대기의 온도 변화가 유리관 속의 액체를 상승이나 하강시킨다는 사실이 발견되어 '기상 유리관weather glass'이 만들어졌다. 그리고 그 유리관은 곧 유리 세공업자와 기구 제작자의 주요 상품이 되었다. 프랜시스 베이컨은 자신의 저서 『신기관Novum Organum』(1620년)에서 그런 기구를 만드는 방법을 설명하고 있다.

누가 처음으로 공기 온도계를 만들었는가의 질문에 대답을 할 수 없는 이유는 사이비 과학자, 돌팔이 의사, 신비주의자 등 별난 사람들이 많이 관련되었기 때문이다. 예컨대 하비의 친구이며 굉장한 장미십자회원이었던 로버트 플러드(1574-1637년) 박사는 1626년경에 자신이 공기 온도계의 첫 발명자가 아니라고 겸손히 말했다. 그는 '하나님의 섭리로 만들어지도록' 이 철학적인 원리를 모세에게서 받았기 때문이라고 했다. 로버트 플러드는 공기 온도계라는 생각을 '적어도 500년이나 오래된 필사본 속에서' 알아냈다고 자랑했다. 또한 그는 '입증을 하려고 그 온도계를 사용하기도' 했다. 밀폐된 유리관 속의 액체의 상승과 하강으로 온도 변화를 측정하는 실용적인 장치가 존재하기 전에도, 자연철학자들은 액체의 온도 변화를 특별한 목적을 위해 사용한 적이 있었다. 하이델베르크의 프레더릭 영주의 기술자이며 건축가였던 살로몽 드 코스Salomon de Caus는 1615년에 이런 온도 변화를 영구 운동 기계에 이용하기 위한 발명을 했다. 또한 같은 발상의 기준에서, 조각가로 수련을 받아 왔던 진취적인 네덜란드인 코르넬리스 드레벨Cornelis Drebbel은 '바퀴나 다른 부속품이 낡아 빠지지 않는 한, 태엽을 감거나 다른 수리를 하지 않아도 50년, 60년, 아니 100년 동안 사용할 수 있는 시계'에 관한 특허(1598년)를 얻었다. 그 뒤 오래지 않아, 대기압력의 변화는 멋지고 정확한 근대적 '기압' 시계에 이용하게 되었다.

그런데 갈레노스의 독단은 새로운 측정의 세계로 발명 정신을 유도하는 데 어느 정도 영향을 주었다. 콜럼버스가 프톨레마이오스가 표시한 항로를 따라갔던 것처럼, 산토리오 산토리오Santorio Santorio는 갈레노스의 길을 따라갔다. 사실 산토리오는 갈레노스의 이론을 입증할 수 있고 그 고전적인 체계를 더 유용하게 할 수 있는 '양으로 측정하는 기법'을 알아냈다고 믿었다. 갈레노스의 질병 분류에 따르면, 각 개인에게는 체액의 정확한 혼합('정상 건강eucrasia')에서부터 죽음을 유발하는 최악의 혼합('병약 체질dyscrasia')에 이르기까지 연속적인 부조화의 눈금이 있다고 했다. 수학적으로 사고하는 산토리오는 체액의 모든 가능한 혼합이 약 8만 가지라고 계산했고, 따라서 그처럼 많은 '질병'이 있다고 여겼다. 생을 마감하기 전까지 산토리오의 측정과 계산에 관한 관심은 갈레노스를 훨씬 능가하게 되었다.

산토리오(1561~1636년)는 베네치아 공화국의 한 섬의 부유한 귀족 집안에서 태어났다. 당시의 베네치아에서는 세계적인 상업, 시민의 긍지, 가톨릭교의 정통성에 대한 투쟁 등으로 여러 아이디어들이 넘치고 있었다. 베네치아의 사회적 지위가 있는 시민들은 로마의 지배를 받았을 때는 대담한 반역 정신이 필요했을지도 모를 실험을 하고 견해들을 제시했다. 부유한 귀족인 산토리오의 아버지는 베네치아 공화국의 군수품 최고 관리자였고, 또한 산토리오의 어머니는 귀족 집안의 상속인이었다. 당시의 유행에 따라 부모는 장남에게 성을 이름으로 부여했다. 14세의 어린 산토리오 산토리오는 파도바 대학에 입학했으며 관습에 따라 처음에는 철학을 공부했다. 그리고 21세가 되던 1582년에 의학 학위를 받았다. 산토리오는 크로아티아로 가서 한 귀족 가문의 의사로 일했다. 그리고 아드리아 해변에서 그는 자신의 풍속계뿐만 아니라 조류를 측정하는 장치를 시험할 기회를 얻었다.

1599년에 의사로 개업을 하려고 베네치아로 돌아온 산토리오는 갈릴레오, 파올로 사르피, 파브리치우스, 잠바티스타 델라 포르타Giambattista della Porta 등이 포함된 예술가, 의사, 연금술사, 신비주의자들의 활발한 모임에 참여했다. 당시에 베네치아 공화국은 다재다능하고 활력이 넘치는 베네치아 고위 성직자, 프라 파올로 사르피Fra Paolo Sarpi를 내세워 교황의 권한에 맞서 도전하고 있었는데, 사르피가 암살 시도의 희생자가 되었을 때 산토리오는 행운의 기회를 잡게 되었다. 사르피는 죽은 것으로 방치되었지만 산토리오와 파브리치우스가 그의 상처를 잘 치료하여 다시 살아나게 했다. 그 일로 산토리오는 베네치아에서 실험과 연구의 권위자라는 명성을 얻었다.

산토리오는 자신이 의학의 새로운 분야를 발명했다고 확실히 믿고 있었으며, 그 분야를 무게를 다는 기술이라는 그리스어와 라틴어의 'staticus'에서 유래된 '계량적 의학'이라고 불렀다. 베네치아에서 출판된 산토리오의 『계량적 의학에 관한 기술Ars de Medicina Statica』(1612년)이 그의 명성을 전 유럽으로 퍼지게 했으며, 이 책은 라틴어뿐만 아니라 영어, 이탈리아어, 프랑스어, 독일어로 번역되었다. 라틴어판은 28판까지 출간되었으며, 제2판(1615년)은 주석을 붙여 적어도 40번은 증쇄되었다. 한 세기가 지나기 전에 주요 의사들은 이 책을 하비의 혈액 순환에 관한 책과 함께 근대과학적 의학의 두 기초 중 하나라고 분류했다. 당시의 뛰어난 영국인 의사였으며 선구적인 동물학자였던 마틴 리스터Martin Lister(1639-1712년)는 『계량적 의학에 관한 기술』의 영어판(1676년)에서 '혈액의 순환에 관한 책을 제외한 그 어떤 책도 이것과 비교할 수 없다'고 단언했다. 또한 유명한 네덜란드 의사 헤르만 부르하버Hermann Boerhaave(1668-1738년)는 이 저서를 모든 의학서들 중에서 '가장 완벽한 책'이라고 선언했다.

산토리오는 고대 의사들을 출발점으로 삼았으며, 고대 의사들의 연구에 근거를 두고 자신의 연구를 확립했다. 그는 초기의 연구에서 자신의 경험을 히포크라테스, 갈레노스, 아리스토텔레스, 아비센나 등의 의학 저서들을 수정하는 데 활용하여 '의학의 오류를 막기 위한 싸움'을 목표로 삼았다. 산토리오는 1615년에 『계량적 의학에 관한 기술』을 친구인 갈릴레오에게 보냈을 때, 다음과 같은 2가지 원리를 설명한 서신을 함께 보냈다. "첫 번째 원리는 히포크라테스가 설명했듯이, 의학은 부족하면 더하고 남으면 줄여 주는 더하기와 빼기이며, 두 번째 원리는 실험이다." 창의적인 산토리오는 인체 내부의 현상과 양을 그의 기구로 측정하여 체액의 과학을 '양으로 잴 수 있는 새로운 분야'로 발전시킬 수 있다고 확신했다. 그는 자신도 모르게 갈레노스의 체액과 질적인 방식의 핵심을 정복하는 무기를 발명하게 된 것이다. 갈릴레오를 비롯한 여러 사람들이 주변 공기에서 열의 변화를 알기 위해 사용했던 '서모스코프'를 산토리오는 인체 내의 온도 변화에 적용했다. 옛날 서모스코프는 납이나 유리로 된 구 안에 액체를 넣고 거기에 유리관을 부착시켜 구 주변의 공기 온도가 올라가거나 내려갈 때 유리관 속의 액체가 상승 또는 하강하는 현상이 보일 수 있게 구성되어 있었다. 산토리오는 그 서모스코프를 변형시켜 인체의 온도를 측정했다. 산토리오의 설명에 따르면 "환자가 이 구를 잡거나 그 위로 숨을 내쉬거나, 또는 구를 입안에 넣게 하여 환자가 건강이 더 좋아졌는지, 또는 더 나빠졌는지를 알 수 있다면 진단이나 치료가 잘못될 우려가 없게 된다."

건강과 질병에 관한 갈레노스의 체액설을 믿은 산토리오는 온도의 절대 척도를 제시하지 않았다. 그렇게 했더라도 개인마다 체액의 균형이 독특했기 때문에 효과가 없었을 것이다. 히포크라테스 의학의 원칙에 따르면, 특정한 신체의 기준에서 벗어난 어떤 '신호'가 '질병'의 증상이었다. 산토리오는 겨울에 내리는 눈의 온도와 촛불의 불꽃 온도 사이를 같은 길이로 나누어 눈금을 첨가하여 서모스코프를 온도계로 변형시켰다. 이 온도계가 인체의 '정상' 온도를 확립하지는 않았지만 건강할 때와 병에 걸렸을 때 체열의 개인적인 온도 변화를 측정할 수 있었다. 개인의 표준에서 벗어날수록 더욱 증상이 안 좋은 진단이 내려졌다.

그런데, 환자는 자신의 적정 체온을 재기 위해 얼마 동안 체온계의 구를 잡아야 하고, 입김을 불어야 하며, 입속에 넣어 두어야 했을까? 산토리오는, '맥박 시계로 10번을 셀 동안'이라고 지시했다. 갈릴레오의 친구로서 산토리오가 이 시간 조절 장치를 만들어 냈다는 사실은 놀랄 일이 아니다. 휴대용 시계는 여전히 초기 단계였으며 분이나 초침은 아직도 알려져 있지 않았다. 앞서 확인했듯이, 젊은 갈릴레오가 피사의 대성당에 있는 램프가 흔들거리는 광경을 보았을 때 자신의 맥박으로 그 시간을 측정했다는 소문이 있었다. 이제는 그 원리를 재치 있게 역으로 활용하여 산토리오가 맥박의 간격을 재기 위해 흔들리는 추를 사용할 수 있다는 사실을 알아냈다.

이런 장치를 만들기 위해서는 줄과 그 끝에 연결된 추 하나가 필요했을 뿐이다. 그리고 흔들리는 추의 간격이 환자의 맥박과 정확히 일치하도록 줄의 길이를 짧게 하거나 길게 할 수 있었다. 그러면 줄의 길이로 환자의 맥박 속도가 양적으로 표시되었다. 이 장치는 줄을 원통에 감고 그 원통의 축에 지시침을 부착하여 눈금판에서 맥박의 속도를 가리킬 수 있도록 개량되었다. 개량된 장치는 시계horologe와 매우 유사하기 때문에 '맥박 시계pulsiloge'로 불렸다.

산토리오는 대기 습도에 관한 지식이 질병 치료에 유용하다는 사실을 발견하고 간단한 습도계를 발명했다. 벽 위에 수평으로 줄을 늘이고 그 중심에 공을 하나 달아 놓았다. 대기의 습도가 올라가면 그 줄이 당겨지고 공은 위로 올라가게 된다. 공이 올라가는 정도가 벽 위에 수직으로 표시된 눈금 위에 기록이 되었다.

히포크라테스와 갈레노스에 따르면, 인체의 건강, 즉 체액의 적절한 균형은 외부의 모든 조건과 인체 사이의 균형 상태를 의미했다. 따라서 질병은 인체가 받아들이고 소모한 것과 인체가 거부하고 밀어낸 것 사이의 불균형 상태를 의미했다. 산토리오는 인체의 균형 상태를 연구하겠다고 결심했다. 이 연구는 어렵고도 불쾌한 일이었다. 인체에 들어오고 나가는 모든 것을 측정해야 했기 때문이다. 이 목적을 이루기 위해 산토리오는 '산토리오의 저울 의자Sanctorian weighing chair'라고 불리게 되는 '계량 의자'를 만들었다. 특별히 설계되고 정밀하게 눈금이 달린 저울(또는 대저울)에 의자를 매단 산토리오는 먹고, 잠자고, 운동하고, 그리고 성행위를 하기 전후에 그 의자에 앉아 몸무게를 달았다. 그는 또한 먹는 음식과 배설물을 측정하고, 그 모든 변화를 기록했다.

산토리오는 근대과학의 신진대사, 즉 생명 과정인 생체 내의 여러 변화를 연구하는 기틀을 마련하고 있었다. 그가 갈레노스의 이론을 입증하기 위해 측정을 이용하려는 노력이 크게 성공했기 때문에 결국에는 갈레노스의 모든 체계를 쓸모없게 만들어 버렸다. 갈레노스의 이론에서는 뜨겁고 차가운 것, 건조하고 습한 것이라는 기본적인 4가지 체액은 각각 다른 기질이었다. 그 기질들은 객관적인 사실일 뿐만 아니라, 인간의 건강과 질병을 알 수 있는 유일하게 중요한 실체였다. 그 사이의 구분은 절대적이었다. 그러나 뜨거운 것과 차가운 것을 온도계로 측정하고 습한 것과 건조한 것을 습도계로 측정하자, 이 4가지의 기질은 거의 다른 것이 되어 버렸다. 따라서 근대 물리학에서 '뜨거운 것'과 '차가운 것'은 특정한 환경에서 특정 신체에 느껴지는, 부차적인 주관적 특성에 불과했다. 산토리오는 갈레노스의 체액을 '측정할 수 있는 양'으로 변형시켜 고대 의학에 치명적인 타격을 주었다.

그러나 산토리오의 '계량적 의학'은 여기서 중단되지 않았다. 그의 의학은 생명 과정을 양으로 탐구하고 설명하는 완전히 새로운 세계를 열었다. 산토리오의 세밀한 관찰을 살펴보면, 예컨대 그는 자신의 음식과 배설물을 측정하여 배설물의 무게가 음식물의 무게보다 훨씬 적었다는 사실을 알게 되었다. 동시에 그는 자신의 몸무게가 대변, 소변, 눈에 보이는 땀 등을 포함한 자신의 모든 배설물을 합한 무게보다 훨씬 적다는 사실도 확인했다. 여기에는 섭취한 양을 처리하는 어떤 다른 과정이 있어야만 했다. 그것은 무엇일까?

산토리오가 찾은 해답은 '무감각 발한insensible perspiration'이었다. 당시에 '발한perspiration'은 여전히 원래의 라틴어 의미(per + spirare = 숨을 내쉬다)인 증발하다, 숨을 내쉬다, 또는 발산하다 등의 뜻이 있었다. 체내의 기초적인 음식물의 소모 과정은 여전히 설명되지 않은 중요한 무엇이었다. 산토리오는 설명이 필요한 범위를 도표로 기록하기 시작했다. 산토리오가 '발한'에 '무감각'이라는 말을 붙여 '무감각 발한perspiratio insensibilis'이라고 했을 때, 당시에는 완전히 쓸모없는 듯 보였지만 그는 눈에 보이는 배설물을 의미하는 것이 아니라고 강조했다.

산토리오는 선구적인 열정으로 자신이 설명하는 현상이 양적으로 가장 중요한 신체 과정이라고 주장했다. 그는 그 현상을 '계량적 의학'에 관한 저서에서 다음과 같은 경구로 설명했다.

경구 4. 무감각 발한만으로도 나머지 모든 배설의 합계보다 더 많은 양이 배출된다.

경구 5. 무감각 발한은 피부를 그물처럼 덮고 있는 땀이 나올 수 있는 신체의 구멍에서 이루어지거나, 유리 위로 숨을 내쉬면 쉽게 확인할 수 있듯이, 하루 동안 거의 반 파운드의 양이 입을 통한 호흡으로 이루어진다.

경구 6. 만일 하루에 8파운드의 고기와 음료를 섭취했을 때, 일반적으로 무감각 발한으로 배출되는 양은 5파운드이다⋯.

경구 59. 일반적으로 16온스의 소변이 하룻밤에 방출된다. 4온스는 대변을 통해 그리고 40온스 이상이 발한으로 배출된다.

경구 60. 해가 떠서 해가 질 때까지 이루어지는 무감각 발한은 5일 동안에 대변을 통해 방출되는 것과 같은 양이다. 이 과정을 고려하지 않는 의사는 환자를 '속이는 것이며 결코 치료하지 못하게 된다.'

고대 그리스 의사들은 폐뿐만 아니라, 온몸으로 호흡을 한다고 믿고 있었다. 갈레노스는 호흡의 목적이 심장의 열기를 식히고, 또한 신체의 기관들에게 생기를 불어넣고 자라게 하는 자연적이고 동물적인 생명력을 만들어 내기 위한 것이라고 설명했다. 그에 따르면, 땀은 온몸에 수분이 지나치게 많다는 표시였다. 신체가 건강하려면 신체의 모든 구멍이 적절히 열려 있어야 하며, 특히 피부의 구멍들이 잘 열려 있어서 '수증기'가 신체 과정에서 배출될 수 있어야 했다. '발한'은 이러한 수증기를 의미했다. 19세기 말까지는 특별히 땀방울이라고 표현되지 않았다. 당시에는 피부의 구조에 관해 잘 알려져 있지 않았기 때문에 어떻게 땀이 신체 밖으로 배출되는지에 관해 설명하기가 어려웠다. 이 수수께끼는 니콜라우스 스테노Nicolaus Steno(1638-1686년)와 마르첼로 말피기Marcello Malpighi가 현미경을 이용해 피부를 연구한 뒤에 해결되었다.

오랫동안 알려진 이 무감각 발한 과정은 산토리오가 '측정할 수 있는 양'의 용어로 표현한 마지막 연구였다. "이 현상은 의학에서 전례가 없는 새로운 것으로 누구든 무감각 발한을 정확히 측정할 수 있어야 하는 일이다. 철학자나 의사 어느 누구도 이런 의학 탐구를 감히 도전하지 않았다. 사실 내가 최초로 이 도전을 시도했고, 내가 틀린 것이 아니라면 나는 30년 동안 해 온 추론과 경험으로 이 과학 분야를 완성한 사람이다"라고 산토리오는 자랑했다. 이 과학은 오직 시작에 불과했으며, 온도계, 맥박 시계, 산토리오의 저울 의자 등이 의사들을 새로운 미지의 세계로 이끌고 있었다.

수년 동안 산토리오는 자신의 저울 의자에서 먹고 일하고 잠을 잤다. 그는 '투관침trocar(방광결석을 제거하는 외과용 삼각형 주사기)' 같은 다른 간단한 기구뿐만 아니라 목욕용 침대 같은 복잡한 새로운 장치를 만들어 그 안에서 환자가 방 안의 습도와 상관없이 체온이 오르거나 내려가도록 찬물이나 더운물 속에 잠길 수 있도록 했다. 산토리오는 동료 의사들을 통해 베네치아 의과대학의 학장으로 선출되었고, 페스트가 대유행하던 1630년대에는 베네치아 상원을 통해 이 전염병을 극복할 조치를 위한 책임을 맡았다.

산토리오의 사고는 새로운 것과 낡은 것이 혼합되어 있었다. 산토리오는 점성술을 비난하여 동료들의 미움을 받으면서도 코페르니쿠스의 태양 중심설을 지지하고, 갈릴레오의 천문학과 역학뿐만 아니라 케플러의 광학에 동의하고 있었다. 그러나 그는 하비의 발견이 매우 중요하다는 사실은 이해하지 못했다. 갈레노스 의학의 새로운 기법으로서 '계량적 의학'을 과장한 산토리오의 주장은 물론 근거가 빈약했다. 하지만 산토리오의 자부심이며 기쁨이었던 '정량 방법quantitative method'은 갈레노스의 체계를 더 이상 쓸모없게 만들었다.

49

'자연의 현미경'

앞서 살펴보았듯이, 근대 해부학은 베살리우스를 비롯한 여러 사람들이 해부를 이용해 인체를 연구해야 한다고 주장하면서 발전했다. 그러나 수십 년도 채 지나지 않아 믿기 힘든 비교 방식으로 인체에 관한 놀라운 측면이 밝혀졌다. 하비는 병아리, 개구리, 두꺼비, 뱀, 물고기 등에 관한 실험으로 혈액 순환의 단서를 찾아냈다. 그러나 아직 완성되지 않은 하비의 혈액 순환론은 '하등'동물을 정교하게 관찰해야만 완성될 수 있었는데, 이것이 바로 새로운 '비교해부학'이었다. 이런 비교의 범위는 갈레노스가 도전했던 것보다 훨씬 넓고 과감했으며, 더욱 색다른 차원이었다.

이 이야기의 주인공, 마르첼로 말피기Marcello Malpighi(1628-1694년)는 전혀 독단에 빠지지 않고 업적을 이룬 위대한 과학자였다. 말피기는 처음으로 뛰어난 권위자들의 학설이나 연구 주제에 제한 받지 않고 사명을 다한 새로운 유형의 탐구자들 중 1명이었다. 그런 탐구자들은 더 이상 '아리스토텔레스학파'도 '갈레노스학파'도 아니었다. 그들에게 이름을 떨치게 하고 후원해 준 대상은 그들의 감각을 확대해 주고 전망도 넓혀 준 발명품이었다. 말피기의 연구는 새로운 기구로 처음부터 끝까지 한결같았다. 말피기는 '현미경 사용의 전문가'가 되었으며, 그의 과학은 '현미경 관찰법microscopy'이었는데, 이 말은 1664년 '피프스의 일기Pepys' Diary'에 처음 영어로 기록되었다. 말피기가 이루어 낸 과학 연구의 경력은 무엇을 확인하거나 입증하려는 것이 아니라 그를 관찰의 여정으로 이끈 현미경이라는 수단을 이용해 이루어졌다.

보통 '현미해부학microscopic anatomy'의 창시자라고 불리는 말피기는 거시적인 세계에서 미시적인 세계로, 일반적인 사실에서 구체적인 사실로 관심을 바꾼 새로운 유형의 탐구자들 가운데 가장 앞서가는 인물이었다. 말피기의 저서들은 '현미경과 함께 떠나는 여정'이라고 불렸을 수도 있다. 그의 저서는 육안으로는 볼 수 없는 온갖 세계를 여행한 기록과 같기 때문이다. 베살리우스는 인간이라는 큰 대륙의 윤곽을 발견했고, 하비는 미시 시피강을 발견한 것과 같았다. 말피기는 말하자면, 이제 지형, 작은 만, 작은 강줄기, 작은 섬 등을 기술했다고 볼 수 있다. 그의 저서에 일관된 이론이 거의 없었던 사실은 당연한 일이다. 그런 세밀하게 얽힌 영역에는 어디에나 발견의 기쁨이 있었다.

갈릴레오의 망원경으로 2번 관찰한 말피기는 그 이전 수천 년 동안 펼쳐졌던 하늘보다 더 많은 사실이 하늘에서 밝혀졌다고 감탄했다. 한 비평가가 현미경으로만 보이는 세부 사항에 시간을 낭비한다고 말피기를 비난하고 눈에 보이는 큰 형태에 유익한 중점을 둔 갈레노스와 비교했을 때 말피기는 망설임 없이 대답했다. 말피기는 갈레노스도 그가 볼 수 있는 가장 작은 형태들을 보고한 적이 있다고 지적했다. 말피기는 "나는 점성술사가 아니므로 갈레노스가 무엇을 언급했을지는 정확히 알 수는 없지만 그가 몰랐던 매우 많은 부분, 가장 작은 것까지도 보여 준 신에게 아마도 갈레노스는 감사의 찬가를 불렀을 것이라고 생각한다"라고 말했다.

안타깝게도 말피기가 사용했던 특정 기구에 관해서는 그리 알려져 있지 않다. 그는 자신이 '벼룩 안경flea glass'이라고 부른, 렌즈가 하나뿐인 현미경을 자주 사용했고, 간혹 렌즈가 2개 달린 현미경도 사용했다고 전해지고 있다. 말피기는 현미경을 연구에 꼭 필요한 도구로 여겼다. 그래서 1684년에 볼로냐에 있는 자신의 집과 현미경이 불에 타버렸을 때 그는 슬픔을 가누지 못했다. 그 손실을 보상해 주기 위해 런던의 왕립학회는 특별히 연마된 렌즈를 주문해서 말피기에게 보내도록 했고, 과학에 열성적인 몇몇 귀족들은 자신들의 현미경을 선물로 보내 주었다.

말피기는 전통적인 전문 지식으로 교육을 충분히 받았기 때문에 독단적인 의학에서 벗어나려면 시간이 필요했다. 1628년에 볼로냐 인근의 부유한 가정에서 태어난 말피기는 1653년에 의학과 철학 박사 학위를 받고 대학을 졸업했다. 그곳에서 그는 논리학을 강의했고, 그 다음에 이론 의학의 교수로 피사 대학교로 갔는데, 그곳에서 말피기의 삶에 큰 영향을 주는 20년 손위의 수학 교수를 만났다. 조반니 알폰소 보렐리Giovanni Alfonso Borelli(1608-1679년)는 나폴리에서 태어났지만 갈릴레오가 수학 교수로 있던 피사 대학교에서 공부를 했다. 말피기가 아니었더라면 재능 있는 보렐리는 목성 주변에 있는 위성들의 운동을 추적하고 있던 갈릴레오와 케플러의 훌륭한 제자로만 남아 있었을지도 모른다. 보렐리가 아니었더라면 말피기는 '이론 의학'의 또 다른 해설자로만 존재했을지도 모른다. 보렐리는 기질이나 교육으로 보아도 물리학자이며 수학자였다. "내가 철학에서 발전한 것은 보렐리 때문이었다. 반면에 그의 집에서 동물의 해부와 각 부분의 관찰을 했을 때 나는 그의 대단히 예리한 호기심을 만족시키려고 애써 노력했다"라고 말피기는 떠올렸다. 말피기는 보렐리의 관심을 생물의 세밀한 운동에 집중하게 했다.

피렌체의 실험 아카데미Accademia del Cimento에서 눈부시고 파란만장한 경력을 거친 후, 보렐리는 토스카나를 떠나 새로운 유럽 과학 사회에서 한 곳에 머물지 않는 회원이 되었다. 과학 아카데미들은 보렐리의 관심에 집중했고, 그의 활동에 밑바탕이 되었으며, 열렬한 청중들을 마련해 주었다. 보렐리는 물리학을 의학에 적용하는 '의료 물리학iatrophysics'(그리스어 'iatro'는 의사를 의미한다)의 창시자가 되었다. 그는 유동체의 운동뿐만 아니라 1669년의 에트나산Mt. Etna의 화산 폭발에도 적용시켰던 물리학의 원리를 인체 내부로 전환시켰다. 1675년에 보렐리는 스웨덴의 여왕 크리스티나가 가톨릭으로 극적인 개종을 한 후 로마에 새로 설립한 아카데미아 레알레Accademia Reale에 가입했다. 또한 보렐리는 루이 14세가 세운지 얼마 안 된 파리의 왕립과학아카데미Royal Academy of Sciences에 선출되기를 원했다. 그래서 그는 자신이 저술한 2권의 방대한 필사본인 『동물의 운동에 관하여On the Movement of Animals』를 자격으로 제시했지만, 여분의 복사본을 1부만 갖고 있어서 로마에서 파리까지 불확실한 우편으로는 보낼 엄두를 내지 못했다. 이 저서는 보렐리가 세상을 떠난 뒤에 마침내 로마에서 출간되었다.

보렐리는 이 저서에서 인체의 운동이 다른 모든 동물의 운동과 같다는 사실을 보여 주었다. 사람이 팔로 물건을 들어 올릴 때의 작용은 널리 알려진 아르키메데스의 원리로 이루어진다. 다시 말해, 뼈가 지렛대 역할을 하며 그 짧은 마디가 근육의 당기는 힘으로 움직인다. 물건을 들거나, 걷거나, 달리거나, 뛰거나, 스케이트를 타는 등 팔다리의 운동도 물리학의 법칙을 따른다. 보렐리는 같은 법칙이 새의 날개, 물고기의 지느러미, 곤충의 다리 등의 운동을 통제한다는 사실을 보여 주었다. 그는『동물의 운동에 관하여』의 제1권에서 신체의 '외부' 운동을 설명한 후, 제2권에서 같은 물리학 법칙이 근육과 심장의 운동, 혈액의 순환, 호흡 과정 등에도 적용되고 있다는 사실을 설명하고 있다.

한편, 말피기는 현미경을 내부 기관에 초점을 맞추어 그 구조의 세밀함을 알아내려고 했다. 볼로냐 대학의 젊은 의학도였던 말피기는 하비의 업적에 엄청난 감동을 받아 그 업적을 '새로운 해부학 지식이 자라는' 신호라고 말했다. 하비가 심장과 혈액의 기능을 설명했을 때 인체 생리학의 모든 것에 놀라운 새로운 일관성을 부여했으며, 그의 실험 기법, 완벽한 논리, 다른 탐구의 가능성을 배제한 것 등은 설득력 있다고 말피기는 믿었다. 그러나 말피기의 시대에 하비의 원칙들이 이의 없이 받아들여지지는 않았다. 의사들은 여전히 동물이 깨어 있을 때는 혈액이 동맥을 통해 신체의 바깥 부분으로 흘러가고 잠을 잘 때는 정맥을 통해 내부로 되돌아온다고 주장했던 체살피노Cesalpino의 이론 등 여러 의견들을 서로 주고받고 있었다. 하비 이후, 혈액 운동에 관한 이론을 내놓은 사람은 별로 없었고, '그 외의 사람들은 한 학파에 너무 빠져 있어서 갈레노스에게서 벗어날 가능성은 전혀 없었다.'

말피기에 따르면, 하비는 혈액이 하루에 여러 번 체내를 순환한다는 사실을 분명히 입증했다. 그러나 하비의 이론에는 중요한 연결 부분이 빠져 있었다. 만일 혈액이 심장을 통해 매우 빨리 이동하고 몸은 혈액을 느리게 만들어 낸다면, 혈액 자체는 분명히 재생과 재순환 과정이 있어야 한다. 동일한 혈액이 생명의 흐름을 지속시키기 위해서는 동맥에서 정맥으로 계속 이동해야 한다. 능숙한 해부학자가 동맥이나 정맥을 추적하기는 매우 쉬운 일이었다. 그러나 동맥과 정맥은 어떻게 연결되어 있을까? 하비 자신을 괴롭혔던 이 신비가 풀릴 때까지 하비에게 의문의 여지는 남아 있었다.

말피기는 그 신비를 폐에서 찾으려고 했다. 또한 그 신비를 새로운 비교해부학의 기술로 해결하려고 했다. 1661년에 볼로냐에서 말피기는 자신이 발견한 사실을 피사에 있는 오랜 친구 조반니 보렐리에게 2통의 짧은 편지로 알렸다. 이것이 볼로냐에서 『폐에 관하여On the Lungs』라는 책으로 즉시 출간되었고, 근대 의학의 선구적 업적이 되었다.

갈레노스의 정통 해부학에서는 폐는 살과 같은 내장이며, 뜨겁고 습한 기질과 다혈질 성격의 근원이라고 여겼다. 말피기는 그 주장이 사실일까 하고 의문을 품었고 "자연은 불완전함 속에 완전함의 기초를 두는 데 익숙해 있기 때문에 우리는 서서히 빛에 도달하게 된다"라고 했다. 말피기는 '하등'동물을 해부하고 현미경으로 관찰하여 인간의 해부에 관한 새로운 실마리를 찾아내려고 했다. 빈틈없는 계산이나 과학적 직관력, 또는 행운을 통해서였건, 말피기는 혈액 순환의 잃어버린 연결 부분을 쉽게 발견할 수 있는 위치에 이르게 되었다. 보렐리에게 보낸 편지에서 말피기는 다음과 같이 회상했다.

호메로스의 개구리와 쥐의 맹렬한 싸움에서도 발생하지 않았던 일인데, 나는 개구리 종족을 거의 모두 희생시켰다. 폐의 막을 형성하는 물질을 확인하려고 내 뛰어난 동료 카를로 프라카사티Carlo Fracassati의 도움을 받아 개구리를 해부했을 때, 나는 우연히 이 놀라운 사실을 발견하게 되어, 호메로스가 스스로 "내 눈이 위대한 일을 보았다"라고 외친 것보다 더 큰 감탄을 했다. 실은 개구리에서는 사실이 더욱 분명하게 나타난다. 왜냐하면 개구리에서는 막을 형성하는 물질이 단순한 구조로 되어 있고, 혈관과 나머지 모든 것이 거의 다 투명하며, 더 깊은 구조까지 볼 수 있기 때문이다.

개구리의 심장이 뛰고 있는 동안에 현미경으로 관찰하면 훨씬 더 경이로운 사실이 밝혀진다… 반대 방향으로 향한 혈액 운동이 혈관 내에서 관찰될 수도 있어서 순환이 분명히 드러난다….

내 육안으로는 살아 있는 동물 속을 더 깊게 볼 수 없었으므로, 나는 결과적으로 혈액은 크게 벌어져 있는 혈관으로 모인 곳에서 빈 곳으로 흘러 들어간다고 믿었다. 그러나 바싹 마른 개구리의 폐가 그 사실을 의심스럽게 했다. 폐의 가장 작은 부분(나중에 알게 된 혈관이었다)에 우연히 핏빛이 남아 있는 것을 알게 되었기 때문이다. 그래서 나는 더 예리한 렌즈로 관찰하여 도톨도톨한 가죽 같은 반점이 아니라 작은 혈관들이 서로 연결되어 고리를 이루고 있는 현상을 보았다. 한쪽은 정맥에서 그리고 다른 쪽은 동맥에서 나오는 혈관이 대단히 많이 갈라져 있어서, 그것은 혈관의 상태가 아니라 두 혈관의 여러 줄기로 형성된 [망]처럼 보였다. 이런 관찰은 또한 투명한 막으로 된 거북이 폐에서도 확인할 수 있었다.

이 관찰로 나는 혈액이 분리되어 구불구불한 혈관 속으로 흐르고 빈 곳으로 쏟아져 나가는 것이 아니라 항상 가느다란 관 속을 흐르며, 혈관의 수많은 줄기들을 통해 분배된다는 사실을 분명히 알 수 있었다….

말피기는 자신이 발견한 결과물을 다른 사람에게 증명하려고 개구리

폐의 표본을 준비하고 유리판 위에 올려 놓는 방법, 표본을 밝게 비추는 방법, 렌즈 하나로 된 '벼룩 안경'이나 렌즈 2개가 있는 현미경의 사용법 등을 설명했다.

개구리의 맥박이 끊어진 이후에도 혈액의 흐름을 볼 수 있었다. 인간 해부학과 인간의 폐 구조에 관한 말피기의 결론은 다음과 같이 분명했다.

> 따라서 유추를 이용해, 그리고 자연이 갖고 있는 단순성을 이용해 우리는 이렇게 결론을 내릴 수 있다… 내가 한때 신경이라고 믿었던 망은 많은 혈액을 내부로 받아들이거나 내보내는 소포vesicle와 정맥동sinuses이 얽혀 있는 혈관이었다. 완전한 동물의 폐에서는 혈관이 고리의 망 가운데에서 끝나서 갈라지는 듯 보이지만, 그래도 개구리나 거북의 작은 세포에서 나타나듯이 미세한 혈관들이 망의 형태로 더 퍼져 있을 것이다. 하지만 미세한 혈관들은 너무 작아서 가장 예리한 눈으로도 찾아내기 힘들다.

말피기는 모세혈관을 발견했다. 그리고 우연히 그는 폐의 구조와 기능을 밝혀내어 호흡 과정을 이해하는 길까지 열었다.

창의력, 인내, 신중한 실험 기법, 유추를 찾는 열정, 증거를 모으는 노력 등으로 말피기는 과감하고 새로운 비교해부학을 만들어 냈다. 갈레노스에게는 실수의 근원이었던 문제가 말피기에게는 지식의 원천이 되었다. 이 새로운 비교해부학은 말피기가 스스로 칭한 '자연의 현미경Microscope of Nature'이 사용되었다.

말피기는 이런 현미경의 전망이 얼마나 무한한가를 보여 주었다. 말피기는 혀에서 돌기 모양의 미각기관인 '혀의 유두papillae'를 찾아내어 그 기능을 설명하기 시작했다. 그는 분비선의 구조도 밝혀냈다. 그리고 뇌에서 회색 물질의 분포와 대뇌와 소뇌의 미세한 구조를 관찰하여 뇌 해부학을 개척했다. 또한 말피기는 피부의 색소층을 발견했다. 20세기의 의학도들은 말피기가 처음으로 설명한 신장과 비장의 각 부분에 말피기의 이름이 붙어 있는 명칭들을 볼 수 있다. 최종적으로 말피기는 달걀에서 병아리가 성장하는 과정을 현미경으로 정교하게 관찰하여 발생학을 개척했다. 말피기는 현미경이 유혹의 손짓을 보내는 곳은 어디든지 기꺼이 따라갔으며, 아리스토텔레스가 완전한 기관조차 갖고 있지 않다고 생각한 '하등'동물과 곤충의 세계에도 들어갔다. 말피기는 자신의 대표적인 누에의 연구로 무척추동물의 해부학에 관한 최초의 세부적인 논문을 제시했다. 그는 누에의 연구로 또한 누에의 체내에 퍼져 있는 호흡관의 복잡한 체계를 발견하여 그 호흡 과정을 이해할 수 있었다. 말피기는 현미경을 사용하여 식물의 세포와 소포 조직을 곤충의 호흡기관과 비교하여 그 연구 결과로 식물해부학도 창시했다.

말피기는 이론에 반대하는 편견이 있었지만, 모든 생명 과정에 관한 중요한 가설에 흥미를 느꼈다. 그가 나무의 조직, 곤충의 호흡기관, 개구리와 인체의 폐 등에서 발견한 사실은 유기체가 더 '완전할수록' 그 호흡기관은 비례적으로 더 작아진다는 점을 시사했다. 식물은 호흡기관이 모든 표면에 퍼져 있고, 곤충은 호흡기관이 온몸에 퍼져 있으며, 물고기는 크고 넓은 아가미가 있는 반면에, 인간이나 고등동물은 비교적 작은 한 쌍의 폐를 지니고 있다는 사실을 알아낸 것이다.

말피기는 자신의 시대에는 곤충과 물고기를 비롯한 '정교하지 않은 외형의 동물들'에 관한 연구가 '완전한 동물한테만 연구를 한정했던 이전 시대에 이루어 낸 것보다 훨씬 많은 사실을 발견했다'고 주장했다. 그는 고 동동물에 관해 다음과 같이 경고했다.

고등동물은 스스로의 그늘에 둘러싸여 명확하지 않은 채로 계속 남아 있다. 따라서 단순한 동물이 제공하는 유추를 이용해 연구를 해야 한다. 그래서 나는 곤충의 조사에 매료되었지만 이 또한 어려운 일이었다. 그래서 결국에는 식물을 조사하기로 했다. 식물계를 광범위하게 조사해 원래의 연구로 돌아갈 방향을 찾기 위해서였다. 그러나 어쩌면 이 방법도 충분하지 못할 것이다. 더 간단한 광물과 원소의 세계가 우선으로 연구되어야 하기 때문이다. 이 시점에서는 다루어야 할 과제가 엄청나게 많으며, 내 능력을 완전히 크게 벗어나는 일이다.

말피기의 능력은 또한 의학 동료들의 시기와 악의로 시험을 당하게 되었는데, 그는 그 동료들을 전부터 반박하려고 했다. '이름만을 심어 주는 말의 철학과 저속한 의학의 짙은 안개에서 벗어나기 위해' 말피기는 갈레노스학파와 아리스토텔레스학파의 이론을 '감각 기준'을 이용해 시험하기로 했다. 갈릴레오의 『대화Dialogues』의 사례를 따라, 말피기는 표면상으로 자신을 반박하는 갈레노스학파 1명과 중립의 대화자 1명을 두고 '유물론자 외과의'가 말피기의 생각을 대신 표현하게 했다. 다른 면에서도 갈릴레오의 사례는 흥미로운 유사성을 보여 주었다. 무지한 사람들은 갈릴레오의 망원경으로 관찰하려고 하지 않거나 관찰한 사실도 믿으려 하지 않았다. 사용하기 쉬운 '벼룩 안경'을 거부하기란 더 어려운 일이었지만, 그래도 사람들은 현미경이 자연의 형태를 왜곡시키고, 없는 색깔을 추가하며, 진실인 체하는 기구라고 반감을 품었다. 이런 맹비난은 가장 존경할 만한 사람들에게서 비롯되었으며, 말피기가 특히 괴롭게도 자신의 제자들한테서도 나왔다.

1689년에 고위 성직자들이 엄숙하게 참석한 가운데, 로마의 성모 마리아에 헌신하는 수도사들의 도서관에서 말피기에 대한 대규모의 공식 기소가 선언되었다. 제자의 작성과 변론을 통해 말피기의 업적이 무모하고 쓸모없는 일이라고 4가지 죄목으로 이렇게 선고되었다. 첫째, "전능하신 하나님이 육체 속에 가장 고귀한 인간의 영혼을 위한 안식처를 마련했다…바로 이 시기에 극찬되고 있는 대단히 작은 내장의 내부 형태에 관한 해부학은 의사에게 전혀 도움을 주지 않는다는 사실이 우리의 확고한 견해이다." 현미경에 관해서는 이것으로 끝이다! 둘째, "체액은 거르는 체처럼 작용하는 구조로만 분리된다는 점은… 절대로 사실이 아니라는 것"을 주장하며, 모세혈관과 폐에 관해서도 이것으로 끝이다! 셋째, "구성 요소들을 정교하게 분해하는 정도까지 도달한 곤충과 식물의 해부학은 분명히 시대의 뛰어난 노력이었지만…. 이러한 실체들의 놀라운 형태에 관한 지식은 환자를 치료하는 기술을 발전시키지 못할 것이다." 비교해부학에 관해서도 끝이다! 넷째, 마지막으로, 유일한 인체해부학은 "진단과 예후를 이용해 징후와 증상의 차이를 배우고 각 기관의 위치를 습득하여, 이것으로 병명과 병의 시기와 결과를 알게 되는 것"이다. 이론을 통한 의학을 받아들이고 실험을 쫓아내라!

말피기의 삶에서 가장 큰 슬픔이며 좌절은 자신의 일부 제자들을 포함한 독단주의자들과 무식한 자들의 트집이 아니었다. 말피기는 자신의 중요한 저서를 오랜 친구이며 동료인 보렐리에게 보낸 적이 있었다. 그러나 과학 개척의 경쟁 세계에서 우선권을 얻기 위한 싸움에서는 지성인들의 가장 오래되고 두터운 우정 사이에도 한계가 찾아왔다. 보렐리의 한 지인이 말피기의 진피유두dermal papillae의 기능에 관한 새로운 설명에 반대하는 소논문을 발표(말피기는 보렐리가 관여했다고 의심했다)했다는 별난 이유로 말피기는 1668년에 보렐리와 오래되고 깊이 쌓은 우정 관계를 끊어 버렸다. 친구들의 능변으로도 두 사람을 화해시킬 수 없었다. 보렐리와 그의 오랜 친구 말피기는 소 심장 섬유의 '나선형 구조'를 누가 먼저 알아냈는가를 두고 험악한 논쟁을 벌이게 되었다. 말피기는 자신이 처음 그 사실을 발견하여 보렐리에게 알려 주었다고 주장했다. "1657년에 피사에서 내가 처음 이 경탄할 만한 구조를 발견했고, 그때 유명한 말피기는 옆에 서 있었을 뿐이다"라고 보렐리는 반대 주장을 했다. 1681년에 말피기가 격려하며 도움을 주었던 보렐리의 위대한 저서 『동물의 운동에 관하여』가 출간되었을 때, 보렐리는 이미 세상을 떠나고 없었지만 말피기는 이 저서를 오랜 친구의 업적을 '무효화'시키기 위한 뻔뻔스러운 노력이라고 무례하게 맹비난했다.

말피기가 세상을 떠나자, 동료들은 훨씬 더 관대한 평가를 내려 주었다. 1697년에 왕립학회의 회보Transactions of the Royal Society는 로마의 해부학 교수에게서 받은 부고 서신을 게재했다. 그 교수의 서신에 따르면 "비할 데 없는 말피기는 중요한 연구에만 몰두했으며, 어쩔 수 없이 휴식을 취했을 때를 제외하고는 연구를 중단한 일이 없었다. 그는 해부학을 이용해 새로운 세계를 발견하는 데 모든 시간을 바쳤으며 (위대한 인물들을 본받아) 덕성과 훌륭한 학식을 발휘하여 시기하는 자들의 비방을 반박했다." 사망 기록에는 당연하게도 말피기 시신의 부검에 관한 상세한 기록이 적혀 있었는데, 오른쪽 신장이 변형되어 있었고, 심장이 '보통보다 컸으며', 혈관의 파열로 발생한 뇌졸중으로 사망한 사실이 밝혀졌다. 그리고 당시에 그 누구도 말 피기처럼 풍부하게 '학문의 세계'에 공헌한 사람은 없었다는 결론이 내려 졌다.

11부

과학의 대중화

과학 자체는 오로지 성장할 뿐이다.

– 갈릴레오Galileo Galilei, 「대화Dialogue」(1632년)

50

과학자들의 의회

"진리는 국가를 통해서가 아니라 한 개인을 통해 발견될 가능성이 크다"라고 데카르트는 말했다. 갈릴레오, 베살리우스, 하비, 말피기 등이 나타난 세대는 서로 풍요롭게 하고 여러 곳에 있는 탐구자들을 위해 개인을 통해 발견된 진리들을 한데 모으는 새로운 학문의 토론장이 필요했다. 과학 사회는 각각 다른 지역어를 사용하는 과학자들의 의회가 되었다. 제시된 발견들이 커다란 의미 체계의 일부가 될 필요는 없었다. '흥미'가 있거나, 특별하거나, 새로운 발견으로 충분했다. 과학과 기술, 전문가와 비전문가 사이의 구분이 명확하지 않았다. 정보 교환을 위한 새로운 방식으로부터 새로운 과학 개념이 점점 늘어났다.

과학자들의 의회에는 흥미를 불러일으키고, 유혹하며, 회유하는 재주가 있는 새로운 과학 정치가가 필요했다. 훌륭하고 야망이 있는 자들의 친구이면서도 그들의 명성에 경쟁자가 될 수 없는 사람이 필요했다. 또한 그사람은 주요 지역어에 능숙해야 했다. 16세기와 17세기에는 모국어 이외의 언어를 사용할 줄 아는 과학자는 거의 없었으며, 주요 과학자들은 대부분 더 이상 라틴어로 책을 저술하지 않았기 때문이다.

이런 새로운 과학자의 본보기가 바로 마랭 메르센Marin Mersenne (1588-1648년)이었다. 프랑스 북서부의 노동자 가정에 태어난 메르센은 예수회 대학을 다니고 소르본 대학에서 신학을 배운 후, 창설된 지 얼마 안 된 미님의 프란체스코 수도회Franciscan order of Minims에 가입했다. 그 수도회는 겸손과 참회와 청빈의 규율이 다른 프란체스코 수도회보다 더 엄격한 곳이었다. 메르센은 파리의 보주 광장Place des Vosges 근처에 있는 미님 수도원에 들어가 짧은 여행을 제외하고는 죽을 때까지 그곳에서 지냈다. 그는 자신만의 매력으로 미님 수도원을 파리에서 과학 생활의 중심지로 만들었으며, 또한 파리를 유럽 지성의 중심지로 만드는 데 기여를 했다. 처음에 메르센 수도사는 과학을 발달시키는 일 못지않게 종교를 지키려는 일에도 관심이 있었던 것처럼 보인다. 메르센이 스스로 내린 추측에 따르면, 파리에만 5만 명의 무신론자들이 있었다. 이러한 '무신론자, 마술사, 자연신교도* 등'에 반대하여 메르센은 새로운 과학 발견이 종교의 진리를 확인해 줄 것이라고 여겼다. 메르센은 미님 수도원의 거처에 당시의 가장 활발하고 탐구심이 많은 사람들을 모이게 했는데, 그곳에 프랑스인들만 모인 것은 아니었다. 그곳의 정기 모임에는 피에르 가상디Pierre Gassendi (갈릴레오와 케플러의 친구)와 데카르트 집안(아버지와 아들)을 비롯한 여러 사람들이 참여했다. 메르센은 런던에서 튀니지, 시리아, 콘스탄티노플에 이르기까지 서신 연락을 해서 하위헌스, 판 헬몬트van Helmont, 홉스Hobbes, 토리첼리Torricelli 등의 최

---

* 이신론을 믿거나 주장하는 사람

신 사상과 발명을 모두 한 곳으로 모이게 했다. 파스칼Pascal이 데카르트를 처음 만난 곳도 메르센의 거처였다. 메르센의 친절과 관대함은 성미가 급하고 신랄한 권위자들 사이에서 완전한 중재 역할을 했으며, 그들 가운데 영국의 신비주의자 로버트 플러드를 제외하고는 메르센의 적은 아무도 없다고 알려져 있었다. 스스로 중요한 인물이라고 여기지 않았던 마르센은 그 권위자들의 신뢰를 얻었고 그들은 마르센에게 조언을 청했다.

메르센은 멀리 떨어져 있는 사상가들을 자신의 국제적 연락망으로 끌어들였다. 그는 이탈리아의 갈릴레오 제자들에게 갈릴레오가 사실은 이단으로 유죄판결을 받은 것이 아니라고 설명했다. 그는 갈릴레오의 프랑스어로 번역한 미발표 논문을 발행하면서도 새로운 천문학을 인정하는 것을 여전히 꺼려 했다. 한 영국인 친구는 메르센이 이탈리아나 파리에서 얻은 '자력, 광학, 기계학, 음악, 수학 등의 새로운 관찰 결과'를 요구했다. 동시에 그는 메르센에게 로마의 측정 방식과 이집트의 피라미드에 관한 짧은 논문을 곧 보낼 것이라고 알렸다. 그 영국인 친구는 또한 '한꺼번에 모든 언어로 읽혀질 수 있는 통신 방법으로 글을 쓴다'고 소문이 난 아일랜드 사람의 발명에 관한 정보를 메르센에게 주기로 약속했다. 메르센은 파리 사람이 망원경을 이용한 실험, 사이클로이드cycloid 문제의 새로운 정의, 주석의 화학 성질, 서인도 제도에서 온 '감각 식물' 등에 관한 소식도 전했다. 파리를 찾아오는 외국의 지성인들은 메르센을 방문하여 흥미로운 주제를 논하는 회의에 참석하고 로마, 알트도르프, 런던, 암스테르담 등으로 돌아가서는 그곳에서 메르센의 회원으로 남았다. 메르센은 '신학, 물리학, 도덕, 수학 등에서 비롯되는 온갖 문제들'이 자신의 신조라고 표현했다.

메르센의 정신은 다양한 형태로 널리 퍼졌다. 1635년에 리슐리외 추기경Cardinal Richelieu은 문인들의 비공식 모임을 프랑스 아카데미로 조직했다. 부유한 파리 사람인 앙리-루이 아베르 드 몽모르Henri-Louis Habert de Montmor는 전혀 다른 아카데미를 조직하여 자신의 저택에서 회원들과 함께 과학 관심사를 주고받았다. 그리고 1657년에 몽모르 아카데미의 규칙을 이렇게 선언했다. "아카데미의 목적은 쓸모없는 미묘한 일에 헛된 사고를 하지 않고, 설립하려는 예술과 과학 분야에서 신의 창조물에 관한 명확한 지식과 삶의 편의를 개선하는 데 있다."

메르센은 특히 영국과 활발한 교류를 진전시켜 영국의 서적을 수입하고 프랑스의 서적을 영국 과학자들에게 제공했다. 여기서 그는 더 공식적인 과학자들의 의회에 영감을 주었다. 과학자들의 의회를 더욱 공식적으로 완성한 사람은 거의 알려지지 않았던 헨리 올덴부르크Henry Oldenburg(1617?-1677년)였다. 그는 자신의 세대에서는 위대한 과학자들에 속하지 않았지만 그런 사람들을 조직하고 격려할 수 있는 재능이 있었다. 분주한 도시 브레멘Bremen에서 의학과 철학 교수의 아들로 태어난 올덴부르크는 라틴어, 그리스어, 히브리어 등을 공부했고, 신학 석사 학위를 받은 뒤에 위트레흐트 대학교University of Utrecht에 들어갔다. 이후 12년 동안, 그는 젊은 영국인 귀족들의 가정교사로 프랑스, 이탈리아, 스위스, 독일 등을 방문하여 모국어인 독일어 외에도 프랑스어, 이탈리아어, 영어 등에 능숙해졌다.

영국과 네덜란드가 전쟁이 일어났을 때 올덴부르크는 브레멘과 무역을 계속할 수 있도록 올리버 크롬웰Oliver Cromwell을 설득하기 위해 영국에 파견되었다. 그곳에서 그는 브레멘이 스웨덴에서 독립하도록 협상할 때 크롬웰의 지원을 확보했고, 브레멘의 상업이 계속 번창할 수 있는 성과를 이루었다. 그러는 동안에, 30대 중반인 올덴부르크는 존 밀턴, 토머스 홉스(1588-1679년), 가장 중요한 로버트 보일Robert Boyle(1627-1691년) 등을 포함한 영국의 주요 사상가들도 알게 되었다. 밀턴은 올덴부르크에게 보내는 서신에서, '실제로 당신은 내가 만난 그 어떤 외국인보다 정확하고 유창하게 우리말을 할 줄 안다'고 했다. 올덴부르크는 신념의 힘이 아니라 체계적인 외교에 반드시 필요한 유창한 언어와 인간적 매력으로 자신의 길을 나아갔다. 로버트 보일의 누이 라넬라 자작 부인Lady Ranelagh은 젊은 올덴부르크의 박식함에 매료되어 아들의 가정교사로 그를 고용했다. 올덴부르크는 또한 1656년에 리처드 존스Richard Jones와 함께 옥스퍼드에 갔을 때 보일 주위에 모여 있던 유능한 수학자이자 천문학자인 존 윌킨스John Wilkins를 포함한 많은 과학자들을 만났다. 그들은 이후에 런던 왕립학회의 핵심이 되었다.

올덴부르크는 새로운 과학의 짧은 경험에 현혹되었다. "나는 다른 것보다는 기반이 탄탄한 학문에 전념하며 스콜라 신학이나 명목론 철학에 혐오를 느끼는 소수의 학자들과 교류하기 시작했다. 그들은 자연 자체와 진리를 따르는 사람들이며, 게다가 세상이 그렇게 낡은 것도 아니고 우리의 시대가 그렇게 약한 것도 아니어서 기억에 남을 일이 다시는 생기지 않을 것이라고 판단한다." 보일도 열성적인 과학자들의 이러한 비공식적인 동료 관계를 그들이 어디에 있든 '보이지 않는 대학Invisible College'이라고 이미 명칭을 붙였다.

이런 열정으로 활력이 넘친 올덴부르크는 1657년에 이제는 리처드 존스가 아니고 라넬라 경이 된 젊은 제자를 데리고 유럽을 여행했다. 그들은 라넬라의 지위 덕분에 프랑스의 과학자와 비전문가들의 모임에서 환영을 받았다. 이 시기에 올덴부르크의 파리 방문은 큰 행운이었다. '보이지 않는 대학'은 번창하고 있었고, 세상을 떠난 지 10년이 지났어도 메르센의 정신은 여전히 생생하게 살아 있었다. 올덴부르크는 라넬라와 함께 몽모르 아카데미의 모임에 참석했고, 그곳에서 세상의 모든 주제에 관한 대화에 참여했다. "그 모임에 참여하는 사람들은 모두 물리학이나 의학, 또는 역학의 특정 주제를 다루어야 할 의무가 있다. 그중에는 '다양한 여론의 근원', '데카르트 사상의 설명', '(아리스토텔레스학파가 입증을 맡은)자연현상을 설명하기 위한 운동과 도형의 불완전성' 등 매우 훌륭하고 주목할 만한 몇몇 주제들이 있었다. 또한 뇌, 영양, 간과 비장의 역할, 기억, 불, 별들의 영향 등에 관해, 그리고 태양 고정설, 지구 활동설, 금의 생성, 감각에서 비롯되는 지식 등이 있고 그 외에는 지금 다 기억할 수 없다." 또한 올덴부르크는 이런 사실도 기록했다. "프랑스의 박물학자들은 적극적이고 실험적인 태도이기보다는 무척 산만했다. 한편, 이탈리아의 박물학자들은 'Le parole sono femine, li fatti maschii〔말은 여성적이고 행동은 남성적이다〕'라는 이탈리아의 격언 그대로였다."

올덴부르크는 영국으로 돌아와 더욱 '남성적인' 과학 공동체를 계획했다. 찰스 2세가 즉위하는 날에 맞추어 런던에 도착한 그는 과학의 개선은 군주제의 부활로 이루어질 수 있다는 희망을 발견했다. 왕의 후원을 받아 한 무리의 영국 과학자들이 1660년 11월 28일에 그레셤 대학Gresham College에 모여 과학의 발전을 위해 새로운 학회를 설립했다. 올덴부르크에 따르면 "그 학회는 수학과 실험과학에 조예가 깊은 매우 박식한 학자들로 구성되었다." 새로운 학회의 회장은 올덴부르크가 옥스퍼드에 잠시 머물렀을 때 알게 된 다재다능한 존 윌킨스였는데, 당시에 그는 요크의 주임 사제에 막 임명되어 있었다. 그리고 로버트 보일도 학회 중심인물들 중 1명이었다. 올덴부르크는 창립자 회의에 참석하지 않았지만 12월에 가입할 첫 번째 명단에 있었고, 때에 맞추어 가입되었다. 그리고 1661년 2월 초에는 '세계의 먼 외딴 지역에서 요청되는 문제를 살펴보는' 위원으로 임명되었다.

찰스 2세가 1662년에 그레셤 대학의 학회를 왕립학회로 승격시켰을 때 올덴부르크에게 인생의 큰 기회를 주었다. 한 박식한 프랑스인 방문객은 올덴부르크에 관해 이런 사실을 전했다. "이 특이한 독일인은 여행을 통해 크게 향상했으며, 몽테뉴의 충고에 따라 지혜로 다른 사람들과 교류를 하고, 영국에 돌아오자 위대한 공로자의 대우를 받아 왕립학회의 서기가 되었다." 엄밀히 말하면, 존 윌킨스가 '제1서기'였고 올덴부르크는 '제2서기'였다. 하지만 올덴부르크는 죽을 때까지 가장 중요한 역할을 했다. 다른 사람들이 만족스럽게 과학 관찰에 몰두하는 동안, 올덴부르크는 그들을 모두 특별하고 결실 있는 새로운 과학 의회로 조직했던 것이다.

올덴부르크의 회원들은 수도 한 곳의 유명하고 존경 받는 사람들로 제한되어 있지 않고 '보이지 않는 대학'을 이루었다. 런던의 왕립학회에 알려지기 위해 회의에 반드시 참석할 필요는 없었다. 예컨대 존 빌John Beale은 영국 서부의 헤리퍼드셔Herefordshire에서 과수나무의 문제에 관한 설명, 사과주를 만드는 최고의 방법에 관한 조언, 농부의 병을 치료하는 엉뚱한 만병 치료법의 제안 등을 글로 써서 보낼 수 있었다. 그리고 너새니얼 페어팩스Nathaniel Fairfax는 서퍽Suffolk에서 거미와 두꺼비를 먹는 사람들에 관한 보고서를 보냈다. 그러나 이런 사람들 중에는 더비셔Derbyshire에서 천문학에 관해 보고한 존 플램스티드John Flamsteed와 요크에서 생물학에 관해 보고한 마틴 리스터Martin Lister도 있었다. 물론 보일과 뉴턴한테서도 의견 교환이 자주 있었다.

올덴부르크는 넓은 인맥과 여러 언어의 지식으로 큰 결실을 얻었다. 서신 교류가 확대되어 책이 송부되었으며 학회의 주간 회의 주제도 서신으로 전해졌다. 1668년에 올덴부르크는 서기로서 자신의 임무는, 추천 받은 실험 과제의 수행을 확인하고, 해외로 보내야 하는 모든 편지를 작성하고, 적어도 30명의 해외 과학자들과 정기적으로 연락을 하고, '과학 문제에 관한 외국인의 요구를 조사한 다음, 그 요구에 만족시키도록 전력을 다해야 하는 일'이었다고 보고했다.

이 시기에는 이미 편지가 과학자들 사이에 일상의 통신수단이었다. 예컨대 파리에서는 과학자들이 자신들의 사상을 친구에게 편지로 보내고, 책으로 출판되도록 돈을 지불한 다음, 수백 부의 사본을 발송하곤 했다. 그들은 새로운 발명과 발견에 관한 정보를 받을 수 있도록 다른 학문의 중심지에 통신원이 있기를 원했다. 개인적으로 통신원을 두는 일은 드물었고, 그렇게 하는 사람들은 큰 위험을 무릅쓰는 일이었다. 전쟁이 계속 일어나는 시대에는 토성의 고리에 관한 관찰이거나, 수혈에 관한 실험이거나, 또는 외국의 곤충에 관한 설명만 원했더라도, 자연철학자들이 애매하거나 무심한 표현을 하다가 반역죄로 감옥에 갈 수도 있었다. 1667년에 올덴부르크도 갑자기 런던탑에 감금되는 일이 있었다. 과학 관련 서신 속의 일부 무분별한 말을 국무 장관이 영국과 네덜란드 전쟁에 대한 자신의 행동을 비판한 것이라고 여겼기 때문이었다.

편지는 책에 비하여 분명히 장점이 있었다. 과학 서적은 대체로 크기 때문에 검열에 걸리기 쉬웠지만, 편지로 쓴 새로운 발견은 주의를 끌지 않거나 '통상우편'으로 전달될 수 있었다. 그때는 여전히 '소포우편'이 없었지만, 17세기에는 '통상우편'이 런던, 파리, 암스테르담 사이에서 1주일에 1번 이용될 수 있었다. 그러나 통상우편은 기상 조건이나 정치 상황에 크게 좌우되어 잘못되기 쉬웠고, 값이 비쌌으며, 목적지를 제대로 찾지 못하는 경우가 많았다. 진취력 있는 올덴부르크는 더 광범위하고 신뢰성 있는 방법을 개발했다. 그는 영국 대사관의 젊은 직원들을 대리인으로 지정하여 그들이 외교 경로를 이용해 올덴부르크의 이름을 딴 '그루벤돌 런던Grubendol,London'●이라는 주소 앞으로 통신을 보내도록 만들었다. 통신이 일단 국무 장관 사무실에 있는 목적지에 닿으면 올덴부르크 앞으로 보내졌고, 대신에 올덴부르크는 편지 속에 들어 있는 정치 소식을 국무 장관에게 제공할 의무가 있었다.

올덴부르크가 왕립학회의 서기가 되었을 때 초기의 영국 우편제도는 여전히 국가 안보 기관의 하나였으므로 방첩 활동뿐만 아니라 검열 대리 역할도 했다. 허가 없이 행한 우편배달은 모두 금지되었다. 1711년의 한 법령에는 우편요금을 세금으로 부과하여 끊임없는 영국의 전쟁 경비에 보태도록 정해졌다. 18세기 후반에 가서야 말을 탄 '우편집배원'이 유명한 우편 마차로 대체되었다. 그동안에 올덴부르크는 모든 수단을 이용하여 런던에서 국내와 세계에 이르는 학술 통신 경로를 개설했다.

수 세기 동안 가장 '신속하고, 확실하며, 값싼' 장거리 통신수단이었던

● Grubendol은 Oldenburg의 철자를 바꾸어 만든 명칭

편지는 또한 과학에 대한 새로운 태도와 기술에 대한 새로운 희망도 전달했다. 편지는 하나의 사실이나 사실의 일부분을 전달하는 데 적합했다. 다시 말해, 경험에 대한 세계적인 접근이라고 하기보다는 경험의 확대를 의미했다. 인쇄된 과학 '논문'이나 '논설'은 편지의 이후 달라진 형태라 할 수 있었고, 그 전형적인 형식 속에 근대과학이 축적되고 전달되었다. 과학자들이 몰두한 이런 형식과 태도는 '자연철학자' 대신에 실험과학자의 출현을 선언했다. 편지는 유럽 곳곳에 흩어져 점점 늘어나는 지식인들에게 이상적인 수단이었다. 그들은 진리의 요새를 공격하기를 기대하지 않더라도 지식을 조금씩 발전시키기를 바라는 사람들이었다.

올덴부르크는 학회의 지시가 없더라도 새로운 과학 정보가 있거나 그런 정보를 조금이라도 발견할 능력이 있다고 생각되는 모든 사람들에게 편지를 보냈다. 때로는 그는 학회를 재촉하여 자신에게 공식적인 통신을 시작할 것을 지시하게 했다. 예컨대 올덴부르크는 요하네스 헤벨리우스Johannes Hevelius(1611~1687년)와 이루어진 교류도 자신이 착수시켰다. 그리하여 요하네스 헤벨리우스가 양조장에서 번 돈으로 관측소를 세워 관측한 달의 표면 지도와 일식에 관한 기록이 학회에서 출판되었다. 헤벨리우스는 영국과 연결이 되어 관측에 필요한 특별 렌즈를 구할 수 있었으며, 또한 그가 디자인한 망원경은 유럽 전체에 퍼졌다. 또 어떤 경우에는 올덴부르크가 프랑스 의사에게서 받은 보고로 프랑스에서 있었던 수혈에 관한 격론을 영국 의사들이 알게 되기도 했다.

편지들은 유럽의 모든 주요 언어들로 이루어져 있었다. 라틴어를 모르는 비전문가 레이우엔훅은 모국어인 네덜란드어로 편지를 썼다. 올덴부르크는 이 모든 편지를 영어로 요약하거나 번역했고, 그것을 프랑스인들이 다시 번역해서 출판하기도 했다. 이제는 라틴어를 모른다고 해서 델프트의 독창적인 포목상이나 그 누구든 과학자들의 사회에서 제외되지 않았다.

그러나 과학의 세계에 각 나라의 언어들이 나타나는 점은 좋을 수도 나쁠 수도 있었다. 예컨대 새로운 장벽이 되는 경우도 있었다. 16세기 전체에 걸쳐 그랬듯이, 라틴어가 유럽 과학 세계에 공통으로 사용되었을 때는 라틴어 출판업자가 비싼 기술 서적이거나 도해가 많이 들어간 서적이라도 광범위하게 팔리는 정도를 예상할 수 있었다. 인쇄술의 등장과 함께 글을 읽고 쓸 줄 아는 사람이 늘어나고 각 나라의 언어들이 대두함에 따라 라틴어 책의 시장은 점점 감소했다. 새로운 시장은 범위가 한정된 지역 시장이었다. 이탈리아에서도 과학계에서는 이탈리아 책이 있으면 라틴어 책을 읽지 않았다. 올덴부르크는 1665년에 보일에게 이런 말을 전했다. "영국인들이 영어로 된 책을 읽기를 좋아하듯, 이탈리아인들은 이탈리아어로 된 책만 읽기를 완전히 좋아했다." 물론 이런 현상은 대중 교육의 기회를 넓히고 대중 과학 서적의 독자층을 만들어 냈다. 그러나 이런 현상은 또한 과학자들에게는 새로운 문제를 안겨 주었다. 여전히 식물학과 동물학의 학명으로 사용되고 있는 표준 라틴어 단어가 구어체로 점점 혼란스러워졌다. 이전에는 유럽 과학의 중요한 학자라면 라틴어 하나만으로 충분했지만, 지금은 대여섯 가지의 언어를 읽을 줄 알아야 했다. 그리고 앞으로 어떤 언어가 많이 사용될지도 거의 알 수가 없었다. 지식 공동체가 국가적으로 바뀌어 상업 용어가 사용되기 시작하면서 국제적인 지식 공동체는 흩어지거나 적어도 약해졌다. 점차 수학과 보편적인 측정법에도 새로운 실험에 관한 전문 용어가 생겨났다. 그러나 수학은 양적 측면만 다루었다.

　이런 여러 나라의 언어 사용이 늘면서 특별한 통신망이 필요해졌다. 더이상 베네치아나 파리, 또는 라틴어 출판의 다른 중심지만 연결해서는 충분하지 못했다. 이제는 예상하지 못한 문제와 번역 비용을 늘 염두에 두어야 했다. 올덴부르크는 프랑스어와 영어로 번역하는 것을 촉진시켜 새로운 언어 장벽을 극복하려고 했다. 또한 그는 라틴어로 번역하여(예컨대 보일의 영어로 된 서적 일부) 세계 기독교회의 나이 든 독자들에게 전하는 방법도 찾으려고 했다.

　올덴부르크의 시대에는 왕립학회의 영국 회원들이 대부분 여전히 라틴어 책을 읽고 있었다. 뉴턴도 영어와 함께 라틴어로 글을 썼지만 모국어 외에 다른 나라의 언어에 능숙한 사람은 많지 않았다. 로버트 훅Robert Hooke은 프랑스어로 쓰인 글은 무엇이든 믿지 않았다고 한다. 또한 프랑스 과학자들은 대체로 영어를 사용할 줄 몰랐다. 독일어는 학술 분야에 겨우 사용되기 시작하고 있었다. 이런 모든 요인들 때문에 편지는 특히 편리하고 경제적이며 유용한 통신수단이 되었다. 누군가가 최근의 관찰이나 발명을 널리 알리려고 할 때 편지는 책에 비해 자신이나 인쇄업자에게 많은 비용이 들지 않았다. 또한 편지는 눈에 잘 띄는 논문에 대한 정치적, 종교적 통제에서 피할 수도 있었다.

　진취력 있는 올덴부르크는 이 단편적이며 비공식적인 편지의 특징을 인쇄물과 결합시켜서 과학 저널리스트라는 직업을 생각해 냈다. 그렇게 해서 새로운 저술 분야인 과학 잡지가 근대의 가장 중요한 소식을 전하게 된다.

　처음에 올덴부르크는 무보수로 일했다. 그러다가 그는 1666년 12월에 왕립학회의 회의를 통해 4년 동안 노력한 대가로 40파운드를 지급 받기로 했고, 그 후 2년이 지나 연봉 40파운드를 받고 조수도 고용하게 되었다. 그사이, 올덴부르크는 자신의 재산이라고 할 수 있는 통신 내용들을 수집하여 인쇄하려는 생각을 품었다. 1665년 3월 6일에 그는 새로운 과학의 시대를 열게 된 『자연과학 회보: 세계의 여러 주요 지역에서 활동하고 있는 독창적인 사람들의 지식과 연구와 노력에 관한 설명』 제1호를 출간했다. 2개월 먼저 파리에서 등장한 『학자의 잡지Journal des Sçavans』가 때로는 최초의 과학 정기 간행물로 인정을 받지만, 이 잡지는 서평과 학문적인 문제만 다루고 있었다. 그러나 이 잡지를 반대하는 예수회의 압력으로 『학자의 잡지』는 1668년에 폐지되고 말았다.

올덴부르크의 흔히 『Phil. Trans.』로 알려진 『자연과학 회보』는 시작부터 원대한 목적이 있었다. 그는 『자연과학 회보』 제1호의 서문에서 다음과 같이 선언했다.

자연과학의 문제를 개선하는 데 가장 필요한 일은 여러 연구와 노력의 결과를 다른 사람들이 발견하고 실행으로 옮기는데 활용할 수 있도록 널리 알리는 것이다. 따라서 이러한 연구에 종사하는 사람들을 충족시키고 학문과 발견을 진전시키기 위한 가장 적절한 방법은 과학 잡지를 발행하는 일이라고 생각되었다. 이 일은 또한 그들에게 이 제국과 세계 여러 지역의 완성된 발견과 업적뿐만 아니라, 진기하고 학문적인 일에 관한 연구 과정, 노력, 시도 등을 제공하는 방법이기도 하다. 그리하여 최후에는 이러한 업적들이 명확하고 올바르게 전해지고, 확고하고 유용한 지식에 대한 열망이 환영을 받고, 독창적인 노력과 시도가 소중히 간직되고, 새로운 것을 찾으려는 노력이 장려되고, 또한 그런 지식이 서로 공유될 수 있다. 그리고 자연에 관한 지식을 증진하여 자연과학과 학문을 모두 완성하려는 위대한 계획에 참여할 수 있도록 모두에게 도움이 될 수 있다. 모두 하나님의 영광과 제국들의 명예와 이익, 그리고 전 세계 인류의 행복을 위한 일이다.

올덴부르크는 살면서 이 최초의 과학 잡지를 출간할 때 단 2번의 방해를 받았다. 한 번은 페스트가 유행하여 런던 대신에 옥스퍼드에서 과학 잡지를 출간했을 때였고, 또 한 번은 올덴부르크가 몇몇 무분별한 표현으로 런던탑에 갇혔을 때였다.

『자연과학 회보』는 상상도 하지 못할 정도로 올덴부르크의 희망을 실현시켰지만 돌아오는 경제적 대가는 매우 빈약했다. 그는 매월 20여 페이지에 1,200부를 인쇄했지만 들어간 비용보다 더 남는 것은 없었다. 올덴부르크가 학회에 헌신한 이 사업은 완전히 자신의 일이었으며, 18세기 중반까지는 학회가 공식적으로 발행한 일이 아니었다. 『자연과학 회보』는 근대과학 출판의 본보기가 되었다. 1866년에 토머스 헨리 헉슬리는 "『자연과학 회보』를 제외한 세상의 모든 책이 파괴되어도 자연과학의 기반은 흔들리지 않을 것이며, 지난 두 세기 동안 이루어 낸 방대한 지식의 진보는 불완전하더라도 대부분은 기록으로 남을 것이다"라고 주장했다.

돌이켜 보면, 왕립학회가 선구자들의 집단이었다는 사실은 쉽게 잊어버린다. 과학이 여전히 종교와 단단히 결합되어 있을 때는 새로운 발견에 이단이라는 오명이 붙었다. 그래서 초창기에 왕립학회는 유익한 결과를 나열하지 않고 학회의 일이 정말 순수하다는 것을 증명하는 노력으로 방어를 했다. 예컨대 스프랫Sprat 주교는 방대한 『왕립학회의 역사History of the

Royal Society』(1667년)를 출간했을 때, 책의 3분의 1을 차지하며 다음의 내용을 입증하려고 했다. "이런 사상에 따라 실험을 장려한 일은 덕이나 인간 정신의 지혜, 이전의 예술과 기계적 실행, 또는 확립된 삶의 방식 등을 손상시킬 수 없다. 그러나 이런 계획의 완벽한 순수성은 게으른 자와 악의를 품은 자들의 트집에서 벗어날 수 없고, 또한 특정 직업과 인간의 지위를 시기하는 자들에게서도 벗어나지 못하고 있다. 그래서 나는 이제 마지막으로 의혹을 풀고, 그들에게는 근거가 없다는 사실을 보여 주려고 한다."

결국에는 새로운 발견을 옹호하는 자들이 이겼다. 뛰어난 능변가이며 독립심이 강한 영국의 목사이며, 영혼 선재설 pre-existence of souls 을 변호한 글과 마법의 위협에 관한 논문 등을 저술한 조지프 글랜빌 Joseph Glanvill (1636-1680년)은 1668년에 이렇게 자랑했다. "실용적이고 풍부한 지식의 위대한 발효가 모든 유용한 지식의 저장고가 되었고, 물리학의 현실적인 면과 이론적인 면의 상호 협력을 가능하게 했고…. 왕립학회는… 아리스토텔레스 이후의 관념적인 철학보다 더 많은 일을 해냈다."

51

경험에서 실험으로

왕립학회의 표어 "Nullius in Verba"를 번역하면 "누구의 말도 그대로 받아들이지 말고, 스스로 확인하라"가 된다. 새로운 지식으로 받아들여지는 것은 실험이라는 경험의 특수 형태의 산물이었다. 낡은 과학 언어는 의미와 확실성을 목표로 했지만, 새로운 과학 언어는 정확성을 목표로 했다.

스프랫 주교의 설명에 따르면, 왕립학회의 의도는 '말의 기교가 아니라 사물의 있는 그대로의 지식'이었다. 영국의 역사에서 이 시기에는, 말이 유창한 청교도들이 '평이한 문체'를 목표로 삼는다고 주장했음에도 불구하고 웅변의 평판을 떨어뜨렸다. 장황한 미사여구를 사용하는 그들의 설교와 격식을 차린 호언장담이 많은 사람들에게 사회 혼란을 부채질하는 것처럼 보였다. 그들의 '과다한 연설' 때문에 스프랫 주교나 다른 존경 받는 학회 회원들은 "웅변은 평화와 좋은 예절에 치명적인 요소이므로 사회에서 추방되어야 한다"라고 선언하기도 했다. 말하는 습관을 개선하면 사고방식이 새로워졌다.

따라서 말하는 습관을 개선하려고 왕립학회는 "모든 회원에게 정확하고 꾸밈없으며 자연스러운 말투, 긍정적인 표현, 명확한 의미, 자연 그대로의 평이함을 강요했고, 가능한 수학적인 명확성에 가까워야 하며, 현자나 학자의 언어를 사용하기 전에 기능공, 시골 사람, 상인 등의 언어를 선호하도록 요구했다." 영국인의 "보편적인 기질, 즉 기후, 공기, 하늘의 영향, 영국인 혈통의 구성, 둘러싸고 있는 대양까지 모두 이 나라를 경험에서 비롯된 지식의 땅으로 만드는 데 이바지한다"라고 스프랫 주교는 자랑했다.

과학 언어는 단순한 것만으로 충분하지 못했다. 과학 언어는 정확해야 했고 가능하면 국제적인 영향을 미쳐야 했다. 스프랫이 언어에 '수학적인 명확성'을 요구한 사실은 제대로 판단했다고 할 수 있다. 경험과 실험 사이의 차이는 언어의 차이에서 실마리를 찾을 수 있다. 경험이란 항상 개인적이고 정확하게 반복되지는 않는다. 마르코 폴로의 여행이나 콜럼버스와 마젤란의 항해는 이야기할 수 있으며, 읽거나 듣기에 즐거운 경험이었다. '실험적 지식'의 새로운 세계에서는 그 정도로 충분하지 않았다. 실험이 되기 위해서는 경험이 되풀이될 수 있어야 했다.

스프랫을 비롯한 학회 회원들은 실험에 관한 소식이 먼 곳에서 들려오더라도 '그 실험을 직접 만지고 보아야' 했다. 그들은 '그 문제를 다룰 수 있기만 하면 일부 회원들이 실험을 해 보는 것을 기본 법칙으로 삼았다. 이러한 정확성이 결여되었기 때문에 이전의 박물학자들의 신뢰성은 크게 떨어졌다.' 박물학자들의 잡다한 경험을 모아 놓은 이전의 지식들은 마구잡이식이고 하찮은 내용이었으며, 간혹 고의로 오도하는 내용들도 있었다. 경험은 이제 실험이라는 엄격한 방식 안에서 조정되고 확인되며 지식

축적에 조금씩 더해질 수 있게 되었다. 곳곳에 있는 과학자들을 위해 경험을 실험으로 만들려면 계산과 측정의 공통어가 있어야 했다.

수학은 근대과학 세계의 라틴어가 되었고, 또한 라틴어처럼 여러 언어의 장벽을 넘어섰다. 고대 이래로 공통 측정법은 지역 시장에서 이루어지는 관행의 산물이었다. 측정법은 어디서나 쓰는 신체의 척도에서 유래되었다. '디지트digit'는 손가락의 폭을 나타냈고, 그리고 '팜palm'은 네 손가락의 폭, '큐빗cubit'은 팔꿈치에서 가운뎃손가락 끝까지의 길이, '페이스pace'는 한 걸음, '패덤fathom'은 두 팔을 펴서 벌린 길이 등을 의미했다. 이러한 '경험에 근거한 규칙'으로 변의 길이의 차이가 4,000분의 1밖에 안 되는 거대한 피라미드를 세울 수 있었다.

영국에서는 강력한 중앙정부가 일찍 발달하여 일반적인 측정 단위를 쉽게 만들어 냈다. 이미 튜더 왕가Tudors에서는 1펄롱furlong(한 밭고랑의 길이)을 220야드(약 201미터)로 정했다. 여왕 엘리자베스 1세는 전통적인 로마 마일인 5,200피트 대신에 정확히 8펄롱에 해당하는 5,280피트로 선포하여 일상생활을 더욱 편리하게 했다. 그런데도 일상의 단위들은 차이가 나서 매일 불편하게 했고 사기 행위를 유발하는 계기가 되었다. 색슨 시대 이후에는 '파운드pound'가 중량과 화폐의 단위가 되었지만 적어도 3개의 다른 파운드가 일상에 사용되고 있었다. 중량은 클로브clove, 스톤stone, 헌드레드웨이트hundredweight, 또는 자루로 측정되었고, 부피에는 포틀pottle, 갤런gallon, 부셸bushel, 퍼킨firkin, 말뚝stake, 짐마차cartload 등이 사용되었다. 거래를 할 때 상황에 따라 각각 다른 용어가 사용되었다. 약제사들은 미님minim과 드램dram을 사용했고, 선원들은 패덤, 노트knot, 케이블 길이cable lengths 등을 사용했다. 포도주 1갤런은 맥주 1갤런과 같은 양이 아니었고,

밀 한 부셸은 수북하게 담아 판매되었지만, 옥수수 한 부셸은 표면을 평평하게 담아 판매되었다.

유럽의 다른 곳에서도 상황은 크게 다르지 않았다. 혁명 이전의 프랑스에서는 지역의 도량형 단위의 목록이 200여 페이지에 이르렀다. 어디에서든 혼란과 지역의 차이로 도량형의 필요성도 다양하게 나타났다.

1785년에 제임스 매디슨James Madison은 "서로 다른 언어를 사용하는 일 다음으로 불편한 것은 각각 다른 제멋대로인 도량형을 사용하는 문제이다"라고 주장했다. 과학자들이 서로의 실험을 확인하는 데 유용한 수학이라는 국제 언어는 최소 단위를 표현하고 나누는 편리한 방법을 제공해야 했다. 이런 노력의 주요 인물은 이후 엄청나게 번창하는 벨기에의 상인 시몬 스테빈Simon Stevin (1548-1620년)이었다. 브뤼허Bruges에서 부유한 평민의 아들로 태어난 시몬 스테빈은 30대 중반이 되어서야 레이덴 대학교University of Leyden에 입학했다. 그는 생전에 '항해하는 마차Sailing Chariot'라는 수륙양용 배를 개발한 일로 유명했다. 그 배로 마우리츠 공작이 28명의 일행을 데리고 스헤베닝언Scheveningen 해안을 따라 '네덜란드식 마일로 14마일의 페텐Petten까지 2시간 만에 날아가듯' 달린 일이 있었다. 이 역사적 여행의 승객 중 1명이자 근대 국제법의 창시자인 휴고 그로티우스Hugo Grotius (1583-1645년)는 그 모험을 자신의 라틴어 시, 「돛을 단 마차 여행Iter currus veliferi」에서 진지하게 묘사하며 기념하고 있었다. 또한 이 항해하는 마차는 스턴Sterne의 『트리스트럼 샌디Tristram Shandy』로 문학적인 불멸의 명성을 얻었다. 그리고 오라녀 왕가House of Orange의 손님들은 18세기 말까지 이 마차를 타며 즐겼다.

스테빈의 다른 업적은 더욱 실용적인 일들이었다. 인쇄업자 크리스토프 플랑탱 Christophe Plantin (1520?-1589년)이 앤트워프에서 출판한 스테빈의 『이자율표 Table of Interest Rates』(1582년)는 은행의 새로운 시대를 열었다. 크리스토프 플랑탱은 오르텔리우스 Ortelius와 함께 『세계의 그림 Picture of the World』을 저술했고, 또한 8권으로 된 대역 성서 Polyglot Bible *를 만든 일로도 유명했다. 그전에도 이자율표는 있었지만 최고의 항로 지도처럼 은행가들은 이자율표를 비밀로 숨겨 두고 귀중한 자본 도구처럼 보호했다. 이제 플랑탱이 멋지게 인쇄한 이 표는 단리와 복리를 계산하는 규칙뿐만 아니라, 할인과 연부금을 빠르게 계산할 수 있는 도표와 함께 시장에서 구입할 수 있게 되었다.

또한 스테빈은 당시에 전투의 천재였던 오라녀 왕가의 공작, 마우리츠 (1567-1625년)의 개인 교사로 임명되었을 때 획기적인 교과서인 『축성술 The Art of Fortification』(1594년)을 저술했다. 이 책은 활과 화살의 방어용으로 만들어진 설계를 화기를 방어하는 새로운 각도로 바꿔 놓았다. 다재다능한 스테빈은 코페르니쿠스를 지지하는 (갈릴레오보다도 앞선)천문학에 관한 책 (1608년), 원근법에 관한 논문, 역학 안내서, 경도를 알아내는 방법과 항해에 관한 책, 방위각*을 유지하기 위해 항정선*을 따라 배를 운행하는 개선된 방법, '등분 평균율'의 음계에 맞추는 음악 조율 이론, 자신이 만든 힘의 평행사변형 이론을 이용하여 고기를 굽는 쇠꼬챙이를 기계로 작동하는 설계, 사회 혼란기에서 시민이 생존하는 방법을 조언하는 안내서 등을

---

* 성서의 본문이 여러 언어로 병기되어 있는 성서
* 지표 위에 물체의 위치를 나타내는 좌표 가운데 하나
* 배의 항로가 각 자오선과 동일한 각도로 교차하는 선

저술했다. 스테빈의 좌우명은 "경이로운 것처럼 보이는 것도 실제로 경이로운 것은 아니다"였다.

그러나 스테빈의 가장 위대한 발명은 너무 간단해서 정말 발명될 만한 일이었는가를 의심하게 된다. 플랑탱이 레이덴에서 출판한 36페이지의 소책자인 『10분의 1에 관하여 The Tenth』(1585년)에서 스테빈은 10진법의 소수 표기법을 제시했다. 1608년에 그 소책자의 영어 번역판에서는 처음으로 '소수'란 말을 소개했다. 그 이전에 분수를 다루는 방식은 복잡하고 번거로운 일이었다. 스테빈의 해결 방법은 모든 분수 단위를 정수로 다루는 방법이었다. 예컨대 '4와 29/100'를 살펴보자. 스테빈은 이 수를 왜 1/100 단위의 429항목으로 간단히 다룰 수 없을까 하고 의문을 품었다. 지정된 단위의 크기를 취급해야 하는 최소 단위로 간단히 바꾼 다음, 정수와 분수를 그 배수로 다루는 것이 바로 그 해결 방법이었다. 이제 실험자들은 실험 계산을 할 때 정수만으로 처리할 수 있게 되었다.

스테빈은 자신의 10진법이 상인과 고객, 은행가와 차용자들의 일상 문제를 얼마나 단순하게 했는지를 증명했다. 10진법은 도량형, 화폐제도, 또는 시간과 원주의 각도에도 사용될 수 있었다. 스테빈은 '10진법'이 측량, 옷감과 술통의 계량, 천문학자와 조폐국장의 업무 등에도 이점이 된다는 사실을 보여 주었다. 그는 또한 군인을 10명, 100명, 또는 1,000명 단위로 분류하는 이점도 설명했다.

스테빈은 소수점에 관해서는 생각하지 못했다. 대신에 그는 '시작하는 단위'인 정수 뒤에 따라오는 각 숫자의 위나 옆에 기호(1, 2, 3 등)로 구별하여 1/10, 1/100, 1/000 등의 소수점 단위를 의미하는 방식을 제안했다. 그런데 어깨글자에서 소수점으로 바꾸는 것이 쉬운 사람들도 있었다. 스코틀랜드의 수학자이며 대수의 발명자인 존 네이피어 John Napier (1550-1617년)는 '소수점'을 삽입하여 그 방식 전체를 인도-아라비아 숫자를 이용한 기수법으로 바꾸어 소수를 일상에서 더욱 사용하기 편하게 만들었다.

열성적인 스테빈은 모든 종류의 계산을, 원호의 각도와 시간 단위까지도 10진법으로 고칠 것을 촉구했다. 그러나 고대에 깊이 뿌리박고 있었고 완전한 원과 천체 운동으로 신성하게 여겨졌던 60진법은 천문학, 원, 또는 시간 단위에 밀접하게 연관되어 있어 대체될 수가 없었다.

갈릴레오는 진자의 길이와 시간 사이의 연관성을 파악했을 때 시간을 공간의 균일한 측정의 기준으로 사용하는 길을 개척했다. 앞서 살펴보았듯이, 크리스티안 하위헌스 Christiaan Huygens 는 진자시계를 만들어 그 개척을 실현하기 시작했다. 결국 시간의 일반적인 측정 방법에 관한 연구가 다른 보편적인 단위를 탐구하여 발전하게 했으므로, 이런 의미에서 시계는 기계의 근원이라 할 수 있었다. 한 번도 리옹 Lyons 을 떠나 본 적이 없었던 사제 가브리엘 무통 Gabriel Mouton (1618-1694년)은 어떤 까닭인지, 시간의 탐구에 집착하기 시작했다. 추의 주기를 연구하던 가브리엘 무통은 놀랍게도 1초당 1번의 진동을 하는 추의 길이가 위도에 따라 달라진다는 사실을 알아냈다. 그는 이런 차이가 지구 표면 경도의 각도 길이를 계산하는 데 사용될 수 있다고 주장했다. 따라서 시간의 한 단편, 즉 각도의 1 '분'이 길이의 보편적 단위가 될 수 있었다.

간략하고 포괄적인 10진법과 추를 이용하여 측정의 보편적 단위를 정의하려는 노력이 마침내 결실을 맺었다. 1790년 4월에 탈레랑 Talleyrand (1754-1838년)이 프랑스 혁명의 국민의회를 소집하여, 프랑스의 중심을 지나가는 위도 45도에서 1초간 진동하는 정확한 진자의 길이에 근거하여 국가적인 도량형 체계(그는 이것이 세계적인 도량형 체계가 되기를 바랐다)를 만들어 냈다. 이런 목적에 필요한 측정과 계산의 표준을 확립하려고 국민의회는 다음과 같이 선언했다.

프랑스 왕은 영국 왕에게 영국의 의회가 도량형의 기본 단위를 결정하는 일에서 프랑스의 국민의회와 의견을 함께하도록 요청할 것이다. 그리고… 두 국가의 후원으로 파리의 과학 아카데미는 런던의 왕립학회와 동일한 수의 대표를 선정하고… 모든 도량형에 관한 하나의 변함없는 표준을 정할 것이다.

다행히도, 프랑스 과학 아카데미는 영국이 동의하지 않았기 때문에 왕립학회가 참여하기를 기다리지 않았다. 대신에 프랑스는 단독으로 계속 추진하여 10진법에 근거한 새로운 단위와 지구 자오선의 사분원호 길이(적도와 북극 사이의 호의 길이)의 1,000만 분의 1을 기본 단위로 할 것을 권장했다. 이 단위는 곧 그리스어의 측정한다는 말을 따서 '미터meter'라고 명명되었으며, 여기에서 다른 모든 미터법 단위가 유래되었다. 각 변이 1미터인 정육면체가 부피의 단위가 되었으며, 이 정육면체에 채워지는 물이 질량의 단위가 되었다. 1초의 진자 주기의 전체 체계에는 자연 상수의 기반이 있었으며, 이것이 모든 종류의 양에 적용되었고 모두 10의 배수로 표현되었다.

토머스 제퍼슨Thomas Jefferson(1743-1826년)은 또한 과학을 이용해 인류를 화합하려는 계획을 열망했다. 미국 연방 헌법 〈1조 8절〉은 새로운 미합중국 의회에 '도량형의 표준을 정하는' 권한을 부여했고, 제퍼슨은 개인적으로 엄청난 노력을 하여 「미합중국의 중량, 측정, 화폐 등의 통일성을 확립하는 문제에 관한 보고서」(1790년)를 만들어 냈다. 제퍼슨은 탈레랑의 제안을 확인하기 전에 이미 자신의 논문을 발표했는데, 이런 노력은 국가를 통합하려면 도량형을 통일할 필요가 있다는 생각에서 시작되었다. 제퍼슨은 계산에 관해서는 미국의 선두적인 수학자였던 친구 데이비드 리튼하우스David Rittenhouse에게 자문을 구했다. 또한 제퍼슨은 10진법 화폐제도의 길도 개척했다. 새로운 도량형 계획을 시행하는 일은 매우 어려운 일이었다고 제퍼슨은 한탄하기도 했다.

제퍼슨은 길이의 측정을 위해 자연에서 쉽게 발견되는 어떤 보편적인 기준을 찾으려고 했다. 그러나 그는 기온의 변화로 대상의 길이가 영향을 받는다는 문제로 고민을 많이 했고, 따라서 자신의 방법을 시간과 운동에 근거를 두도록 제안했다. 지구가 축을 중심으로 회전하는 속도는 거의 한결같으며 어느 곳에서나 동일하다. 스테빈, 갈릴레오, 하위헌스의 전통을 따라 제퍼슨도 진자에 중점을 두었다. 그래서 제퍼슨은 "길이의 측정 기준을, 위도 45도와 해수면 고도에서 연간 기온 변화가 없는 장소에 보관된 균일한 원형 쇠막대기가 평균 1초에 작은 동일한 호를 이루며 진동하는 것으로 정하자"라고 제안했다. 처음에 그는 위도 38도(버지니아의 중심)를 지정했으나 탈레랑이 분명 45도(프랑스의 중심)가 적도와 북극 사이의 정확한 중간이라는 이유를 제시했기 때문에 이 의견을 받아들였다.

유럽에서 근대과학이 틀을 갖추어가고 있었을 때 기계를 가장 잘 제작하는 나라들은 또한 과학이 가장 잘 발전하는 나라들이었다. 이론을 만들어 내는 과학자들이 양성되고 있는 영국, 프랑스, 네덜란드, 독일, 이탈리아 등이 또한 최상의 기구들이 제작되는 곳들이었다. 근대의 과학 기구들은 낡은 아리스토텔레스의 질의 세계를 베이컨의 새로운 양의 세계로 변형시키고 있었다. 메르센은 자연철학의 목표가 정밀성에 있어야 한다고 주장했다. 우리가 『프린키피아Principia』라고 잘못 부르고 있는 뉴턴의 획기적인 저서의 완전한 제목은 『자연철학의 수학적 원리Philosophiae Naturalis Principia Mathematica』이다. 과학이 수학을 토대로 이루어지고 측정이 과학 진리의 시험대가 되었을 때, 그때서야 측정 기구를 만드는 사람들은 과학 세계에서 최고 시민이 되었고, 과학 사회는 크게 확대되었다.

또한 새로운 기구들은 유일한 경험을 반복 가능한 실험으로 완전히 바꿔 놓았다. 유럽에서는 시계 제작을 포함한 과학 기구 제작 산업이 17세기에 발달되었다. 앞서 확인했듯이, 18세기경에 과학과 수학에 이용되는 기구들은 영국과 네덜란드의 중요한 수출품에 들어가 있었다.

관찰의 도구로 사용되기 시작한 기구들이 측정 도구로, 그리고 실험 장치로 바뀌었다. 천문학자와 항해자들이 고도와 천체의 위치를 관측하던 고대 천체 관측기, 아스트롤라베는 포르투갈의 수학자이며 우주학자인 페드로 누네스Pedro Nunes(1502~1578년)를 통해 정교한 측정 기구로 개량되었다. 그 전통적인 기구가 원호arc의 작은 위치를 정확하게 측정할 수 없다는 사실을 알아낸 누네스는 간단한 부품을 만들어 냈다. 44개의 동심원으로 이루어진 '노니우스nonius(누네스의 이름을 딴 명칭)'는 각 동심원이 똑같은 분할로 사분원으로 확장되어 나가도록 표시되어 있었다. 가장 바깥쪽의 원은 89개, 가장 안쪽의 원은 46개로 분할되어 있었다. 따라서 각 원은 바로 바깥쪽의 원보다 하나가 적고 안쪽의 원보다는 하나가 많은 눈금을 갖고 있었다. 물체의 위치에 가장 근접한 원 위에 있는 눈금을 읽으면 원호의 각도를 측정할 수 있었다.

프랑스의 군사 기술자인 피에르 베르니에Pierre Vernier (1584~1638년)는 프랑슈콩테Franche-Comté의 지도를 만드는 아버지의 측량을 도와주다가 노니우스로는 충분히 정밀하게 작업할 수 없다는 것을 알게 되었다. 그래서 베르니에는 자신의 이름이 전 세계의 기계 상점에서 유명하게 되는 개량품을 만들어 냈다. 베르니에의 발상은 기구의 고정된 면에 부착시켰던 내부의 원을 움직일 수 있는 원으로 간단히 대체하여 대상물에 정확히 들어맞도록 회전시킬 수 있는 방식이었다. 노니우스가 필요한 모든 눈금을 쉽게 읽어 내기에는 당시의 조각술이 매우 정교하지 않았기 때문에 이런 개량은 중요한 일이었다. 베르니에는 노니우스에 있는 눈금들을 대부분 없애 버렸다. 중심 원판을 돌려 필요한 위치에 맞출 수가 있었기 때문이었다. 이 최초의 '버니어vernier'가 직경 측정 기구와 다른 기구에 부착되었고 다음 세기에 이르러 측량과 항해의 기술을 향상시켰다.

갈릴레오는 망원경 제작자로서 처음 명성을 얻었다. 렌즈의 연마 기술의 발달, 무색 렌즈의 발명, 눈금과 눈금 언저리를 구분하는 기계적 방법 등 모두 망원경의 새로운 목적에 활용할 가치가 있었다. 그리고 오래지 않아 망원경에 마이크로미터가 설치되어 행성과 별들의 지름을 측정할 수 있었다. 자수성가한 영국의 천문학자 윌리엄 개스코인William Gascoigne (1612~1644)은 '나는 확대경만으로도 볼 수 있는, 아주 작은 별들 사이의 거리를 알아내는 가장 확실하고 쉬운 방법을 우연히 발견했다. 나는 1초[원호의 1도]를 상상했는데, 행성의 확대와 축소를 이상할 정도로 정확히 확인할 수 있었다'고 겸허하게 기록하고 있다. 개스코인은 태양을 관측하는 실험을 하다가 '세상을 이끄는 존재'가 지시한 듯 거미가 쳐 놓은 거미줄을 보고 마이크로미터에 관한 아이디어를 떠올렸다고 했다.

망원경에 사용한 마이크로미터는 가늠 장치에 머리털을 사용하여 개량되었고, 이 모든 것은 현미경에도 적용되었다. 레이우엔훅은 물체를 관찰할 수 있을 뿐만 아니라 그 물체를 실제로 측정할 수 있는 현미경을 만들어 내는 업적을 이뤘다. 그는 왕립학회에 보고하는 서신에서 굵은 모래 입자의 직경은 1/30인치이며, 고운 모래 입자의 직경은 1/80에서 1/100인치 정도라고 했다. 또한 레이우엔훅은 자신의 가발에서 머리털 20개가 1/30인치와 같다는 사실을 관측했고, 이로 인해 근대 전문가들은 그 가발이 앙고라염소의 털임을 확인하게 되었다. 레이우엔훅의 기록에 따르면, 이 louse의 눈은 1/250에서 1/400인치 사이로 측정되었다. 인체의 적혈구는 고운 모래의 입자보다 2만 5,000배나 더 작으며, 또한 "우리의 피를 붉게 보이게 하는 그 완전한 적혈구를 길이로 100개를 이어 놓아도 1인치(약 2.5센티미터)의 1/3,000로 굵은 모래 입자의 직경에 이르지 못할 정도로 매우 작았다."

52

신이 말하기를,
"뉴턴이여 있으라!"

근대과학에서 최초로 대중에게 잘 알려진 위대한 인물은 아이작 뉴턴 Isaac Newton(1642-1727년)이었다. 그 이전에도 물론 유럽 곳곳에는 사실이었 건 상상이었건 자연의 힘에 관한 비밀을 연구하여 유명해진 사람들이 있 었다. 아리스토텔레스는 그 분야에서 오래전부터 권위 있는 근원으로 여 겨졌다. 그러나 중세의 가장 유명한 유럽의 과학자인 로저 베이컨 Roger Bacon(1220-1292년경)은 빛과 무지개의 연구와 화약 제조법의 설명을 포함 한 '물질의 성질과 특성을 탐구'했을 때 사악한 마술을 부린다는 비난을 받았다. 베이컨은 실험과학을 대학교의 교과과정으로 인정받기 위해 교 황 클레멘스 4세 Clement IV를 설득하는 데 실패했고, 과학 논문을 몰래 저술 해야 했으며, '의심스러운 새로운 발견' 때문에 투옥되기도 했다. 16세기 의 실제 마술 사기꾼을 본떠 만들어 낸 전설 속의 파우스트 박사 Dr. Faustus는 자연의 신비를 침범하는 위험으로 각색되어 문학의 고정관념이 되어 버 렸다. 크리스토퍼 말로와 괴테의 잊지 못할 작품 속에서 파우스트 박사는 자신이 지옥으로 떨어지는 장면에서 독자들을 만족시켰다.

그러나 자연의 현상에 대한 통찰력이 베이컨이나 파우스트보다 더 웅대하고 날카로웠던 뉴턴은 대중의 찬사를 받고 신성시되었다. 초기의 실험주의자들은 악마와 한패라고 취급된 반면에, 뉴턴은 신의 오른편에 놓이게 되었다. 위대한 선배인 갈릴레오와 달리, 뉴턴은 당대의 과학 흐름을 따르고 있었다. 그는 아리스토텔레스 이후의 그 어떤 인물보다 과학 사상에 큰 영향력을 행사했을 것이다. 이런 위대한 인물은 아인슈타인이 등장하기 전까지는 또다시 없었다. 뉴턴의 저서들은 일반 사람이 이해하기가 어렵거나 불가능하다. 하지만 뉴턴은 자신의 시대에서 거의 신처럼 숭배를 받을 정도로 충분히 이해되고 있었다. 1705년에 앤 여왕에게서 케임브리지의 트리니티 대학Trinity College에서 기사 작위를 받았을 때, 뉴턴은 영국에서 과학 업적으로 영예를 받은 최초의 사람이 되었다. 이 정도는 과학 탐구의 고결한 존재로서 뉴턴의 매력에 대한 작은 평가에 불과했다.

뉴턴의 시대가 되어서야 과학을 발전시키는 힘이 집중되고 절정에 이르렀다. 앞서 살펴보았듯이, 뉴턴의 시대는 이미 '수학의 길'을 가고 있었다. 과학을 다루는 새로운 모임들은 토론하고, 지지하고, 수정하며, 보급하려는 목적으로 관찰과 발견을 처음으로 공개하고 있었다. 뉴턴은 런던의 왕립학회의 의장으로 지낸 25년 동안, 그 학회를 전례 없는 과학 홍보와 권력의 중심으로 만들어 놓았다.

그런데 마치 소설가가 구상이라도 했던 것처럼, 1642년에 태어나 젊은 시절까지 뉴턴은 불안감을 조성할 정도로 불우한 환경에 살았다. 그의 아버지는 자신의 이름도 쓸 줄 모르는 소규모의 '자작농'이었다. 부계의 조상들은 그보다 더 낮은 신분이었을 수도 있었다. 뉴턴은 매우 허약한 어린 아이였다. 태어났을 때는 뉴턴이 약 1리터들이 원통형 컵에 담을 수 있을 정도여서 살아남지 못하리라 여겨지기도 했다. 뉴턴이 태어나기 3개월 전에 아버지는 세상을 떠났다. 그리고 뉴턴이 3세 때 어머니는 근처의 부유한 목사 스미스와 재혼하여 떠나고, 어린 뉴턴은 외딴 농가에 사는 외할머니가 맡게 되었다. 뉴턴은 어머니의 재혼을 매우 증오하여 20세까지 여전히 '어머니와 의붓아버지를 위협하여 그들의 집에 불을 지르고 싶은' 생각을 떠올렸다. 뉴턴이 11세가 되었을 때 어머니는 두 번째 남편이 사망하자 새로운 3명의 동생을 데리고 집으로 돌아왔다. 어머니는 학업을 그만두게 하여 뉴턴을 농부로 만들 생각이었지만 뉴턴은 농사일에 서툴렀다. 목사인 삼촌과 교사의 격려로 다시 학교로 돌아간 뉴턴은 라틴어의 기초를 잘 쌓아 갔지만 수학을 잘 습득하지는 못했다. 다른 학생들보다 나이가 많은 19세가 되었을 때 뉴턴은 스스로 학비를 버는 가난한 근로 장학생으로 케임브리지의 트리니티 대학에 입학했다. 그는 세상의 온갖 영예에도 불구하고, 그때의 불안감을 없애지 못했다. 뉴턴은 일찍부터 자신을 '신사'로 부르기 시작했으며 집안이 귀족과 관련이 있다고 주장했다. 그는 늘 궁정의 영예와 물려받은 지위의 위엄을 과대평가하곤 했다. 그리고 적어도 사람들 앞에서는 신중하고 충실한 영국 국교회의 신도였다.

뉴턴은 1665년 초여름에 대학이 페스트의 발병으로 폐쇄되기 직전에 문학사 학위를 받았다. 그리고 약 2년 동안 링컨셔Lincolnshire에 있는 집으로 돌아가 그곳에 머물렀다. 대학이 다시 문을 열어 1667년 케임브리지의 트리니티 대학으로 돌아간 뉴턴은 대학의 특별 연구원으로 선출되었고, 2년 후에는 루커스 수학 석좌교수Lucasian Professor of Mathematics로 임명되었다. 뉴턴이 케임브리지로 갔을 때에는 본질의 구분에 바탕을 두었던 아리스토텔레스의 물리학이 새로운 '기계론적' 철학으로 대체되고 있었다. 그 철학에 관해서는 데카르트(1596-1650년)가 가장 유명한 주창자였다. 데카르트는 물질세계가 에테르 속에서 운동하고 있는 보이지 않는 입자로 구성되어 있다고 설명했다. 자연의 모든 사물은 이런 입자의 기계적 상호작용으로 설명될 수 있다고 그는 말했다. 데카르트의 기계론적 세계관에 따르면, 복잡성을 제외하면 인체의 작용과 나무나 시계의 작용 사이에 차이가 없었다. 여러 원자론으로 상세히 설명된 데카르트의 사상은 유럽의 새로운 물리적 사상을 지배하게 되었다. 자연의 모든 사물은 이런 미세하고 보이지 않는 입자의 운동과 상호작용으로 설명되어야 했다. 뉴턴에게는 그 널리 퍼져 있는 철학이 '입증할 수 없는 사물'에 의존하고 있어서 '가설'에 불과한 듯 보였다. 뉴턴이 케임브리지에 돌아왔을 시기의 물리학 또는 '자연철학'은 데카르트의 관념을 '미립자', '원자', '소용돌이 운동' 등으로 상세하게 설명하는 일로 가득 차 있었다.

뉴턴은 이러한 허세 부리는 가정들에 반발하여 수학의 엄격한 길을 따르기로 결심했다. 그는 지금은 설명하는 것이 부족해 보일 수 있지만 결국에는 자신의 실험 철학이 더 많은 사실을 설명할 것이라고 확신했다. 다재다능한 데카르트도 수학에 재능이 있었기 때문에 해석기하학을 발명하고 대수학과 기하학에 많은 발전을 이루어 냈다. 그러나 데카르트는 감각과 생리학에 관한 자신의 광범위한 이론에 기대가 컸으며 인간의 생명에 관한 비밀을 밝혀냈다고까지 생각하고 있었다. 자신의 기계론적 독단에 빠진 데카르트는 자신이 도달할 수 없는 자연의 비밀이란 있을 수 없다고 여겼다. 앞으로 살펴보겠지만, 뉴턴은 데카르트보다 더 겸손한 기질을 갖춘 것은 아니었지만, 수학 형식으로 표현되는 물리법칙들을 탐구하기 위한 과학적 노력을 계속했다.

뉴턴은 대학 시절과 페스트가 발병하여 2년 동안 고향에 머물렀을 때 자연에 관한 실험 방법의 주요한 틀을 세웠다. 그는 트리니티 대학의 특별 연구원이 된 26세 이전에 벌써 이항정리binomial theorem를 발명했고, 또한 미적분학의 구상을 거의 다 이루어 가고 있었다. 뉴턴의 '실험 철학'은 자기 수양과 같았다. 다음과 같이, 자주 인용되는 그의 겸허한 말은 단순한 과장이 아니었다. "내가 세상 사람들에게 어떻게 보일지 모르겠으나 나는 해변에서 놀고 있는 소년에 불과한 듯 보인다. 때로는 매끄러운 자갈이나 더 예쁜 조개껍질을 발견하고는 즐거워하는 소년이다. 그러나 위대한 진리의 대양은 내 앞에 아직 발견되지 않은 채 펼쳐져 있다."

뉴턴의 새로운 방법의 핵심은 첫 번째 의미 있는 실험이었던 빛과 색깔에 관한 연구에서 드러났다. 역사학자 헨리 게를락Henry Guerlac이 설명했듯이, 그 연구는 뉴턴의 '실험 철학'의 완벽한 비유가 되는 일이었다. 모든 자연현상 중에서 빛은 낭만과 비유와 신학으로 유혹하는 가장 경탄할 만한 현상으로서, 숫자의 전문 분야 안에 한정시키기에 가장 어려운 일이었다. 그러나 빛의 연구는 정확히 젊은 뉴턴이 해낸 일이었다. 뉴턴은 학사 학위를 받은 직후에 헨리 올덴부르크에게 다음과 같이 보고했다.

1666년 초에(이때 나는 원형 이외의 형태를 가진 광학렌즈를 직접 연마하는 데 전념하고 있었다) 나는 삼각형 유리 프리즘을 마련하여 유명한 색채 현상을 시험하고 있었다. 그래서 방을 어둡게 하고 창문에 조그만 구멍을 뚫어 적당한 양의 햇빛을 통과하게 한 다음, 그곳에 프리즘을 놓아 맞은편 벽에 빛을 굴절시켰다. 그렇게 하여 만들어진 생생하고 강렬한 색채들을 관찰하는 것은 처음에는 매우 재미있는 일이었다. 하지만 더욱 신중하게 살펴본 후에 나는 일반적인 굴절의 법칙에 따라 예상했던 원형이 아니라 장방형이란 사실을 보고 매우 놀랐다…

이 현상을 설명하려고 뉴턴은 '결정적 실험experimentum crucis'을 고안해 냈다. 그는 작은 구멍을 통해서 장방형 스펙트럼의 한 부분(한 색깔의 광선)을 두 번째 프리즘을 향하게 했다. 그렇게 하여 두 번째 프리즘에서 굴절되는 광선이 분산되지 않고 하나의 색깔로 남아 있다는 사실을 알아냈다. 이 사실로 뉴턴은 '빛은 서로 다르게 굴절하는 광선들로 이루어져 있으며… 각각의 굴절성에 따라 벽면의 서로 다른 부분으로 투사된다'는 간단한 결론을 얻었다. 이 결론은 다시 말해, '빛 자체는 서로 다르게 굴절하는 여러 광선들의 혼합체라는 사실'을 의미했다. 뉴턴의 발견에 따르면, 색깔과 '굴절성' 사이에는 정확한 연관성이 있었다. 예컨대 가장 굴절성이 작은 것이 빨간색이고 가장 굴절성이 큰 것이 짙은 보라색이었다. 이렇게 하여 뉴턴은 색깔이 흰 빛의 변형이라는 고대의 상식적인 관념을 없앴다. 또한 그는 양면이 오목한 렌즈를 사용하여 완전한 스펙트럼의 광선들을 하나의 공동 초점에 모으면 모든 색깔이 흰 빛의 구성 요소들이 된다는 놀라운 제안을 확인시켜 주었다. 색깔이 함께 모여 흰 빛을 이룰 때는 모두 사라졌다. 이런 멋진 간단한 실험으로 뉴턴은 색상의 '질적' 차이를 양적 차이로 변형시켰다. 즉 뉴턴이 주장했듯이 "빛은 굴절되는 정도가 같으면 동일한 색깔에 속하며, 동일한 색깔이면 항상 굴절되는 정도가 같다."

그렇게 하여 어떤 색깔도 굴절성을 가리키는 숫자로 나타낼 수 있게 되었다. 이것이 '분광학spectroscopy'이라는 학문의 기초가 되었으며, 또한 더욱 중요하게도 뉴턴의 실험 방법을 보여 주는 전형이 되었다. 어떤 사람들은 뉴턴이 빛의 '본질'에 관해서는 실제로 아무것도 발견한 것이 없다고 과소평가했다. 그들은 뉴턴의 색깔에 관한 설명이 하나의 '가설'에 불과하다고 말했다. 이에 관해 뉴턴은 이렇게 단호하게 대답했다. "내가 굴절과 색깔에 관해 설명한 원리는 어느 가설로도 생각하지 않고 설명할 수 있는 빛의 특정 성질만으로 이루어져 있다. 그리고 가설로 그런 성질들이 설명될 수도 있다…. 그런데 가설은 사물의 성질을 설명하는 부차적인 도움은 되지만 그것이 실험을 제공하지 않는 한 그 성질을 결정하는 데 사용되어서는 안 된다. 가설의 가능성으로 사물의 실체와 진리를 검증한다면 어떤 과학에서도 확실성을 얻을 수 없다고 생각한다." 뉴턴의 목적은 빛을 '발광체에서 나와 각 방향에서 직선으로 퍼져 나가는 무엇'이라고 생각한 것으로 충분했다. 물론 하위헌스가 색깔이 만들어지는 원리를 뉴턴이 설명하지 못했다고 주장한 사실은 옳다고 뉴턴은 인정했다. 그러나 그런 태도가 뉴턴의 실험 방법의 가치와 엄밀성을 나타냈다.

이 동일한 엄밀성은 뉴턴이 '세계의 체계System of the World'를 설명할 때 뉴턴 방법의 특징이 되었다. 이미 1664년에 뉴턴은 아직 대학생이었을 때 모든 물리적인 물체의 운동 법칙을 수량화하는 방법에 관해 생각하기 시작했다. 뉴턴은 또한 여러 뜻밖의 주장에 자극을 받았다. 이를테면 중력의 힘은 거리의 제곱에 반비례한다는, 증명할 수 없지만 직감에 따른 훅의 사상과, 케플러의 제3법칙에서 파생된, 행성의 구심력은 태양에서 행성에 이르는 거리의 제곱에 반비례한다는 에드먼드 핼리Edmund Halley의 추측 등에 큰 관심이 있었다. 그러나 이런 원리들은 하나의 제안에 불과했다. 이 원리들의 보편성을 알아내고, 그것을 입증하는 계산을 하고, 또한 행성이 타원형 궤도를 갖는다는 사실을 이후에 보여 주는 일은 뉴턴에게 남겨진 문제였다.

뉴턴은 핼리의 요청에 답하여 9페이지에 이르는 "운동에 관하여De motu"라는 '특이한 논문을 작성하여 핼리의 희망대로… 학회로 보내 등록하겠다고 약속했다.' 앞서 살펴보았듯이, 이런 소통은 모든 '첫 발명자'를 인정하고 왕립학회와 통신을 하도록 유도하려고 올덴부르크가 창안한 일이었다. 이 경우에는 올덴부르크의 장려책이 성과를 거두었다. 뉴턴이 자신의 발견을 출판할 수 있는 여유가 생길 때까지 핼리가 간직하기를 바랐기 때문이었다. '물체의 궤도운동'에 관한 뉴턴의 몇 페이지에는 역제곱 법칙(힘의 크기가 거리의 제곱에 반비례한다)의 중력이 작용하여 타원 궤도가 생겨날 수 있음을 입증함으로써 이미 뉴턴의 거대 이론의 핵심에 도달했다는 사실을 보여 주었다. 뉴턴은 "운동에 관하여"를 수정하면서 운동의 제1법칙과 제2법칙, 즉 (1)관성의 법칙과 (2)운동하는 물체의 가속도는 힘이 작용하는 방향으로 일어나며, 그 힘의 크기에 비례한다는 가속도의 법칙을 자세히 설명했다.

뉴턴의 이론에 대한 영향력과 장대함은 당연히 그 보편성에 있었다. 뉴턴은 마침내 지구와 천체의 역학을 위한 하나의 공동 체계를 제시했다. 뉴턴은 천체를 지상으로 끌어내렸고, 동시에 인간이 이해할 수 있도록 천체에 관한 새로운 틀과 새로운 한계를 마련했다. 뉴턴과 사과에 관한 전설은 전혀 근거가 없는 이야기가 아니다. "내가 사색에 잠겨 앉아 있었을 때 우연히 나무에서 떨어지는 사과를 보고 만유인력이라는 생각이 떠올랐다"라고 뉴턴은 말했다. 뉴턴은 사과가 단순히 나무에서 떨어진 것이 아니라 지구 중심으로 인력이 작용했기 때문이라는 대담한 생각을 하게 되었다.

뉴턴에 따르면, 달은 사과보다 지구 중심에서 60배 더 멀리 떨어져 있기 때문에 역제곱 법칙에 따라 자유낙하의 가속도가 사과의 가속도보다 '1/$(60)^2 = 1/3600$'이 되어야 했다. 그리고 뉴턴은 케플러의 제3법칙을 적용하여 자신의 이론을 증명할 수 있었다. 하지만 그 과정에서 뉴턴은 지구 반지름에 관한 잘못된 수치 등 실제로 많은 어려움에 부딪혔다. 그러나 뉴턴은 자신의 단순한 통찰로 '세계의 체계'로 향해 계속 나아갔다. 그는 지구와 천체의 모든 물리적 현상을 수학으로 표현한 법칙의 보편성으로 통일했다. 그렇게 하면 지구와 천체의 모든 운동을 확인하고, 관측하며, 측정할 수 있었기 때문이었다. 만유인력 이전에도 뉴턴의 이론에 나타나는 장대한 통합의 힘은 수학에 있었다.

뉴턴의 '수학적 방법'은 발견의 한 방법이었다. 그러나 뉴턴의 수학적 방법은 탐구의 도구였을 뿐만 아니라 자기 수양의 방법이었기 때문에 또한 겸손의 길이기도 했다. 뉴턴은 위대한 저서 『자연철학의 수학적 원리』(영어 번역판, 1729년)의 제목대로 가능한 가장 분명하게 널리 퍼져 있는 모든 주장들을 대신하여 자연의 역학을 나타내려고 했다. 유럽의 비평가들은 뉴턴이 설명한 목적을 편협하다며 다시 반대했다. 그들은 뉴턴이 물리적 세계에 왜 그런 현상이 일어나는가를 설명하지 않고 단순히 수학 공식을 제시했을 뿐이라고 비판했다. 따라서 그들은 뉴턴이 제안한 원리가 실제로 '자연철학'이 될 수 없다고 주장했다. 물론 이번에도 그들은 완전히 옳았지만 동시에 자신들도 모르게 뉴턴의 방법에서 새로운 장점을 설명한 셈이었다. 뉴턴은 『광학Opticks』에서와 마찬가지로 『자연철학의 수학적 원리』의 마지막 3권에 해당하는 『세계의 체계』에서 자신의 방법과 성취의 한계를 정하려고 애썼다. 뉴턴은 '늘 어디에나 존재하는 신'에게 찬가를 마친 후, '우리들은 신의 속성에 관해서는 알고 있지만 어떤 사물의 진정한 본질에 관해서는 알 수가 없다. 따라서 사물의 외형을 통해서만 신을 알고 있을 수도 있다'고 설명했다.

지금까지 우리는 중력으로 하늘과 바다의 현상을 설명했다. 그러나 아직 이 힘의 원인을 밝혀내지는 못했다…. 그러나… 나는 현상에서 중력의 특성에 대한 원인을 발견할 수 없었다. 그리고 나는 어떤 가설도 세우지 않는다. 현상에서 유도되지 않는 것은 무엇이든 가설이며, 가설은 형이상학적이거나 물리적이든, 또는 신비로운 특성이거나 기계적이든, 실험과학에 들어설 자리가 없기 때문이다. 이런 과학에서는 현상에서 특정 명제가 추론되고, 그 뒤에 귀납으로 일반화가 이루어진다. 그렇게 하여 물체의 불가입성impenetrability, 이동성, 충격력, 운동과 중력의 법칙 등이 발견되었다. 그리고 우리에게, 중력은 실제로 존재하고, 우리가 설명한 법칙에 따라 작용하며, 또한 모든 천체와 바다의 움직임에 관해 충분히 설명할 수 있다는 사실로 충분하다.

뉴턴의 18세기 제자들 중에 가장 영향력이 있는, 디드로Diderot의 『백과전서Encyclopédie』의 과학 편집자인 장 르 롱 달랑베르Jean le Rond d'Alembert(1717-1783년)는 '자연의 더 섬세한 부분들의 작용을 가리고 있는 장막을 통해서만 자연을 볼 수 있으므로 뉴턴이 신처럼 행동하기를 거부한 사실에 찬사를 보냈다.' 달랑베르에 따르면, '물체의 본질과 내부 구조를 알 수 없도록 운명이 정해져 있으므로 인간에게 남아 있는 유일한 현명한 일은 최소한 현상의 유추를 파악하려고 노력하고 그 현상을 소수의 원초적이고 기본적인 사실로 변형시키는 일뿐이다. 따라서 뉴턴은 만유인력의 원인을 밝혀내지 않고도 세계의 체계가 이런 중력의 법칙에 유일하게 근거하고 있다는 사실을 입증했다.' 또한 상식의 함정에 관하여 달랑베르는 '일반인들이 가장 이해하기 어렵다고 생각하는 가장 추상적인 관념이 가장 이해하기 쉬운 해결의 빛을 던지는 경우가 흔히 있다'고 경고했다.

뉴턴은 완전히 뒤덮인 암흑을 너무 잘 알고 있었기 때문에 수학의 밝은 빛을 전도하는 유능한 사도와 같은 존재가 되었다. 신 이외의 그 누가 우주의 깊은 내부 작용을 꿰뚫어 볼 수 있었을까? 뉴턴의 신비주의, 즉 세계의 통일성 속에 있는 신비에 대한 뉴턴의 느낌은 세월이 흐를수록 점점 커졌다. 일생 동안 뉴턴은 경험을 둘러싼 인간의 이성 능력이 한계라는 사실을 알게 되었다. 그런 이유로 뉴턴은 성경과 예언에 끊임없는 관심을 보이기도 했다. 뉴턴의 실험과 수학에 뛰어난 천재성은 종교적이고 신비적인 기질로 그늘이 드리워져 있었다. 뉴턴이 기록한 연금술에 관한 65만 단어와 성경과 신학 주제에 관한 130만 단어의 방대한 필사본은 뉴턴의 이성적 우주관과 맞지 않아 뉴턴의 연구가들을 매우 당황하게 했다. 의심할 여지없이, 뉴턴은 요한, 다니엘, 이사야 등이 사용한 신비로운 용어에서 일반적인 의미를 찾기 위해 자신의 언어 지식을 모두 적용하면서 예언가들을 진지하게 다루었다. 그러나 뉴턴은 성직자의 가식을 경계했다. "해설자들의 어리석은 행위는 마치 신이 그들을 예언자로 만들기로 계획이라도 한 듯이 예언으로 시간과 사물을 미리 말하는 일이다"라고 그는 경고했다. 예언서에서 신은 사람을 미래 사건의 예언자로 만들려는 의도가 아니었다. 오히려 '이전의 여러 시대에 예언된 일들을 세상이 섭리로 지배되고 있다는 설득력 있는 설명으로 만들려는' 의도였다. 따라서 뉴턴은 성서에서 말한 사건들을 문자 그대로의 진실을 확인하려고 천문학적 연대 추정의 정교한 기술을 적용하려고 했다. 그러나 뉴턴은 철저한 신비주의자가 되지 못했다. 로저 프라이Roger Fry가 말했듯이, '신비주의는 신비를 벗어나려는 시도'라는 진리를 뉴턴은 잘 알고 있었기 때문이다. 그런 시도를 뉴턴은 결코 원하지도 않았고 과감하게 실행하지도 못했다.

뉴턴은 세계를 수학적으로 능숙하게 다루었기 때문에 널리 찬미를 받았지만, 그의 수학이 인간과 신 사이에 그어 놓은 선에서 세계의 신비에 대한 뉴턴의 경외심을 알았던 사람들은 소수에 불과했다. 다음 세기에서는 뉴턴을 낭만적으로 이상화한 경우와 뉴턴의 통찰력을 상식으로 받아들이지 못한 경우가 모두 극적으로 표현된 일이 있었다. 1817년 12월 28일에, 역사화를 그리는 영국인 화가, 벤저민 헤이든Benjamin Haydon(1786~1846년)이 자신의 화실에서 문학가들과 함께 나눈 만찬에서 생긴 일이었다. 그곳에 모인 사람들 중에는 찰스 램Charles Lamb, 존 키츠John Keats, 윌리엄 워즈워스William Wordsworth 등도 있었다. 헤이든은 그때를 이렇게 기록했다. "워즈워스는 내가 그림 속에 뉴턴의 머리를 넣어 표현하는 것을 비난하면서, '그 사람은 무엇이든지 삼각형의 세 변처럼 분명하지 않으면 믿지 않는단 말이야'라고 했다. 워즈워스와 키츠는 뉴턴이 무지개를 프리즘의 색깔로 바꿔 놓아 무지개의 시를 파괴해 버렸다는 의견에 동의했다. 워즈워스의 재치를 이겨 낼 수는 없었다. 그래도 우리는 모두 '뉴턴의 행복과 수학의 혼란을 위해' 축배를 들었다."

53

우선권이 목표가 되다

유럽은 이제 비로소 새로운 발견의 가치를 알았기 때문에 뉴턴에 대한 경의는 완전히 근대적인 표현이었다. 1668년에 존 드라이든John Dryden은 이런 의문을 던졌다. "분명하게도, 지난 100년 동안(철학 연구가 기독교 세계의 모든 거장들의 일이었을 때)에 거의 새로운 자연이 우리에게 드러나지 않았던가?… 아리스토텔레스 이후로 쉽게 믿고 맹목적으로 빠져 있던 모든 시대보다 더 고귀한 비밀들이 광학, 의학, 해부학, 천문학 등에서 발견된 것이 아닌가?" 이 '뜻밖의 새 발견'의 시대에서는 자연의 진리를 밝힌 최초의 사람에게 모든 영예가 돌아갔다. 이제는 인쇄술로 새로운 발견의 소식이 신속히 전파되어 마침내 우선권을 정할 수 있게 했다. 그리고 우선권은 이전에는 도저히 불가능했던 명성을 안겨 주었다.

유럽의 옛 학문 기관과 대학들은 새로운 것을 발견하기 위해서가 아니라 전통을 전달하려고 설립되었다. 그에 반해서 런던, 파리, 피렌체, 로마, 베를린 등 여러 곳에 아카데미가 있는 왕립학회를 비롯한 과학자들의 여러 의회들은 지식을 늘리는 일을 목표로 삼았다. 그들은 과거의 풍요로움을 증언하는 목격자가 아니라 스프랫 주교가 칭했던 '현재의 탐구 기질'의 목격자였다. 로버트 보일은 그런 의미를 "자연물의 이용에 관한 인간의 엄청난 무지, 또는 인간의 삶에 완전히 이해되는 이용이 자연물에는 거의 없다Essay of men's Great Ignorance of the Uses of Natural Things, or there is scarce any one thing in Nature whereof the Uses to human Life are yet thoroughly understood"라는 평론의 제목에서 간결하게 표현했다.

예전에는 어떤 아이디어나 사실을 소유하고 있으면 비밀로 해야 하며, 다른 사람들이 알지 못하도록 하는 능력이 있어야 했다. 보물 위치를 알려주는 지도는 철저하게 보호되었고 첫 우편제도는 나라의 안보를 위해 만들어졌다. 의사와 법률가들은 자신들의 지식을 학문 용어 속에 가둬 놓았다. 그리고 정부는 동업 조합의 비밀이 새어 나가지 않도록 지원했다. 그러나 인쇄술의 발달로 비밀 유지는 더욱 어려운 일이 되었다. 더 나아가 인쇄물은 아이디어를 '자신만의 소유물'로 하려던 현상을 근본적으로 변화시켜 그런 현상을 뒤바꾸기도 했다. 이제는 출판이라는 행위로 새로 발견된 사실이나 기발한 아이디어에 개인의 상표를 붙일 수 있게 되었다.

놀랄 것도 없이, 스프랫 주교는 왕립학회를 다음과 같이 옹호했다.

새로운 것을 창작하는 일이 범죄가 된다면, 인간 문명의 창시자, 법률의 제정자, 정부의 설립자 등은 어떻게 면할 수 있을까? 첫 창조의 미숙함을 능가하는 자연의 작품 중에서 무엇보다 새로운 것이 우리를 기쁘게 한다. 우리들은 초기의 황무지와 초라한 시골집과 벌거벗은 사람들보다 발전된 도시나 주택에서 볼 수 있는 새로운 것들을 비난하던 때가 있었다. 따라서 새로운 것을 소개하는 것은 해롭지 않거나 더 좋은 다른 것을 없애지 않고 가져올 수 있다면, 죄가 아니다.

물론 기존의 상인이나 기능공들은 새로운 것에 의심스러워했다. '그들은 조합의 편협함이라는 속성에 일반적으로 물들어 있어서 모든 새로운 것들을 그들의 특권에 적이라 여기면서 저항하는 습관이 있기 때문이다.'

왕립학회를 조직할 때 기민한 헨리 올덴부르크는 우선권의 새로운 중요성을 이미 알고 있었다. 그는 회원들이 발명품을 학회에 보내기를 꺼려할 수 있음을 알아차렸다. 회원들은 자신의 발명품을 훔쳐 간 다른 사람들이 오히려 최초의 발명가라고 주장할까 봐 두려워했던 것이다. 그래서 올덴부르크는 '어떤 적임자가 표절을 찾아내어 진짜 발명자의 권리를 내세울 수 있는 방안을' 제안했다. 진행 중인 연구의 우선권을 보호하기 위해, 올덴부르크는 "어떤 회원이 아직 완성되지 않은 철학 관념이나 발명에 관한 아이디어가 있어서 우선권을 원한다면, 그 우선권을 상자 속에 밀봉하여 완성될 때까지 서기 중의 한 사람에게 맡겨 두면 진짜 발명자가 잘 보호 받을 수 있을 것이다"라고 제안했다. 하지만 우선권이라는 망령은 과학의 진보를 괴롭혔다. 가장 유명한 과학자들까지도 자신들의 발명에 관한 사실을 증명하기보다 권리를 주장하는 데 훨씬 더 관심이 있는 듯 보였다.

투지가 넘치는 아이작 뉴턴은 다른 여러 면에서 그랬듯이, 이 측면에서도 근대과학 정신을 발휘했다. 뉴턴이 세상을 떠나자 업적과 함께 성격도 이상화되었지만 또한 오해된 부분도 있었다. 시인 윌리엄 쿠퍼William Cowper(1731-1800년)는 신과 같은 뉴턴을 다음과 같이 묘사했다.

어린아이처럼 반박을 참으며,

상냥하고, 겸손하고, 수줍어하며, 온순한,

이런 모습이 아이작 뉴턴 경이었다.

뉴턴은 실제로 전혀 상냥하지 않았다. 1685년부터 1690년까지 5년 동안 뉴턴의 조수로 일했던 한 학생은 어떤 사람이 유클리드 기하학을 공부해서 무슨 이익이 있느냐고 뉴턴에게 경솔하게 질문을 했을 때 단 한 번 뉴턴이 웃는 모습을 보았다고 말했다.

대중의 인정을 통한 격려나 보상 없이 뉴턴은 서른이 되기 전에 위대한 발견을 거의 이루어 내고 있었다. 1672년에 뉴턴이 미적분학의 기초가 되는 미분 이론을 알아냈지만 수학 논문으로 대부분 손해를 보았던 런던의 서적상들은 미분 이론을 출판하려는 열의가 없었다. 뉴턴은 우선권에 대한 집착으로 어두웠던 만년에는 자신의 주장을 내세울 만한 독보적인 위치에 있었다. 1669년 2월 날짜의 현존하는 뉴턴의 초기 편지에는 반사망원경의 발명 우선권에 관한 관심이 기록되어 있었다. 그 관심으로 뉴턴은 처음으로 과학자들의 공식 모임에 활동하게 되었다. 갈릴레오나 뉴턴 이전의 사람들이 사용한 망원경은 모두 영상을 확대시키거나 광선을 초점에 맞추는 렌즈로 만들어진 '굴절'망원경이었다. 하지만 이런 망원경은 길어서 불편했고 색수차chromatic aberration*가 발생하는 단점이 있었다. 렌즈 대신에 오목거울을 사용한 뉴턴의 발명품은 길이가 더 짧고, 색수차의 현상 없이 배율을 훨씬 더 확대할 수 있었다. 장기적으로는 뉴턴의 반사망원경

• 빛의 파장에 따른 굴절률의 차이로 색에 따라 상이 생기는 위치와 배율이 바뀌는 현상

이 뉴턴도 몰랐던 또 다른 장점들도 있었다.

굴절망원경은 렌즈가 끝에서만 지지를 받고 렌즈 자체의 무게로 모양이 비틀어질 수 있었기 때문에 어쩔 수 없이 크기에 한계가 있었다. 그러나 반사경은 뒤쪽에서 지지를 받을 수 있어서 모양이 비틀어지지 않고도 훨씬 크게 만들 수 있었다. 뉴턴은 반사망원경을 위한 반사경과 반사경을 만드는 도구도 직접 손으로 만들었다. "만일 다른 사람들에게 도구나 반사경을 만들게 하고 나는 옆에서 구경만 하고 있었다면 그건 내가 만든 물건이 아니다"라고 그는 딱 잘라 말했다. 뉴턴은 처음 만든 반사망원경이 길이가 6인치(약 15센티미터)에 불과했지만 6피트(약 1.8미터) 길이의 굴절망원경보다 40배나 배율이 크다고 자랑했다. 뉴턴의 발명품에 관한 소식을 알게 된 학회 회원들은 모두가 매우 놀라워했다. 그리고 이런 사실에 관해 뉴턴은 1672년 1월에 헨리 올덴부르크에게서 뉴턴이 만든 망원경의 도면을 동봉한 편지를 받았다.

당신의 창의력 때문에 당신이 알지 못하는 사람이 편지를 보내는 계기가 되었습니다. 당신이 발명한 축소 망원경을 여기 철학자들에게 전해 주셔서 감사하게 생각합니다. 여기에 있는 광학 분야와 실험에서 가장 유명한 사람들이 그 망원경을 살펴보고 검사한 후, 모두가 격찬했고 외국인이 이 발명의 권리를 침해하는 것을 방지할 수단을 마련해야 한다고 생각했습니다. 따라서 당신이 함께 보내 준 첫 견본과 훨씬 더 큰 보통의 망원경과 비교하여 효능과 함께 기구의 각 부분이 설명되어 있는 체계를 신중하게 마련해 두었습니다… 파리의 하위헌스에게 엄숙한 편지를 보내어 망원경을 여기에서 보았거나 또는 케임브리지에서 당신과 함께 보았을 그러한 외부인의 월권행위를 방지하려고 합니다. 방관자로 가장한 사람들이 진짜 발명가에게서 새로운 발명품과 고안품을 빼앗는 일이 너무 빈번하기 때문입니다….

뉴턴은 세월이 지날수록 찾아보기가 어려워지는 겸손한 태도로 곧 이렇게 답장을 보냈다. "지금까지 가치가 별로 없다고 생각한 나의 발명품을 보장해 주려고 매우 신경을 써 주신 점에 놀랐으며…. 소통을 원하지 않으셨다면 지금까지 수년 동안 그래 왔듯이 여전히 개인적인 일로 남게 되었을 것입니다." 왕립학회 회원으로 선출되고 1주일 후인 2월 초에 뉴턴은 첫 기고를 학회에 보냈다. 그는 '나의 부족하고 고독한 노력이 당신들의 철학적 계획을 촉진하는 데 효과가 있기를' 바란다고 하면서 색상 이론에 관한 논문을 보냈다.

뉴턴은 점차 출세의 길에 올라 평의원이 되었고, 1703년에는 왕립학회의 회장(사실상, 독재자)이 되어 세상을 떠날 때까지 거의 25년을 지냈다. 뉴턴은 위신이 올라가면서 자신의 위대한 발견으로 얻은 명성을 남에게 주려고도 남과 나누려고도 하지 않는 지적 소화 불능까지 커져 갔다. 뉴턴은 자신이 관여한 과학의 각 분야에서 지배권을 주장하려고 근대 세계에서 최초의 과학 '제도'라고 불리게 되는 체계에 온 힘을 쏟았다. 학회의 회의를 지휘할 때 규율에 엄격했던 뉴턴은 '경솔하거나 무례한' 어떤 행동도 용납하지 않았고, 실제로 예의 없는 행동을 한 회원을 회의에서 내쫓기도 했다. 명예와 돈의 가치가 있는 회원 선거에는 뉴턴의 지원이 필요했다. 케임브리지 대학에서 뉴턴의 수학 조수였으며 루커스 석좌교수직의 후임자였지만 비정통 신학을 추구했던 윌리엄 휘스턴William Whiston이 1720년에 회원으로 추천되자, 뉴턴은 휘스턴이 선출되면 회장직을 사퇴하겠다고 위협했다. 1714년에는 의회가 바다에서 경도를 알아내는 방법을 위해 상금을 거는 문제를 의논하고 있었을 때, 시계는 그 목적에 전혀 쓸모없을 것이라고 뉴턴은 거들먹거리며 말했다. 이런 일 때문에 해리슨의 시계를 받아들이는 일이 지연되었을 것이다. 하지만 앞서 살펴보았듯이, 그 시계는 실제로 경도를 알아내는 문제를 해결했다. 과학의 고문이며 권위자였던 뉴턴은 세월이 지날수록 늘어나는 정부의 탐나는 직위들(관측 소장들과 과학 위원회의 회원들)을 적절히 정리하기도 했다. 뉴턴은 권력 있고 보수가 높은 정부의 요직인 학장이 되려고 수학의 루커스 석좌교수직을 그만두었고, 이후에는 조폐국장이 되었으며, 그동안에 수입이 연간 4,000파운드라는 엄청난 금액에 이른 적도 있었다. 그는 대규모 화폐개혁을 감독했고, 화폐 위조자를 찾아냈으며, 그들에게 가혹한 처벌을 내리는 것을 즐기는 듯 보이기도 했다.

1686년에 뉴턴이 자신의 『프린키피아』 1권의 완전한 필사본을 왕립학회에 보냈을 때, 로버트 훅은 그 기본 아이디어는 12년 전에 뉴턴과 주고받았던 자신의 의견에서 표절된 것이라고 즉시 주장했다. 이에 격분한 뉴턴은 올덴부르크에게 "철학은 이러한 무례한 소송을 일삼는 숙녀와 같기 때문에 그녀와 관련되느니 차라리 소송에 몰두하는 것이 낫습니다. 나는 이전부터 알고 있었습니다. 그리고 이번에는 그녀에게 다시 가까이 가자마자 그녀는 내게 경고를 하는 것입니다"라고 응답했다. 주제넘은 훅에 대한 뉴턴의 경멸은 끝없이 커져 갔다. "그렇다면 아주 좋은 일이지 않은가? 모든 일을 발견하고 해결하며 실행하는 수학자들은 따분한 계산과 힘들고 단조로운 일 외에는 스스로 아무런 만족도 하지 못하고, 모든 것을 아는 체하고, 그보다 앞선 사람의 발명뿐만 아니라 그를 따르는 모든 사람의 발명을 가져가 버리니." 뉴턴은 훅의 우선권을 인정하기는커녕 자신의 필사본에서 훅의 저서에서 발췌한 인용문을 삭제해 버렸다. 뉴턴은 다소 훅의 편을 든 핼리를 비롯한 여러 사람들 때문에 더욱 화가 나서 자신이 이룬 위대한 업적의 제3권을 출판하지 않겠다고 위협했다. 그들은 이런 자기 손해가 되는 행위를 못 하게 뉴턴을 설득했지만 뉴턴의 분노는 계속 가라앉지 않았다. 뉴턴은 이후 17년 동안 훅을 끊임없는 적으로 삼았으며, 1703년에 훅이 세상을 떠날 때까지 불쾌감을 표현하려고 『광학』의 출판을 거절하거나 학회의 회장직을 받아들이지 않기도 했다. 18세기 프랑스의 뉴턴 숭배자의 한 사람은 훅의 주장은 전혀 근거가 없는 것은 아니지만 '잠깐 보여 준 진리와 증명된 진리 사이의 차이가 얼마나 큰지'를 보여 주었다고 냉철하게 평가했다.

런던 '자연철학'의 우상이 되었던 뉴턴은 아래 직원들과 험악한 싸움을 벌이고 자신과 동등해질 위협이 되는 사람에게 보복을 하려는 음모들을 꾸미며 만년을 보냈다. 첫 번째의 비열한 이야기는 뉴턴이 불행한 천문학자 존 플램스티드John Flamsteed(1646-1719년)에게서 평생을 바친 과학 연구의 결과물을 출판하는 만족을 악의를 갖고 박탈해 버린 일이었다. 플램스티드는 건강이 좋지 않아도 새로운 관측 기술을 발명했고, 미동 측정 나사micrometer screws와 눈금 매기기를 개량했으며, 스스로 부담한 2,000파운드의 비용으로 당시에 최고의 기구에 해당하는 그리니치 천문대를 건설했다. 플램스티드는 12년 동안 약 2만 건의 관측을 했는데, 그 정확성은 덴마크의 천문학자 튀코 브라헤를 훨씬 능가했다. 그러나 세심한 플램스티드는 자신의 수치를 발표하지 않았다. "나는 당신의 계산이 아니라 관측만을 원한다"며 뉴턴은 거만한 태도로 플램스티드를 괴롭혔다. 뉴턴은 화가 나서 플램스티드가 관측 결과를 신속히 내놓지 않는다면 자신의 '달에 관한 이론'을 포기하고 그것을 플램스티드의 책임으로 돌리겠다고 위협했다. 비참해진 플램스티드가 뉴턴의 '성급하고, 부자연스럽고, 불친절하며, 오만한' 편지가 자신의 두통을 더 지끈거리게 한다고 화를 내자, 뉴턴은 두통을 치료하는 최선의 방법은 '양말대님으로 머리를 꽉 묶어 머리꼭대기의 감각을 없어지게 하는 것'이라고 빈정거렸다. 참을성이 없는 뉴턴은 플램스티드가 수정도 하지 않은 모든 관측 기록들을 그리니치 천문대에서 모았다가 편집하여 출판했다. 필생의 업적이 뒤범벅이 된 사실을 알고 충격을 받은 플램스티드는 재정 위원회에 간청하여 400부의 원본 중에서 300부를 사들이게 하여, 출판을 위해 준비했던 97페이지를 주의 깊게 떼어 내고 나머지는 불에 태워 버렸다. 플램스티드는 자신의 일을 끝내지 못하고 세상을 떠났다. 그러나 플램스티드의 두 친구가 1725년에 그의 항성 목록 3권을 출판하여 플램스티드의 정당성을 입증해 주었으며, 그 목록은 망원경의 이점을 처음으로 이용한 근대 천문학의 획기적인 작품이 되었다.

새로운 대중 과학 무대에서 그 시대의 가장 극적인 사건은 뉴턴과 위대한 고트프리트 빌헬름 라이프니츠Gottfried Wilhelm von Leibniz 남작의 싸움이었다. 쟁점은 과학에서 가장 큰 우선권의 영광을 차지하려는 싸움, 바로 미적분학의 발명에 관한 우선권 문제였다. 미적분학은 당시의 과학자들 중에는 거의 이해하는 사람이 없을 정도였지만 우선권 쟁점은 쉽게 이해할 수 있는 일이었다. 지식이 있는 일반인들은 미적분학이 속도와 변화율을 계산하기 위한 중요한 새로운 방법이며, 또한 과학 기구와 측정 장치의 용도를 크게 증가시킬 분야라는 사실을 알고 있었다. 우선권 싸움은 아주 볼썽

사나운 일이었지만 대중이 과학에 관심을 많이 갖는 계기가 되었다. 이 위대한 사람들이 서로를 공개적으로 모욕하기를 즐겼던 '미분학'은 도대체 무엇이었을까? 바로 이 의문이 조지 2세와 그의 정부였던 헨리에타 하워드Henrietta Howard와 캐롤라인Caroline 왕비를 비롯한 전 외교단이 관심을 갖고 그 분쟁을 해결하는 방법을 논의했을 때 흥미를 끄는 요소였다.

뉴턴의 경쟁자 라이프니츠(1646-1716년)도 근대의 가장 통찰력이 깊은 철학자이면서 과학자였다. 6세 때 라이프니츠는 라이프치히 대학의 도덕 철학 교수였던 아버지의 서재에서 수없이 많은 도서를 읽기 시작했고, 14살이 되었을 때는 고전을 깊이 이해하게 되었다. 드퀸시De Quincey에 따르면, 라이프니츠는 자신만의 궤도를 돌고 있는 행성과 같은 사상가가 아니라 '다른 체계들을 함께 연결하는' 혜성과 같은 존재였다. 라이프니츠는 26세 이전에 이미 신성 로마 제국의 법률 개혁안을 구상했고, 계산기를 설계했으며, 루이 14세가 라인란트Rhineland를 공격하는 대신에 수에즈 운하를 건설하도록 유도하는 계획을 전개시켰다. 1673년에 라이프니츠는 외교 사절단으로 영국을 방문했을 때 올덴부르크를 만났고 왕립학회의 회원으로 선출되었다. 그리고 유럽 여행을 통해 하위헌스, 스피노자, 말피기, 갈릴레오의 제자 비비아니 등과 만났다. 또한 라이프니츠는 중국의 궁중 수학자가 되기 위해 북경으로 떠나려고 했던 예수회 선교사 그리말디Grimaldi도 만났다.

프리드리히 대왕Frederick the Great(프리드리히 2세)은 라이프니츠를 가리켜 '하나의 아카데미 전체'라고 칭했다. 이 프로이센의 왕은 1700년에 베를린 학회를 설립했다. 열성 있는 과학자들의 자발적인 공동체였던 파리나 런던의 학회와 달리, 베를린학회는 대체로 라이프니치 자신의 창조물이었다. 프로이센 정부는 인쇄와 새로 개정된 달력을 독점하여 학회와 부속 관측소에 자금을 제공하거나 과학을 전체 사회의 재산으로 만드는 데 이용했다. 당연히 라이프니츠는 라틴어의 사용을 반대하고 지역 언어를 사용하기를 다음과 같이 옹호했다.

> 우리 지식인들은 독일어를 보호하려는 마음이 별로 없었다. 어떤 사람들은 지혜가 라틴어나 그리스어로 반드시 표현되어야 한다고 생각하고 있었고, 또 다른 사람들은 현재 어려운 용어라는 가면 속에 숨겨져 있는 그들의 무지가 세상에 드러날 것을 두려워했기 때문이었다. 진정한 지식인이라면 두려워할 필요가 없다. 그들의 지혜나 과학이 대중과 더욱 가까워질수록 그들의 우수성을 알게 되는 증인이 더욱 많아지기 때문이다… 모국어를 무시하기 때문에 지식인은 아무 쓸모없는 사물에만 관심을 두며 단순히 서가에 쌓아 두기 위해 글을 써 왔고, 국민은 지식에 접근할 수 없었다. 잘 발달한 지역 언어는 잘 닦인 유리처럼 정신을 더욱 예리하게 하고 지성에 투명한 명확성을 제공해 준다.

하노버Hanover 왕가의 시조인 게오르크 루트비히Georg Ludwig가 1714년에 조지 1세로서 영국 왕위를 계승하자, 라이프니츠는 궁정 사학자로 왕을 따라 런던에 가기를 바랐다. 그러나 왕은 라이프니츠가 조지 가문의 계보를 완성할 때까지는 이를 거부했기 때문에 위대한 라이프니츠는 이 하찮은 임무를 완수하려고 최후의 2년 동안을 통풍에 시달리면서 보냈다. 라이프니츠는 1716년에 세상을 떠났을 때 그가 평생 기쁘게 해 주려고 했던 군주에게서 버림을 받았다.

요컨대 라이프니츠의 생애와 깊은 연관을 갖는 것은, 처음에는 유익했지만 마지막에는 치명적이었던 평생 동안 왕립학회와 얽힌 관계였다. 그 관계가 최고의 절정에 이른 시기는 라이프니츠와 뉴턴간의 우선권 분쟁의 판결을 위임 받은 왕립학회의 8월 위원회에서 공식 보고서가 1712년에 발행되었을 때였다. 엄밀히 말하면, 존 케일John Keill이 라이프니츠가 뉴턴을 표절하여 미분학의 첫 발명자라고 주장하여, 그에게 모욕을 당했다고 라이프니츠가 항의를 제기한 일이었다.

실제로 케일의 행동이 정당하다는 결정이 났지만 왕립학회의 위원회는 뉴턴의 우선권을 옹호하려는 기회를 이미 확보하게 되었다. 그들은 케일의 말이 근거 없는 모욕이 아니고 발명에 대한 뉴턴의 권리를 인정한 사실임을 입증하려고 왕립학회 회원들의 많은 대화와 서신을 포함한 '사실들'을 종합했다. 왕립학회 위원회는 라이프니츠가 올덴부르크를 통해 수학적 발견의 정보 교환에 기여한 존 콜린스John Collins(1625-1683년)라는 또 다른 회원과 처음 만났다고 설명했다. 1672년에 콜린스는 파리에 있던 라이프니츠에게 뉴턴이 발명한 '미분'에 관한 정보를 알려 주었는데, 이 정보가 라이프니츠가 자신의 발명이라고 주장하는 내용과 본질적으로 같은 내용이라는 설명이었다. 왕립학회 위원회의 주장에 따르면, 콜린스가 보낸 서신은 '어떤 지식인도 미분법에 관해 충분히 알 수 있도록' 설명되어 있었으며, 라이프니츠는 이 서신을 이용해 이미 습득하여 뉴턴의 방법을 반복한 일 외에는 아무것도 하지 않았다는 것이다. '서신 교환Commercium epistolicum'이라는 말은 왕립학회 위원회가 보고서에 붙인 명칭이었으며, 그 보고서에는 표절의 기회가 과학의 서신 교환에서 비롯되었다고 분명히 언급하고 있었다. 그리하여 왕립학회 위원회는 의기양양하게 라이프니츠에게 유죄를 선고하고 뉴턴에게는 '첫 발명자'라는 영예를 주었다. 라이프니츠의 재판 이후 한 세기 반이 지난 1852년에, 뛰어난 수학자 오거스터스 드 모르간Augustus De Morgan(1806-1871년)은 라이프니츠가 유죄의 서류를 받은 적이 없고 중요한 내용이 제외된 하나의 사본을 받았을 뿐임을 밝혔다.

만일 이 사실이 더욱 널리 알려졌더라면 당시에 명백한 왕립학회의 독재자였던 뉴턴은 불명예의 상황을 맞았을 것이다. 뉴턴의 모든 행동은 은밀히 이루어졌기 때문에 뉴턴과 라이프니츠 사이의 정면 대결은 없었다. 은밀히 이루어진 행동의 주요 선동자는 스위스의 니콜라스 파시오 드 듀일리에Nicolas Fatio de Duillier였다. 그는 뉴턴과 오랫동안 이상한 친분이 있었던 반미치광이 아마추어 수학자이며 열성적인 참견꾼이었다. 뉴턴은 파시오의 헌신적인 후원자였고, 뉴턴보다 22세나 연하였던 파시오는 때로는 뉴턴과 같이 살기도 했다. 뉴턴과 라이프니츠의 분쟁이 대중의 관심을 끌었을 때, 파시오는 종교 괴짜가 되어 있었다. 그는 런던의 두 번째 화재를 예측한 '예언자들'이라는 한 폭력 분파의 서기로 활동하고 있었다. 그런 활동 때문에 파시오는 채링크로스Charing Cross와 로열 익스체인지Royal Exchange에서 목과 손을 끼워 놓은 형틀로 웃음거리가 되는 벌을 받았다.

1699년에 뉴턴은 직접 라이프니츠의 표절을 비난하는 통신문을 왕립학회에 보낸 적이 있었다. 왕립학회의 회장으로서 뉴턴은 라이프니츠를 비하하고 자신의 우선권을 입증하기 위한 증거의 공정한 판단을 위해 '각국의 신사들로 구성된 위원회'를 만들었다. 물론 뉴턴이 모두 임명한 이 위원회의 회원은 확실한 뉴턴 신봉자들 5명과 프로이센 대사와 위그노 교도 피난민으로 이루어져 있었다. '뉴턴이 이 위원회의 '공정한' 보고서를 직접 썼다는 사실이 당시에는 알려지지 않았지만 지금은 잘 알려져 있다. 그리고 또 뉴턴은 익명의 비평과 그 보고서의 요약문을 쓰는 수고까지 했으며, 이 글들을 이후에 '서신 교환' 보고서를 증쇄할 때 포함시켰다. 게다가 뉴턴은 라이프니츠를 '폭로'하고 미적분학이 뉴턴의 독창적인 발명임을 극찬하는 수백 건의 글을 썼다. 학계에서 뉴턴의 가장 놀라운 지나친 행위는 1715년에 1, 2월 호의 『자연과학 회보』(3페이지를 제외한) 전체를 라이프니츠에 대한 격렬한 비판과 1660년대까지 거슬러 올라간 뉴턴의 발명에 관한 내용을 싣게 했던 일이었다. 그럼에도 불구하고 뉴턴은 만족하지 않았다. 더 나아가 적에게 굴욕감을 주고 위원회의 선고를 알리기 위해 뉴턴은 왕립학회에 특별 회의를 소집하고, 그 회의에 전 외교관들을 초청했다. 뉴턴은 제자에게 언젠가 "한번은 통쾌하게 라이프니츠에게 보내는 답장으로 그를 비통하게 만들었다"라고 말한 적도 있었다.

불행하게도 라이프니츠의 베를린학회는 뉴턴의 왕립학회에 맞먹는 군대나 병기도 제공하지 못했다. 라이프니츠는 안스바흐Anspach의 캐롤라인(조지 2세의 왕비)이 지원해 줄 것이라는 희망을 걸었다. 시아버지인 조지 1세와 함께 하노버에서 런던으로 가게 된 캐롤라인은 상류 사회의 중심인물이었기 때문이었다. 남편 조지 2세의 간통을 묵인해 주는 대신에 영국 정치계에서 힘을 얻은 냉철한 캐롤라인 왕비는 그 지저분한 싸움을 목격한 후 "위대한 사람은 극도의 원통함과 죽음의 분노가 아니고는 사랑하는 사람을 포기하지 않는 여자와 같습니다. 당신은 그러한 견해를 지녀야 합니다"라는 결론을 내렸다. 라이프니츠는 1716년에 뉴턴이 분노를 모두 내려놓기 전에 세상을 떠났다. 그러나 라이프니츠는 세상을 떠난 뒤에 승리자가 되었다. 수학에서는 라이프니츠가 제안한 부호(dx 또는 dy 경우의 d, 합을 나타내는 라틴어 summa의 첫 글자 s를 길게 늘인 ∫)와 적분학calculus integralis(이

용어는 1690년에 자코브 베르누이가 라이프니츠에게 제안했었다)이란 말을 채택했으며, 이는 모두 20세기 후반에 수학 교과서에서 사용되기 시작했다.

물론 뉴턴 이전에도 우선권 분쟁은 있었고, 그 후에도 흔히 일어나는 일이 되었다. 근대가 시작되는 무렵에, 갈릴레오도 많은 경쟁자들에게 맹비난을 했다. 예컨대 천문학에 망원경을 이용하는 발명이 '자기 것'이라고 하는 사람, 태양의 흑점을 먼저 발견했다고 거짓말을 하는 사람, '갈릴레오의 저서를 읽지 않은 척하면서 자기들이 경이로움을 발견한 것처럼 갈릴레오의 영광을 훔치려' 하는 사람, 또는 목성 주위를 돌고 있는 메디치 위성을 먼저 발견했다고 뻔뻔스럽게 주장하는 사람, '자기의 우선권을 내세우려고 교활한 방법을 만들어 내는' 사람 등을 비난했다. 이후에 일어난 악명 높은 분쟁에는 토리첼리와 파스칼, 뉴통과 라이프니츠, 훅과 하위헌스 등이 있었다. 발명과 발견의 속도가 가속화되면서 우선권 분쟁의 신랄함과 빈도도 가속화되었다.

18세기 유럽에서는 이런 싸움의 잇따른 희극 같은 일이 많았다. 물이 원소가 아니고 화합물이라는 사실을 누가 처음 밝혀냈을까? 캐번디시Cavendish였을까, 와트Watt였을까, 아니면 라부아지에Lavoisier였을까? 그들은 모두 나름대로 이유가 있었던 열렬한 투사들이었다. 해왕성의 위치를 처음 예측한 사람은 존 쿠치 애덤스John Couch Adams였을까, 위르뱅 장 르베리에Urbain Jean Leverrier였을까? 또한 천연두 백신은 누가 처음 알아냈을까? 제너Jenner였을까, 피어슨Pearson이었을까, 아니면 라바우트Rabaut였을까? 선전 수단이 늘어나고 지식인이 증가하고 일간신문이 생겨나면서, 분쟁은 정도가 높아지고 논쟁은 열기가 더해졌다. 방부제의 발명 영예는 리스터

Lister가 받아야 했을까, 아니면 르메르Lemaire가 받아야 했을까? 험프리 데이비Humphry Davy 경(1778~1829년)과 함께 일했고 그의 친구가 된 위대한 마이클 패러데이Michael Faraday(1791~1867년)가 왕립학회에 선출될 때는 (이미 우선권 싸움을 한 적이 있었던)데이비가 반대했다. 데이비는 윌리엄 하이드 울러스턴William Hyde Wollaston(1766~1828년)이 패러데이보다 먼저 전자기 회전electromagnetic rotation을 발견했다고 주장했다.

출판계와 학회에서는 모든 우선권을 국가의 승리로 여겼다. 오랫동안 점성가와 연금술사들의 후원자였던 근대의 유럽 통치자들은 이제는 과학자와 기술자들의 후원자가 되었다. 중세의 책략가들은 이제는 옥스퍼드의 발리올 대학Balliol College이나 케임브리지의 트리니티 대학을 세우는 일로 천국으로 가는 길을 확보하는 속죄를 했다. 근대의 책략가들은 교육기관들을 세우고 상금을 내세웠다. 전쟁 도발자를 위해 다이너마이트를 발명한 알프레드 노벨Alfred Nobel(1833~1896년)은 그 수익을 1901년에 평화와 기술 과학의 위대한 개혁자들을 위한 첫 상금에 사용하여 속죄하려고 했다. 국제적으로 가장 인기가 있는 노벨상은 과학에서 우선권에 승리한 자에게 영예와 상금이 돌아간다. 그 행운의 승리자들 중 한 사람인 제임스 왓슨James Watson은 자신의 고백서 『이중나선 The Double Helix』(1968년)에서 마침내, 현대 과학자들이 우선권의 영광을 얻으려고 어떻게 책략을 꾸미는지에 관한 솔직하고 담대한 이야기를 들려주었다.

12부

만물을 분류하다

다윈은 우리에게 자연의 과학기술에 관한 역사에 흥미를 느끼게 했다.

– 카를 마르크스Karl Marx, 「자본론Capital」(1867년)

54

관찰의 학습

    1,500년 동안 자연에 대해 알려고 했던 유럽의 지식인들은 '식물지herbals'와 '동물지bestiaries'에 의존했다. 이 책들은 의학의 갈레노스 서적과 거의 마찬가지로 권위가 있는 교과서였고, 그 안에 표현된 시적 즐거움은 독자들이 현실 세계의 식물과 동물에 관심을 갖지 못하게 할 정도로 매력이 있었다. 오늘날 우리가 그런 책들을 읽어 보면 왜 중세 유럽인들이 관찰을 학습하는 일에 더디었는가를 알 수 있다. 책의 각 페이지마다 설명된 식물과 동물들은 매우 흥미롭게 표현되어 있거나 여러 가정 치료약에 관련되어 있었다.

    중세 식물학의 근원이 되는 이 식물지는 네로 황제의 군대와 함께 지중해 연안을 여행했던 고대 그리스의 의사인 디오스코리데스Dioscorides의 유산이었다. 그가 저술한 『약물에 관하여De materia medica』(77년경)는 약리학의 일종으로 식물학을 주로 연구한 저서였다. 의사들은 디오스코리데스가 따뜻한 지중해 연안에서 본 식물에 대한 묘사를 독일이나 스위스, 또는 스코틀랜드에서 자신들이 찾아낸 식물에 그대로 적용시키려고 했다. 갈레노스처럼 디오스코리데스는 자연을 연구했지만 그 제자들은 디오스코리데스를 연구했다. 디오스코리데스는 독자들이 '우리의 말이 지닌 힘에 관심을 기울이지 말고, 내가 이 문제에 쏟은 노력과 경험에 관심을 기울여야 한다'는 헛된 희망을 품은 적이 있었다. 초기의 저자들은 알파벳순으로 '서로 밀접하게 관련된 동식물의 종류와 작용을' 분류했기 때문에 기억하기 더 어렵게 했다. 그와 대조적으로 디오스코리데스는 식물이 자라는 곳, 식물을 채집하는 방법, 그리고 식물을 저장하는 용기의 종류까지 관심을 기울였다. 다른 고전의 저자들처럼, 디오스코리데스의 제자는 거의 없고 그의 이론을 해석하는 사람만 많이 생겼다. 이 해석자들은 디오스코리데스의 말은 소중히 여겼지만 그의 본보기는 잊어버렸다. 디오스코리데스는 교육자가 아닌 하나의 교과서 같은 존재가 되어 버렸다.

그렇지만 디오스코리데스는 독자들을 이론이나 분류학으로 주의를 돌리게 하지 않았기 때문에 중세의 실천가들에게는 유쾌하게 흥미를 끌었다. 그리스어로 쓰인 디오스코리데스의 식물지에는 600여 종이 넘는 식물이 일상적인 제목들 속에 정리되어 있었다. 예컨대 기름, 연고, 지방, 향료 등에 쓸 수 있는 식물은 무엇일까?, 두통과 피부의 점을 없앨 수 있는 식물은 무엇일까?, 먹을 수 있는 과일이나 채소, 또는 뿌리는 무엇일까?, 양념으로 쓰이는 지역 식물로는 무엇이 있을까?, 독이 되는 식물은 무엇이고, 또 해독제가 되는 식물은 무엇일까?, 식물로 어떤 약을 만들 수 있을까? 등에 관해 수록되어 있었다.

지금까지 존재하는 수없이 많은 디오스코리데스의 필사본은 중세 전반에 걸친 그의 인기를 입증하고 있다. 그 필사본을 읽으면 읽을수록 디오스코리데스의 인기나 지금도 영향력을 미치는 그의 명명법에 관한 의혹은 사라지게 된다. 예컨대 존 굿이어John Goodyer의 번역본(1655년)에서 디오스코리데스의 '향료aromatics' 가운데 첫 항목에는 다음과 같은 내용이 등장한다.

아이리스Iris는 하늘의 무지개를 닮아서 생긴 이름이다…. 뿌리는 뒤엉켜 있고 단단하며 단맛이 있다. 그 뿌리를 자른 다음 그늘에 말려 (실로 연결하여)저장한다. 가장 좋은 아이리스는 일리리아Illyria와 마케도니아산이고…. 두 번째는 리비아산이다…. 모두가 몸을 따뜻하고 가볍게 하는 효능이 있다. 또한 기침에 좋으며 일어나기 힘든 무거운 기질을 가볍게 한다. 7드램dragm을 벌꿀물에 타서 먹으면 우울한 기분과 화가 누그러지고, 잠을 푹 잘 수 있고, 눈물이 나며, 복통도 낫는다. 독이 있는 동물에게 물렸을 때, 화날 때, 경련이 일어날 때, 추위로 뻣뻣할 때, 그리고 음식에 체했을 때는 식초에 타서 먹는다.

노간주나무juniper의 열매는 "복통, 흉부의 통증, 기침, 복부팽만, 산통 등에 효과가 있고, 독이 있는 동물에게 물렸을 때 해독을 위해 마시면 좋다. 또한 경련과 장기 파열과 자궁 협착에 모두 좋다." 흔한 무는 "또한 가스와 열을 생기게 하며 먹기에는 좋지만 위에는 좋지 않다. 게다가 트림을 일으키며 실용적이다. 고기를 먹고 나서 먹으면 소화에 좋지만, 식전에 먹으면 고기 소화를 늦추게 한다. 따라서 고기를 먹기 전에 무를 먹고 구토를 하고 싶을 때는 효과가 있다." 맨드레이크mandrake 뿌리는 "썰거나 뜸을 떠서 마취제로 사용할 수 있다…. 깊이 잠들게 해서 고통을 느끼지 않게 하기 때문이다…. 그러나 지나치게 복용하면 말을 할 수 없게 된다."

1,000년 동안 디오스코리데스의 필사본은 필경사에게 얼마나 좌우되었는지를 알 수 있게 한다. 수 세기가 지나면서 삽화는 본래의 식물과는 점점 더 달라졌다. 사본의 사본이 점점 많아지면서 상상 속의 잎이 조화를 이루며 자라나고 사각형의 페이지에 가득하도록 뿌리와 줄기가 점점 커졌다. 이런 필경사의 공상은 관습이 되어 버렸다.

엉뚱한 필경사들은 식물의 특징뿐만 아니라 명칭에서도 이상한 설명으로 유추하여 식물학을 언어학의 한 분야로 만들어 버렸다. 예컨대 수선화Narcissus에서 자신의 모습을 보고 자신의 모습을 사랑한 불행한 젊은이를 상기시키는 작은 인간상이 생겨났다. '생명의 나무Tree-of-life'는 여자의 머리가 달린 뱀이 휘감고 있었고, '조개껍질 나무Barnacle-tree'나 '기러기 나무Goose Tree'에는 스코틀랜드 북부에서 볼 수 있는 흑기러기가 부화되는 조개껍질이 붙어 있었다.

인쇄술이 처음 유럽에 등장했을 때, 가장 유용한 식물학 정보는 여러 세대의 필경사들을 통해 확산되고 '개선된' 고대의 식물지에서만 나왔다. 목판이나 동판에 상당한 투자를 한 인쇄업자들은 당연히 그림이 내용과 일치하지 않는다는 이유만으로 투자한 재료를 버릴 수는 없었을 것이다. 식물을 관찰하려고 했어야 할 학자들까지도 필사본과 해설서를 비교하는 것이 더 편리했다.

출판된 식물지는 신속하게 잘 팔리는 상품이 되었다. 13세기에 살았던 영국의 한 수도사가 쓴 『사물의 특성에 관한 책Liber de proprietatiibus rerum』(1470년경)은 15세기가 끝나기 전에 25판을 거듭했다. 지역 언어는 전 유럽의 정보를 찾는 방안을 열어 놓았다. 그러나 식물지는 분명한 한계가 있었다. 모든 식물에 관해 던지는 질문은 항상 동일했다. 즉 '얼마나 즐겁게 하고,

먹게 하고, 고통을 덜어 주고, 치료해 줄 수 있는가?'라는 질문에서 벗어나지 못했다.

16세기 후반이 되어서도 볼로냐 대학 식물학의 학과장은 여전히 '디오스코리데스의 애독자'라고 언급되었다. 세대마다 디오스코리데스의 식물지는 원본과 거의 차이가 없었고 이야기가 조금씩 첨가되었지만 식물학자와 약리학자들은 단순한 해석자였을 뿐이었다. 디오스코리데스의 식물지는 보통 한 식물에서 구성 성분이 1가지만 들어 있는 각 '약초'의 목록과 같았다.

이탈리아의 의사 피에르 안드레아 마티올리Pietro Andrea Mattioli (1501~1577년)는 디오스코리데스의 필사본을 유럽의 지역 언어로 처음 번역했다. 그의 이탈리아어 해설서(베네치아, 1544년)는 3만 부나 팔린 출판계의 경이로운 일이었다. 또한 마티올리는 디오스코리데스의 필사본을 라틴어로 번역하고 식물 명칭의 동의어를 몇몇 언어로 첨가하여 유럽의 많은 사람들에게 알리는 데 기여했다. 그리고 마티올리가 개정한 디오스코리데스의 필사본은 독일, 프랑스, 체코 등을 비롯한 유럽의 여러 언어로 50판 이상이 발행되어 유럽의 식물학을 지배했다.

식물지가 식물학에 도움을 주었듯이 동물지는 동물학에 도움을 주었다. 이런 책들은 또한 단 하나의 고대 원전에서 유래되어 수 세기를 거쳐 윤색되었다. 그리고 중세에는 성서 다음으로 인기가 있었다. 현대에서는 출판물의 베스트셀러가 신속하게 공간을 넘어 확대되기도 하지만 세대를 넘어 이어지는 경우는 극히 드물다. 하지만 필사본의 시대에는 단 하나의 고전의 영향력은 영원했다. 학문의 왕국은 몇몇 변덕스러운 '저자들'의 독재정치로 지배되어 왔다. 고전의 명칭들은 이후 세대에서 수없이 개정되고 원저자는 그저 상징이 되어 버렸다. 필경사의 손에 원저자가 지배 당한 것이다.

동물지의 기원은 우리가 거의 알지 못하는 그리스인 피시올로구스Physiologus('박물학자'라는 뜻)에서 그 명칭이 유래되었다. 아마도 2세기 중반에 쓰인 그의 저서는 48장으로 나누어져 있으며, 각 장은 성서의 내용과 관련이 있었던 것으로 보인다. 그리고 풍부한 신학, 윤리, 민간전승, 신화, 풍문, 우화 등으로 미화된 몇 가지 사실들은 수 세기 동안 동물학 정보를 제공했다. 5세기경에는 그의 저서가 라틴어 외에도 아르메니아어, 아랍어, 에티오피아어 번역본으로 나왔다. 이후에는 유럽의 여러 지역어로 번역된 고전에 속하게 되었고, 그중에는 고대 고지 독일어Old High German, 앵글로·색슨어, 고대 영어, 중세 영어, 고대 프랑스어, 프로방스어, 아이슬란드어 등의 번역본이 있었다.

그리스어 번역본은 40여 동물이 수록되어 있는 흥미로운 모음집과 같았다. 당연히 짐승의 왕인 사자가 처음으로 등장하고 사자에 관한 3가지 가장 중요한 사실을 알려 준다. 이를테면 꼬리로 발자국을 지워 사냥꾼이 쫓아오지 못하게 하고, 눈을 뜬 채로 잠을 자며, 새로 태어난 새끼 사자는 아빠 사자가 생명을 불어넣을 때까지 3일 동안 죽은 상태로 있다. 따라서 그리스도의 육체도 새로 태어난 새끼 사자처럼 죽은 상태로 있으며, 3일째에 부활하려고 깨어나는 것이라고 설명한다.

또한 도마뱀, 해오라기, 불사조, 후투티 등 30여 가지의 나머지 기이한 동물들도 중요한 도덕적인 의미가 담겨 있다. 가장 생생하게 그려진 동물은 사자와 개미가 합쳐 이상한 생물로 태어난 '개미사자'였다. 개미는 고기를 먹지 않고 사자는 식물을 먹지 않는 습성 때문에 개미사자는 결국 굶어 죽을 운명이라고 설명되어 있다. 따라서 신과 악마를 동시에 섬기려는 사람은 살아남을 수 없다는 의미였다.

피시올로구스 저서의 '번역본'은 대부분 운문으로 되어 있었다. 나쁜 운문이라도 좋은 산문보다는 기억하기 쉽기 때문이었다. 피시올로구스의 저서를 바탕으로 플리니우스 등의 여러 사람들이 유럽의 지역 언어들로 동물지를 처음 만들어 냈다. 예컨대 리샤르 드 푸르니발Richard de Fournival의 『사랑의 동물지Bestiare d'amour』는 한 귀족이 사랑하는 여인에게 멧비둘기를 닮도록 권유하는 운문으로 궁정의 독자를 흥미롭게 했다. 그러나 그 여인은 아스피스 뱀을 닮게 되고 그의 달콤한 말에 유혹당하지 않도록 귀를 막아 버린다는 내용이다.

욥은 동물지의 유명한 구절을 인용하여 이렇게 권유했다. "이제 짐승에게 물어보라. 그러면 그들이 너에게 가르치리라. 하늘의 날짐승에게 물어보라, 그들이 너에게 일러 주리라. 혹은 땅에게 물어보라, 그러면 땅이 너를 가르치리라. 그리고 바다의 물고기가 너에게 밝혀 주리라." 신이 모든 생물의 이름을 지었기 때문에 그 어떤 이름에도 의미를 찾을 수 있었다. 예컨대 새가 '아베스A-ves'라고 불리는 이유는 '새들이 똑바른 길visas을 따르지 않고 샛길로 날아가기 때문이다.' '곰을 뜻하는 우르수스Ursus는 오르수스Orsus(시작)라는 말과 연관이 있는데, 곰이 입ore으로 새끼의 형태를 만들어 내기 때문에 그런 명칭이 생겼다고 한다.'

성 아우구스티누스는 우리가 성스러운 대칭의 고상한 상징을 본다면 그런 생물이 실제로 존재하는가는 아무런 문제가 되지 않는다고 단언했다. 예컨대 육지에는 뱀이 있고 바다에는 뱀장어가 있듯이, 육지에 말이 있기 때문에 물론 바다에는 해마가 있어야 한다. 그리고 바다에는 리

바이어던Leviathan(바다에 사는 암컷 괴물)이 있기 때문에 육지에는 베헤모스Behemoth(육지에 사는 수컷 괴물)이 있어야 한다.

사실 정보와는 달리, 신화는 수정을 할 수 없었다. 어느 누가 우리에게 나르키소스, 피닉스, 또는 사이렌을 포기하게 할 수 있을까? 루이스 캐럴Lewis Carroll, E. B. 화이트White, 서버Thurber, 체스터턴Chesterton, 벨록Belloc, 보르헤스Borges 등 근대의 작가들은 생물 세계의 전설을 그들의 재치와 상상으로 생생하게 만들었다.

식물지와 동물지의 저자와 삽화가는 각각 다른 사람들일 뿐만 아니라, 수 세기 걸쳐 다른 사람들인 경우도 있었다. 예컨대 현존하는 가장 오래된 복사본 『약물에 관하여』는 디오스코리데스가 세상을 떠나고 4세기인 서기 512경년에 만들어졌지만, 디오스코리데스가 태어나기 한 세기 전에 죽은 크라테우아스Krateuas의 필사본에서 베낀 삽화가 수록되어 있었다. 흔히 저자들은 삽화가가 이후에 그림을 넣을 수 있는 여백을 남겨 두고 필사본을 만들었지만 때로는 그 반대의 상황도 있었다. 삽화가는 흔히 원문의 내용을 읽지 않곤 했는데 전혀 읽지 않는 경우도 있었다. 때로는 사본의 채색 장식 여백에 원전의 이름을 적어 놓기도 했다. 수 세기에 걸쳐 각각 다른 삽화들이 같은 필사본에 사용되었고 또한 그 반대의 경우도 있었다.

플리니우스(서기 23-79년)는 그 어려움을 다음과 같이 기록한 적이 있었다.

어떤 그리스 저자들은… 매우 흥미로운 기록 방법을 채택했다…. 여러 식물을 색상을 넣어 그린 다음, 각각의 특성을 추가하여 기록하는 방법이었다. 그러나 그림은 잘못되기가 쉬운데, 자연을 그대로 그려 내기 위해서는 아주 많은 색채의 배합이 필요할 정도이다. 게다가 여러 사람들이 원본 그림을 베껴 그렸고 각각의 기술이 매우 달라서 원본을 적절히 유사하게 그려 내지 못하는 경우가 상당히 많았다….

따라서 다른 저자들은 식물에 관해 말로만 설명을 해 놓았고, 그중에는 식물에 관해 설명조차 해 놓지 않은 사람도 있었다. 하지만 대부분은 장황한 설명 없는 식물의 명칭으로 만족하며 그 주제에 대해 더 깊은 탐구를 하고 싶은 의향을 나타내고 싶은 그런 것들에는 식물들의 장점이나 특징을 가리키는 정도로 충분하다고 생각했다.

박물학자와 화가의 재능을 모두 갖춘 몇몇 사람들만이 여러 대상물을 표본specimen('살펴보다' 또는 '바라보다'라는 뜻의 라틴어 'specere'에서 유래됨)으로 바꿀 수 있었고, 기록과 묘사를 모두 할 수 있었다. 1500년경에 레오나르도 다빈치나 알브레히트 뒤러Albrecht Dürer가 그린 실물 그대로의 식물 그림과 도식적인 그림 사이의 대조는 매우 놀라운 일이었다. 레오나르도는 '많은 꽃들을 실물 그대로 그렸다'고 회고했고, 들장미, 숲바람꽃, 습지의 금잔화 등의 레오나르도가 그린 그림에서 근대의 식물학자들은 각 종류들을 분명하게 구분할 수 있었다. 잔디의 수준에서 바라본 뒤러의 생생한 초원의 풀(10여 종의 여러 풀들이 자연스럽게 모여 이룬 군락) 그림은 식물학에서 최초의 정확한 생태 연구라고 전해지고 있다.

온갖 새로운 것들이 먼 신세계에서 유럽으로 물밀듯이 밀려왔던 발견의 시대에 식물학자들은 자신의 뒤뜰에서 또 다른 발견자가 되고 있었다. 유럽의 한 지역에서는 예술가와 과학자 집단이 여러 새로운 방법을 서로 협력하여 찾기 시작했고, 삽화가들이 박물학자들을 도서관에서 현장으로 유인했다. 이미 1485년에 구텐베르크의 동료이며 후계자인 요한 푸스트Johann Fust의 조수였던 페터 쇠퍼Peter Schöffer가 마인츠에서 식물지 하나를 비롯해, 디오스코리데스의 필사본을 변형한 인기 있는 자료들을 인쇄한 적이 있었다. 근대의 식물학 시대는 의사 오토 브룬펠스Otto Brunfels(1489-1534년)와 예술가 한스 바이디츠Hans Weiditz의 합작품인『생생한 식물도감Herbarum Vivae Eicones』(1530년)이 출간되면서 열리게 되었다. 드디어 이 책은 자연의 실물 그대로 그려진 삽화들로 엮은 식물지였다. 브룬펠스는 당시의 통속적인 동향에 따라 사제가 될 사람이었지만 의학으로 전환하여 의학 문헌학을 저술하고, 이후에 자신의 주변에 적합한 새로운 디오스코리데스 식물지를 만들어 냈다. 그는 아름다운 할미꽃을 꼭 수록하고 싶었지만 할미꽃은 디오스코리네스 필사본에 존재하지 않아서 라틴어 이름이 없었다. 그래서 할미꽃을 그 신성한 원전에서 찾을 수 없는 다른 식물과 함께 '벌거숭이 약초herbae nudae'라고 겸손하게 명명했다. 이 책도 아직은 전통을 주로 따르고 있었다. 그러나 예술가는 학자보다 더 과감하다는 사실을 보여 주었다. 책 제목이 알려 주듯이 한스 바이디츠는 자연을 실물 그대로 그려 냈기 때문이다. 레오나르도와 미켈란젤로가 인체의 모습을 그대로 그려 냈던 것처럼, 이제는 바이디츠가 식물의 모습을 그대로 그려 내고 있었다. 물론 관찰된 표본에 충실하다 보면 항상 만족할 수는 없었다. 잎은 시들었고, 줄기는 부러졌으며, 뿌리가 잘려 나갔거나 벌레가 먹었을 수도 있었지만 그래도 바이디츠는 그런 모습까지 있는 그대로 그려냈다.

사실 그대로를 보고 그린다는 용기가 생겨나기까지는 오랜 시간이 걸렸다. 식물지의 이 마지막 시대에도 인쇄물은 고대 문헌의 권위를 여전히 계속 내세우고 있었다. 루터가 성경으로 돌아가자는 기독교의 개혁을 시도했던 것처럼, 레온하르트 푹스Leonhart Fuchs(1501-1566년)도 이후의 해설서에서 갈레노스의 원본으로 돌아가도록 의사들에게 촉구했고, 자신의 개정판(바젤, 1538년)도 출간했다. 슈바벤 알프스Swabian Alps에서 태어난 푹스는 어린 시절에 할아버지와 함께 시골을 돌아다니면서 할아버지에게서 꽃 이름을 듣곤 했다. 그리고 대학 시절에는 인본주의자 요하네스 로이힐린Johann Reuchlin(1455-1522년)에게 배웠고, 루터를 읽었으며, 그 후 의학교수가 되었다. 또한 푹스는 자신의 식물지『식물의 역사에 관하여De Historia Stirpium』(1542년, 독일어 번역판 1543년)에서 디오스코리데스와 다른 고전 작가들에게 큰 찬사를 보내고 있다. 그러나 그는 고대의 시각적인 틀에서 과감하게 벗어났다. 뛰어난 삽화를 작성하려고 푹스는 실물 그대로의 식물을 그리는 사람, 그 그림을 목판에 옮기는 사람, 목판에 새기는 사람 등으로 이루어진 예술가 한 팀을 조직했다. 그리고 책의 앞부분에는 이런 '단순한' 기술자들의 초상화를 수록했다.

푹스의『식물의 역사에 관하여』는 디오스코리데스의 정본 목록보다 훨씬 많은 삽화가 수록되어 있었는데, 독일의 고유 식물 400개와 외국의 식물 100개의 목판 그림이 포함되어 있었다. 푹스는 책의 서문에서 이렇게 설명하고 있다. "각각은 모두 살아 있는 식물의 특징과 유사점에 따라 분명하게 상세히 묘사되었다… 더욱이 우리는 모든 식물이 뿌리, 줄기, 잎, 꽃, 씨, 열매 등과 함께 그려지도록 엄청난 노력을 기울였다…. 우리는 의도적으로 그림자 때문에 식물의 원래 형태가 달라지는 것을 피했고, 그 외에 필요하지 않은 것들도 그리지 않았다. 이것이 그리는 사람들에게 때로는 예술의 영광을 갖게 하는 일이다." "숲과 산과 평원을 돌아다니며 온갖 꽃들과 식물로 화환을 만들고 가장 우아하게 장식을 하고, 그리고 그것을 바라보는 것보다 더 즐겁고 기쁜 일은 없다"라고 하는 푹스의 열정이 책에 그대로 드러나 있었다. 그리고 푹스는 여전히 알파벳순으로 항목을 나열했다.

이제 실제로 식물학 저서라고 할 만한 푹스의 식물지는 현대 식물도감의 표준에 이를 정도였고, 이후에 윌리엄 모리스William Morris와 존 러스킨John Ruskin의 감탄을 자아내게 했다. 아메리카 대륙의 여행을 다녀온 푹스는 특히 인디언 옥수수를 비롯한 아메리카의 식물을 얻을 수 있었다. 그리고 푹스가 세상을 떠난 뒤에는 가장 아름다운 아메리카의 열대식물인 푸크시아fuchsia가 그의 이름을 붙여 명명되기도 했다.

어떤 점에서는 독일 식물학의 세 번째 창시자인 히에로니무스 보크Hieronymus Bock(1498-1554년)가 훨씬 더 놀라운 인물이었다. 그는 먼저 독일 내에서 식물에 관한 그리스어와 라틴어 이름을 찾아낸 다음, 자신의 저서 『새로운 식물도감Neu Kreütterbuch』(1539년)에서 그의 주변에 있는 모든 식물을 자유롭게 기술하고, 그 지역의 식물을 지역 언어로 기술하는 새로운 업적을 이루었다.

이 모든 독일 식물학의 창시자들은 로마 교회를 거역하면 분명히 교수직이나 생명까지도 잃을 수 있는 시대에서 적극적인 루터교도들이었다. 그들의 식물학 이론은 루터교의 교리처럼 양면성을 갖고 있었다. 그들은 성스러운 디오스코리데스의 순수한 원전으로 되돌아가는 한편, 루터교도들이 성경에 그랬듯이, 식물학을 서민들 용어로 번역했다.

16세기 유럽인들은 독일 시골의 익숙한 멋진 풍경 속에 있는 동식물보다 동인도와 서인도의 훨씬 많은 이국적인 동식물의 정보에 즐거워했다. 아메리카 대륙의 '사실들'이 새로운 지식의 축적을 저절로 늘리는 것은 아니었다. 셰익스피어가 설명했듯이, 선원들은 자신들의 경험을 즐겨 과장했다. 예컨대 머리가 어깨 아래에 붙은 사람, 머리가 없는 사람, 파타고니아 사람처럼 다리가 하나밖에 없는 사람, 꼬리가 달린 래브라도인들 등에 관한 이야기들이었다. 그 다음에 따라온 현상은 '미신의 부활'이었다고 역사가 리하르트 레빈슨Richard Lewinsohn은 알려 주고 있다. 아메리카에서 완전히 새로운 무시무시한 인종이나 환상적인 동물들이 창조되었다. 새로운 동물을 발견하기란 생각해 내는 것보다 어려운 일이었기 때문에, 어설픈 사실들이 신화나 민간전승의 익숙한 동물과 접목을 하게 되었다.

발견의 시대는 또한 우화의 부활도 야기했다. 500피트(약 152.4미터) 길이의 거대한 바다뱀이 전에 없이 이야기에 많이 등장했다. 그리고 남자 인어와 여자 인어가 전례 없이 자세히 묘사되었다. 예컨대 남자 인어는 키가 크고 눈이 깊고 여자 인어는 긴 머리를 가졌으며, 이들은 흑인이나 인디언의 고기를 갈망하면서도 눈, 코, 손가락, 발가락, 생식기 등 인체의 돌출된 부위만을 먹는다고 했다. 콜럼버스도 3마리의 사이렌을 만났다고 보고한 적이 있었다. 또한 일각수의 뿔이 신비한 치료제로 알려졌기 때문에 캐서린 드 메디치Catherine de' Medici가 프랑스 황태자와 결혼을 할 때 교황 클레멘스 7세는 그 뿔을 프랑수아 1세에게 귀한 선물로 주기도 했다. 의심스러운 전설들은 예수회 선교사와 대규모 사탕수수 농장인과 진지한 선장들의 증언으로 입증되었다. 아메리카 대륙으로 새로운 항해를 할 때마다 중세의 상상 속 허구에 실제의 생물이 더해졌다. 라틴어를 읽지 못하는 사람들도 수많은 인쇄된 삽화들을 즐길 수 있었다.

이런 기회들은 자연에 관한 백과사전 편집자들이라는 새로운 세대를 고취시켰다. 그들 가운데 가장 주목할 만한 인물은 새로운 것과 낡은 것을 접목시키는 천재성을 보인 콘라트 게스너Konrad Gesner (1516-1565년)였다. 여러 언어의 학문을 습득한 엄청난 재능이 있는 게스너는 책으로 읽은 지식과 직접 본 사실 사이의 모순 때문에 갈등을 했다. 1516년 취리히의 가난한 집안에서 태어난 게스너는 방랑하면서 독학을 했고, 겨우 20세에 그리스-라틴어 사전을 저술했다. 그 이후 30년 동안 게스너는 세상의 온갖 주제에 관한 저서들을 70여 권 남겼다. 그의 획기적인 저서인 『도서 총람Bibliotheca Universalis』(4권, 1545-1555년)은 그때까지 존재했던 모든 라틴어와 그리스어와 히브리어 서적들의 목록을 제시하는 것을 목표로 했다. 게스너는 필사본과 인쇄본의 1,800명에 이르는 저자와 작품을 그 내용의 요약과 함께 목록을 만들었다. 그리하여 게스너는 '서지학의 창시자'라는 이름을 얻게 되었다. 지도 제작이 육지와 바다의 탐험가에게 필수적인 분야였던 것처럼, 서지학은 도서관에 필수적인 분야였다.

　콘라트 게스너는 푸거Fugger 가문의 도서관에서 우연히 2세기의 그리스어 백과사전식 필사본 하나를 보게 되었고, 그로 인해 근대의 플리니우스가 되었다. 마침내 아리스토텔레스의 방식을 따른 게스너의 저서 『동물의 역사Historia Animalium』는 모든 알려진 동물에 관한 지식, 사고, 상상, 또는 보고된 모든 사실들이 기록되었다. 게스너는 플리니우스처럼 모든 잡다한 사실들을 모았지만 이제는 플리니우스 이후의 1,500년 동안에 축적된 여러 종류의 사실들까지 더해졌다. 게스너는 플리니우스보다 조금 더 비판적이었지만 과장된 이야기를 없애지 않고, 이를테면 300피트(약 91.4미터) 길이의 거대한 바다뱀을 그대로 기록했다. 그러나 그는 고래 사냥을 상세하게 기술했으며 고래의 껍질을 벗기고 기름을 꺼내는 그림을 최초로 제공했다. 게스너의 저서가 오랫동안 발휘하는 큰 영향력은 민간전승에 관한 그의 타고난 감각뿐만 아니라, 사실과 환상을 똑같은 설득력 있는 생동감으로 묘사하는 그의 능력에서 나왔다.

한 세기가 지나기도 전에 영국의 독자들은 게스너의 유명한 백과사전을 에드워드 톱셀Edward Topsell의 번역으로 쉽게 읽을 수 있게 되었다. 에드워드는 그 백과사전을 가리켜 『네발짐승과 뱀과 곤충의 역사History of Four-Footed Beasts, Serpents, and Insects』(1658년)라고 칭했다. 그 안에 등장하는 괴물 고르곤Gorgon은 다음과 같이 묘사되어 있었다.

> 고르곤이 내뿜는 독이 숨결인지 아니면 눈에서 나오는지에 대한 의문이 생긴다. 그것에 대해서는 입에서 나오는 숨결보다는 눈으로 쳐다보고 코카트리스Cockatrice를 죽인 것이 더 사실인 것 같으며, 그 입에서 나오는 숨결은 이 세상의 어떤 짐승과도 비교할 수 없다… 이 짐승을 생각해 보면 창조주의 성스러운 지혜와 섭리의 분명한 증거가 나타난 것이므로, 창조주는 이 짐승의 눈을 땅으로 향하게 하여 사람에게 해를 입히는 독을 땅속에 파묻어 버렸다. 그리고 거칠고, 길며, 강한 머리털로 가리게 하고 그들의 해로운 눈빛이 위로 비치지 않도록 하여 마침내 이 짐승은 두려움이나 위험을 느끼게 되었다…

또한 『동물의 역사』에서 게스너는 〈시편 92편〉의 확고한 증언에 따라 일각수들이 '성모와 어린 시녀들을 숭배했기 때문에 성스러워졌고, 그들을 보고 몇 배나 순해졌으며, 그들 곁에 가서 잠들게 되었다…' 이런 기회에 인디언과 에티오피아의 사냥꾼들이 이 짐승을 잡으려는 술책을 사용하게 된다. 그들은 힘이 세고 잘 생긴 젊은이를 잡아 여자 옷을 입혀 여러 향기로운 꽃과 향료로 그를 둘러싼다'고 설명하고 있다.

책 본문의 환상 이야기에도 불구하고 게스너의 1,000개의 목판화는 생물학의 새로운 방향을 정하는 데 도움을 주었다. 독일 식물학의 창시자들처럼, 게스너도 화가들과 협력하여 '하찮은 조그마한 생쥐'부터 사티로스Satyre, 스핑크스, 고양이, 두더지, 코끼리에 이르기까지 온갖 동물의 모습을 매우 세밀하게 그려 놓았다. 그중 코뿔소는 '자연에서 가장 놀라운 코끼리 다음으로 두 번째로 놀라운 동물로⋯' 뒤러가 그린 그림이었다. 이런 생물학 삽화의 초판본이 등장하면서 독자들은 식물지나 동물지에서 벗어나기 시작했다.

증쇄와 번역과 요약을 거친 게스너의 저서는 레이Ray와 린네Linnaeus의 삽화가 없는 획기적인 근대의 관찰 방법이 나오기 전까지 아리스토텔레스 다음으로 동물학을 지배했다. 게스너의 출판되지 않은 자료들은 다음 세기의 곤충에 관한 최초의 종합적인 논문의 기초가 되었다. 대부분 직접 그린 1,000여 개의 그림이 수록된 게스너의 『식물학Opera Botanica』은 식물에 관해 게스너가 가장 애착을 둔 위대한 저서였지만 완성되지는 못했다.

게스너는 문헌학에 관한 집착에서 결코 벗어나지 못했다. 그의 158페이지에 이르는 『미트리다테스Mithridates, 즉 세계 여러 나라에서 사용되었거나 사용되고 있는 언어들의 차이점에 관한 관찰observations on the differences of languages, which have been or are in use among various nations of the whole world』(1555년)은 동식물에 관한 체계적인 저술을 시도했듯이 언어에 관한 체계적인 저술을 시도한 책이었다. 또한 게스너는 자신이 번역한 주기도문 번역판에서 '전 세계'의 130개 언어들을 비교하여 설명했다. 그리고 어쩌다가 처음으로 집시 언어의 어휘까지 제시하게 되었다.

　게스너는 자연을 발견하기 위해 좀 더 독특한 스위스 방식을 찾아냈다. 그는 아주 오랫동안 경외감과 두려움의 대상이었던 높은 산을 탐구하는 모험을 자랑스럽게 알렸다. 르네상스 시대의 유럽은 산을 오르는 모험심이 이르기는 했어도 잠깐 빛나는 시기였다. 페트라르카Petrarch(1304-1374년)는 1336년 방투산Mt.Ventoux에 올라 아비뇽에 가까운 길을 찾아냈다. 정상에서 그는 주머니에 넣어 갔던 성 아우구스티누스의 『고백록』 가운데 이런 경구를 읽었다. 사람들은 "높은 산에 올라 감탄하고, 광활한 바다와 하늘을 보며 감탄한다 … 그런데 자신은 깊이 돌아보지 않는다." 레오나르도 다빈치는 예술가와 박물학자의 시선으로 1511년에 몬테 보Monte Bo를 탐험했다. 루터의 친구이며 츠빙글리의 옹호자였고, 스위스의 개혁자이자 인문주의자였던 요아힘 바디아누스Joachim Vadianus(1484-1551년)는 1518년 루체른Lucerne 근처의 그네프슈타인Gnepfstein의 정상에 도달했다.

　그러나 게스너는 등반에 관한 찬가를 처음 출판한 유럽인이었다. 게스너는 1555년에 루체른 근처의 필라투스산Mt.Pilatus에 오른 뒤에 짧은 훌륭한 글을 남겼다.

　만일 당신이 시야를 넓히고 싶다면 눈길을 주위로 돌리고 모든 것을 멀리서, 그리고 넓게 바라보라. 그곳에는 이미 엉뚱한 생각을 하며 혼자 살아 온 것처럼 보이는 전망과 바위산이 있다. 또 다른 전망을 바라보고 싶다면 초원과 푸른 숲이 보일 것이고, 그 안쪽을 들여다볼 수도 있다. 더 시야를 좁히면 희미한 계곡과 어슴푸레한 바위와 어두운 동굴을 볼 수 있을 것이다…. 사실 산처럼 긴밀한 곳에서만 매우 다양한 것을 발견할 수 있다… 하루 동안에도 봄, 여름, 가을, 겨울의 사계절을 느끼고 지낼 수 있다. 게다가 높은 산봉우리에는 하늘 전체가 선명하게 시야에 들어올 것이고, 별자리들이 뜨고 지는 것도 아무런 방해 없이 쉽게 볼 수 있다. 그리고 태양이 지는 광경을 늦게까지 볼 수 있고, 또 태양이 더 일찍 떠오르는 것도 볼 수 있다.

게스너가 산을 오른 여행과 근대의 등반이 본격적으로 시작된 시기 사이에 200년이라는 공백 기간이 있었다는 사실은 도전에 대한 원초적인 두려움을 극복하기가 매우 어려웠음을 의미했다. 카프카스산맥을 벗어나 유럽에서 가장 높은 산인 몽블랑(약 4,807미터)은 1786년이 되어서야 정복되었다. 25년 전에 스위스의 귀족 지질학자인 호레이스 베넥딕트 드 소쉬르Horace Bénédict de Saussure(1740~1799년)가 제안한 상금을 타려는 사람이 이 산을 정복하게 되었다.

55

종의 발명

박물학자들이 동식물을 알파벳순으로 배열하는 한, 자연에 관한 연구는 책에서만 지식을 얻고 지역적 편협성에도 벗어날 수 없었다. 물론 항목의 순서는 그 책이 쓰인 언어에 따라 결정되었다. 게스너의 권위 있는 라틴어판 백과사전을 펼치면 큰사슴인 'AIces'로 시작되지만, 이 책이 독일어로 번역되면 원숭이인 'Affe'로 시작되었으며, 톱셀의 『네발짐승과 뱀과 곤충의 역사』의 제1장은 'The Antalope(영양)'을 설명하고 있었다.

박물학자들은 언어의 장벽을 넘어 동식물의 정확한 명명법이 필요했다. 그 전에 먼저, 동식물의 '종류'라는 것이 무엇을 의미하는지에 관한 공통된 이해가 있어야만 했다. 자연의 단위는 무엇일까? 선구적인 박물학자들은 '종species'이란 개념을 만들어 냈을 때 모든 생물의 목록을 작성하기 위한 유용한 용어를 제공하게 되었다. 결국에는 새로운 기술 방식이 많은 대답할 수 없는 문제들을 펼쳐 놓았다. 그러면서도 이 방식은 자연의 다양성에 관한 전망을 넓혀 주기도 했다. 또한 생물을 분류하는 '자연적'인 방법의 탐구로 근대의 위대한 지적 탐험이 생겨났다.

톱셀의 『네발짐승과 뱀과 곤충의 역사』와 같은 오래된 대중적인 백과사전에는 동물의 종류 사이의 경계가 이해할 수 없는 혼란으로 뒤섞여 있었다. 아리스토텔레스는 동물의 종류를 겨우 500여 개만 기술했었다.

풀기 어려운 난제는 생물이 자연 발생한다는 널리 퍼진 통념에 있었다. 아리스토텔레스는 파리나 유충을 비롯한 여러 작은 생물은 물질이 부패할 때 자연히 생겨난다고 기록했다. 17세기에 플랑드르의 유명한 의사이며 생리학자였던 얀 밥티스타 판 헬몬트Jan Baptista van Helmont(1577~1644?)는 쥐가 곡식의 겨와 오래된 누더기에서 생겨나는 것을 본 적이 있다고 말했다. 동물이 자연적으로 발생할 수 있다면 '종'을 번식하는 동물 또는 같은 종류에서 번식되는 동물이라고 정의할 수가 없었다.

유럽의 박물학자들은 이런 자연발생설을 서서히, 그리고 마지못해 버리게 되었다. 이미 살펴보았듯이, 아리스토텔레스는 해충과 곤충이 '고등' 동물에서만 찾아볼 수 있는 특별한 기관들이 없다는 개념을 바탕으로 '하등'동물이라고 멸시했다. 아카데미아 델 치멘토Accademia del Cimento(과학 실험 아카데미)의 피렌체 회원인 프란체스코 레디Francesco Redi(1626~1697?)는 뱀의 독이 어떻게 만들어졌는가를 알아냈던 인물로, 곤충을 포함한 모든 '하등' 생물에 관심이 있었다. 레이우엔훅이 현미경으로 미세한 동물도 매우 복잡하게 생겼다는 사실을 밝혀낸 이후, 네덜란드의 생물학자 스바메르담Swammerdam과 같은 박물학자 사이에서 이러한 극미 동물이 자연 발생으로 생겨나는 것이 아니라 생식기관을 갖고 있다는 논의가 쉽게 일어났다. 또한 레디는 곤충이 알을 만들어 내는 부분을 설명했다. 그는 1688년에 이렇게 주장했다. "고기나 식물 등 여러 부패성이 있는 물질이 곤충의 발생에 어떤 관여를 하거나 작용을 하는 것은 전혀 아니다… 그것들은 생식의 시기에 유충이나 알 또는 다른 벌레의 근원이 동물을 통해 운반되고 부화되기에 적합한 장소나 둥지가 될 뿐이다. 벌레들은 태어나자마자 매우 잘 자랄 수 있는 풍부한 영양을 이런 둥지에서 발견하게 된다." 레디는 부패하는 고기를 천으로 덮거나 밀폐된 플라스크에 넣어 파리가 알을 낳지 못하게 하면 구더기가 생기지 않는다는 사실을 입증했다. 그러나 그는 여전히 자연 발생이 일어난다고 생각되는 몇 가지 경우를 알아냈는데, 그 의문은 두 세기가 지나고 밝혀졌다.

생물학자들은 자연발생설이 없어지기 훨씬 이전부터 종이라는 개념을 편리하게 정의하고 발전시켜 사용했다. 그런데 이 주제는 신학의 문제에 늘 부딪혔다. 급진적인 과학자들은 자연발생설이 생명의 기원을 자연적이고 과학적으로 설명하는 데 유용하다고 여겼는데, 이런 생각이 창조에 관한 신의 역할을 불필요한 일로 만들었을 것이다. 프랑스의 한 무두장이의 아들이고, 신앙심 깊은 가톨릭 신자이며, 총명한 실험주의자인 야심차고 실리적인 루이 파스퇴르Louis Pasteur(1822-1895년)는 그 문제를 다르게 보았다. 그는 종이라는 질서 있는 개념이 태초에 신이 창조하는 작업에 필요하다고 생각했다. 격렬한 논쟁 끝에 파스퇴르는 간단한 발효 실험으로 공기 중의 먼지 속에 미생물이 가득하다는 사실을 입증했고, 가열이나 공기 중의 입자의 제거로 식물의 생장이 일어날 수 없다는 사실도 보여 주었다. 또한 파스퇴르는 자신의 개념을 우유의 '저온 살균'과 맥주와 포도주의 양조 개량에 성공적으로 적용하여 자연발생설을 반대하는 주장을 내세울 수 있었다.

생물 전체를 분류하는 포괄적인 체계를 발명하는 일이 얼마나 어려운

가를 생각해 보면, 식물지와 동물지의 저자들이 모든 항목을 알파벳순이나 인간의 이용에 따라 분류했다는 사실은 놀라운 일이 아니다. 동물간의 차이가 식물간의 차이보다 뚜렷하기 때문에 우선은 과학자들이 동물의 일반적인 분류에 노력을 기울였다. 중세의 저자들은 피가 붉은 유혈 동물과 그렇지 못한 무혈 동물을 구별한 아리스토텔레스에게서 최초의 분류 계획을 끌어냈다. 유혈 동물은 생식의 형태(태생이냐, 난생이냐)와 서식지에 따라 세분화되었고, 무혈 동물은 일반적 형태(약한 껍질, 단단한 껍질, 곤충 등)에 따라 세분화되었다. 아리스토텔레스는 그리스어 '게노스(genos, 씨족 단위)'에서 나온 속genus, 그리고 '에이도스eidos(형상이라는 뜻)'에서 나온 종species이라는 개념을 실제로 사용했는데, 이는 모두 플라톤에게서 인용한 듯 보인다. 그러나 아리스토텔레스는 오늘날 사용하고 있는 '속'과 '종'처럼 뚜렷한 구분은 하지 않았다. 그는 '속'을 종보다 더 큰 모든 집단이라고 칭했다. 비교적 새로운 동식물이 눈에 띄지 않은 중세 동안에는 아리스토텔레스의 간략한 체계가 유럽 박물학자들에게 잘 적용이 되었다. 그들은 자기 지역의 동식물을 고대의 문헌에 설명되어 있는 내용에 맞추는 데 전념했다.

그 후 발견의 시대에 이르러 수없이 많은 새로운 동식물이 유럽으로 흘러 들어왔다. 그러자 이 동식물을 어떻게 분류해야 할까? 특정한 동식물이 정말 새로운 종류인지 아닌지를 어떻게 구분할 수 있을까? 등의 문제가 제기되었다.

자연에서 채집된 표본, 책, 여행자의 이야기, 새로운 생생한 그림 등이 풍부해지고 혼란스러워졌다. 게스터의 백과사전 같은 책들은 사실 위에 환상을 쌓았을 뿐이었다. 모든 곳에서 쏟아져 들어온 신기한 것들이 함께 뒤섞이게 되었다. 예컨대 독일의 선구적인 삽화가 게오르크 마크그라프Georg Markgraf(1610–1644년)가 그린 브라질의 동식물에 관한 멋진 삽화 서적이 동인도의 자연사에 관한 윌리엄 파이스William Pies의 서적과 혼동되기도 했다. 독자들은 이런 한데 뒤섞인 잡록을 즐겼다. '식물 표본집herbarium'이라는 용어가 귀족과 박물학자들의 서재에 쌓인 깔끔하게 압착하여 말린 식물의 수집물을 지칭하는 말이 되었다. 그렇다면 표본을 각각 어디에 두어야 할까? 표본을 어떻게 이름 붙이고, 체계화하거나, 또는 검색해야 할까?

박물학자들은 자연 속에서 '체계'를 찾아내기 위해 먼저 체계의 단위를 찾아내거나 만들어야 했다. '종'이라는 개념이 이 목적을 만족시켰다. 17세기 중반에서 18세기 중반까지 거의 100년 동안, 자연의 종류를 분류하는 목록 작성에서 앞서 1,000년 동안 이룬 성과보다 더 많은 진보를 이루었다.

2명의 위대한 분류학자 레이와 린네는 메르카토르가 동료들과 함께 지구의 전체 표면에 관한 지도 제작을 했듯이, 모든 동식물에 관한 분류 체계를 완수했다. 지구의 지도 제작자들이 육지와 바다, 산과 사막의 자명한 경계에서 출발했듯이, 박물학자들도 동식물 가운데 자명한 단위를 찾아냈다. 그러나 앞서 살펴보았듯이, 사람들이 자신의 길을 찾을 수 있고 모두가 늘어나는 지식을 서로 공유할 수 있도록 지구의 표면에 관해서도 인위적인 위도와 경도의 경계를 만들어 내는 일이 필요했다. 이와 마찬가지로 레이와 린네도 단위를 제공하여 곳곳의 모든 사람들이 자연의 엄청난 혼란 속에서 원하는 것을 찾아낼 수 있도록 해야 했다. 물리학의 '원자'처럼, 이런 '종'이라는 단위도 마침내는 개방되고 분리되겠지만, 그러기까지는 본질적이고 편리한 용어가 되었다. 20세기 후반에 이르러, '종' 단위는 동식물에 관한 사고의 본질로 보일 정도로 우리에게 매우 익숙하고 유용해졌으며, 아무튼 자연의 자명한 구조가 되었다.

'종' 개념은 처음에는 매우 부자연스럽고 논란이 많은 단위였다. 존 레이John Ray(1627?-1705년)가 '종'이라는 정의를 만들어 낸 일은 생물학의 미래를 위한 행운이었다. 그전의 방식과 달리, 레이는 이 개념을 식물과 동물에 모두 적용했고, 이로 인해 그의 위대한 후계자가 생물 전체의 목록을 작성하는 체계를 만들 수 있었다. 레이는 케임브리지의 트리니티 대학에서 고전과 신학과 자연과학(문학사, 1648년)을 공부했고, 대학의 선임 연구원으로 대학생들에게 그리스어와 수학을 강의했다. 1662년에 찰스 2세의 의회에서 예배 통일법Act of Uniformity이 통과되지 않았더라면 레이는 대학의 교수직에만 머물렀을 것이다. 이 통일법으로 성직자, 대학 선임 연구원, 교사 등은 영국 국교회의 기도서에 있는 모든 것을 받아들이는 선서를 해야 했지만 레이는 이를 받아들일 수 없었다. 대신에 레이는 양심에 따라 대학의 선임 연구원직을 포기했다.

레이의 또 다른 행운은 대학 동료인 젊은 부자 프랜시스 윌러비Francis Willughby(1635-1672년)와 우연히 만난 일이었다. 레이는 윌러비 덕분에 개인적이고 독립적인 학자의 삶을 보낼 수 있었다. 어린 시절에 아팠던 이후로 시골을 산책하는 습관이 있었던 레이는 윌러비와 케임브리지의 교외를 함께 산책하는 마음 맞는 친구가 되었다. 레이는 자신이 발견한 식물을 모두 기록하면서 과학 취미에 전념했고, 이후에는 영국의 여러 곳으로 식물을 조사하러 다녔다. 1670년에 레이는 영국 식물의 목록을 만들어 냈고, 부수적으로 지역 여러 곳의 속담과 용어들의 변화를 기록하여, 용어의 분류와 다른 모든 생명들의 분류를 결합했다. 레이와 윌러비는 식물을 기록하면서 북해 연안의 저지대, 독일, 이탈리아, 시칠리아, 스페인, 스위스 등을 함께 여행했다. 도중에 그들은 젊은 혈기로 선뜻 하기 쉬우면서도 성취하기 힘든 약속으로 거창한 계획을 세웠다. 그들은 직접 관찰한 사실을 바탕으로 자연의 전체 구조를 기술하는 하나의 포괄적인 '자연 체계systema naturae'를 공동 작업하기로 약속했다. 레이는 식물을 맡았고 윌러비는 동물을 맡기로 했다. 이 야심찬 계획은 1672년에 윌러비가 37세로 세상을 떠나기 전까지는 순조롭게 진행되었다.

한편, 레이가 올덴부르크에게 보낸 서신이 왕립학회에 큰 영향을 주어 레이는 왕립학회의 회원으로 선출되었다. 그뿐만 아니라, 레이는 1677년에 올덴부르크가 세상을 떠나자 왕립학회의 서기라는 강력한 직위를 맡아 달라는 제의를 받았다. 그러나 레이는 윌러비가 유언으로 자신에게 연금을 남겨 주었으며, 다른 과학자를 위한 중개인으로 일하는 대신에 독립적인 동식물 연구가로 남기를 원했기 때문에 그 제의를 거절했다. 윌러비의 미들턴 저택으로 옮긴 레이는 그곳에서 윌러비의 필사본을 수정하여 윌러비의 이름으로 하나는 새에 관한, 또 하나는 물고기에 관한 2개의 중요한 논문을 발표했다.

또한 레이는 자신의 이름으로 식물에 관한 획기적인 저서를 펴냈다. 그의 간결한 저서 『식물 연구 방법Methodus Plantarum』(1682년)은 '종'에 관해 처음으로 유용한 정의를 제시하고 있었고, 『식물의 역사Historia Plantarum』(3권, 1686-1704년)는 그때까지 유럽에 알려진 모든 식물을 체계적으로 기술해 놓았다. 레이는 아리스토텔레스에서 출발했지만 씨앗과 같은 식물을 단일 형태로 분류하지 않고 전체 구조에 따라 분류하는 더 만족스러운 분류법을 만들어 냈다. "자연은 비약하지 않는다 Natura non facit saltus "라는 오래된 격언처럼, 레이는 창조의 영역을 완성시키는 '중간 단계'의 형태를 찾아내려고 했다. 또한 그는 형태의 유사성을 다시 강조하면서 아리스토텔레스의 일반적인 동물 분류를 개선하기도 했다. 이런 분류는 그때까지 가장 유용하다는 사실이 입증되었다. 레이는 네발짐승과 뱀에 관해 계속 조사를 했고, 곤충에 관해 포괄적으로 기술하는 일에도 앞장섰다.

레이가 세상을 떠나기 전에, 직접 관찰에 근거하여 자연 체계를 조사한다는 젊은 레이와 윌러비의 거창한 계획은 거의 완성 단계에 이르렀다. 게스너와 선배들이 이룬 알파벳순의 개요와 달리, 레이의 저서는 소중히 여겨졌던 신화 속 생물들을 생략했다. 레이는 이런 낡은 생각을 벗어 버리고 자연발생설을 부정했기 때문에 뒤이은 박물학자 세대를 위해 자연 생명의 단위를 정의해 주는 위치에 있게 되었다.

레이의 위대한 업적은 근대의 '종' 개념을 명확하게 표현한 일, 더 정확히 말하면, 발명한 일이었다. 뉴턴이 물리학도들에게 중력과 가속도라는 개념을 남겼듯이, 레이는 자연학도들을 위해 '종'이라는 개념을 남겼다. 레이는 자연학도들에게 하나의 체계를 파악할 수 있게 해 주었다. 세계를 바꾸는 다른 아이디어들처럼, 레이의 발상은 놀랍도록 간단했다. 정확히 말해 레이가 어떻게 그런 아이디어를 생각해 냈는지는 알 수 없다. 그러나 레이의 대담한 통찰력과 주안점은 현장의 광범위한 직접 관찰로 생겨났을 것이다. 레이는 수많은 다양한 표본을 보다가 마침내 종('species'도 '살펴보다' 또는 '바라보다'라는 뜻의 라틴어 'specere'에서 유래됨)이라는 편리한 개념을 떠올렸을 것이다. 레이는 선배들과 달리 동물과 식물에 모두 사용할 수 있는 분류 체계를 알아냈다.

아리스토텔레스를 비롯한 다른 사람들은 우선 생물을 자명한 듯 보이는 큰 분류군으로 나누고, 이후 점점 더 작은 분류군으로 세분화했다. 그와 반대로 레이는 경외심을 갖고 개체의 독특성과 종의 놀라운 다양성에서 시작했다. 그는 『식물 연구 방법』의 서문에서 다음과 같이 설명했다.

식물의 수와 다양성은 불가피하게 학생들의 사고에 혼란을 야기한다. 그러나 주된 것과 종속된 것으로 잘 정돈된 분류보다 명확하게 이해하고 즉시 인식하고 분명하게 기억시킬 수 있는 방법은 없다. 식물학자, 특히 입문자들에게 유용한 방법을 나는 오래전부터 만들어 내어 출판하기로 했으며, 몇몇 친구의 요청으로 이제 실행에 옮겼다. 그러나 나는 독자들에게 완전하거나 완성된 무언가를 기대하게 할 수는 없다. 말하자면, 예외적이고 특이한 것을 남겨 놓지 않고 모든 종을 정확히 분류하는 것은 기대할 수 없고, 또한 종이 존재하지 않는 속의 특성이나, 여러 속에서 공통의 종을 찾지 못하는 속의 정의도 기대할 수 없다. 자연은 그런 것을 결코 허용하지 않는다. 격언에 나오듯이, 자연은 비약을 하지 않고 중간을 거쳐서만 극에서 극으로 나아간다. 자연은 고등과 하등 사이에 중간 종류를 만들고, 서로가 연결된 형태의 분류가 불확실하거나 서로에 공통점이 있는 종, 예컨대 식물과 동물 사이의 식충류zoophytes(식물 비슷한 무척추동물) 같은 것을 항상 만들어 낸다.

어쨌든 나는 자연이 허용하는 완전한 방법이라고 감히 장담할 수는 없다(이 일은 한 사람이나 한 시대의 과업이 아니다). 그저 내 현재의 상황에서 내가 성취할 수 있는 일일 뿐이고, 또한 내 상황이 유리한 것도 아니다. 나는 지금 알려진 식물의 종을 모두 보거나 기술한 것도 아니다.

레이에 따르면, 예컨대 식물 한 종은 '생식으로 유사한 새로운 개체를 만들어 내는 개체의 한 무리'를 나타내는 명칭이었다. 동물에 관해서도 같은 정의가 적용되었다. 황소와 암소는 두 생물이 짝짓기를 하여 같은 생물을 만들어 내기 때문에 같은 종이었다.

레이는 일반적으로 종은 모두 고정되어 있고 세대를 거치면서 변하지 않는다고 확신했다. 레이에 따르면 "종에 따라 서로 다른 유형들은 항상 각각의 명확한 특성으로 남아 있고, 또한 한 종은 다른 종의 종자로부터 자라지 않는다." 시간을 두고 더 많은 표본들을 관찰하면서 레이는 작은 변이가 일어날 수 있다는 사실을 알게 되었다. "종의 일치성이라는 특징은 거의 변함이 없지만, 그렇다고 절대 변하지 않거나 절대 확실한 것은 아니다"라고 그는 결론지었다.

다윈 이후의 생물학자들은 '종'의 불변성을 확신한 레이의 신념을 냉혹하게 비판했다. 그 신념은 이후 후계자인 린네가 훨씬 더 열렬히 따랐던 주장이었다. 그러나 그 시대에 종의 불변성과 연속성을 내세운 레이의 주장은 한 걸음 크게 나아간 일이었다. 이로써 국제적으로 사용할 수 있는 자연계 전체의 목록 작성이 가능해졌다. 종들이 각각 세대를 거치며 같은 유기체를 생성해 내는 능력이 있다는 레이의 주장은 옛날부터 게스너의 시대를 거치면서 생물학자들에게 부담이 되었던 커다란 짐을 없앨 수 있게 했다. 레이는 늘 신화 속 생물을 퍼뜨리는 순수문학과 민간전승에 등장하는 그런 생물들을 학술 문헌에서 없애는 데 기여했다. 그리고 그는 모든 '자연 발생적인' 생물들 옆에 지워지지 않는 의문부호를 표시해 두었다. 뉴턴 이후의 세계가 물리적인 중력의 법칙으로 지배된 것처럼, 마침내 생물학자들은 생물학적 발생의 법칙이 지배하는 세계로 인도되고 있었다.

라이엘Lyell을 비롯한 지질학 선구자들이 지구의 역사에 동일과정설 uniformitarianism●을 도입했듯이, 레이는 동물과 식물의 역사 속에 동일과정설을 가져왔다. 라이엘이나 레이가 현상의 전체를 밝혀낸 것은 아니지만, 두 사람은 모두 새로운 시간의 전망, 즉 진화와 풀리지 않는 문제를 위한 새로운 세계를 여는 데 기여했다. 레이는 산이나 땅속에서 발견되는 화석이 우연한 것이 아니라, 한때 살아 있던 생물의 유해라고 최초로 주장한 사람이었다. 그는 선사시대의 많은 종이 멸종되었을 가능성을 계속 연구했다. 그런 열정은 레이의 묘비명에 잘 나타나 있다(라틴어에서 누군가가 번역해 놓은 묘비명).

그의 솜씨 좋은 노력은 넓은 이 세상에
자라는 식물을 보여 주었을 뿐만 아니라,
가장 어두운 세상을 파헤쳐
그가 알아낸 것은 모두 현명하고 위대한 발견들이었고,
자연의 깊은 어둠까지 모두의 눈에 분명하게 해 주었다.

● 지각의 변화는 현재와 과거가 같은 방식으로 일어났다고 하는 이론

56

표본의 탐색

린네는 레이의 사명을 이어 나갔다. 린네는 이전의 어떤 것보다 더욱 포괄적이고 영향력이 강한 자연의 체계System of Nature를 레이가 남긴 요소들을 이용하여 만들어 냈다. 자연의 일관성을 믿은 린네는 자연과학과 마찬가지로 자연신학을 촉진시켰다. 린네도 '종'을 창조주의 지혜를 찾는 실마리로 여겼다.

그러나 레이와 린네는 성격과 일하는 방법에서 거의 공통점이 없었다. 마음이 맞는 친구이면서 동료 학자인 윌러비의 외롭고 겸손한 조수였던 레이는 주로 직접 관찰한 것을 저술했다. 사교적이고 자부심이 강한 린네는 총명한 교육자 같았다. 그는 표본을 탐색하기 위해 군단을 조직하고 격려하여 세계 곳곳을 자세히 조사하게 하고, 발견한 결과를 자신에게 보내도록 하여 신과 린네에게 영광을 돌리게 했다.

레이와 마찬가지로, 칼 폰 린네(또는 카롤루스 린나이우스Carolus Linnaeus, 1707-1778년)도 목사가 되려고 했다. 목사관의 정원에 있는 식물을 좋아했던 가난한 목사의 아들로 스웨덴 남동부에서 태어난 린네는 스텐브로홀트Stenbrohult에서 자랐다. 그는 스텐브로홀트를 이렇게 묘사했다. "스웨덴에서 가장 아름다운 곳의 하나로 멕켈른Möckeln 호숫가에 위치하고 있으므로… 교회는… 그 호수의 맑은 물에 둘러싸여 있다. 멀리 남쪽으로는 아름다운 너도밤나무 숲이 있고, 북쪽으로는 탁사스Taxas의 높은 산등선이 뻗어 있다… 북동쪽으로는 소나무 숲이 우거져 있고, 남동쪽으로는 멋진 초원과 무성한 나무들이 펼쳐져 있다." "여름에 그곳에 앉아 뻐꾸기와 온갖 새들의 노랫소리와 벌레들의 울음소리에 귀 기울이고 화려한 색상으로 빛나는 꽃을 보고 있으면 창조주의 대단한 지혜에 완전히 놀라게 된다"라며 린네는 그곳의 매력을 결코 잊지 못했다.

그런데 학창 시절에 린네가 신학에 별로 흥미를 보이지 않아 실망한 아버지는 린네를 구두 직공의 견습생으로 보내려고 했다. 그러나 분별력 있는 교사가 아버지를 설득하여 린네를 의학의 길로 향하게 했다. 읍살라Uppsala에서 린네는 대학교의 식물원에서 시범 수업을 하는 교수의 대리가 되었다. 1732년에는 읍살라 과학학회Uppsala Society of Science가 표본뿐만 아니라 지역 관습에 관한 정보를 수집하려고 린네를 신비에 싸인 라플란드Lapland 탐험에 파견했다. 새로운 식물군과 색다른 관습을 처음 접한 린네는 깔끔한 식물원이나 식물지나 동물지 속에서는 전혀 느낄 수 없었던 즐거움으로 넋을 잃을 정도였다.

돌아오는 길에 린네는 당시에 의학의 중심지였던 네덜란드로 가서 의사로 생계를 유지하려고 자격을 획득하고, 또한 식물학에 대한 열망을 추구하려고 했다. 그 후 3년 동안, 린네는 30세가 되기도 전에 큰 계획을 세웠다. 린네는 네덜란드에서 2절판으로 된 7페이지의 간결한 『자연의 체계Systema Naturae』(레이덴, 1735년)를 첫 저서로 출간했다. 이 책은 린네가 이룬 필생의 업적과 근대의 체계적인 생물학을 위한 안내서와 같았다. 린네는 그 이전에 겨우 22세였을 때 웁살라에서 자신의 이론에 관한 핵심을 함께 살고 있던 교수에게 설명한 적이 있었다. 린네는 새해 인사를 관례적인 말로만 표현하는 자신의 무능을 사과하면서 이렇게 말하기도 했다. "시인은 만들어지는 것이 아니라 태어난다. 나는 시인으로 태어나지 못했지만 대신에 식물학자로 태어났다. 그래서 신이 내게 허락해 주신 조그만 수확의 결실을 바친다. 이 몇 페이지는 종에 따라 똑같은 증식 기준으로, 식물과 동물 사이에 발견된 중요한 유사성을 다루었으며, 내가 이곳에 간단하게 기록한 내용이 호평을 받기를 바란다." 린네의 식물 분류는 레이처럼 식물만 살펴보지 않았기 때문에 가능했다. 그러나 린네는 레이를 넘어서서 동물계에서 나온 하나의 개념을 전체 생물에 과감하게 적용했다.

린네는 식물학계의 프로이트였다. 20세기 후반에 자유롭게 성에 관해 토론을 할 수 있는 우리는 프로이트 이전의 시대에는 식물이라고 하더라도 공개적으로 '남녀가 함께 모인' 자리에서 어떤 생식기관에 관해 언급하는 일이 얼마나 곤란했는지를 잊고 있었다. 프로이트의 심리학에서처럼, 린네의 식물학에서도 주요한 사실은 성이었다.

로마의 시인 오비디우스Ovid 이후로 줄곧, 시인들은 식물의 성에 관한 비유를 사용했다. 그러나 사람들은 대부분 산문에서 활용하는 그런 암시를 외설이 아니더라도 여전히 부당하게 생각했다. 소수의 박물학자들만 이 현상을 암시했고, 몇몇 사람은 과감하게 예증하기도 했다. 파리 식물원Jardin des Plantes의 책임자인 프랑스의 식물학자 세바스티앙 베일런트Sebastien Vaillant(1669~1722년)는 오늘날에도 파리의 고산 정원에 있는 피스

타치오 나무의 특성을 이용하여 식물의 성을 시범하는 공개 강의를 1717년에 과감하게 시도했다. 여기에 흥미를 느낀 젊은 린네는 모든 식물의 생식기관을 면밀히 조사하게 되었다.

그로부터 수십 년 전에, 독일의 식물학자 루돌프 야코프 카메라리우스Rudolph Jacob Camerarius(1665-1721년)가 종자는 꽃가루의 도움 없이는 발아되지 않는다는 중요한 사실을 밝혀낸 적이 있었다. 그러나 린네가 웁살라의 학생이었을 때까지도 식물의 성은 여전히 해결되지 않은 매우 민감한 문제였다. 린네는 『식물의 약혼Sponsalia Plantarum』(1729년)이라는 자신의 논문 제목에서도 신중하게 비유의 용어를 사용했다. 즉 '식물의 생리를 설명하는 식물의 약혼에 관한 평론… 그리고 동물과 완전히 유사하다는 결론이 나온다'고 표현했다. 봄이 되어 태양이 동면하던 동물의 몸에 생명을 불어넣어 살아가게 하는 것과 마찬가지로, 식물도 겨울잠에서 깨어난다고 그는 설명했다. 그리고 동물처럼, 식물도 초년기에는 열매를 맺지 못하고, 중년기에는 가장 열매를 잘 맺을 수 있으며, 노년기에는 쇠약해진다고 했다. 말피기Malpighi와 네헤미아 그루Nehemiah Grew(1641-1712년)가 최근에 현미경을 이용하여 동물처럼, 식물도 분화된 부분들이 있음을 보여 주었다고 린네는 말했다. 따라서 린네는 '식물들도 생식기관이 있어야 하는 것이 타당하지 않을까?' 하고 생각했다.

베일런트는 꽃이 없으면 열매를 맺지 못하기 때문에 생식기관은 꽃 안에 있다고 했다. 그러나 젊은 린네는 꽃부리corolla나 꽃잎petals에 초점을 맞추는 식물학자는 옳지 않다며 반대했다. 어떤 식물은 꽃받침이나 꽃잎이 없어도 열매를 맺기 때문이었다. 분류의 기초가 되어야 할 생식기관은 오히려 수술과 암술이며 같은 종에서 같은 식물에 있느냐, 다른 식물에 있느냐에 따라 구분되어야 한다고 린네는 과감하게 말했다. 가장 경건하거나 가장 까다로운 사람들을 만족시키기 위해 계획적인 느끼한 구절을 이용해, 린네는 그 시대의 금지 사항의 단면을 던져 주고 있다. 꽃잎은 생식 과정에 직접 관여하지 않는다고 린네는 설명했다. 그러나 꽃잎의 매력적인 형태와 색깔과 매혹적인 향기는 창조주에 의해 독창적으로 만들어졌기 때문에, 식물 세계의 '신랑'과 '신부'가 자신들의 즐거운 '신혼의 잠자리'에서 결혼을 축하할 수 있다는 것이다.

린네는 네덜란드에 도착했을 때 이미 웅대한 개요를 만들기 위해 현지 조사 여행에서 얻은 자료와 '자웅 분류법'이라는 비유를 갖추고 있었다. 2절판으로 된 7페이지의 『자연의 체계』 속에서 린네는 종이라는 레이의 개념을 이용하여 식물의 자기 생식 무리를 하나의 구성 요소로 만들어 놓았다. 자기 생식하는 종이 기초가 된다면 린네의 체계에서는 각 식물의 생식, 즉 '생식'기관이 분류의 특징이 되어야 했다.

린네가 내세운 이론의 상세한 내용을 보면, 린네가 성을 대담하게 강조하고, 또 왜 당시의 사람들이 린네를 외설스럽게 여겼는지 알 수 있다. 꽃식물의 23강綱,classes은 '수컷'의 생식기관(즉 수술의 상대적 길이와 수)에 근거하여 분류되고 있다. 꽃이 피지 않는 이끼류와 같은 24번째 식물 강(은화식물Cryptogamia)은 '암컷'의 생식기관(암술대, 또는 암술머리)에 근거하여 목目,orders으로 정해졌다. 린네는 그 명칭들을 'andros'(남성), 'gamos'(결혼), 'gyne'(여성) 등과 같이 그리스어에서 빌렸으며 성과 생식을 분명히 나타냈다. 린네는 또한 '한 결혼에 한 신랑'을 'Monandria'(1개의 수술이 있는 식물), '한 결혼에 두 신랑'을 'Diandria'(2개의 수술이 있는 식물)와 같은 식으로 명명했다. 그리고 양귀비Papaver와 피나무Tilia는 'Polyandria'(많은 수술이 있는 식물)로 '한 여자와 20인이 넘는 남자가 한 침대'에 있다는 의미로 나타냈다. 린네는 자신의 저서 『식물학Philosophia Botanica』(1751년)에서도 계속 꽃받침은 신혼의 잠자리thalamus, 꽃부리는 좋은 장막aulaeum의 역할을 한다고 기술하고 있다. 또한 그에 따르면, '꽃받침은 대음순labia majora이나 음경의 포피foreskin, 그리고 꽃부리는 소음순labia minora으로 여길 수 있다.' '땅은 식물의 배이며, 림프관vasa chylifera은 식물의 뿌리이며, 뼈는 식물의 줄기, 허파는 식물의 잎, 심장은 식물의 열기이다. 이런 이유로 옛사람들이 식물을 가리켜 변형된 동물이라고 했다.' '누구든지 식물의 성에 관한 신비를 더 깊이 알고 싶은 사람은' 자신의 『식물의 약혼』을 참고하라고 린넨은 권고했다.

물론 이러한 솔직한 표현에 당시의 학자들은 매우 난처하게 생각했다. 그러나 다윈의 할아버지 이래즈머스 다윈Erasmus Darwin(1731~1802년)은 그렇지 않았으며, 곧 웅장한 2행의 영웅시격으로 저술된 『식물원Botanic Garden』 (1789년, 1791년)에서 린네의 체계를 묘사했다. 그 안에서 이래즈머스 다윈은 '꽃은 하렘 속의 오비디우스에 비유되며, 성급한 꽃의 수술(정부, 애인, 시골 젊은이, 남편, 기사)은 누워 있는 꽃의 암술(처녀, 부인, 요정)을 찾는다'고 기술했다. 그리고 콜키쿰Colchicum 속의 백합을 다음과 같이 표현했다.

수줍어하는 세 처녀〔암술〕가 두려움을 모르는 요정을 섬기고
여섯 젊은이〔수술〕가 마음을 빼앗겨 따라다니며 그들을 보호하네.

린네가 하나의 생식력 있는 수술과 4개의 생식력 없는 수술에 따라 분류한, 생강과에 속하는 열대식물인 심황꽃Curcuma에 대해서는 다음과 같이

표현되었다.

오랜 사랑의 열망으로 차갑고 수줍어하는 심황꽃은
눈길을 돌려 사랑하는 남편을 맞이하고,
고집 센 4명의 수염 없는 젊은이들은
정신적인 사랑을 갈망하네.

다른 독자들은 쉽게 린네에 공감하지 못했다. 왕립린네학회의 부회장
이며 그의 이름을 딴 굿위니아goodwinia라는 식물까지 있는, 사무엘 굿이너
프Samuel Goodenough(1743-1827년) 목사 같은 유명한 식물학자까지도 당혹감을
감추지 못했다. 그에 따르면 "린네의 역겨운 색욕…. 린네 식물학의 기본
원칙들을 그대로 해석하는 일은 정숙한 여성에게 충분히 충격을 준다. 도
덕적인 많은 학생들이 클리토리아Clitoria의 비유를 이해하지 못할 것이다"
라고 했다. 이후, 1820년대에 이르러 인습타파주의자인 괴테까지도 젊은
이나 여인들이 린네의 심한 '성의 독단'에서 차단되기를 희망하고 있었다.
　린네의 자웅 분류법sexual system의 숨겨진 의도는 단순히 편의나 색욕은
아니었다. 자기 생식하는 종은 가장 현명한 창조주가 제공하는 자기 생식
의 본질에 반드시 필요하며, 그 본질 안에서 모든 구성단위들이 계속해서
서로 잘 결합한다고 린네는 주장했다. 린네는 일부 명료한 근원적인 질서
에 대한 아리스토텔레스의 신념이나 사실에 대한 애착을 모두 갖고 있었
다. 린네에게, 자연 체계를 영속시키기 위하여 창조주가 제공한 다양한 창
조물은 경탄할 만한 모습이었다.
　카메라리우스의 영향 외에도 린네는 안드레아 체살피노Andrea Cesalpino에

게 가장 많은 영향을 받았다. 체살피노는 1592년에 교황 클레멘스 8세의 의사가 되기 전에 피사의 식물원을 관리한 적이 있었다. 철저한 아리스토텔레스학파였던 체살피노는 식물에는 식물의 '영혼'이 있어서 그 때문에 식물이 자라고 다시 생성할 수 있다고 믿었다. 그리고 식물의 영양은 토양 속에 있는 뿌리에서 나온 다음, 줄기를 통해 열매로 이동한다고 여겼다. 또한 체살피노는 뿌리, 줄기, 열매라는 일반적인 외적 구조를 바탕으로 분류가 이루어져야 한다고 주장했다. 따라서 그는 이끼나 비섯 같은 '하등' 식물의 분류 문제는 완전히 무시했다. 그런 하등식물은 고등식물에서 볼 수 있는 생식기관을 포함한 여러 기관들이 없으며, 부패하는 물질에서 자연 발생적으로 생겨난다고 체살피노는 설명했다. 그럼에도 불구하고 체살피노가 식물 개체의 일반적 구조에 초점을 둔 일은 커다란 발전이었다.

앞서 살펴보았듯이, 아리스토텔레스의 지배적인 전통 방식은 대체로 기초적인 인상에 바탕을 둔 광범위한 선험적$_{a priori}$* 범주에서 시작되었다. 레이의 역사적인 시도는 종을 기본단위로 만드는 일이었다. 레이의 업적을 이어받은 린네는 근대의 점진적인 방식으로 개개의 종에서 체계를 세웠는데, 모두 표본으로 면밀히 살펴볼 수 있는 종이었다. 그는 수술과 암술을 출발점으로 수술의 수와 순서를 이용하여 모든 식물을 24강으로 분류한 다음, 암술의 수에 따라 각각의 강을 다시 세분화했다. 이런 간단한 방식은 현장 조사에서 사용하기 편하고 수를 셀 수 있는 사람이면 누구나 책 없이도 식물을 분류할 수 있었다.

─────────

* 경험하기 이전에 인간이 본질적으로 지니고 있어, 대상을 인식하는 근거가 되는

린네의 '자웅 분류법'은 간단한 분류 개념을 제공했지만 생물학의 명명법은 여전히 번거롭고 모호하며 일치하지 않았다. 세계적으로 커지고 있는 동식물학자 공동체는 동일한 사물을 서로 논의하고 있다는 사실을 확실히 하기 위해 공통어가 필요했다. 그래서 린네는 공통어를 발명하려고 했다. 다른 국제 공통어를 만들어 내려는 노력은 이처럼 성공한 적이 없었다. 그러나 린네는 생물학의 에스페란토 같은 국제 공통어를 만들어 내는 데 성공했다. 그래서 린네는 유럽의 학계에서 오래전에 사용이 중단되었던 라틴어의 세계적인 사용법을 만들어 냈다. 린네가 만들어 낸 '식물학의 라틴어'는 고전 라틴어가 아니라 중세와 르네상스 시대의 라틴어를 바탕으로 목적에 맞게 새로 고친 언어였다.

돌이켜 보면, 이명법binomial nomenclature(예컨대 'Homo sapiens'는 'Homo'라는 속과 'sapiens'라는 종을 나타낸다)은 너무 간단하고 명백해서 발명이라고 말할 수 없는 듯 보인다. 그러나 린네가 이명법을 창안해 내기 전에는 어떤 특정 식물에 대해 일반적으로 합의된 학명이 없었다. 그 전에는 지정과 설명을 목적으로 여러 저자들이 붙여 놓은 명칭들뿐이었다. 더 많은 종이 알려지고 각각의 식물이 더 자세히 알려지면서 이름은 더 길어지고 더 복잡해졌다. 깔때기 모양의 꽃과 삼각형 잎을 가진 나팔꽃과morningglory family의 덩굴식물인 '메꽃Convolvulus'속의 식물을 예로 들어 보자. 1576년 프랑스 식물학자 샤를 드 레쿨루스Charles de L'Écluse(1526-1609년)는 그 식물을 'Convolvulus folio Altheae'로 표현했다. 1623년 스위스의 식물학자 가스파르 보앵Gaspard Bauhin(1560-1624년)은 그 똑같은 종을 'Convolvulus argenteus Altheae folio'로 불렀고, 1738년에 린네는 그 명칭을 더 늘려 'Convolvulus foliis ovatis divisis basi truncati : laciniis intermediis duplo longioribus'로, 그리고 1753년에는 'Convolvulus foliis palmatis cordatis sericeis : lobis repandis, pedunculis bifloris'로 더 상세하게 고치는 등, 이런 식으로 이루어졌다.

린네는 현장 조사에서 이용 가능하고 비전문가에게도 편리한 정확한 이름을 찾아 차츰 결론에 도달했다. 그는 현장 학습을 할 때 제자들이 완전한 라틴어 표기를 배우거나 기억하기를 기대하지 않았다. 린네는 제자들이 속의 이름(앞의 사례에서, Convolvulus)을 기억한 다음, 번호(예컨대 'Convolvulus No. 3')를 노트에 기록하고, 나중에 린네가 출판한 식물의 전체 목록에서 종을 찾아내어 기입하게 했다. 이것이 간단한 이명법에 대한 암시가 되어, 숫자 대신에 말을 사용하는 방법으로 이명법이 만들어질 수 있었다.

린네는 각 식물의 특정 이름을 명칭과 설명을 모두 제공하도록 만들려는 또 하나의 난관에 부딪혔다. 그는 아주 간단하게 이 두 기능을 분리하기로 결정했다. 린네는 짧고 기억하기 쉬운 표식만 제공하기로 했다. 학생들이 도서관에 가면 이 표식을 사용하여 그 종을 구별할 수 있는 특징의 상세한 설명을 찾을 수 있었다. 1740년대에 린네는 이 표식을 몇 개의 식물에 시도했지만 여전히 그 표식을 '속칭nomina trivialia'이라고 하찮게 여겼다. 그는 종의 이름을 속명과 함께 사용하는 것은 '종에 추를 다는 것과 같다'고 말했다. 린네는 12개월의 집중적인 노력 끝에 완성한 획기적인 저서 『식물의 종Species Plantarum』(1753년)에서 이명법을 5,900개의 모든 종의 식물에 사용했다.

린네는 현명하게도 완벽한 용어나 완전히 균형을 이루는 단어를 찾아낼 때까지 기다리지 않고 쉽게 식별할 수 있는 이름을 각 종에 붙이는 것이 더 좋다는 사실을 깨달았다. 그는 이 과업이 성공할 수 있는지를 확인하기 위해 즉시 실행에 옮겼다. 린네가 신속히 이명법을 이미 알려진 모든 종의 식물에 사용하지 않았더라면 동식물학자들은 같은 이름을 하나 이상의 종에 사용하려는 유혹을 받았을 것이고, 그렇게 되면 물론 이 체계 전체가 좌절되었을 수도 있었다. 그야말로 재빠른 언어 발명의 엄청난 과업이었다. 린네는 수천 개의 이름을 만들어 내기 위해 자신이 알고 있는 라틴어를 모두 생각해 내려고 했으며, 어떤 때는 식물의 생장 방식을 나타내는 용어(예컨대 프로쿰벤스procumbens *)를 사용하기도 하고, 또는 서식지나 첫 발견자의 이름을 쓰기도 했으며, 지역어를 라틴어로 번역한 용어까지 사용했다. 린네는 쉽게 구별하고 기억할 수 있도록 용어에 논리적으로 엄격한 용법은 사용하지 않았다.

몇 년 후, 린네는 자신의 방식을 동물에게도 확대시킨 『자연의 체계』 (1758-1759년)의 10판에서도 유사한 실용적인 감각을 입증했다. 곤충의 경우에 그는 색깔이나 숙주 식물을 나타내는 특정 이름을 사용했다. 또한 린네는 나비의 종을 구분하려고 자신의 방대한 고전 지식을 동원하여 헬레나Helena, 메넬라오스Menelaus, 율리시스Ulysses, 아가멤논Agamemnon, 파트로클로스Patroclus, 아약스Ajax, 또는 네스토르Nestor 같은 이름을 붙였다. 또한 지역어의 용법을 존중하여 고양이속Felis을 만들어 사자, 호랑이, 표범, 재규어, 오실롯, 고양이, 스라소니 등을 포함시키고, 또 거기에 각각의 일반 라틴어 명칭인 레오Leo, 티그리스Tigris, 파르두스Pardus, 온카Onca, 파르달리스Pardalis, 카투스Catus, 린스Lynx로 표기하여 구별했다.

---

* 줄기가 땅 표면을 따라 뻗어 가는 포복형 식물을 지칭

천지창조 이래 이런 엄청난 명명의 위업이 언제 또 있었을까? 자식의 이름을 짓는 어느 부모가 린네가 단 1년 만에 이루어 낸 엄청난 명명 과업을 상상할 수 있을까? 1778년 린네가 세상을 떠나기 전, 수십 년 내에 그가 붙인 이름과 명명법은 유럽의 동료들에게 채택되었다. 린네가 선택한 명칭들은 수 세기에 걸쳐 타당성이 입증되었고, 전 세계에 영향력을 미쳤다. 린네는 세계적인 동식물학자들의 공동사회를 만들어 냈다.

한편, 발견의 시대에는 유럽인들의 자연에 대한 시야가 엄청나게 넓어졌다. 아시아, 아프리카, 오세아니아, 남북아메리카 등에서 토마토, 옥수수, 감자, 기나피cinchona, 담배 같은 생소한 식물과 펭귄, 마젤란거위, 바다소, 도도새, 투구게, 너구리, 주머니쥐 등 수없이 많은 새로운 동물에 관한 소식이 들어왔다.

린네는 전례 없는 세계적인 표본 탐색 계획을 고취시켰다. 그의 업적은 수 세대에 걸쳐 표본을 탐색하는 사람들에게 과학 발전의 기여에 목숨을 걸게 하는 동기를 부여했다. 그들이 어렵게 얻은 발견물들이 더 이상 다락방이나 무의미한 '진기한 물건이 가득한 보관함' 속에 묻혀 버리지는 않았다. 린네의 방식으로 새로 '확인된' 온갖 동식물들은 전 세계의 체계적인 표본조사에 큰 도움을 주었다.

린네는 '별 중의 혜성과 같은 진정한 발견자들', 즉 자신의 가장 현명한 제자들로 이루어진 선구자 집단을 직접 지휘하여 지구를 탐사하게 했다. 1746년에 린네의 가장 유능한 제자 크리스토퍼 태른스트룀Christopher Tärnström은 동인도에서 표본을 수집하기 위해 린네의 사절로 (스웨덴 동인도 회사의 배를 무료로 이용하여)보내 줄 것을 간청했다. 태른스트룀이 샴해에 도착하여 열대병으로 사망하자, 린네는 어떤 열대식물의 속 명칭을 테른스트뢰미아Ternstroemia라고 붙여서 몹시 슬퍼하는 테른스트룀의 미망인과 아이들을 달래 주려 했지만 소용이 없었다.

린네의 또 다른 제자인 피터 캄Peter Kalm(또는 페르 캄)은 운이 좋았다. 린네는 캄의 값비싼 여행 경비를 스웨덴의 제조업자와 웁살라와 오보Åbo 대학에서 확보했다. 캄의 원정대는 스웨덴과 같은 위도에 위치한 지역을 탐험하면서 스웨덴에서 자랄 수 있는 약용, 식용, 제조업용 등의 새로운 식물을 발견했을 것이다. 그들은 수입된 붉은뽕나무로 누에를 키워 완전히 새로운 산업을 일으킬 수 있기를 바랐다. 그 바람은 실현되지 않았지만 캄은 가장 생산성이 높은 표본 탐색자의 한 사람이 되었다. 1748년에 거친 대서양을 건넌 후, 포기할 줄 모르는 캄은 필라델피아에 도착하여 델라웨어에 있는 스웨덴 동료를 방문했다. 그러고 나서 벤저민 프랭클린과 린네의 절친한 친구 존 바트람John Bartram과 캐드월래더 콜든Cadwallader Colden의 도움으로 펜실베이니아를 탐험하고 북으로 뉴욕을 거쳐 캐나다로 갔다. 식물학 발견을 간절히 기다린 린네는 1750년에 캄이 스톡홀름으로 돌아왔을 때 통풍을 앓고 있었는데도 그 사랑하는 제자를 맞이하려고 침대에서 뛰쳐나왔다. 3년 후에 린네는 자신의 저서 『식물의 종』에서 60개의 신종을 포함한 90여 개의 종을 캄의 발견에서 인용했고 산월계수의 속을 칼미아Kalmia라고 명명해서 캄을 영원한 이름으로 만들었다. 미국의 독립을 예언한 캄의 여행기는 신대륙의 식민지 생활을 가장 생생하게 남긴 기록 중 하나가 되었다.

프레더릭 하셀퀴스트Frederick Hasselquist(1722-1752년)는 린네가 마련한 돈으로 당시에 유럽의 박물학자들에게 미개척지였던 이집트, 팔레스타인,

시리아, 키프로스, 로도스, 스미르나 등으로 파견되었다. 하셀퀴스트의 경비가 예산을 초과하자 린네는 스웨덴 상원에게 개인적인 기부를 하도록 설득했다. 하셀퀴스트가 겨우 30세의 나이에 스미르나 근처에서 사망하자 채권자들은 빚을 다 받을 때까지 하셀퀴스트의 식물 기록을 공개하지 않으려 했다. 린네는 그 식물 기록을 구하려고 다시 스웨덴의 여왕을 설득하여 빚을 갚았다. 세상을 떠난 제자의 식물 기록을 마침내 읽게 된 린네는 기뻐 어쩔 줄 모르며 이렇게 말했다. "그 기록들은 신의 말씀이 성직자를 꿰뚫듯이 나를 꿰뚫었다…. 신이여, 여왕이 하루 빨리 이 기록들을 출판하게 하시어 내가 어제 느낀 기쁨을 세상이 느낄 수 있게 해 주소서." 린네는 1757년에 『팔레스타인 여행Iter Palaestinum』을 직접 출판했고, 곧 전 세계는 영어, 프랑스어, 독일어, 네덜란드어 등의 번역판을 이용해 하셀퀴스트의 발견을 즐길 수 있었다.

1750년에 린네는 또 1명의 제자 페르 오스벡Pehr Osbeck(1723-1805년)을 선장으로 중국에 파견했다. 린네는 오스벡에게 이런 서신을 보냈다. "자네가 돌아오면 우리는 자네가 가져오는 꽃으로 화관을 만들어 식물 사원의 사제의 머리와 여신의 제단에 장식할 것이네. 자네의 이름은 다이아몬드처럼 영원하고 파괴할 수 없는 중요한 곳에 새겨질 것이며, 우리는 식물군 속에 기록될 희귀한 오스베키아Osbeckia라는 이름을 자네에게 헌정할 것이네. 그러니 돛을 높이 달고 힘껏 노를 젓게나. 그러나 귀중한 전리품 없이는 절대 돌아오지 않도록 하게. 안 그러면 바다의 신에게 자네와 동료들을 깊은 타이나룸Taenarum * 속으로 내던지도록 빌 것이니." 린네의 경고를 잘

---

* 그리스의 마타판곶

따른 오스벡은 여행에서 돌아와 600여 개의 표본에 달하는 풍부한 중국의 식물 표본집을 스승에게 전달했다.

스페인의 왕이 린네에게 제자 한 사람을 보내어 자기 나라의 식물 조사를 해 줄 것을 요청했을 때, 린네는 아들의 친구로 함께 살고 있던 '가장 아끼는 제자'인 페트루스 뢰플링Petrus Löfling(1729-1756년)을 보냈다. 스페인에서 이루어 낸 뢰플링의 업적에 자극을 받은 한 탐험대가 2명의 의사와 2명의 예술가를 보조로 하고 뢰플링을 식물학 책임자로 내세워 스페인령 남아메리카를 향했다. 그들은 '스페인 궁정, 프랑스 왕, 스웨덴 여왕, 그리고 린네를 위한 표본을 수집하려고' 파견된 것이다. 그러나 뢰플링은 임무를 끝내기 전에 27세의 나이로 열대병에 걸려 기아나에서 죽음을 맞이했다. "뢰플링은 식물과 식물을 사랑하는 사람들을 위해 자신을 희생했다. 모두가 그를 몹시 그리워한다"라고 린네는 슬퍼했다.

"내가 탐험을 보낸 많은 사람들의 죽음으로 내 머리가 하얗게 세어 버렸는데 도대체 나는 무엇을 얻었단 말인가? 엄청난 고통과 불안과 근심 속에서 몇 개의 마른 식물만 얻었을 뿐이다"라고 하면서 린네는 고통스러워 했다. 그러나 린네는 인생의 마지막 30년 동안 유능한 제자들을 뽑아 개척단을 조직하여 세계 곳곳으로 파견하는 일을 계속했다. 1771년에 린네는 세상을 바꾸려는 듯한 자신의 전략을 다음과 같이 살폈다.

내 제자 스파르만Sparrman은 희망봉을 향해 막 출발했고, 또 다른 제자 툰베리 Thunberg는 네덜란드 사절과 함께 일본을 갈 것이다. 이 두 사람은 모두 유능한 동식물 연구자들이다. 젊은 그멜린Gmelin은 아직도 페르시아에 머물러 있고, 내 친구 팔크Falck는 타타르Tartary에 있다. 무티스Mutis는 멕시코에서 훌륭한 식물학 발견을 이루어 내고 있다. 쾨니히Koenig는 트란케바르Tranquebar[인도 남부]에서 새로운 것을 많이 발견했다. 코펜하겐의 프리스 로트뵐Friis Rottböll 교수는 롤란더Rolander가 수리남에서 발견한 식물들을 출판할 예정이다. 아라비아의 탐구자 포르스칼Forsskål은 곧 코페하겐으로 소식을 보내 줄 것이다.

린네의 세계적인 활동은 세월이 흐를수록 더욱 활기를 얻었다. 린네는 영국의 요청으로 또 다른 아끼는 제자 다니엘 솔란데르Daniel Solander(1736-1782년)를 보냈는데, 솔란데르는 이후의 탐험대와 연관을 갖게 된다. 영국 사회를 매혹시킨 솔란데르는 다음 세대의 박물학을 위한 유럽의 후원자가 되는 조지프 뱅크스(1743-1820년) 경의 사서가 되었다. 뱅크스는 박물학 탐험을 촉진시키고, 조직하였으며, 개인적인 재정 지원을 했고, 또한 앞서 살펴보았듯이 쿡 선장이 인데버호를 이끌고 항해한 세계 일주 여행(1768-1771년)에 솔란데르를 함께 보내기도 했다. 그러나 린네는 자신의 장녀와 결혼시키려는 계획을 따르지 않은 솔란데르에게 실망을 했고, 그 '은혜를 모르는 솔란데르'는 세계 일주 여행에서 단 하나의 식물이나 곤충도 린네에게 보내지 않았다. 솔란데르의 경비와 값비싼 장비를 마련해 준 뱅크스 또한 린네에게 실망했다. 그는 린네가 기꺼이 영국으로 와서 항해를 통해 발견한 식물 1,200여 종의 신종과 100여 개의 새로운 속을 비롯한 많은 종류의 동물, 물고기, 곤충, 연체동물 등의 이름을 정해 주기를 바랐기 때문이었다.

솔란데르가 뱅크스와 함께 일을 한 뒤부터는 탐험선에 발견을 묘사하는 화가와 박물학자를 함께 태우는 관례가 생겼다. 쿡 선장은 두 번째 세계 일주 항해에서 식물학자로 또 다른 린네의 제자인 젊은 안데르스 스파르만Anders Sparrman(1748-1820년)을 선택했다. 스파르만은 17세의 나이에 의사로서 스웨덴의 동인도 회사 배를 타고 이미 중국을 다녀왔고 많은 표본을 가져온 적이 있었다. 쿡의 항해에서 돌아온 후, 스파르만은 세네갈과 아프리카 서부 해안의 식물도 탐사했다.

가장 진취적인 개척자는 린네가 직접 선정한 마지막 제자인 칼 페테르 툰베리 Carl Peter Thunberg(1743-1828년)였다. 그 당시 나가사키의 데시마라는 섬에 조그만 교역소를 설치한 네덜란드인들은 일본에 발판을 마련한 유일한 유럽인들이었다. 일본의 식물군을 조사하기 위해 툰베리는 네덜란드인이란 보호색으로 안전을 유지해야 했다. 따라서 그는 3년 동안 케이프 식민지에서 네덜란드어를 배웠다. 툰베리는 그곳에서 우연히 내륙으로 여행을 하여 3,000여 종의 식물을 기록하게 되었는데, 그중 약 1,000여 개가 새로운 종이었다. 1775년에 네덜란드 배로 데시마에 도착했을 때, 그에게 허가된 유일한 여행은 1년에 1번 의례적으로 도쿄의 천황을 방문하는 네덜란드 대사를 수행하는 일이었다. 다행히 데시마의 젊은 일본인 통역관이 의사로서 유럽 의학을 배우기를 열망했기 때문에 그 대가로 툰베리는 일본 식물의 표본을 얻을 수 있었다. 일본인 하인이 데시마의 가축 먹이로 본토에서 풀을 갖고 오면, 툰베리는 자신의 식물지를 위한 표본을 찾으려고 그 풀을 샅샅이 살펴보기도 했다. 9년 후, 툰베리는 마침내 스웨덴으로 돌아왔을 때 스승이 1년 전에 이미 세상을 떠난 사실을 알고 무척 슬퍼했다.

다음 세대에서 린네의 공인되지 않은 개척자들은 활력이 넘치는 선원들이었다. 솔란데르, 스파르만, 툰베리가 세워 놓은 관습에 따라 22세의 다윈은 1831년에 비글호H.M.S.Beagle의 박물학자로 등록되었다. 1846년에는 설득력이 강한 토머스 헨리 헉슬리Thomas Henry Huxley가 레틀스네이크호H.M.S. Rattlesnake의 의사 조수로 남태평양에서 수집한 표본을 분석하려고 해군에서 3년 동안 유급 휴가를 얻는 전례를 남겼다. 또한 제임스 클라크 로스James Clark Ross 선장이 이끈 (테러호와 함께)에러버스H.M.S.Erebus호의 남극 탐험(1839-1843년) 원정대에서 의사 조수와 박물학자로 참여한 젊고 총명한 조지프 돌턴 후커Joseph Dalton Hooker(1817-1911년)도 있었다. 조지프 돌턴 후커는 남극 식물에 관한 6권의 책을 저술했고, 이로 인해 히말라야산맥과 실론섬의 식물군을 연구할 수 있는 해군 장교로 임명되었다. 그리고 마침내는 식물학 연구의 세계 중심지인 큐 식물원Kew Gardens을 만들었다.

린네는 자연 속에서 하나의 '체계'를 찾았던 신념으로 또한 인간이 창조주의 계획을 완전히 파악하는 일은 불가능하다고 확신했다. 그는 '자웅 분류법'은 인위적이며 표본을 정리하는 편리한 방법일 뿐이라는 사실을 잘 알고 있었다. 엄밀한 '자연 분류'는 가장 많은 특성을 공유한 식물들을 함께 모으는 일이어야 했다.

린네는 생물 전체를 다루는 유용한 방법으로 레이가 만든 '종'의 개념을 받아들임으로써 상식을 보여 주었다. 그러나 린네는 편리한 용어의 정당성을 입증하려고 신학을 벗어나지는 않았다. 예컨대 "우리는 태초에 창조된 만큼의 종을 이제는 셀 수 있다"라고 했던 가장 많이 인용되는 린네의 경구를 보면 알 수 있다. 물론 종의 불변성과 영구성은 분류의 어려움을 정당화하는 데 반드시 필요했다. 만일 언제라도 식물이 다른 종으로 변해 버리거나 경고 없이 사라져 버린다면 왜 애써 식물을 여러 종으로 분류해야 하는 걸까?

린네의 제자들이 수천 개의 '종'을 수집하여 더 많은 잡종의 표본을 찾아내면서 린네는 태초에 이 모든 종이 한꺼번에 창조되지 않았을 가능성을 과감히 생각하기 시작했다. 어쩌면 태초의 원시 종이 다른 종과 결합하여 새로운 종이 생겨났을 것이다. 이런 생각은 어떤 혼란의 가능성을 제기했기 때문에 린네는 때때로 종의 기원에 대해 깊이 생각할 때 자제심을 잃곤 했다. 다행히 린네는 종교적인 신앙과 현실적인 기질로 종의 기원에 관한 고뇌에서 벗어날 수 있었다. 아무튼 창조주만이 알 수 있으리라고 생각했다. 린네의 찬미자들은 '신은 창조하고 린네는 분류했다Deus creavit, Linnaeus disposuit'고 자랑했는데, 그 말에는 신성모독의 의미도 담겨 있었다.

57

과거 시기의 연장

당시의 유럽 학자들 중에서 린네와 뚜렷한 대조를 이루는 인물로는 조르주루이 르클레르 드 뷔퐁 백작Georges-Louis Leclerc, Comte de Buffon(1707~1788년)만 한 사람이 없었을 것이다. 돌이켜 보면, 두 사람이 자연의 발견이란 측면에서는 같은 편으로 보이지만 당시에는 널리 알려진 경쟁자였다. 린네는 어린 시절을 가난한 시골 목사관에서 보냈으므로 자연은 변하지 않는 구성 요소로 이루어져 있고 '모두 태초에 창조되었다'고 주장했을 수도 있다. 반면에 뷔퐁은 도화풍으로 변화하는 세계를 주장했다. 부르고뉴의 부유한 집안에서 태어났고 아버지는 관료 귀족의 관리였기 때문에 뷔퐁은 좋은 예수회 대학과 디종 대학교University of Dijon에서 교육을 받았다. 그곳에서 뷔퐁은 법률가가 되기를 바라는 아버지의 야망에 따라 공부하고 있었다. 그러다가 그는 앙제 대학교University of Angers에서 의학과 식물학과 수학으로 목표를 바꾸었다. 어떤 결투 사건으로 앙제 대학교를 떠난 뷔퐁은 킹스턴 공작뿐만 아니라 왕립학회의 회원인 공작의 가정교사와 어울려 함께 긴 여행을 떠났다. 집에 돌아온 뷔퐁은 어머니가 세상을 떠나고 아버지는 재혼을 하여 어머니에게서 뷔퐁이 받아야 할 막대한 재산을 차지하고 있었음을 알게 되었다. 아버지와 다시는 말을 하지 않게 되는 격렬한 언쟁 끝에 뷔퐁은 뷔퐁 마을을 비롯한 광대한 토지를 확보할 수 있었으며, 그 때문에 뷔퐁이란 귀중한 이름을 갖게 되었다. 그리고 25세의 뷔퐁은 즉시 지방 영주가 되었다.

한편, 뷔퐁은 과학의 관심사를 활발하게 추구했다. 파리에서 뷔퐁은 군함에 쓰는 목재의 인장* 강도에 관한 보고서로 해군에 처음 알려졌다. 뷔퐁은 확률 이론에 관한 논문으로 프랑스 아카데미의 보조 기계사 회원이 되었고 이어 수학, 식물학과 임학, 화학과 생물학에 관한 저서들을 펴냈다. 그는 동물의 생식기관 연구에 현미경을 사용했다. 그리고 스테판 헤일스Stephen Hales의 『식물 통계학Vegetable Staticks』과 뉴턴의 미적분학을 프랑스어로 번역했다. 또한 뷔퐁은 28세에 뛰어난 업적이 왕에게 알려지면서 프랑스 왕립식물원의 원장으로 임명되었다.

50년 동안, 뷔퐁은 봄과 여름을 부르고뉴에 있는 자신의 영지에서 보냈고 겨울은 파리에서 보냈다. 자신의 영지에 있을 때는 새벽에 일어나 오전에는 과학에, 오후에는 사업에 시간을 보냈다. 파리에서 저녁에는 사교 모임의 재치 있는 여인들에게 인기가 있었다. 윌리엄 벡포드William Beckford가 신랄하게 기록했듯이, 그곳에서는 '동물학, 지질학, 기상학이 주된 화제가 되었지만 대체로 표현만 달리할 뿐 같은 이야기를 되풀이하고 있었다.' 반세기 동안 이런 일상적인 생활을 보낸 후, 늘어나는 토지로 부유해진 뷔퐁

* 어떤 힘이 물체의 중심축에 평행하게 바깥 방향으로 작용할 때 물체가 늘어나는 현상

은 토지 면적을 배로 늘렸고 프랑스 왕립식물원의 건물도 확장했다. 그리고 뷔퐁은 36권으로 된 『자연사Histoire Naturelle』와 모든 과학 분야에 관한 중요한 논문들을 수십 권 출판했다. 그는 루이 15세에게서 뷔퐁 백작의 작위를 받았고, 예카테리나 2세에게서는 훈장을 받았으며, 런던과 베를린과 상트페테르부르크에서 과학 아카데미의 회원으로 선출되었다.

뷔퐁의 명성은 유럽의 확장하는 과학 공동체에 참여하게 된 미국에도 알려졌다. 1785년에 프랑스에 미국 외교사절로 주재했던 토머스 제퍼슨Thomas Jefferson은 막 출판된 자신이 저술한 『버지니아 주에 관한 비망록Notes on Virginia』 1권을 샤텔룩스 후작Marquis de Chastellux을 통해 뷔퐁에게 전달했다. 그리고 신대륙의 동물 쇠퇴에 관한 뷔퐁의 논문을 반박하려고 커다란 미국 표범 가죽도 함께 보냈다. 이를 계기로 제퍼슨은 뷔퐁의 초대를 받아 자연사에 관해 토의하고 정원에서 식사를 하게 되었다. 제퍼슨의 회고에 따르면, '저녁 식사 때까지는 계속 연구에 전념하고 어떤 손님도 받지 않는 것이 뷔퐁의 관례였다. 하지만 그의 집과 뜰은 공개되어 있었고, 하인이 그곳을 정중하게 보여 주었으며 모든 낯선 사람과 친구들을 정찬 때까지 남아 있도록 청했다. 우리는 정원에 있는 뷔퐁을 보았지만 조심스럽게 그 자리를 피해 주었다. 그러나 우리는 뷔퐁과 함께 식사를 했고 늘 그랬던 것처럼, 뷔퐁은 대화에 뛰어난 능력을 보여 주었다.'

뷔퐁은 45세의 나이에 25년이나 연하인 아름다운 소녀와 결혼했으나 그녀는 젊어서 세상을 떠났다. 딸은 어려서 죽고 응석받이 외아들(예카테리나 2세가 천재의 아들은 바보라고 하는 대표적 사례로 활용하곤 했다)은 1794년의 공포정치 때 뷔퐁의 반대파에게 단두대에서 처형되었다. 뷔퐁은 아내가 죽은 후, 유일한 연애는 프랑스의 재무장관의 부인인 '숭고한 친구' 네케르 부인Madame Necker과 정신적 사랑을 나눈 일뿐이었다. 뷔퐁이 생애의 마지막 해에 아파서 누워 있었을 때, 네케르 부인은 뷔퐁을 매일 방문했다. "뷔퐁이 내게 지구의 경이로움에 관해 이야기할 때마다 나는 뷔퐁 자신이 그 경이로움의 하나라는 생각을 떨칠 수가 없었다"라고 네케르 부인은 기록했다.

과학이 다시 대중화되는 시대에 뷔퐁은 언어의 새로운 관점이 필요한 대중 과학의 선구자였다. 물론 그는 라틴어를 읽었지만 쓰기는 프랑스어로 했다. 그런 실천은 뷔퐁에게 소수의 지식인을 위한 해설이 아니라 국민에게 사실을 알린다는 신념의 행동이었다. 뷔퐁은 프랑스 아카데미에 가입할 때 제출한 자신의 고전 『문체에 관한 담론Discours sur le Style』(1753년)에서 "문체는 곧 그 사람이다"라고 단언했다. 그는 언어의 중요한 세부 요소를 우아하게 만드는 작가들을 의심했으며, 그런 작가들의 생각은 "망치로 두드린 금속의 낱장과 같아서, 실체를 희생시켜 광채를 얻는 것이다"라고 했다. 루소Rousseau는 뷔퐁을 가장 아름다운 문장가라고 했는데, 실제로 뷔퐁은 서정적 산문(그는 운문을 쓰지 않았다)으로 당대의 선두적인 프랑스 '시인'의 자리에 올라서기도 했다.

뷔퐁의 생전에 출판된 36권의 『자연사』(1749-1785년)는 그가 세상을 떠난 후 8권으로 증보되어(1788-1804년), 인간과 새부터 고래, 물고기, 광물 등에 이르는 자연의 모든 주제를 다루었다. 출판 역사에서 처음으로 대중 과학 서적들이 가장 잘 팔리게 되었다. 뷔퐁의 저서는 당대에 유럽 출판 사업에 가장 성공하고 명성을 얻은 디드로Diderot의 35권으로 된 『백과전서Encyclopédie』(1751-1772년)에 필적했다. 디드로의 저서는 분명히 공동 저작물이었지만 뷔퐁의 저서는 약간의 도움을 받긴 했어도 의심할 여지없이 자신만의 결과물이었다.

뷔퐁은 주로 비전문가 대중을 목표로 삼았다. 그는 자신의 유명한 낙타에 관한 글에서 사막을 프루스트풍Proustian의 한 문장으로 묘사했다(이 글은 오티스 펠로우스Otis E.Fellows와 스티븐 밀리켄Stephen F.Milliken의 번역을 통해서 다음과 같이 확인할 수 있다).

녹지가 없고 물이 없으며, 태양은 타오르고 하늘은 늘 건조하며, 평원은 노래가 가득하고 산들은 메마르며, 그 위로 시선은 허공을 맴돌며 움직이고 살아 있는 것은 전혀 찾아볼 수 없다. 바로 뜨거운 바람으로 벌거벗겨진 것 같은 죽음의 땅, 눈에 보이는 것은 뼈의 잔해, 흩어진 돌, 노출된 바위, 절벽이나 낭떠러지 뿐, 여행자가 숨을 돌릴 그늘 하나 없고 벗 삼을 샘도 없고 살아 있는 자연을 생각나게 하는 어떤 것도 없는, 비밀조차 없는 사막. 절대 고독, 밀림보다 천 배나 더 큰 공포, 홀로 있는 사람에겐 나무는 다른 존재이며 다른 생명이므로, 이 공허하고 무한한 대지 위에는 고립과 벌거벗음과 상실만 느껴질 뿐 사방을 둘러보아도 무덤과 같은 공간만 보이며, 밤의 어둠보다 더 우울한 낮의 빛이 벌거벗음과 무기력을 비출 뿐이고, 자신의 위치가 더욱 분명한 공포를 느끼게 하며, 공허감의 끝으로 자신을 몰아가며 인간은 대지와 분리된 엄청난 심연 속으로 빠져들고, 헛되이 넘으려는 엄청난 노력, 배고픔과 목마름, 몹시 뜨거운 열기가 절망과 죽음 사이에 남아 있는 모든 순간을 억누르는 그런 곳을 상상해 보라.

그러나 어떤 동물에 관한 뷔퐁의 표현은 매우 간결해서 그 내용을 모아 아이들을 위한 책들로 만들어졌다.

린네의 자연 그대로의 성적인 명명법은 그저 충격적이었지만, 뷔퐁은 동물의 성적 행위에서 낭만을 찾아냈다. 예컨대 뷔퐁은 참새와 비둘기의 짝짓기를 다음과 같이 비교했다.

사랑을 할 때 참새처럼 열정적이고 강력한 새는 거의 없다. 참새들은 20번 이상 짝짓기를 하며, 늘 같은 갈망과 같은 떨림과 같은 쾌락의 표현을 나타낸다. 기이하게도 수컷보다 덜 피로한 짝짓기에서 암컷이 먼저 참지 못하는 듯 보인다. 그러나 암컷은 쾌락을 덜 느낄 수 있다. 준비도 애무도 변화도 없기 때문이다. 부드러움 없이 성급하고, 움직임은 늘 빨라서 짝짓기 자체를 위해 만족할 필요성만 암시한다. 비둘기의 사랑을 참새와 비교해 보면, 신체적인 측면에서 도덕적인 측면으로 확장되는 미묘한 차이를 확인할 수 있다.

한편, 비둘기의 사랑에 관해 살펴보면,

부드러운 애무, 유연한 동작, 수줍은 키스 등은 오로지 쾌락의 순간에 친밀하고 열렬해지고, 몇 초가 지나면 새로운 욕망으로 돌아가는 그 순간도 동일한 미묘한 차이가 있는 새로운 접근으로 일어난다. 지속적인 열정과 변함없는 취향이면서도 되풀이해서 끝없이 그들을 만족시키는 힘이라는 더 큰 이점이 있다. 언짢은 기분도 혐오도 싸움도 없다. 평생 사랑을 위해 헌신하고 그 결실을 돌보는 데 전념한다.

뷔퐁의 저서는 단연코 하나의 '체계'가 아닌 하나의 설명이며, '자연의 역사'라 할 수 있었다.

뷔퐁은 자연 과정 속에 통일성이 있다고 여겼기 때문에 신이 부여했든, 린네가 부여했든 명명법을 경계했다. 그래서 뷔퐁에게 당연히 린네는 혐오의 대상이 되었다. 뷔퐁은 분류학이 세계를 실제보다 더 간단하게 만드는 기교에 불과하다고 확신했다. 뷔퐁에 따르면, 린네는 식물을 분류하려고 꽃의 수술을 이용하여 실제로는 잡다한 것 위에 말로 겉치장을 해 놓았다. 분명히 인간에게는 서로 다른 식물을 구별할 수 있는 눈이 있는데도 린네는 현미경을 통해서만 볼 수 있는 미세한 형태에 의존하는 인위적인 책략을 만들어 냈다. 따라서 린네의 체계는 실제로 '과학 자체보다 더 어려운 과학의 언어'를 만들어 냈다고 뷔퐁은 결론지었다.

분류학과 명명법은 속임수일 뿐이라고 뷔퐁은 경고했다. 뷔퐁이 말하는 '진정한 방법'은 '특히 생물 각각의 완전한 설명과 정확한 역사'일 뿐이었다. 뷔퐁에 따르면 "(린네 등의 사람들이 대담하게 사용한) 이런 과family와 같은 분류 단위는 우리의 창조물이며 우리의 마음을 만족시키기 위해 만들어 냈다는 사실을 잊어서는 안 된다." 각 개체의 뚜렷한 특징을 모두 파악하려면 수중에 있는 개체만을 기술하는 일은 충분하지 않다. 한 동물에 관한 모든 것을 파악하려고 애써야 하는데, 다시 말해 "한 특정 동물의 전체 종에 관한 역사를 모두 파악해야 한다는 의미다… 그 동물의 생식, 임신 기간, 출생 일시, 새끼의 수, 새끼를 돌보는 방식, 훈련, 본능, 서식지, 식습관, 먹이를 구하는 방식, 습관, 기교, 사냥 방법 등에 관한 것을 알아내야 한다."

뷔퐁은 신이 '태초에' 얼마나 많은 '종'을 창조했는지를 아는 체 하지 않고 레이의 선례를 따라, 다음과 같이 순수한 경험에 근거하여 종을 정의하는 데 만족했다.

두 동물이 짝짓기를 하여 스스로를 영속시키고 종을 보존한다면 두 동물은 같은 종에 속한다고 여겨야 한다. 그리고 같은 방법으로 자손을 생산하지 못하면 다른 종에 속한다고 여겨야 한다. 따라서 여우와 개라는 두 종류의 동물에서 암컷과 수컷이 짝짓기를 하여 새끼가 나오지 않는다는 사실이 입증되면 여우는 개와 다른 종이라고 알려질 것이다. 거기서 노새 같은 잡종이 나왔을지라도 그 노새가 번식력이 없다면 여우와 개는 같은 종이 아니라는 사실이 충분히 입증된다.

단순히 외형의 유사성만으로는 같은 종이라는 증거가 되지 못한다. 그 이유는 '스패니얼이 그레이하운드와 비슷한 것보다는 노새가 말과 더 비슷하기 때문이다.'

뷔퐁은 종의 개념에 두려움을 느꼈고 그 미묘한 차이를 지나치게 단순화하는 것을 경계했다. 그는 선배들보다 훨씬 더 조심스러워했다. 뷔퐁은 '종'이 어떤 거룩한 계획에 대한 열쇠나 신학의 진리를 풀어 줄 실마리를 마련해 준다고 생각할 수가 없었다.

일반적으로 종의 혈족 관계는 자연의 심오한 신비이므로 인간은 이에 관해 오랫동안 지속적이고 어려운 실험을 해 보아야만 헤아릴 수 있을 것이다. 서로 다른 종을 수천 번 교배시키는 시도를 하지 않고 어떻게 그 혈족 관계의 정도를 결정할 수 있을까? 당나귀가 얼룩말보다 말에 더 가까울까? 개가 여우나 자칼보다 늑대와 더 가까울까? 사람과 신체의 형태가 매우 비슷한 큰 원숭이를 사람과 어느 정도의 차이로 둘 수 있을까? 동물의 종은 모두 예전부터 오늘과 같았을까? 종의 수는 증가한 것이 아니라 오히려 감소했을까?… 이러한 요점들에 관해 언급하려면, 아니 추측이라도 하려면 얼마나 많은 사실을 알아야 할까? 사실을 발견하거나 정보를 캐내기 위해, 또는 근거 있는 추측을 하려면 정말 많은 실험을 해야 할 것이다!

물론 성서는 그런 모든 어려운 문제를 하나님이 하늘과 땅, 그리고 '살아 움직이는 모든 생명체'를 6일 만에 창조했다고 처리했다. 레이와 린네를 비롯한 존경할 만한 생물학자들은 그런 성서를 출발점으로 삼았다. 종은 더해지지도 없어지지도 않는 것이 자명한 이치였기 때문에 창조 이후의 시간의 정확성은 생물학자에게는 거의 중요하지 않았다. 17세기에 성서 학문의 영향으로 생물학자들은 창조의 6일 동안에 초점을 맞추었다. 자연에 역사가 있다는 주장은 터무니없고 이단적인 태도로 보였다. 성서 학자들은 인간사와 관련된 성서의 연대기에만 관심을 두었다.

셈족Semitic의 언어에 전문가였던 아일랜드의 고위 성직자 제임스 어셔James Ussher(1581-1656년)는 널리 신봉되고 있는 성서의 연대기를 처음으로 만들어 냈다. 이 연대기는 지금도 영어 성서의 여러 판에서 찾아볼 수 있다. 더블린의 트리니티 대학의 학자였던 어셔는 영국으로 건너가 대학 도서관을 위해 책을 수집했으며 아마Armagh의 신학 교수와 대주교가 되었다. 그는 아일랜드 교회의 자치권을 요구하면서 로마에 맞서는 학자다운 논쟁으로 영국 신교도들의 존경을 받았다. 어셔는 확실한 성서의 원전을 수집하려고 대리인을 고용하여 서아시아 일대에서 필경사들을 모았고, 『켈스의 서Book of Kells』*를 포함한 유명한 도서들을 수집했다. 성서의 진위 판

---

* 아름다운 장식이 붙은 복음서로 중세 기독교 예술의 가장 주목할 만한 걸작

별에 대한 어셔의 탁월한 능력은 오늘날에도 성서 학자들에게 인정받고 있다. 1654년에 어셔는 평생 몰두한 학문의 성과를 전하면서 '창조는 기원전 4004년 10월 26일 오전 9시에 이루어졌다'고 선언했다.

이 발견의 정밀함과 대주교 어셔의 명망 있는 문서 기록은 지구와 모든 생물들이 서력기원전 수천 년 내의 단 1주일 만에 모두 창조되었다는 일반적인 믿음에 무게를 실어 주었다. 창조에 관한 이런 견해는 근대의 지질학 기준으로 보면 비교적 짧은 시간에 생물학의 역사를 한정시켜 놓았다. 이 짧은 기간 자체는 어떤 종도 새로 추가되지 않았고 또한 사라지지 않았다는 독단을 확인시켜 주는 듯 보였고, 린네의 '자연 체계'를 가능하게 만든 종의 불변성이라는 신념에 적절한 배경이 되었다.

지질학 관점에서 이 짧은 지구의 시간은 또 하나의 결과를 가져왔으며, 이는 어느 의미로 보아도 '격변'이었다. 이로 인해 '격변설catastrophism'로 알려진 갑작스러운 변화에 대한 믿음이 조장되었다. 물론 기후나 기상이 강물을 깊게 하고, 계곡의 홍수를 일으키며, 산을 침식하는 등 서서히 지구의 형태를 변화시키고 있다는 사실은 누구나 알 수 있었다. 헤로도토스와 스트라보와 레오나르도 다빈치는 이런 과정을 설명한 적이 있었다. 그러나 창조 이후 겨우 6,000년 동안에 물의 흐름과 바위의 부스러짐 때문에 눈에 보이는 이 모든 지형의 급격한 변화가 일어났을 리가 없다는 사실에 대체로 일치하고 있었다. 따라서 정통파 박물학자들은 지형의 커다란 변화를 갑작스러운 대재앙이나 '격변'으로 설명할 수밖에 없었다.

대주교 어셔의 계산이나 격변설 주창자들의 그럴 듯한 설명에 만족하지 못한 뷔퐁은 소박한 실험 열정으로 스스로 지구의 변천 과정의 연구에 뛰어들었다. 그는 동식물의 역사를 이해하려면 우선 지구의 역사를 파악해야만 한다고 설명했다. 그래서 뷔퐁은 지구가 어떻게 생성되었나를 설명하려고 했다. 다른 여러 측면의 경우처럼 자신의 영감을 이용해 뉴턴은 동심원 궤도의 같은 면을 동일한 방향으로 회전하고 있는 6개의 행성은 신이 창조했다고 주장했다. 뷔퐁은 자연적인 원인을 따져서 자신만의 설명을 생각해 냈다. 뷔퐁의 주장에 따르면 "무엇이 일어났는가와 무엇이 일어날 것인가를 판단하기 위해서는 무엇이 일어나고 있는가를 살펴보아야 할 뿐이다… 매일 일어나는 사건들, 방해 없이 서로가 반복되고 연속되는 운동, 일정하게 계속해서 되풀이되는 작용 등 그런 일들이 우리가 찾으려는 원인이며 근거이다."

뷔퐁의 지구의 기원에 대한 실마리는 '혜성이 때로는 태양으로 떨어진다'는 뉴턴의 관찰에 있었다. 뷔퐁의 추측에 따르면, 그런 혜성 하나가 태양과 충돌했을 때 태양의 조각들이 분명 우주로 떨어져 나갔을 것이다. 그리고 그 조각들의 액체와 기체(태양 질량의 1/650)가 서로 모여 구형을 이루어 동일한 평면상에서 동일한 방향으로 회전하게 되었다. 그 구형은 각각 행성이 되어 자체의 축을 돌며 양극이 평평해졌다. 그리고 위성이 떨어져 나갔다.

지구 생성에 관한 뷔퐁의 새로운 견해는 역사적인 사건에 얼마나 영향을 미쳤을까? 물론 뉴턴은 신을 섬기지 않는 이런 창조설은 용납하지 않았을 것이다. 그러나 뉴턴은 『프린키피아』에서 행성의 냉각 속도에 관한 흥미로운 추측을 제시했다. "지구와 같은 크기, 즉 반경이 약 400만 피트(약 1,219킬로미터)의 작열하는 쇠와 같은 구체가 식는 데는 반경과 같은 수의 일수나, 또는 5만 년 이상이 걸린다"라고 뉴턴은 주장했다. '어떤 잠재적인 원인' 때문에 뉴턴은 냉각 속도는 반경의 비율에 못 미칠 정도로 훨썬 더 느리다고 조심스럽게 말했다. 그리고 "정확한 비율이 실험으로 조사되었으면 좋겠다"라고 언급했다. 뷔퐁은 이런 의문에서 지구 나이의 비밀이 있다고 생각했다. 구체인 행성들이 생명이 살기에 적합한 거주지로 냉각되는 데 얼마나 오랜 기간이 필요했을까? 이 문제만 정확이 알아낼 수 있다면 지구 나이의 비밀을 밝혀낼 수 있을 것이다! 그래서 뷔퐁은 시도를 했다.

뷔퐁은 자신의 주물 작업장에서 1인치 반경의 구 24개를 백열 상태로 용광로에서 꺼냈다. 그런 다음 '사람이 손으로 그 구를 만질 수 있을 때까지 걸리는 시간을' 정확히 측정하려고 했다. 뷔퐁의 의문에 대한 해답은 그 결과를 기반으로 지구와 같은 크기의 구에 적용하여 추정하면 얻을 수 있었다. 그런 평범한 실험도 사드 후작Marquis de Sade 시대 사람들의 외설스러운 상상력을 자극했다. 뷔퐁의 한 비서는 "지구의 형성 시기를 결정하고 냉각 시간을 측정하려고 뷔퐁은 피부가 매우 부드러운 네다섯 명의 예쁜 여자들을 데려왔다. 그러고는 여러 종류의 크기와 밀도가 다른 구를 시뻘겋게 달구어 그 여자들에게 섬세한 손으로 그 구를 차례대로 만지게 하여 열과 냉각의 정도를 뷔퐁에게 설명하게 했다"라고 기록했다. 선정적이지 않는 또 다른 기록에는 뷔퐁이 직접 한 손에 시계를 들고 다른 한 손에 장갑을 끼고 조심스럽게 구의 열기를 시험하면서 나중에는 장갑을 벗고도 구를 만질 수 있는 시간을 측정했다고 설명하고 있다.

뷔퐁은 이런 방법으로 구의 냉각 속도를 알아내어 지구의 크기와 구성에 적용시켰다. 그는 대담하고 신학적으로 위험한 결론을 이끌어 냈다. '그는〔뉴턴은〕지구가 현재의 온도로 냉각되는 데 필요한 시간을 5만 년으로 잡았지만 지구가 타오르는 것이 멈춘 시기까지는 42,964년 221일이 걸렸을 것이다.' 지구가 현재의 온도로 냉각된 이후의 시기를 모두 추가하여 더욱 상세하게 계산을 한 끝에 뷔퐁은 지구의 전체 나이를 74,832년이라고 제시했다.

따라서 수학적인 사고의 시대에 뷔퐁은 어셔 대주교의 신앙심 깊은 계산에 필적하는 실험으로 확인한 수치를 제시할 수 있었다. 물론 근대 지질학자들은 이 수치를 수십억 년으로 늘여 놓았다. 뷔퐁은 "시간을 더 연장할수록 진실에 더 가까워진다"라고 과감하게 주장했다. 그는 지구의 나이를 300만 년 이상, 심지어 무한까지도 생각했다. 그러나 뷔퐁이 지구의 나이를 신중하게 축소시킨 것은 독자들이 너무 놀라 그를 완전히 공상가라고 의심할까 봐 두려웠기 때문이라고 해명했다. 뷔퐁의 수치는 어셔 대주교의 수치보다 길어서 세상은 서서히 끊임없이 변한다는 그의 근대적 전망을 그럴듯하게 해 놓는 정도로 만족되어야 했다.

뷔퐁은 지구를 더 이상 비교적 근래의 창조 행위의 산물로 생각하지 않았다. 린네는 고대의 분류학 전통에 따라 분류 가능한 창조의 산물에 초점을 맞추었지만 뷔퐁은 창조의 과정에 초점을 맞추었다. 지구는 자체의 역사가 있었을 것이다. 그렇다면 '생물'을 포함한 모든 자연도 역사가 있지 않았을까?

뷔퐁은 『자연사』(1749년)의 제1권으로 '지구의 이론'이라는 주제에서 시작해 30년 동안 백과사전 연구의 결실인 『자연의 신기원Epochs of Nature』(1779년)까지 옮겨갔을 때 그가 연구한 아득하게 오래된 역사가 정확히 7개의 시대로 나누어진다는 사실을 운 좋게 우연히 알아냈다. 그때까지 의심 없이 비유적인 의미로 받아들여졌던 창세기의 7일이 이제 7개의 '시대'가 되었다.

뷔퐁의 새로운 연대기는 다른 많은 이해하기 힘든 사실들을 설명하는 데 도움을 주었다. 7개의 시대 가운데, 첫 번째 시대에는 지구와 다른 행성들이 형태를 이루었다. 두 번째 시대에는 지구가 굳어지면서 큰 산맥이 형성되고 광물과 '유리 같은 원시 물질'이 축적되었다. 지구가 냉각되는 세 번째 시대에는 지구의 가스와 수증기가 농축되어 지구 전체가 홍수로 뒤덮이게 되었다. 그리고 물고기와 수중 생물이 심해에서 번성하게 되었다. 또한 화학작용이 수몰된 산맥에서 나온 '유리 같은 원시 물질'을 가루로 변화시키고 퇴적물을 만들어 냈는데, 그 안에 석탄과 같은 유기물의 잔해가 포함되었다. 이러한 물이 지구가 냉각되면서 생긴 거대한 지하 틈 사이로 흘러 들어가 홍수의 수위는 낮아지게 되었다. 네 번째 시대에는 화산이 폭발하여 지진이 땅을 뒤흔들어 물이 빠지면서 육지가 다시 형성되었다. 다섯 번째 시대에는 대륙이 아직도 분리되지 않은 상태에서 육상동물이 나타났다. 여섯 번째 시대에는 대륙이 분리되면서 현재와 같은 형태가 되었다. 마지막 일곱 번째 시대에는 인류가 나타나서 '인간의 힘이 자연의 힘을 지원해 주는' 새로운 무대를 예고하고 헤아릴 수 없이 많은 가능성의 미래를 열었다.

지구에 남아 있는 열은 태양에서 받은 흔적으로, 성서에서 다루지 않는 많은 일들을 설명해 주었다. 지구 전체가 열대 기온으로 있었던 오랜 기간 동안에 코끼리 같은 커다란 생물이 북쪽의 유럽과 북아메리카 기후에서 살게 되었고, 그런 사실이 이런 지역에서 거대한 뼈 화석이 발견된 이유가 되었다. 그러나 지구가 냉각하면서 이런 동물들은 남쪽을 향해 적도 근처로 이동해 갔다. 처음에 무기질을 유기질로 변형시킨 것도 이 지구의 내부 열이었으며, 그로 인해 처음으로 생물이 생겨났다. 이러한 생명력은 열에 비례했기 때문에 역사에서 따뜻한 시기에는 늘 커다란 동물이 생겨났다.

동물이 이주하면서 환경에 적응하게 되고 새로운 변종들이 생겨났다. 커다란 동물들은 번식 속도가 느리기 때문에 변종이 많이 발생하지 못했다. 그러나 새끼를 많이 낳는 설치류 같은 작은 포유류나 조류는 수없이 많은 변종이 생겨났다. 대륙이 분리되기 이전에 일어난 동물의 이주가 지구의 도처에 있는 동물의 분포와 남아메리카에만 독특한 동물상이 있다는 사실을 설명해 주었다.

뷔퐁은 시간의 문을 열어 변화와 진보의 새로운 세계를 열었고, 그것이 이후에 진화의 세계로 나타나게 되었다. 또한 부수적으로 뷔퐁은 '대륙 이동continental drift'이라는 사고의 길도 열었다. 분명 갈릴레오의 이단보다 정도가 심한 뷔퐁의 이단은 창조와 창조주에 대한 공격이었다. 뷔퐁은 완전히 새로운 이단설을 만들어 냈다. 그에 따르면, 지구의 형태가 매우 변하기 쉽고, 옛 종들이 멸종될 수 있고, 새로운 변종이 생겨날 수 있다면, 이 세계는 불안정하게 유동성을 띠고 있다는 것이었다. 이런 사실은 어쩌면 구원의 길을 바꾸고 성례와 교회까지 변화시킬 수 있다는 의미가 아니었던가?

1749년에 뷔퐁의 『자연사』 제1권이 나왔을 때 파리 대학교의 신학 교수단은 뷔퐁에게 징계를 면하려면 특정 구절들을 서면으로 명백히 해명하라고 요구했다. 그래서 뷔퐁은 그렇게 했다. 뷔퐁은 그 일에 대해 "나는 아주 만족스럽게 모면했다"라고 친구에게 자랑했다. 신학 교수단은 115 대 5로 뷔퐁에게 징계를 내리지 않았다. 뷔퐁이 교수단에게, '행성의 생성에 관한 나의 가설은 순전히 철학적인 추측으로 제시했으므로 내 책에 쓰인 지구 생성에 관한 내용과 일반적으로 모세의 기록과 반대되는 모든 내용을 포기한다'는 글을 보냈기 때문이었다. 그때에 몽테스키외의 『법의 정신 Spirit of Laws』도 마찬가지로 조사를 받고 있었는데, 몽테스키외는 회신을 거부했기 때문에 그의 저서는 부적합 판정을 받았다. 30년 후에, 뷔퐁이 『자연의 신기원』에 종교를 부정하는 글을 포함시켜 다시 검열 위원회가 소집되었지만 이때는 왕의 압력으로 위원회는 보고서를 작성하지 않았다.

뷔퐁은 신앙심 때문이었든, 조심성 때문이었든 단호하게 신학 논쟁에 휘말리려고 하지 않았다. 1773년에 그는 "나는 신학을 잘 모른다. 그래서 늘 신학에 관한 논의를 자제해 왔다"라고 말했다. 가톨릭교회의 의식을 신중하게 따르는 뷔퐁은 성서 속 창조의 '기간'을 수정했던 구를 만들어 낸 주물 작업장에 예배당을 세웠다. 그는 규칙적으로 고해성사에 참석했으며 죽기 직전에는 그 예배당에서 병자성사를 받았다. 그러나 신앙심이 깊었던 뉴턴과 달리, 뷔퐁은 종교 때문에 과거에 대한 자신의 견해를 무의미하게 하지는 않았다. 또한 동시대의 호전적인 돌바크 남작 Baron d'Holbach(1723-1789년)과 달리, 뷔퐁은 자신을 신의 '개인적인 적'이라고 선언한 적이 없었으며, '인류를 괴롭히는 근거 없는 환상을 없애기 위하여' 무신론자가 되어야 한다고 생각하지도 않았다. 뷔퐁이 신과 과학의 대등한 두 신념 중에서 하나를 선택하지 않았다면, 오늘날의 역사가들이 그를 대신하여 선택해서는 안 된다.

뷔퐁은 시간을 과감하게 연장시켜, 자연을 융통성 없고 고정된 개체들의 현상 세계에서 유동성 있고 동적인 개체들의 변하기 쉬운 세계로 바꿔 놓았다. 자연은 더 이상 자비로운 창조주의 완성품이 아니라 이제는 무수한 과정을 나타내는 명칭이 되었다. 그래서 신학은 역사학으로 대체되었다.

뷔퐁이 시간을 연장시켜 새로운 연대기를 만들어 내지 않았더라면, 자연의 역사가 설 자리는 없었을 것이다. 예컨대 총명했으나 실패한 선임자의 경험에서 그 교훈이 잘 드러나 있다. 니콜라우스 스테노(1638-1686년)는 레오나르도 다빈치처럼 자신의 다재다능함으로 저주를 받은 인물이었다. 코펜하겐의 부유한 신교도 금세공인의 아들로 태어난 스테노는 의학을 공부했다. 대학의 교수직을 얻지 못해 좌절하여 파리로 간 스테노는 그곳에서 뇌의 해부학에 관한 논문을 출판했다. 또한 그는 과학 연구를 위해 피렌체의 투스카니 공작에게서 후원도 받았다. 그리고 스테노는 1667년의 '위령의 날All Souls'Day'에 정신적 위기를 맞아 가톨릭교로 전향했다.

스테노는 '아카데미아 델 치멘토(과학 실험 아카데미)'에서 가르다호Lake Garda와 코모호Lake Como에 있는 작은 동굴을 탐사하는 임무를 받아 유럽에서 최초로 지역 지질학의 개척자가 되었다. 그는 토스카나 사람들이 글로소페트리glossopetri라고 부른 '그림이 그려진 돌'은 자연의 장난이 아니라, 고대에 그곳의 물 밑에 살았던 상어의 이빨이라는 사실을 이미 밝혀낸 적이 있었다. 스테노는 1669년에 겨우 30세의 나이로 획기적인 소책자 『하나의 고형물이 자연의 과정으로 다른 고형물에 포함되는 현상에 관한 논문의 서론Prologue to a Dissertation on how a solid body is enclosed by the processes of nature within another solid body』을 출판하였다. 이 책은 라틴어 제목으로 『프로드로무스Prodromus』로 불렸고, 이후에는 근대 지질학의 입문서가 되었다. 스테노는 토스카나의 지질학을 일반화하여 크리스털, 돌, 화석 등이 지층 속에서 왜 그리고 어떻게 발견되는지를 설명했다.

스테노의 급진적인 새로운 통찰력은 지층이 지구의 역사를 기록하고 있다는 사실에 있었다. 스테노는 몇 개의 간단한 원리를 이용해서 혼란스러운 지구 표층을 읽기 쉬운 고문서로 바꾸어 놓았다. 땅속에 있는 지층은 원래 물에서 침전된 물질로 형성되었으며, 이것이 바닥에 쌓여 퇴적물을 이룬 현상이라고 그는 생각했다. 스테노는 지질 단면도를 처음으로 보여 준 명확한 도표에서 6개의 연속적인 지층을 설명했다. 스테노에 따르면, 원칙적으로 아래쪽에 있는 지층이 위쪽에 있는 지층보다 오래된 것이고, 아래의 지층이 붕괴되어 위쪽의 지층이 아래로 내려앉았을 때만 예외가 일어난다. 화산이나 화학작용으로 생성된 지층은 물리적 힘으로 형성된 지층과 전혀 달랐다. 따라서 스테노는 퇴적암, 화성암, 변성암 등에 관한 가장 기본적인 정의를 제시했다.

그러나 스테노는 지구의 역사에 손을 대어 곤란한 상황에 놓이게 되었다. 성서에는 산을 신이 창조했거나 그냥 자라난 것이라고 했다. 스테노는 화석을 '고형물 속에 자연적으로 포함된 고형물'의 일종이며, 그 속에는 유기질에서 비롯된 돌과 같은 물질도 모두 포함되어 있다고 단조롭게 설명하기 시작했다. 화석화 작용은 '껍질이 없어지고 거기에 돌과 같은 물질이 들어가면서' 단단해지는 현상으로, 이는 뼈나 조개껍질뿐만 아니라 식물이나 몸이 딱딱하지 않은 유기체도 화석이 될 수 있음을 의미했다. 스테노는 이 모든 과정을 창조 후 6,000년 이내로 요약하기 위해 창세기의 6일간과 노아의 홍수를 감당할 수 있는 정도를 넘어서 설명해야 했다. 자연에는 역사가 없었으므로 선사시대도 있을 수 없었다. 따라서 피렌체 교외의 아레티네Aretine에서 발견된 커다란 화석 뼈는 선사시대에 속할 가능성이 없었고 한니발의 전투용 코끼리들의 유해가 되어야만 했다.

스테노의 『프로드로무스』는 더 규모가 큰 저서를 위한 서론일 뿐이었지만 그 저서는 세상에 나오지 못했고 다른 사람들이 성취해 낼 기반이 되었다. 중요한 책을 구분할 줄 아는 예리한 눈을 가진 헨리 올덴부르크가 런던에서 1671년에 스테노의 저서를 즉시 영어로 번역했다. 한편, 다재다능한 스테노는 해부학에 관한 선구적인 업적으로 명성을 얻게 되었다. 그리하여 덴마크 왕에게 소환된 스테노는 궁중 의사와 코펜하겐의 해부학 교수로 임명되었다. 그러나 스테노는 가톨릭 신앙이 문제가 되어 다시 피렌체로 돌아갔고, 개종자로서 모든 열정을 쏟으려고 과학을 포기했다. 1675년에 신부가 된 스테노는 성직자의 삶에 열정적으로 혼신을 다했다. 그 후 1년도 안 되어 교황 인노센티우스 11세 Innocent XI는 스테노를 주교뿐만 아니라, 모든 북부 유럽의 가톨릭 선전 책임자이자 교황 대리로 임명했다. 열성적인 전도자로서 스테노는 스피노자한테도 서신으로 개종을 권유했지만 스피노자는 아무런 회답도 하지 않았다. 스테노는 지나친 금욕주의 때문에 48세의 나이로 죽음을 맞이했을 수도 있다. 그는 거창한 장례식이 치러진 후 피렌체의 산 로렌초 성당 Basilica of San Lorenzo에 묻혔고, 지금도 그곳에 가면 그의 인상적인 묘비를 볼 수 있다.

지구 전체와 지구의 동식물을 역사의 무대에 올려 근대 생물학의 전망을 여는 것은 뷔퐁에게 남겨진 일이었다. 뷔퐁 이후 지구에서 어떤 것도 변하지 않는다고 믿는 사람은 거의 없어졌다. 뷔퐁은 이미 종의 '신비'를 잠깐 들여다본 것이다. 이제는 여러 동물들이 생겨나거나 사라지기도 한 엄청난 시간이 있었다는 사실을 믿게 되었으며, 전 세계는 놀라운 화석의 박물관이 되었다. 시간을 연장시켜 새로운 연대기를 만들어 낸 뷔퐁은 동식물 연구가들에게 상상의 무대를 넓혀 놓았다. 창조는 린네의 공간 속의 전경일 뿐만 아니라, 시간 속의 연속적인 드라마로 보일 수 있었다. "자연의 위대한 일꾼은 시간이다. 그는 일정한 속도로 나아가며 전혀 서두르지 않지만 서서히, 단계적이고 연속적으로 모든 일을 행한다. 그가 영향을 미치는 변화는 처음에는 알아차릴 수 없지만 서서히 알 수 있게 되고, 결국에는 틀림없이 스스로 모습을 드러내게 된다."

58

잃어버린 고리를 찾아서

하나의 거대한 상징성을 띤 우주관이 자연 속에서 인간의 위치를 발견하려는 유럽인들의 노력을 지배하고, 왜곡하고, 방해했다. 이 우주관은 존재의 거대한 고리Great Chain of Being라는 간단한 개념이었다. 유럽의 과학자와 철학자들은 우주 전체가 가장 낮고 간단한 작은 유형에서 시작해 가장 높고 복잡한 최고에 이르는 존재의 위계질서로 이루어져 있다고 설명했다. "인간이 무엇이기에 하나님은 인간을 이토록 생각해 주십니까?"라는 물음에 관해 "하나님은 인간을 천사보다 조금 못하게 만드셨어도, 영광과 존귀의 관을 씌워 주셨습니다"라고 다윗은 대답했다(또한 이 말에 자연철학자들도 동의했다).

존재의 거대한 고리는 모호함과 모순으로 가득 차 있었다. 존재의 거대한 고리에는 얼마나 많은 요소들이 있을까? 하나의 고리는 바로 이웃한 위아래의 고리와 얼마나 다른가? 이런 의문들의 해답은 자연 전체의 지식을 전제로 했으며, 이는 물론 창조주만의 특권이었다. 1734년에 알렉산더

포프Alexander Pope는 다음의 시에서 인간이 자연 속에서 자신의 위치를 알아야 하는 모든 중요성을 알려 주는 듯 보였다.

존재의 거대한 고리여! 신에게서 시작되어,

영적 존재, 인간적 존재, 천사, 인간,

짐승, 새, 물고기, 곤충, 눈으로 볼 수 없는 것,

망원경으로도 볼 수 없는 것, 무한에서 그대에게,

그대에게서 무까지 연속되고 있다. 더 높은 존재를

우리가 밀어 올리면, 더 낮은 존재들이 우리를 밀어 올린다.

그렇지 않으면, 완전한 창조에 공허를 남기고,

한 단계가 부서지면, 거대한 고리는 파괴된다.

자연의 고리에서 어떤 고리를 떼어 내건,

열 번째건, 또는 만 번째건, 그 고리는 똑같이 부서진다.

인간은 완벽한 창조주에게서 무한히 먼 거리에 있기 때문에 인간 위에는 수없이 많은 우월한 존재들의 자리가 있지 않았을까? 인간은 가장 낮은 존재와 가장 높은 존재 사이의 '중간 고리'에 불과했을까? 실제로 연속적인 고리가 있다면, 인간은 인간이 아닌 가까운 고리와 극미하게만 차이가 나는 것이 아니었을까? 그리고 인간이 하위 존재의 물질적 특성과 상위 영적 존재의 특성을 똑같이 갖고 있다면 인간은 영원히 내부적 부조화를 선고 받은 것이 아니었을까? 포프는 영원히 빛날 '2행 연구 시couplet'에서 이렇게 표현했다.

중간 존재라는 지협에 위치한,

어두운 지혜와 거친 위대함을 갖춘 존재,

회의론자가 되기에는 너무 지식이 많고,

금욕주의자의 자만을 부리기에는 너무나 약하다,

인간은 그 사이에 매달려 있다. 행동할 것인지 쉴 것인지,

자신을 신이라고 생각해야 할지, 짐승이라고 여겨야 할지,

육체와 정신 어느 쪽을 선호할지를 의심하며,

태어났으나 죽어야 하고, 생각을 하나 오류를 범하고,···

사고와 감정이 모두 혼돈 상태이고, 뒤죽박죽이며,

늘 스스로에게 속고, 또 거기서 깨어난다,

반은 일어나고 반은 넘어지도록 창조된 존재,

만물의 위대한 주인이면서, 또한 만물의 희생물이 되고,

진리의 유일한 판단자이면서, 끊임없는 착오 속에 내던져지며,

이 세상의 영광이고, 조롱거리며, 수수께끼 같은 존재다.

존재의 거대한 고리는 시인이나 형이상학자에게 주목을 끌었더라도 과학자에게는 별 도움을 주지 않았다. 박물학자들이 '잃어버린 고리'에 관해 아무리 그럴듯하게 말을 해도 다른 동물과 인간의 유사성을 발견하려는 노력은 좌절되었다. 존재의 거대한 고리는 인간을 연속적인 고리 속에 올려놓았으면서도 또한 인간을 자연의 힘에서 격리된 독특한 고리로 만들었다.

존재의 거대한 고리는 대단히 유연성이 있음을 보여 주었고 궁극적으로는 진화라는 개념을 받아들이게 했다. 그러나 적어도 18세기가 되기 전

까지 이 우주관은 창조의 과정이 아니라 창조의 산물을 설명했으며, 또한 창조주의 지혜와 완전함을 찬미하는 또 다른 방법이었을 뿐이었다. 그리고 이 우주관은 자연을 시간이 아닌 공간으로 설명했다. 인간이 자연 속에서 자신의 위치를 찾기 위해서는 언제, 어떻게 다른 모든 종들이 생겨났는가에 대한 역사의식이 필요했고, 인간의 신체가 다른 동물과 얼마나 유사한가를 알아야 했다.

부유한 영국의 의사인 에드워드 타이슨Edward Tyson (1651~1708년)은 박물학에서 비교해부학으로 발견의 길을 개척하기에 매우 적합한 사람이었다. 그는 베살리우스, 갈릴레오, 뉴턴, 다윈 등의 인물들처럼 대중적인 위인의 자리에 오르지도 못했고, 새로운 과학 의회에서 논쟁을 피하고 권력도 추구하지 않았다. 그러나 윌리엄 하비 경이 생리학을 개척했듯이, 타이슨은 비교해부학을 개척했다. 브리스틀Bristol의 부유한 공직자 집안에서 태어난 에드워드 타이슨은 1677년에 옥스퍼드 대학에서 의과 학위를 받고 매부와 함께 런던에서 의사 일을 시작하며 평범한 길을 걸어갔다. 타이슨은 해부학 실험을 시작했을 때 로버트 훅과 친분을 맺게 되었다. 그리고 로버트 훅의 도움으로 논문 몇 편을 완성할 수 있었으며, 1679년에는 왕립학회의 회원으로 선출되기도 했다.

타이슨은 왕립학회의 관리자로서 정기 모임마다 시범 설명 기획의 책임을 맡았다. 그는 발전하는 과학에 대한 왕립학회의 근대적 신조를 설파했다. 또한 신대륙에서 물밀듯 밀려오는 풍부한 사실들을 다음과 같이 매우 기뻐했다. "매일 새로운 지대와 육지와 바다가 발견되고, 알려져 있지 않던 나라들에 관한 새로운 설명이 양쪽에서 계속 전달되므로, 우리는 지도를 바꾸고, 지리학을 새로 만들 수밖에 없다. 서인도 제도의 발견은 구세계를 풍요롭게 한 일보다 해부학에 더 많은 영향을 미쳤으며 이제 자연과학과 의학 분야를 개선했다. 그러나 박물학자들은 부주의하게 일반화하려는 유혹에 빠져서는 안 된다. 경솔하게 서둘러 만든 쓰레기 더미 같은 개념보다는 조금이라도 정확한 개념이 훨씬 더 낫다. 존스턴Johnston의 전체적인 곤충에 관한 저서보다 말피기의 누에 연구가 이루어 낸 성과가 더 크다.” 그리고 “‘작은’ 세계에 대한 지식의 끈기 있는 진보는 외부의 ‘큰’ 세계에 대한 지식과 마찬가지로 중요하다. 내부의 작은 세계에 생명과 운동을 제공하는 자동 장치를 분해하여 그 부품과 바퀴와 스프링을 각각 관찰하여 이루어 내기 때문이다.”

또한 타이슨은 “한 동물의 해부는 여러 다른 요소들을 밝혀 줄 실마리가 될 것이다. 그리고 전체 지식이 완성될 때까지 가장 다르고 이례적인 생물을 가능한 많이 연구하는 일이 매우 바람직하다”라고 충고했다. 그는 생명이란 ‘비교 연구’를 통해서만 이해될 수 있다고 여겼기 때문에 스바메르담의 하루살이Ephemeron에 관한 자세한 설명을 유달리 즐겨 읽었다.

어떤 것에는 잘 드러내지 않는 자연이 다른 것에는 자유롭게 인정하고 스스로를 보이기도 한다. 그리고 인체를 흔히 반복해서 해부하는 것보다 파리 1마리가 때로는 인체의 각 부분의 구조와 용도에 관한 참된 지식을 더 많이 밝혀 주었다…. 따라서 창조물의 가장 미천한 존재라도 매우 불쾌하거나 쓸데없다고 생각해서는 안 된다. 그 안의 살아 있는 특성(우리가 이해할 수만 있다면) 속에서 신이나 우리 자신에 관한 지식을 발견할 수 있기 때문이다…. 모든 동물 속에는 경이로운 세계가 있고, 각각은 소우주이며 그 자체가 하나의 세계이다.

어느 날, 타이슨은 해부에 사용할 특이한 생선을 찾으려고 평소처럼 런던 탑의 선창가와 런던 시장을 위해 요리하는 주방을 방문했을 때 한 생선 장수에게 돌고래를 받았다. 그 돌고래는 영국 연안에서 발견되는 유일한 고래목의 동물(뒷지느러미가 없는 물고기처럼 생긴 고래나 돌고래 등의 포유류)이었다. 이 표본이 템스강에서 길을 잃었던 것은 과학의 앞날을 위해 다행스러운 일이었다.

왕립학회에서는 온갖 희귀종의 해부에 특별히 관심을 나타냈고, 더욱이 이 돌고래는 한 번도 해부된 적이 없었다. 타이슨의 친구 로버트 훅은 95파운드짜리 그 '물고기'를 학회에서 7실링 6펜스의 비용을 지불하게 하고 해부를 위해 그레셤 대학Gresham College으로 가져갔다. 그곳에서 타이슨은 신속하게 연구에 착수했고, 로버트 훅은 타이슨의 요청으로 그림을 그리는 작업을 도와주었다. 타이슨은 저서 『돌고래의 해부Anatomy of a Porpess』(1680년)에서 외형에 따라 동물을 분류하는 오류가 얼마나 위험한가를 보여 주었다. 존 레이는 여전히 돌고래를 물고기로 분류하고 있었다. "돌고래를 외형으로 보면 물고기일 뿐이다. 그러나 내부를 보면 결코 그렇지 않다"라고 타이슨은 평가했다. 타이슨은 내부의 해부를 이용해 돌고래가 사실은 육지의 네발짐승과 유사한 포유류이지만 "바다에서 살기 때문에 2개의 앞지느러미가 있을 뿐이다"라고 확신하게 되었다.

내장의 구조나 내부 기관은 네발짐승과 매우 유사하며 거의 같다는 사실을 여기서 발견한다. 네발짐승과 가장 큰 차이는 외부 형태이고 부족한 다리에 있는 듯 보인다. 그러나 여기서도 피부와 살을 떼어 내면 앞지느러미는 팔을 잘 나타내고 있어서 견갑골, 상박골, 척골, 요골이 있고, 또한 손목뼈, 손바닥뼈,

5개의 손가락뼈가 묘하게 붙어 있다….

특이한 표본에 대한 타이슨의 안목은 왕립학회의 동료들에게 흥미를 불러일으켰다. 그들은 타이슨이 해부하도록 타조를 제공해 주었다. 타이슨은 특히, 버지니아의 윌리엄 버드William Byrd가 학회에 제공한 아메리카의 방울뱀, 멕시코의 사향멧돼지, 주머니쥐의 해부 도해를 학회에 마지막으로 제출했다.

또 다른 우연한 일로 타이슨은 인류의 기원에 관한 모험의 길을 개척하는 기회를 얻었다. 한 선원이 아프리카 남서부의 앙골라에서 어린 침팬지를 배에 실어 왔는데, 그 침팬지가 도중에 상처를 입고 감염이 되어 런던에 도착하자마자 죽어 버린 일이 있었다. 그 사실을 곧 알게 된 타이슨은 어린 침팬지를 해부하려고 집으로 가져갔다. 그는 표본을 보관할 냉장고가 없었기 때문에 서둘러 해부를 해야만 했다. 다행히도 당시의 유능한 인체해부학자인 윌리엄 쿠퍼William Cowper가 타이슨을 도와 해부의 그림을 그려 주었다. 그 결과, 1699년에 『오랑우탄, 호모 실베스트리스: 또는 원숭이와 유인원과 인간을 비교한 피그미의 해부Orang-Outang, sive Homo Sylvestris: or, the Anatomy of a Pygmie compared with that of a Monkey, an Ape, and a Man』라는 저서가 출간되었다. 베살리우스의 저서가 인체해부학을 개척했듯이, 풍부한 도해를 넣은 165페이지에 달하는 이 저서는 자연인류학의 새로운 시대를 열었다.

'오랑우탄'이라는 말은 말레이어로 '숲속의 사람'이라는 뜻이었지만 유럽에서는 인간을 제외한 큰 영장류를 지칭하고 있었다. 타이슨이 해부한 동물은 오늘날의 동물학자가 지칭하는 오랑우탄이 아니라 아프리카의 침팬지였다. 유럽의 과학 문헌에 첫 유인원으로 나타나는 이 동물은 1641년에 니콜라스 튈프 박사Dr. Nicolaes Tulp(렘브란트의 유명한 『해부학 강의Anatomy Lesson』에서 교수로 묘사된 인물)가 기록했다. 타이슨은 이 동물을 '피그미pygmie'라고 부르기로 했다.

타이슨이 오랑우탄을 지칭한 일은 그가 이루어 낸 획기적인 일에 비하면 별로 중요한 일이 아니었다. 그가 오랑우탄을 해부한 일은 인간을 완전히 새로운 위치에 올려놓았다. 코페르니쿠스가 지구를 우주의 중심으로부터 옮겨 놓았듯이, 타이슨은 독특한 역할을 하는 인간을 다른 모든 창조물에서 옮겨 놓았다. 식물은 인간의 영양과 의복을 위해 창조되었고 동물의 세계는 인간에게 도움을 주기 위해 존재했던 것이다. 그토록 인간의 신체와 유사한 동물을 입증하여 대중에게 상세히 공개한 적이 없었다. 베살리우스가 인체의 구조를 상세히 설명하고 그린 것처럼, 타이슨은 인간과 가장 가까운 계통을 갖는 동물을 해부하여 세부적으로 보여 주었다. 이 사실은 분명히 인간과 모든 '하등'동물 사이의 '잃어버린 고리'가 여기에 있다는 의미였다.

타이슨은 침팬지와 인간 사이의 신체적 유사점과 차이점을 완전히 열거했다. 그는 신을 언급하지도 않고 불멸의 영혼에 대한 추측도 없이 결론을 두 항목으로 나열했다. 하나는 '오랑우탄이나 피그미가 유인원이나 원숭이보다 인간과 얼마나 더 닮았는가' 하는 항목이었고, 다른 하나는 '오랑우탄이나 피그미가 얼마나 인간과 다르며 유인원과 원숭이와 더 닮았는가' 하는 항목이었다. 인간과 닮은 48개의 항목은 "1. 어깨의 털은 아래로 향해 있고, 팔의 털은 위로 향해 있다"라는 내용으로 시작하여 창자, 결장, 간, 비장, 췌장, 심장 등의 구조적 유사성을 살펴보고 있었다. 또한 "25. 뇌는 유인원보다 매우 크고 각 부분은 인간의 두뇌와 형태가 정확히 같았다"라는 항목 다음으로는 이빨, 척추, 손가락, 발가락 등의 유사성을 설명하고 있었다. 그리고 마지막으로는 "유인원이나 원숭이의 똑같은 근육이 인간과 닮았는지는 알 수 없었다. 비교할 주제나 다른 관찰 자료가 부족하기 때문이다"라고 명시되어 있었다. 인간과 다른 34가지 해부학적 차이점뿐만 아니라 침팬지와 '유인원과 원숭이 종류'의 유사점 또한 과학적 정확성으로 나열했다. 피그미의 뇌와 발성기관이 "정확히 인간과 닮았다"라는 사실을 알아낸 타이슨은 독자들에게 "그리지리한 행동을 수행하는 요인이 있다고 생각할 이유가 없다. 왜냐하면 피그미는 적절한 기관이 있어서 실제로 인간일 수도 있기 때문이다"라고 하여 어리둥절하게 했다. 사람은 추리를 하는데, 피그미는 왜 그럴 수 없을까? 타이슨은 이 문제를 신체적 본질의 영역에서 새로운 모형으로 제기했다. 태양중심설의 전망을 한번 알게 되면 잊을 수 없듯이, 타이슨의 저서를 읽고 나면 누가 인간을 자연에서 고립된 존재라고 여길 수 있겠는가?

타이슨은 침팬지가 다른 어떤 영장류보다 인간과 가장 닮았다는 결론을 내렸다. 인간과 다른 동물 사이의 차이점은 이제는 목록을 작성해야 할 정도로 미묘한 차이의 문제가 되었다. 타이슨의 전문적인 해부는 신학자들이 말하는 인간의 '동물적' 특성에 새로운 정확한(그리고 신학적으로는 위험한) 의미를 부여했다. 타이슨은 자연인류학의 출발점에 있었다.

타이슨은 오랑우탄에 관한 저서의 부록에 방대한 고전 지식을 동원하여 이 동물이 사티로스, 개의 머리를 가진 인간, 스핑크스 등과 같다는 보고가 정말 많이 있지만 "그런 존재들은 열광적이며 변덕스러운 상상력의 머리로 만들어 낸 피조물에 불과했으며, 어느 곳에서도 살지 않는 존재"라고 설명했다. 그리하여 타이슨은 단순히 침팬지 하나에 정말 많은 사람들이 열광적이고 다양한 의미를 부여했다는 사실을 입증하여 또한 문화인류학의 길을 개척했다.

신체를 매우 강조한 인류학자로서 타이슨은 그의 생애에서 가장 놀랍게도 인간의 정신이상을 치료하는 일에 선구적인 역할을 했다. 그는 당시의 주요 영국 의사가 되는 과정의 하나로 왕립의과대학의 회원이 되었고, 1684년에는 의사로 명성을 날리면서 베들레헴 병원Bethlehem Hospital의 원장이 되었다. 그곳에서 타이슨은 위대한 인도주의자의 반열에 서게 되었다. '베들레헴의 별 기사단Order of the Star of Bethlehem'을 위한 수도원으로 13세기에 창설된 베들레헴 병원은 영국에서 최초의 정신병원이 되었다. 스페인의 그라나다Granada에 있는 1곳을 제외하면 유럽에서도 최초였다. 타이슨이 베들레헴 병원의 책임을 맡았을 때는 '베들럼Bedlam'(베들레헴의 보편적인 발음)이라는 말이 오래전부터 소란하고 혼란한 장소를 의미하는 일반적인 용어로 사용되고 있었다. 그곳에서는 정신 질환자들을 때리고, 족쇄를 채우고, 독방에 가두고 있었다. 왕정복고 시대의 희극에서 상류층 사람들이 서커스나 동물원을 구경하는 것처럼 '정신 이상자들을 보러 가는' 장면이 흔히 등장할 정도로 베들럼은 대중의 구경거리가 되었다. 또한 부수적으로 베들럼은 '음탕하거나 난동을 부리는' 사람과 게으른 도제들을 보내는 곳이기도 했다.

부유한 '게으름뱅이들'이 가끔 이 병원에 관심을 갖고 기부를 했기 때문에 베들럼 병원의 원장들은 구경꾼들의 출입을 차단하지 않았다. "그런 기부자들의 도움으로 베들럼 병원이 잘 운영될 수 있다"라고 타이슨은 인정했다. 그는 적어도 존경 받는 인물에게만 구경을 제한하려고 했고 일요일에는 관광객을 모두 금지하기도 했다.

냉혹한 시기에 타이슨은 정신 질환자들의 인도적인 치료에 놀라울 정도로 성공을 거두었다. 그는 감옥 같은 분위기를 병원 분위기로 바꾸기 위해 여자 간호사를 받아들이고 가난한 환자들을 입히기 위한 의복 기금을 조성했다. '베들럼'은 처벌하는 곳이 아니라 치료하는 곳으로 바뀌기 시작했다. 타이슨의 가장 큰 혁신은 퇴원한 환자를 집으로 찾아가서 주기적으로 치료해 주는 일이었다. 그가 의사였던 20년 동안 베들레헴 병원은 1,294명의 환자가 입원하여 약 70퍼센트에 해당되는 890명의 환자가 정신병이 치료되거나 나아져서 퇴원했다. 타이슨의 개혁은 몇 세기 동안 지속되었으며 베들레헴 병원을 비롯한 여러 정신병원에 영원한 발자취를 남겼다. 1708년에 타이슨이 세상을 떠나자 다음과 같은 애도의 글이 남겨졌다.

타이슨의 위대한 힘에 새로운 기관들도 베풀었으며….

여기에서 정신 질환자들이 치유되고,

인간이 다시 활기를 찾았으며 영혼의 빛이 회복되었노라.

위대한 일에 바쳐진 타이슨의 능력은

약해진 신의 모습을 다시 세웠노라.

린네는 1735년에 자신의 저서 『자연의 체계』에서 인간의 위치를 정했을 때 인간을 타락한 천사로 칭하여 생긴 문제를 회피하지 않았다. 타이슨과 마찬가지로, '인간과 오랑우탄의 차이점을 발견할 수 없고' 인간과 유인원을 구별할 수 있는 단 하나의 '일반적인 특성'도 찾아내지 못했다고 고백했다. 린네는 극히 드문 일이지만 저서의 12판에서 다음과 같이 결론을 내렸다. "가장 어리석은 유인원도 가장 현명한 인간과 거의 차이가 없다는 것은 놀라운 사실이며 자연을 조사하는 사람들 중 그 차이를 구별할 수 있는 사람은 아직 없다." "호모Homo는 모든 인간에 대한 보통 명칭이다"라고 셰익스피어는 『헨리 4세 Henry IV』〈제1막〉에서 말한 적이 있었다. 린네는 인간을 이명법 체계로 '호모 사피엔스Homo sapiens'라고 이름 붙였다. 그는 인간을 그저 또 하나의 동물로서 '종'으로 분류하여 호모homo라는 말에 대담하게 새로운 의미를 부여했다. 린네는 자신이 만든 영장류 목('앞니가 깎임, 윗니 4개는 나란하게 배열되어 있음, 가슴에 2개의 유두가 있음') 속의 포유동물 아래에 인간의 종(주행성* : 교육과 상황에 따라 다름)을 넣고 다음과 같이 변종을 구분했다.

네발로 기어다니고, 말을 못하며, 털이 많음. '야만인'

피부가 구릿빛이고, 화를 잘 내며, 직립함. '아메리카인'
머리는 흑색이고 곧으며 숱이 많음, 콧구멍이 넓고 얼굴이 거침, 수염이 적음, 고집이 세고 만족을 모름, 가늘고 붉은 선으로 화장을 함, 관습으로 규제됨.

피부가 희고, 다혈질이며, 건강한 체격을 함. '유럽인'
머리는 황색이나 갈색이고 미끈하게 처짐, 눈동자는 푸른색이고, 점잖고 예민하며 창의적임, 의복을 입고 있음, 법으로 통치됨.

---

* 낮에 활동하는 성질

피부가 거무스름하고, 우울하며, 강직함. '아시아인'

머리는 검고, 눈동자는 짙으며, 엄격하고 오만하고 탐욕스러움, 헐렁한 의복을 입음, 의견으로 통치됨.

피부는 검고, 무기력하며, 느긋함. '아프리카인'

머리는 검고 곱슬곱슬함, 피부는 부드러움, 코는 납작함, 입술은 튀어나옴, 교활하고 게으르며 태만함, 기름을 몸에 바름, 변덕으로 지배됨.

59

진화로 향하는 길

런던 린네학회의 저명한 회장, 토머스 벨Thomas Bell은 1858년 말에 이렇게 논평한 적이 있었다. "사실, 과학 부문에 즉시 혁신을 일으킨 그 어떤 놀라운 발견도 과거의 어느 해에 기록된 적은 없었다. 다만 오랜 간격을 두고서 우리는 뜻밖의 훌륭한 혁신을 상당히 기대할 수 있을 뿐이다." 린네학회(조지프 뱅크스가 창립자)는 린네가 아들에게 남겼다가 아들이 죽자 한 영국 식물학자에게 팔린 린네의 도서, 식물 표본집, 원고 등을 보존하기 위해 1788년에 설립되었다. 벨의 논평에도 불구하고, 같은 해 7월 1일에 학회에 제출된 3편의 논문은 아이작 뉴턴 경의 시대 이후 어떤 과학자들의 논문보다도 더욱 혁신적인 내용을 담고 있었다.

"종이 변종을 형성하는 경향에 관해, 그리고 도태라는 자연적 방법에 의한 종과 변종의 영속화에 관해"라는 (학회의 회보에 단 17페이지에 이르는) 그 논문들은 학회에서 가장 업적이 많은 두 학자, 즉 지질학자인 찰스 라이엘Charles Lyell 경과 식물학자 후커J.D.Hooker를 통해 학회에 알려졌다. 이 추천인들은 "그 논문들은 끈기 있는 2명의 박물학자 찰스 다윈Charles Darwin과 앨프리드 월리스Alfred Wallace의 연구 결과물이다. 이 신사들은 서로를 모르며 각자 독자적으로 지구 생물의 변종과 특수한 종류의 출현과 영속성을 설명하는 매우 독창적인 동일한 이론을 세웠다. 따라서 이 중요한 탐구 과정에서 두 사람 모두 독창적인 사상가라는 공로를 공정하게 주장할 수 있다"라고 제안했다. 학회에 전해진 3가지 항목은 다음과 같았다. 첫째는 1839년에 다윈이 필사본에서 요약하고 1844년에 개정한 것, 둘째는 다윈이 초기 필사본의 종에 관한 견해를 반복하여 1857년 10월에 매사추세츠주 보스턴의 아사 그레이Asa Gray 교수에게 보낸 편지 요약, 그리고 셋째는 월리스가 1858년 2월에 동인도의 테르나테Ternate에서 쓴 자신의 논문을 충분히 새로운 것이며 흥미가 있다고 판단한다면 라이엘에게 보내 달라는 요청과 함께 다윈에게 보낸 것이었다.

후대의 사학자들은 1858년 7월 1일을 근대 진화론이 공식적으로 처음 발표된 날로 기록할 것이다. 그러나 당시에는 다윈-월리스의 논문이 별다른 문제를 일으키지 않았다. 다윈도 월리스도 학회에 출석하지 않았고, 30여 명의 회원들 사이에서는 아무런 논란도 없었다. 예정된 반박 주장의 논문도 제시되지 않았다. 이런 논문을 읽어 주는 것은 새로운 과학의 예의에 필요한 우선권을 위한 관습이었다.

진화 개념이 발전하는 과정에서 과학 발전의 근대 현상은 명백하게 확인될 수 있다. 근대는 대중화의 새로운 수단들, 이를테면 새로운 보급 능력을 지닌 인쇄술과 더 넓고 더 공개적인 토론장을 갖춘 과학 사회가 나타났다. 이 모든 일이 과학 사상과 과학자들 스스로의 새로운 활동성을 의미했다. 물론 새로운 과학 점진주의가 사상의 혁신에 종말을 고하지는 않앗지만 그 혁신의 속도와 성격을 변화시켰다. 이제는 새로운 사상들이 단편적으로, 신중하게, 그리고 형식적으로도 소개될 수 있었다. 그리고 어느 누가 이러한 사상 중의 하나가 사상의 혁신을 야기할 것이라고 말할 수 있었겠는가? 그 7월 1일에 런던에서 린네학회는 20년 전에 다윈이 비글Beagle호를 타고 세계 일주 항해를 하면서 관찰한 결과물과 멀리 떨어진 몰루카 제도에 있는 테르나테에서 월리스가 몇 개월 전에 실시한 보완적인 관찰 결과물을 함께 출판하려고 준비했다.

22세의 젊은이였던 다윈은 1831년 12월 27일 비글호를 타고 5년 동안의 탐사 항해를 떠날 때 막 출간된 책 1권을 들고 갔다. 그 책은 다윈이 다니던 케임브리지 대학교의 식물학 교수에게 기념으로 받은 찰스 라이엘의 『지질학의 원리 Principles of Geology』 제1권이었다. 라이엘(1797-1875년)은 다윈에게 자연 과정에 관한 모든 사고의 배경이 되었고 근대 진화론이 다윈주의Darwinism라고 불릴 수 있도록 영향을 준 사람이었다. 라이엘의 저서에 방대한 증거로 기록된 결정적인 통찰은 지구가 처음부터 계속 작용하고 있는 일정한 힘, 즉 흐르는 물에 의한 침식, 퇴적물의 축적, 지진과 화산활동 등으로 형성되었다는 사실이었다. 따라서 수천 년(지구의 나이를 수천 년이라고 믿었던 시대였음)에 걸쳐 그러한 힘으로 지구가 지금의 모습을 갖추었기 때문에 격변을 상상할 필요가 없었다. 이 이론은 영국의 철학자 윌리엄 휴얼William Whewell을 통해 동일과정설Uniformitarianism이라는 명칭으로 알려졌다.

라이엘은 지구의 기원에 관한 논의를 회피하여 신학과 우주론의 함정을 피하려고 했었다. 라이엘의 주장에 따르면, 창조라는 추측에 근거한 이론은 불필요하며 비과학적이었다. 식물과 동물의 연관성은 분명했다. 베수비어스나 에트나 화산의 현재 활동이 지구 표면의 변화를 설명하고 있다면 마찬가지로 오늘날 눈에 보이는 다른 힘들이 식물과 동물의 종과 변종이 어떻게 생겨났는지를 입증할 수 있지 않을까 하는 문제가 제기되었다. 비글호에서 소중히 읽게 된 라이엘의 책을 다윈에게 준 케임브리지의 식물학 교수는 그 책의 내용을 모두 믿지는 말라는 경고도 했다. 함께 가져간 다른 책들 중에는 성경, 밀턴, 베네수엘라와 오리노코 강 유역을 탐색한 알렉산더 폰 훔볼트Alexander von Humboldt의 여행기 등이 포함되어 있었다.

다윈이 어떻게 진화론을 생각해 냈는지에 관한 신비에 싸인 이야기 중에서 물론 비글호의 항해는 결정적인 일화였다. 다윈에게 영향을 준 인맥과 사상 중에서 가장 중요한 연결 고리는 젊은 다윈에게 자연 연구에 관한 열정을 처음 불어넣어 준 존 스티븐스 헨슬로John Stevens Henslow(1796~1861년)였다. 식물학 교수를 맡은 잘생기고 매력적이었던 헨슬로는 케임브리지 대학교의 식물학 전성기를 혼자서 이루어 냈다. 그는 식물을 자연 서식지에서 관찰하도록 현장 학습을 창시했고, 학생들의 독자적인 관찰을 요구했으며, 새로운 세대의 식물학자들에게 린네의 분류학보다 식물의 분포, 생태, 지리 등에 더 관심을 두도록 교육시켰다. 그로 인해 케임브리지 대학의 식물원은 교육 실험실이 되었다.

헨슬로의 역사적 업적은 케임브리지 대학의 한량이었으며 무기력한 신학과 학생이었던 다윈을 열정적인 박물학자로 만든 일이었다. 67세가 된 다윈은 '그 무엇보다 자신의 생애에 영향을 준 상황'을 여전히 회상했다.

헨슬로 교수와 나의 우정은 이렇게 시작되었다. 케임브리지 대학에 오기 이전에 나는 헨슬로 교수가 과학의 모든 분야를 잘 알고 있는 사람이라고 형으로 부터 들은 적이 있어서 그를 존경하기 시작했다. 헨슬로 교수는 매주에 1번씩 자신의 집을 공개했고, 그곳에서 모든 학부생들과 몇몇 과학에 관련된 대학교 선배들이 저녁에 모이곤 했다. 나는 곧 폭스Fox를 통해 초청을 받았고 정기적 으로 그곳에 참석했다. 얼마 후, 나는 헨슬로 교수를 잘 알게 되었고, 케임브 리지 대학에서 후반에는 대부분의 날을 그 교수와 긴 산책을 하며 보냈다. 그 래서 몇몇 교수에게 나는 '헨슬로 교수와 산책하는 학생'이라고 불렸다. 그리 고 나는 저녁에 헨슬로 교수의 가족 식사에 자주 초청되었다. 헨슬로 교수의 식물학, 곤충학, 화학, 광물학, 지질학에 대한 지식은 대단했다. 그의 열렬한 취미는 오래 계속된 세밀한 관찰을 이용해 결론을 유도하는 일이었다.

1831년에 영국의 해군성이 헨슬로에게 파타고니아, 티에라델푸에고, 칠레, 페루 등의 해안을 지도로 제작하고 크로노미터 관측소를 설치하기 위한 비글호 항해에 동반할 박물학자를 추천하도록 요청했을 때 그는 가 장 아끼는 제자를 추천했다.

찰스는 그 추천을 간절히 받아들이고 싶었다. 그러나 찰스가 에든버러 에서 의학 공부를 시작한 일에 이미 화가 난 아버지는 더 이상의 그런 뜻 밖의 모험에 완강히 반대했다. "넌 사냥과 개, 쥐 잡기에만 정신이 팔려서 네 자신과 가족에게 수치만 안겨 주고 말 것이야"라고 늙은 다윈은 불평 했다. 그래서 아버지는 방랑하는 찰스를 성직자의 길로 보내려고 다짐했 고 순종적인 아들은 아버지의 허락 없이는 비글호의 항해에 참여하지 않 으려고 했다. 그러나 다행히, 헨슬로 교수와 찰스의 삼촌 조사이아 웨지우 드 2세 Josiah Wedgwood II는 찰스를 보내도록 그의 아버지를 설득하는 데 성공했다. "박물학을 추구하는 것은 분명 전문적인 일은 아니지만 성직자에게 매우 적합한 일"이라고 웨지우드는 주장했다.

헨슬로는 5년 동안의 비글호 항해 중에 제자 찰스 다윈과 긴밀한 연락을 계속 유지했다. 그들은 정기적으로 서신을 주고받았고, 헨슬로는 다윈이 런던으로 보낸 표본들을 돌보았다. 비글호가 몬테비데오Montevideo에 도착했을 때 다윈은 라이엘의 『지질학의 원리』 제2권을 받았으며, 남아메리카 대륙의 반대편에 있는 발파라이소Valparaiso에서는 막 출간된 『지질학의 원리』 제3권을 받았다. 다윈은 5년 동안의 비글호 항해를 하면서 라이엘의 원리를 적용하고 있었다. 그리고 인도양에 있는 물속에 잠긴 화산 분화구의 산호로 덮인 가장자리를 보고 다윈은 켈링 산호Kelling Atoll섬이 적어도 백만 년에 걸쳐 형성되었다는 결론을 내렸다.

라이엘의 『지질학의 원리』 제2권은 자연 지질학을 넘어 라이엘이 동일 과정설을 생물학에 적용한 책이었다. 라이엘의 설명에 따르면, 지질 연대에 걸쳐 새로운 종이 발생하고 또 멸종되기도 했다. 종의 생존은 환경의 조건에 의존했지만 지질학 과정이 그 조건들을 꾸준히 변화시키고 있었다. 같은 서식지에서 다른 종과 경쟁하여 실패하면 한 종은 사라질 수 있다. 다시 말해, 한 종이 번성에 성공하면 다른 종은 쫓겨나 멸종이 될 수 있다는 의미다. 동식물의 지리적 분포에 관한 라이엘의 조사는 각각의 종이 하나의 중심 지역에서 생성되었다는 사실을 알려 주었다. 분리된 대륙의 유사한 서식지는 각각의 서식지에 적합한 전혀 다른 종을 만들어 내는 것처럼 보였다. 환경과 종, 모든 것이 유동적이었다.

라이엘의 이런 문제에 관한 관심은 프랑스의 박물학자 라마르크Lamarck(1744-1829년)에게 자극을 받았다. 그러나 후천성 형질이 유전된다고 주장한 라마르크는 종이라는 개념을 사실상 포기했다. 그에게는 종이란 동물이 환경에 적응하는 동안 한 집단의 세대들의 이름에 불과했다. 또한 그는 모든 종이 무한한 유연성을 지녔다면 어떤 종도 멸종되지 않았을 것이라고 생각했다. 라이엘은 종을 자연 과정의 근본 단위로 여겼지만 새로운 종이 어떻게 생겨났는지에 관해서는 설명할 수 없었다.

감수성이 강한 다윈은 라이엘이 암시하는 주장에 안타까움을 느꼈다. 다윈은 남아메리카 곳곳에서 한 번도 본 적이 없었던 동식물을 접했다. 갈라파고스 제도에서는 동일한 위도의 서로 상당히 떨어진 섬들에서 다양한 종의 조류를 발견했다. 한편, 다윈이 보낸 서신에 매우 감동을 받은 헨슬로는 그 서신 일부를 케임브리지의 과학학회에 보고했으며, 또한 개인적인 배포를 위해 인쇄까지 했다. 1836년에 비글호가 돌아오자 헨슬로와 라이엘이 공동으로 힘써 준 덕분에 다윈은 5권의 보고서를 작성할 수 있도록 1,000파운드의 보조금을 받았으며, 또한 런던의 지질학회 서기로 선출되었다.

이후 몇 년 동안, 다윈은 본인의 말에 따르면, 그 누구보다도 라이엘을 더 많이 만났다. "그는 과학에 대한 열정이 컸으며 인류의 미래 진보에 강한 흥미를 느꼈다. 그는 매우 친절하고 어떤 신념에 관해서든 완전히 너그러운 태도를 지녔다"라고 다윈은 떠올렸다. 그러나 라이엘이 다윈의 이론으로 생각을 바꾸는 데는 시간이 걸렸을 것이다. 늙은 지질학자들이 라이엘의 이론에 동의하지 않았을 때 젊은 다윈은 라이엘에게 이렇게 불평한 적이 있었다. "모든 과학자가 60세가 되면 죽어서 그 후에는 모든 새로운 이론에 반대할 수 없게 된다면 얼마나 좋을까요." 그러나 라이엘은 60대 후반에 『고대의 인간Antiquity of Man』(1863년)이라는 대담한 저서에서 마침내 진화의 반대를 포기하고 종의 기원에 관한 다윈의 견해를 포용하기 시작했다. 이에 관해 다윈은 "라이엘의 나이와 이전의 견해와 사회적 지위를 고려해 보면, 그의 행동은 투지 넘치는 일이라고 생각한다"라고 말했다.

다윈보다 12세가 많은 라이엘은 사회적 명성의 절정기였을 때 다윈의 선도자가 되어 주었다. 다윈이 켄트의 다운Down으로 옮겼을 때 라이엘은 다윈을 찾아와 며칠 동안 함께 지내곤 했다. 다윈은 그때를 다음과 같이 떠올렸다.

지질학에서 라이엘의 예를 따르고, 또한 자연이나 가축화한 동식물의 변종과 어느 정도 관련되는 모든 사실을 수집함으로써 이 주제 전체에는 어떤 해결의 실마리가 나타날 듯 보였다. 나는 1837년 7월부터 기록하기 시작했다. 나는 진정한 베이컨학파의 원칙 위에서 일했고, 이론 없이 특히 가축화한 생물을 포함한 전반적인 사실을 수집했다. 그 수집은 인쇄된 연구서의 확인, 숙련된 동물 사육자와 식물 재배자들과 의사소통, 광범위한 독서 등을 이용해 이루어졌다. 학술지와 회보를 비롯한 내가 읽고 요약한 모든 책의 목록을 살필 때 나는 자신의 근면성에 놀란다. 나는 곧 자연선택이 동식물을 유용한 종류로 만들기 위해 인간이 성공할 수 있는 핵심이라는 사실을 알게 되었다. 그러나 자연선택이 어떻게 자연 상태에서 살고 있는 생물에 적용될 수 있는지는 한동안 의문으로 남아 있었다. 내가 체계적인 연구를 시작한 지 15개월이 되는 1838년 10월에 나는 '맬서스Malthus의 『인구론On Population』'을 우연히 재미로 읽게 되었다. 그런데 동식물의 습관을 오랫동안 계속 관찰해서 어디서나 이루어지고 있는 생존경쟁을 이해할 준비가 있었기 때문에 이러한 환경에서는 유리한 변종이 살아남기 쉽고 불리한 변종은 파멸되기 쉬울 것이라는 생각이 즉시 내 머리에 떠올랐다. 그리고 이것의 결과가 새로운 종의 형성으로 나타나게 되었다.

요컨대 이 내용이 바로 다윈이 종에 관한 이론에 덧붙여야 하는 생각이었다.

그러나 다윈은 '편견을 피하고 싶어 했기' 때문에 자신의 생각을 미리 드러내지 않고 비밀로 했다. 1842년 6월에 다윈은 스스로의 만족을 위해 자신의 이론을 35페이지의 간단한 개요로 작성한 다음, 1844년에는 230페이지에 달하는 또 다른 '개요'로 확대했다. 1856년에 라이엘에게서 더 확대하라는 조언을 받은 다윈은 즉시 시작하여 그 개요를 '3배나 4배로 늘였고 그것이 이후에 『종의 기원 Origin of Species』으로 이어졌다.'

그 뒤, 1858년의 초여름에 다윈은 "모든 계획이 틀어졌다"라고 기록했다. 그는 몰루카 제도의 월리스에게서 "원래의 유형에서 무한히 벗어나는 변종의 경향에 관해"라는 논문을 받았다. 월리스는 다윈에게 그 논문이 좋다고 생각하면 라이엘에게 보내 달라고 청했고 신중한 다윈은 그렇게 했다. 월리스의 논문이 출판된다면 20년 동안 다윈이 애써 공들인 저작물을 어떻게 해야 할 것인가? 다윈은 몹시 고민을 했다.

라이엘은 새로운 과학 의회의 정치인으로서 다시 한 번 중요한 역할을 했다. 다윈에게 우선권을 보장해 주고, 그와 동시에 월리스에게도 정당한 대가를 제공하기로 결심한 라이엘은 3개의 논문을 즉시 린네학회에 제출하도록 촉구했다. 다윈의 고백에 따르면 "처음에 난는 월리스의 성격이 매우 너그럽고 고상한지 몰랐기 때문에 그가 내 행동을 부당하게 여길까 봐 이에 동의하지 않으려고 했다. 나는 필사본의 개요와 아사 그레이 Asa

Gray에게 보낸 편지를 출판할 생각으로 쓰지 않았고 또 잘 쓰지도 못했다. 반면에 월리스의 논문은 감탄할 정도로 잘 표현되었으며 아주 명확했다. 그럼에도 불구하고, 우리의 공동 저작물은 거의 주의를 끌지 못했고, 내 기억에 그 논문에 관심을 표시한 유일한 인쇄물은 더블린의 호우턴Haughton 교수의 비판이었다. 그는 그 논문들 속의 모든 새로운 내용은 거짓이고 기존의 이론만이 진실이라는 평을 했다."

역사에서 자연선택 개념의 공동 창시자로 인정받는 앨프리드 러셀 월리스Alfred Russel Wallace(1823-1913년)는 다윈과 뚜렷한 대조를 보여 주었다. 남웨일스의 몬머스셔Monmouthshire에서 가난한 집안의 9남매 중 1명으로 태어난 월리스는 몇 년 동안 중등학교에 다니다가 14세에 그만두고 독학으로 공부했다. 소년 시절에 런던을 방문한 월리스는 토트넘 코트Tottenham Court 가에 있는 진보적인 교사들을 위한 노동자 사교 단체인 '과학관Hall of Science' 에 자주 다니곤 했다. 그리고 그곳에서 로버트 오언Robert Owen의 사회주의와 '세속주의'로 전향하여 모든 종교에 회의적인 태도를 갖게 되었다. 월리스는 형과 함께 측량사 견습공으로 일을 한 다음, 독학으로 공부하여 레스터Leicester의 교사 자격을 획득했다. 그리고 그곳에서 헨리 월터 베이츠Henry Walter Bates(1825-1892년)를 만나는 행운을 얻었다. 당시에 헨리 월터 베이츠는 지방의 양말 공장 견습공으로 하루 13시간의 고된 일을 하면서도 호메로스나 기번Gibbon의 저서와 곤충학을 취미로 탐닉하며 위안을 삼고 있었다. 월리스와 베이츠는 곧 친구가 되었으며 딱정벌레 채집을 위해 함께 시골로 여행을 했다.

열렬한 독서광이었던 젊은 월리스는 맬서스의 『인구론An Essay on the Principle of Population』, 다윈의 『비글호 여행기Beagle』, 라이엘의 『지질학Geology』 등을 비롯한 과학, 박물학, 여행에 관한 책에서 많은 자극을 받았다. 그에게 가장 인상 깊은 서적들 중 하나는 또 다른 박물학 애호가 로버트 체임버스Robert Chambers(1802-1871년)의 흥미로운 책이었다. 『창조의 자연사에 관한 흔적Vestiges of the Natural History of Creation』이라는 그 책은 매우 논란이 많아서 체임버스가 자신의 출판 사업에 피해를 입히지 않으려고 익명으로 출판해야 했지만 7개월 만에 4판을 인쇄했고 곧 2만 4,000권이 팔렸다. 이 책은 존경받는 과학자들에게서 신을 믿지 않는다고 비난을 받았지만 생물과 우주의 진화 개념과 종의 진화를 돌이킬 수 없도록 널리 보급시켰다.

알렉산더 폰 훔볼트의 멕시코와 남아메리카에 관한 극적인 여행담에서 용기를 얻은 월리스는 베이츠에게 아마존강을 따라 표본을 채집할 탐험에 함께 가기를 요청했다. 4년 동안(1848-1852년)의 채집 경험으로 월리스는 현장을 찾아다니는 박물학자로서 명성을 얻게 되었다. 그는 영국으로 돌아오던 중에 배가 불이 나서 채집한 표본과 함께 침몰한 일도 겪었지만 그래도 채집을 포기하지는 않았다. 월리스는 곧바로 말레이 군도로 갈 계획을 세웠다. 그곳과 몰루카 제도에서 탐험과 채집으로 8년 동안 세월을 보낸 월리스는 자연선택 이론을 논문으로 완성하여 1858년 초에 다윈에게 보냈다.

어떤 그리스 극작가가 서로 상반된 길을 가던 두 사람을 같은 목적지에 도달하는 운명을 보여 주려고 2명의 등장인물을 구상하려고 했다면 다윈과 월리스를 창조하는 것이 가장 좋았을 것이다. 12세가 더 많은 다윈은 부유한 가족 때문에 교회에서 성직자로 전념했을 수도 있었다. 다윈은 평생을 "논쟁에 휘말려서는 안 된다. 선한 사람이라면 그렇게 하지 않을 것이고, 거기에 휘말린다면 시간과 성질을 버리는 불행만 남긴다"라는 라이엘의 조언을 따르려고 최선을 다했다. 20년 이상을 표본과 증거를 계속 수집한 다윈은 거의 본의 아니게 자연선택설을 만들어 낸 것처럼 보였다. 가난했던 월리스는 이른 시기에 종교와 기존 제도에 대한 불신으로 이론을 성급히 받아들이고 논쟁 속으로 뛰어들었다. 그는 불과 22세에 체임버스의 유명한 『창조의 자연사에 관한 흔적』을 읽고 종은 진화 과정으로 생겨난다는 확고한 신념을 갖게 되었고, 그가 아마존을 여행한 이유는 다른 사람을 설득시키기 위한 사실들 때문이었다. 월리스는 1만 5,000마일(약 2만 4,140킬로미터)에 이르고 12만 7,000개의 표본을 수집한 말레이 군도의 여행에서 결정적 증거를 모으는 일이 목표였다. 그곳에 도착했을 때부터 그는 진화에 관한 노트를 갖고 있었으며, 그 노트를 '종의 노트'라고 불렀다. "새로운 종의 도입을 규제하는 법칙에 관해"라는 월리스의 논문은 그가 다윈에게 보낸 논문보다 3년 전(1855년)에 출판되었다.

진화의 근본 개념이 공개적으로 시험대에 오르고 있던 1860년대에 월리스는 아주 잡다한 일들을 펼치고 있었다. 그는 열정을 갖고 심령론으로 전향했고, 사회주의에 깊은 관심을 쏟아 토지국유화협회Land Nationalization Society(1881년)의 초대 회장으로 선출되었으며, 여성의 권리를 소리 높여 지지하기도 했다. 이상하게도 월리스는 논란에 강한 관심을 보이며 천연두의 예방접종을 반대하기도 했다. 그는 3일 동안 왕립위원회에 증언을 한 후에 "백신은 쓸모없고 위험하다는 사실을 입증한 45년 동안의 기록 통계"라는 소논문을 발표하여 많은 환자들이 병이 아닌 백신으로 사망했다고 주장했다.

월리스는 더 넓은 논란의 장을 추구하여 외계의 문제까지 다루었다. 유명한 천문학자 퍼시벌 로웰Percival Lowell(1855-1916년)은 자신의 저서 『화성

과 운하Mars and Its Canals』(1906년)에서 화성에는 틀림없이 지능이 높은 생명
체들이 살고 있으며 그들이 운하를 건설하여 관개를 하는 것이 눈에 보인
다고 주장했다. 그래서 화성에는 해마다 극지의 만년설이 녹는 물을 이용
하여 작물을 경작하는 띠 모양의 지역이 만들어지고 있다고 설명했다. 월
리스는 천문학자는 아니었지만 84세의 나이에 외계의 주제에 참여했다.
그는 『화성에 생명체가 살 수 있을까?』Is Mars Habitable?』(1907년)라는 책에서
생명은 이 지구 외에는 존재할 수 없다고 주장했다. 20세기의 증거를 통
해 본다면 전문가 로웰이 비전문가 월리스보다 오히려 틀렸다고 할 수 있
었다. 과학과 개혁을 통해 월리스는 열성적으로 이름 붙인 『경이로운 세
기 The Wonderful Century』(1898년)를 펴낼 수 있었다.

　신중한 다윈에게 문제로 제기된 지리적 분포라는 사실이 성급한 월리
스에게는 해답을 찾는 계기가 되었다. 다윈은 자연선택을 확인하면서
종교적 믿음에서 멀어졌다. 그는 인생 만년에 이렇게 회상했다. 브라질
의 장엄한 숲이 한때는 "신의 존재와 영혼 불멸에 대한 굳은 신념을 북
돋아 주었지만…. 지금은 가장 웅장한 풍경이 그런 신념과 감정을 마음
속에서 불러일으키지 않는다. 마치 내가 색맹이 되어 버린 것 같다고 하
는 것이 마땅할 것이다." 그리고 "바람이 부는 과정에서와 마찬가지로
유기체의 변동성과 자연선택의 작용에 어떤 지적 설계도 이루어지지 않
는 듯 보인다."

　그러나 월리스는 진화에 관한 열정으로 '매우 높은 지성의 존재'를 더
욱 믿게 되었다. 그는 자연에서 관찰한 사실을 설명하기 위해 점점 더 신
이 필요했다. 1869년에 월리스가 라이엘의 책을 논평하는 글에서 신에
대한 되살아나는 믿음을 털어놨을 때 다윈은 월리스에게 이렇게 말했다.

"당신의 아이와 내 아이(두 사람의 진화론을 의미)를 완전히 죽이지 않기를 바라오."

바스코 다 가마와 페르디난드 마젤란이 항해하기 전에 지중해를 건너 무역로를 개척한 무명인들과 아프리카의 해안을 조금씩 개척한 사람들이 있었듯이, 진화를 향하는 여정에도 무수한 개척자들이 있었다. 그러나 콜럼버스는 도달할 일본이, 가마는 도달할 인도가 있다는 사실을 알았지만, 진화의 개척자들에게는 목적지를 알 수 없는 여정이었다.

다윈의 진화론이 완성되는 데 기여한 수없이 많은 사람들을 모두 설명하려면 근대 생물학과 지질학과 지리학의 새로운 방대한 지식이 필요할 것이다. 예컨대 고대 그리스의 선구자들, 태초에 하나님이 모든 종을 창조했지만 어떤 종의 근원은 훨씬 뒤에야 나타난다는 성 아우구스티누스의 주장, 유기물 세계에 관한 중세의 관념, 자바의 가죽날개원숭이flying lemur의 발견에서 비롯된 몽테스키외의 종의 번식에 관한 암시, 프랑스 수학자 모페르튀이Maupertuis의 기본 입자의 우연한 결합에 관한 추론, 모든 고등동물은 '하나의 원시적인 동물'에서 비롯되었다는 디드로의 제안, 종의 발전과 '퇴화'에 관한 뷔퐁의 주장, 종은 변할 것이라는 린네의 끊임없는 의심, 동식물이 '욕망, 굶주림, 위험'으로 촉발되어 새로운 형태로 발전시키려는 충동을 받는다는 이래즈머스 다윈(찰스 다윈의 할아버지)의 비유적 환상 등 수많은 자료들을 나열해야 할 것이다.

다윈의 동시대 사람들 중에는 종과 변종 사이의 모호한 경계선을 과감하게 탐구하고 진화 '계보'를 세운 라마르크가 포함되어야 한다. 또한 동물계의 모든 종류를 체계적으로 정리한 조르주 퀴비에Georges Cuvier의 업적도 빼놓을 수 없다. 1817년에 퀴비에는 "이런 다양한 개체들은 자연으로 행해진 일종의 실험으로 여겨질 수 있다. 자연은 개체들의 서로 다른 부분들을 더하거나 빼내서(우리가 실험실에서 똑같이 하듯이) 그런 가감의 결과를 그대로 보여 주고 있다"라고 과감하게 말했다. 퀴비에 같은 사람들은 대부분 종의 진화를 부인했지만 당시 최근의 지구 수준에서 발견되는 생물 종류에서 생물이 진보하고 있음을 알아냈다.

퀴비에가 몹시 싫어하는 경쟁자인 투지가 강한 에티엔 제프루아 생틸레르Etienne Geoffroy Saint-Hilaire(1772-1844년)는 이집트의 과학 탐험에 참여해 달라는 나폴레옹의 초청을 받아들여 생명의 위험을 무릅쓰고 무덤에서 표본을 수집했다. 그는 '진화'라는 말을 발생 초기의 생물체 발달이란 의미에서 종의 발생이라는 의미로 바꿔 놓았다. 조프루아는 모든 척추동물의 구조적 유사성을 통해 포유류가 어류에서 진화되었다고 여겼고, 따라서 모든 동물계의 진화를 선언했다. 그러나 진화의 혁신자가 되려면 예수처럼 기꺼이 가시관을 써야 할 것이라고 그는 말했다.

진화에 관한 자료는 분명히 정해진 임무가 있는 해양 탐험의 예상치 못한 부산물이었다. 잘 알고 있듯이, 비글호는 영국 해군성에서 남아메리카 해안의 지도를 만들고 전 세계적으로 연결된 시간대별 계산법으로 더욱 정확한 경도를 측정하려고 파견되었다. 그러나 왕립학회, 린네학회, 그리고 이와 대등한 유럽과 미국의 학회 등 근대의 과학 의회에서는 박물학의 예상치 못한 부산물에 관해 신중한 논의를 하게 되었다.

진화의 승리는 사상의 승리일 뿐만 아니라 인쇄물의 승리이기도 했다. 유럽의 인쇄술이 위대한 사상을 가장 불가능한 장소까지 널리 퍼지게 하는 완전히 혁신적인 새로운 역할을 했던 것이다. 토머스 로버트 맬서스Thomas Robert Malthus (1766-1834년)의 『인구론』(1798년)은 다윈이 1838년 10월에 읽은 책이었으며, 또한 월리스한테도 상당한 영향을 미쳤다. 월리스는 자서전에서 1844년에서 1845년까지 레스터에서 교사로 활동하면서 많은 시간을 그 지역 도서관에서 보냈을 때를 이렇게 떠올렸다. "아마도 내가 읽은 가장 중요한 책은 맬서스의 『인구론』이었으며, 그 책은 사실들이 훌륭하게 요약되었으며 논리적인 귀납법으로 결론을 이끌어 내었기 때문에 나는 크게 감명을 받았다. 그리고 내가 읽은 철학적인 생물학의 문제를 다루는 최초의 책이었으며, 그 안의 중요한 원리들은 영원히 내 소유가 되었고 20년 후에 내게 유기체 종의 진화에서 효과적인 요인을 오랫동안 찾고 있던 실마리를 제공해 주었다." 그리고 월리스는 자신의 앞길에 맬서스가 다시 나타나 삶을 변화시킨 순간을 생생하게 기록했다. 1858년 1월에 나비와 딱정벌레를 채집하려고 몰루카 제도의 테르나테에 막 도착했을 때 월리스는 "종과 그에 관한 기록에 열정을 품었지만 다윈이나 나 자신이 '자연선택'을 생각해 내지 않았더라면 나는 인생의 최고 시절을 비교적 무익한 연구에 소비했을 것이다"라는 생각을 했다. 하지만 그의 생각은 막다른 길에 도달했다.

나는 아주 고약한 간헐열에 시달리고 있었고 매일 오한과 열을 반복하여 몇 시간 동안 누워 있었다. 그동안은 아무것도 못하고 특히 관심이 있었던 주제를 생각하기만 했다. 그러던 어느 날 12년 전에 읽었던 맬서스의 『인구론』을 회상하게 되었다. 나는 '증가를 적극적으로 억제하는 맬서스의 분명한 전제' 즉 질병, 사고, 전쟁, 기아 등이 야만족의 인구를 문화민족의 수준 이하로 유지시킨다는 그의 주장을 생각해 냈다. 그리고 나는 이러한 원인이나 비슷한 일들이 동물의 경우에도 계속 영향을 미치고 있고, 동물이 보통은 인류보다 더 빨리 번식하므로 각 종의 수를 감소시키기 위해 이러한 원인에서 매년 큰 파괴가 일어나야 하고… 그렇지 않았다면 이 세상은 오래전에 가장 번식력이 강한 동물로 가득 메워졌을 것이라는 생각을 했다…. 왜 어떤 종은 살고 어떤 종은 죽을까? 이 문제는 명확히 전체에서 가장 적합한 종이 살아남는다는 분명한 해답이 나왔다. 질병에서는 가장 건강한 종이, 적에게서는 가장 강하거나 가장 빠르거나 또는 가장 교활한 종이, 기아에서는 가장 사냥을 잘하거나 가장 소화력이 강한 종이 살아남을 것이다. 그렇다면 이 자동 과정이 필수적으로 종족을 개선시킨다. 왜냐하면 모든 세대마다 열등한 생물체는 필연적으로 멸종되고 우수한 생물체만이 살아남기 때문이다. 다시 말해, 적자생존이라는 생각이 문득 떠올랐다…. 나는 열이 내리기를 간절히 기다렸다가 열이 내리자 즉시 이 주제를 기록하기 시작했다.

월리스는 다음 우편으로 다윈에게 서신을 보내기 위해 계속 이틀 밤을 종이와 씨름을 했으며 그 결과는 앞서 살펴본 그대로이다.

맬서스가 인구론에서 펼친 사상은 루소와 윌리엄 고드윈William Godwin의 이상적인 사상을 존경하는 아버지에 대한 반발이었다. 성직자가 될 몸이었고 실제로 그렇게 되었지만 케임브리지 대학에 들어간 젊은 맬서스는 수학에 뛰어난 재능이 있었다. 그는 "인구가 억제되지 않으면 기하학적으로 증가하고 식량 생산은 산술적으로만 증가한다"라고 '인구론'의 핵심을 제시했다. 그리고 맬서스는 자주 전통 방식의 설교를 했는데도 불구하고 그의 책은 수량적 사회과학의 느낌을 담고 있었다. 맬서스는 영국의 지도자들이 '빈민에 대한 약속을 위반하는 반대를 못하도록' 빈민구제법을 개정하려는 뚜렷한 현실적인 목적을 갖고 있었다. 그리고 그는 궁극적으로 경제사상에도 영향을 미쳤다. 카를 마르크스Karl Marx도 맬서스한테서 배웠으며, 또한 존 메이너드 케인스John Maynard Keynes도 유효 수요가 불경기를 피하는 길이라는 생각을 맬서스의 공으로 여겼다. 그러나 맬서스가 생물학에 미친 영향은 전혀 예측하지 못한 일이었다. 다윈은 『종의 기원』에서 생존경쟁은 "동식물계 전체에 여러 영향력으로 적용된 맬서스의 이론이다"라고 설명하고 있다. 맬서스의 작은 책 『인구론』의 놀라운 영향력은 그의 특유의 설득력 때문이었으며, 이 책은 맬서스가 죽기 전에 6판이 인쇄되었으며 세월이 흐를수록 그 영향력이 더욱 커졌다.

출판은 흔히 문제의 중심이 되곤 했다. 독자가 동의하든 안하든 출판된 책이 판매되면서 논란을 일으키는 것이 문제였다. 다윈의 『종의 기원』을 보았을 때 기민한 존 머리John Murray는 매우 냉담했다(존 머리는 『비글호의 항해기』 개정판을 출판했고 몇몇 사람이 거절한 허먼 멜빌의 남해 모험담을 출판한 사람이었다). 신중했던 다윈은 1859년 3월 28일에 머리에게 어떻게 접근해야 할지에 관해 라이엘에게 물어 보았다.

추신: 내 책은 그 주제가 필연성을 부여하는 만큼 비정통성은 아니라는 사실을 머리에게 어떻게 말해야 하는지 조언해 주시겠습니까? 나는 인간의 기원을 논하고 있지 않습니다. 창세기 등등에 관해서는 어떤 논의도 하지 않으며 오로지 사실과 거기서 나오는 내게 정당하다고 여겨지는 결론만 제시하고 있습니다.

아니면 머리에게 아무 말도 하지 않고 이 정도의 비정통성에 그도 반대할 수 없을 것이라고 생각하는 것이 나을까요? 사실 이 정도의 비정통성은 창세기에 전혀 맞지 않는 어떤 지질학 논문보다 더하지는 않습니다.

최종적으로 머리는 제목에서 '개요'와 '자연선택'이라는 말에 관해서만 반대를 했다. 각 장의 제목만을 보고, 그리고 라이엘의 추천으로 머리는 총 수익의 3분의 2를 다윈에게 주기로 하고 출판에 동의했다.

당시의 권위 있는 잡지 『쿼털리 리뷰Quarterly Review』의 편집자 횟웰 엘윈Whitwell Elwin 목사는 독자의 보고 지면에서 머리에게 '개요'라고만 하는 책을 출판하는 것은 현명한 일이 아니라고 충고를 했었다. 『종의 기원』의 주제가 너무 논란이 많았기 때문에 엘윈은 다윈에게 대신에 독창적인 관찰로 잘 알려져 있던 비둘기에 관한 책을 써야 한다고 충고했다. 그리고 그는 "누구나 비둘기에 관해서는 관심이 있다. 그 책은 영국 내의 모든 잡지에 서평이 실릴 것이고, 곧 모든 도서관에 꽂힐 것이다"라고 덧붙여 말했다. 하지만 다윈은 엘윈에게 설득되지 않았다.

다윈의 『종의 기원』은 머리의 한 법률가 친구의 권고로 계획된 500부 대신에 1,000부가 발행되기로 했으며, 1859년 11월 24일 출판일 직전에는 1,250부로 증가되었다. 마지막 순간까지 다윈은 머리가 지나친 계획을 하는 것이 아닐까 하는 두려움이 있었으며 그의 교정료를 지불하겠다는 제안을 하기도 했다. 그런데 서적상들이 책을 모두 가져가 버리자 3,000부가 더 인쇄되었다. 결과는 기대 이상이었다. 다윈의 자서전에 따르면 "지금까지(1876년) 1만 6,000부가 영국에서 팔렸다. 그 책의 딱딱한 내용을 고려해 보면 이는 대단한 규모라고 할 수 있다. 이 책은 거의 모든 유럽어로 번역되었으며, 스페인어, 보헤미아어, 폴란드어, 러시아어 등으로도 번역이 되었다. 또한 버드 양Miss Bird에 따르면 일본어로까지 번역되어 연구되고 있다고 한다. 심지어는 이 책에 관한 히브리어 논문이 나와 이 이론이 구약성서에 포함되어 있음을 보여 주고 있다"라고 언급했다. 그는 265편이 넘는 서평과 수많은 평론을 자랑했다. 다윈은 출판의 성공(그리 큰 성공은 아니었다. 유명한 소설은 단 1년 동안 다윈이 자랑한 부수 정도로 팔렸기 때문이다)을 '무수히 잘 관찰된 사실'과 월리스의 논문에서 도움을 받았다고 말한 책의 적당한 크기의 효과에 따른 결과로 보았다.

『종의 기원』에 대한 초기의 적내적인 반응과 특히 새뮤얼 월버포스Samuel Wilberforce 주교의 무식하고 경멸로 가득한 공격은 이제는 잘 알려진 일이 되었다. 하지만 그 경멸은 순식간에 찬사로 바뀌었다.『종의 기원』이 출판되고 10년도 안 되어, 케임브리지 대학의 자연과학의 우등 졸업 시험의 문제가 자연 속의 '지적 설계의 증거'를 묻는 대신에, 생존경쟁의 개념을 분석하는 문제로 바뀌었다. 괴팍한 월버포스 주교가 마지못해 자신의 과오를 고백했을 때에도 다윈의 지지자였던 토머스 헨리 헉슬리Thomas Henry Huxley는 그 주교에게 불만을 나타냈다. "뉘우치지 않는 고백은… 용서를 받을 근거가 되지 못하고, 또한 다윈을 공격한 월버포스 주교를 대하는 다윈 씨의 친절은 관대함과 겸손함을 너무 잘 보여 주어서 이것이 오히려 비판자의 무례를 반대하는 대중의 분노를 더해 주고 있다." 헉슬리는 다윈의 책을 "뉴턴의『프린키피아』이후, 인류의 소유가 된 자연 지식의 영역을 확대시키는 가장 강력한 수단"이라고 칭했다. 또한 그는 "이 책을 처음 전달한 세대가 이를 혹평했고, 이 책에 터무니없는 분노를 일으킨 것은 생각할수록 슬픈 일이다. 그러나 현재의 세대도 또 다른 다윈이 나타나 인류가 일반적으로 가장 싫어하는, 그들의 신념을 고쳐야 할 필요성에 처할 때는 어쩌면 마찬가지로 고약하게 행동할 것이다"라고 말했다.

다윈주의의 장기적인 영향력과 과학과 종교에서 결실을 맺은 양면의 가치는 과학 지식의 한계와 기대를 설명하려고 헉슬리가 처음 사용한 '불가지론agnostic'이란 말 속에 포함되어 있었다. 헉슬리는 이 말의 근원을 성 바울이 "알려지지 않은 신에게To the Unknown God"라고 새겨진 제단에서 예배를 올리는 아테네 사람들과 만난 일에서 단서를 찾았다. 1882년에 다윈은 세상을 떠났을 때 20여 명의 의회 의원들의 동의를 받아 웨스트민스터 사원에 묻혔다.

참고 문헌

참고 문헌들은 내가 가장 가치 있다고 생각한 발견의 여러 길을 독자들이 살펴보는 데 도움이 될 것이다. 그와 동시에 나는 다른 학자들에게 큰 신세를 졌다는 사실을 밝혀두려고 한다. 이곳에 선별된 참고 문헌들은 대부분 도서가 잘 갖춰진 공공 도서관이나 대학 도서관에서 찾아볼 수 있는 저서들이다. 학술지의 전문적인 논문과 논설 중에는 상당수가 제외되었다. 워싱턴 D.C.의 미국 의회 도서관에 보관되어 있는 원고 사본에는 내가 직접 인용한 주요 내용의 상세한 참고 문헌과 출처 자료 목록이 들어 있다. 다음에 나오는 참고 문헌들은 일반 참고 문헌을 제외하고 이 책의 장별 순서에 따라 나열되어 있다.

일반 참고 문헌

이 책을 저술하는 동안 내가 활용했던 백과사전을 비롯한 여러 사전은 선택한 주제들을 풀어 나갈 때 도움을 주었고 그와 동시에 탐구할 계획이 전혀 없었던 주제와 인물들까지 깊이 연구하게 했다. 집필 작업 후반에 내 손에 들어온 새로운 『브리태니커 백과사전』(Encyclopaedia *Britannica*, 15th ed., 1980)은 그 안에 실린 최신 참고 문헌들이 매우 유용했기 때문에 내게 눈이 휘둥그레질 정도로 기쁨이며 축복이었다. 나는 사전, 참고 도서, 일반 논문 등을 오랫동안 이용했지만 『브리태니커 백과사전』만 한 자료가 없다는 사실을 깨달았다. 따라서 변하기 쉬운 사상이나 난해하고 불확실한 사실을 추구하거나 확인하지 않아도 될 변명은 절대 있을 수 없다. 필수적이면서 더욱 전문적인 참고 문헌들 가운데 특히 다음 자료들이 큰 도움을 주었다. 획기적인 저서 『과학 전기 사전』(C. C. Gillispie, ed., *Dictionary of Scientific Biography*, 16 vols., 1970-

80), 『기술의 역사』(Charles Singer & others, eds., *History of Technology*, 5 vols., 1967; and Trevor L. Williams, ed., on the twentieth century, 2 vols., 1978), 『국제 사회과학 백과사전』(David L. Sills, ed., *The International Encyclopedia of the Social Sciences*, 17 vols., 1968), 이에 앞서 나왔으나 여전히 유용한 『사회과학 백과사전』(Edwin R. A. Seligman, ed., *The Encyclopaedia of the Social Sciences*, 15 vols., 1930-34), 『종교와 윤리학 백과사전』(James Hastings, ed., *Encyclopaedia of Religion and Ethics*, 12 vols., n.d.) 등이 있다. 미국과 영국 독자들을 위해서는 『옥스퍼드 영어사전』(James A. H. Murray & others, eds., *Oxford English Dictionary*, 13 vols., 1930)과 그 증보판(R. W. Burchfield, ed., 1972-)이 지식의 무한한 보고의 역할을 한다.

나는 경탄스러운 조지프 니덤의 모든 저서에서 큰 도움을 받았다. 특히 그의 최고의 저서 『중국의 과학과 문명』(Joseph Needham, *Science and Civilisation in China*, 8 vols., and more in progress, 1954-)뿐만 아니라 앞으로 제시할 보다 짧은 저작물들도 주목할 필요가 있다. 역사나 중국에 조금이라고 관심이 있는 사람들이라면 니덤이 현대에서 위대한 지성의 대사 역할을 해낸 학자라는 사실을 잊어서는 안 된다.

내가 다루고 있는 위대한 발견자들을 통해 밝혀진 주요 원전들은 대부분 훌륭하게 꾸며지고 편리하게 편집이 된 『서양의 위대한 저서들』(an Encyclopaedia Britannica publication, Robert Maynard Hutchins, ed., *Great Books of the Western World*, 54 vols., 1952)에서 찾아볼 수 있다.

유용한 연대기로는, 『세계사 백과사전』(William L. Langer, ed., *An Encyclopedia of World History*, 5th ed., 1968), 『현대 세계의 연대기』(Neville Williams, ed., *Chronology of the Modern World*, 1967), 『역사의 시간표』(Bernard Grun, ed., *The Timetables of History*, 1975) 등이 있다. 지리학에 관한 자료에는, 『타임스 세계사 지도』(Geoffrey Barraclough, ed., *The Times Atlas of World History*, 1978), 『새로운 케임브리지 현대사 지도』(H. C. Darby & others, eds., *The New Cambridge Modern History Atlas*, 1970), 그리고 간결하고 비싸지 않은 저서인 『펭귄 세계사 지도』(Hermann kinder & others, eds., *Penguin Atlas of World History*, 2 vols., 1974-78) 등이 있다.

역사학 학술지 『아이시스』(Isis), 중세 학술지 『스페쿨룸』(Speculum), 『사상사 저널』(Journal of the History of Ideas), 『미국 역사 비평』(American Historical Review)과 같은 학술지들은 수많은 공공 도서관과 교육기관의 도서관에서 찾아볼 수 있으며, 물론 특정 인물과 주제들을 연구할 때 탐구할 가치가 있다.

3편 자연

천문학을 처음 살펴보는 독자들은 명확하고 간결한 이야기체 역사서로 읽기 시작하면 좋을 것이다. 예컨대 드레이어의 『탈레스에서 케플러에 이르는 천문학의 역사』(J. L. E. Dreyer, *A History of Astronomy from Thales to Kepler*, 2d ed., 1953) 또는 베리의 『천문학 역사의 개요』(Arthur Berry, *A Short History of Astronomy*, 1898 ; 1961)가 있는데, 모두 값싼 문고본으로 구할 수 있다. 과학의 역사를 깊숙이 들어가면, 누구나 토머스 S. 쿤의 대담하고도 훌륭한 저서 『과학 혁명의 구조』(Thomas S. Kuhn, *Structure of Scientific Revolution*, 1962)와 추가적인 흥미를 느껴 볼 수 있는 『본 질적 긴장: 과학 전통과 변화의 선택적 연구』(Thomas S. Kuhn, *Essential Tension ; Selected Studies in Scientific Tradition and Change*, 1977)를 꼭 읽어야 한다. 모 든 독자가 그럴 테지만, 나는 쿤의 저서 『코페르니쿠스 혁명: 서양 사상 발달의 행성 천문학』(Thomas S. Kuhn, *Copernican Revolution : Planetary Astronomy in the Development of Western Thought*, Vintage paperback, 1959)에 큰 도움을 받았다. 의미가 있는 또 다른 일반서는 참고 문헌으로 귀중하며 내용이 많은, 딕스테르하위스 의 『세계상의 기계화』(E. J. Dijksterhuis, *The Mechanization of the World Picture*, 1961)가 있다. 그 외에도 뒤앙의 『현상들을 살리기 위해: 플라톤에서 갈릴레오에 이 르는 물리학 이론에 관한 소론』(Pierre Duhem, *To Save the Phenomena : An Essay on the Idea of Physical Theory from Plato to Galileo*, 1969)과 『우주 체계』(Pierre Duhem, *Le Système du Monde*, vol. 1, 1971), 플라마리옹의 『하늘의 역사』(Camille Flammarion, *Histoire du Ciel*, 1877), 하윗의 『우주의 발견: 천문학의 조사와 범위

와 유산』(Martin Harwit, *Cosmic Discovery: The Search, Scope and Heritage of Astronomy*, 1981), 호일의 활기 넘치고 사색적인 3개의 저서 『천문학: 인류의 우주 조사의 역사』(Fred Hoyle, *Astronomy: A History of Man's Investigation of the Universe*, n.d.), 『인류와 은하계』(Fred Hoyle, *Of Men and Galaxies*, 1964), 『스톤헨지에서 현대 우주론까지』(Fred Hoyle, *From Stonehenge to Modern Cosmology*, 1972), 파네쿡의 『천문학의 역사』(Antonie Pannekoek, *A History of Astronomy*, 1961), 전문 내용도 모두 포함되어 있는 플레지의 『1500년 이후의 과학: 수학, 물리학, 화학, 생물학에 관한 간략한 역사』(H.T. Pledge, *Science Since 1500: A Short History of Mathematics, Physics, Chemistry, and Biology*, 1959), 싱어와 라빈의 『현대 과학의 서론』(Charles Singer & C. Rabin, *A Prelude to Modern Science*, 1946), 울프의 『16세기와 17세기의 과학과 기술과 철학의 역사』(A. Wulf, *History of Science, Technology and Philosophy in the 16th and 17th Centuries*, 2 vols., 2d ed., 1959)와 『18세기의 과학과 기술과 철학의 역사』(A. Wulf, *History of Science, Technology and Philosophy in the 18th Century*, 1939) 등이 있다. 초기의 자료들은 섀플리와 하워스의 『천문학 자료집』(Harlow Shapley & Helen E. Howarth, *A Source Book in Astronomy*, 1929)과 라이트의 『중세에 쓰인 대중 과학 논문들』(Thomas Wright, ed., *Popular Treatises on Science written during the Middle Ages*, 1891)에서 찾아볼 수 있다. 특히 『중세에 쓰인 대중 과학 논문들』에는 8세기에 성 비드(Bede)가 요약한 "앵글로-색슨 천문학 설명서(Anglo-Saxon Manual of Astronomy)"라는 흥미로운 자료가 복사되어 들어 있다. 9부에서 검토된 몇 가지 주요 원전들, 즉 프톨레마이오스의 『알마게스트』, 코페르니쿠스의 『천구의 회전에 관하여』, 케플러의 『코페르니쿠스 천문학 개요』(*Epitome of Copernican Astronomy*) 4장과 5장 그리고 『세계의 조화』(*The Harmonies of the World*) 5장 등은 『서양의 위대한 저서』(*Great Books of the Western World*) 제16권에 편리하고 멋지게 담겨 있다.

코페르니쿠스에 관해서는, 아미티지의 『태양이여, 가만히 있으라』(Angus Armitage, *Sun, Stand Thou Still*, 1947), 루드니츠키의 『니콜라우스 코페르니쿠스』(Josef Rudnicki, *Nicholas Copernicus*, 1938; abridged ed., 1943), 로즌의 『코페르니쿠스의 논문 3편』(Edward Rosen, trans. & ed., *Three Copernican Treatises*,

1975), 그리고 네이만의 『코페르니쿠스의 유산: '마음을 즐겁게 하는' 이론들』(J. Neyman, ed., *The Heritage of Copernicus: Theories "Pleasing to the Mind"*, 1975)을 참고하면 된다. 투지 넘치는 코페르니쿠스의 생애를 알고 싶다면, 싱어의 『조르다노 브루노, 그 생애와 사상』(Dorothea W. Singer, *Giordano Bruno, his Life and Thought*, 1968)을 읽어 보면 좋다. 이 저서에는 브루노의 "무한한 우주와 세계 (On the Infinite Universe and World)"가 번역되어 주석과 함께 실려 있다. 튀코 브라헤에 관해서는, 드레이어의 생동감이 있는 저서 『튀코 브라헤』(J. L. E. Dreyer, *Tycho Brahe*, 1890)를 읽고, 참고 문헌이 붙어 있는 가데의 『튀코 브라헤의 생애와 시대』(J. A. Gade, *The Life and Times of Tycho Brahe*, 1947)를 참조하면 좋다. 카스파르의 『케플러』(Max Caspar, *Kepler*, 1939)에서는 훌륭하면서도 불가사의한 케플러를 만날 수 있다.

갈릴레오는 끊임없이 과학적인 멜로드라마의 소재가 되고 학계의 논란을 불러일으키고 있다. 방대한 문헌들 가운데 가장 유용하다고 생각되는 저서 몇 가지를 살펴보면, 드레이크의 『연구에 몰두하는 갈릴레오: 과학적 전기』(Stillman Drake, *Galileo at Work: His Scientific Biography*, 1978)와 『1606년 기하학 및 군사용 나침반의 조작법』(Stillman Drake, *Operations of the Geometric and Military Compass, 1606*, 1978), 제이모나트의 『갈릴레오 갈릴레이: 그의 전기와 과학 철학의 탐구』(Ludovico Geymonat, *Galileo Galilei: A Biography and Inquiry into His Philosophy of Science*, 1965), 케스틀러의 극적이며 흥미로운 『몽유병자들』(Arthur Koestler, *The Sleepwalkers*, 1959), 랭퍼드의 『갈릴레오와 과학과 교회』(Jerome J. Langford, *Galileo, Science, and the Church*, rev. ed., 1971)와 산틸라나의 힘찬 해석이 돋보이는 『갈릴레오의 범죄』(G. de Santillana, *The Crime of Galileo*, 1955) 등이 있다. 갈릴레오의 『2가지 새로운 과학에 관한 대화』(*Dialogues Concerning Two New Sciences*)는 『서양의 위대한 저서』 제28권에서 편리하게 살펴볼 수 있다.

과학의 역사에서 광학과 빛의 본질보다 신비주의와 종교를 더 생각나게 하는 주제는 많지 않다. 읽기 쉽고 믿을 만한 출발점이 되는 저서는 롱키의 『빛의 본질: 역사적 조사』(Vasco Ronchi, *The Nature of Light: An Historical Survey*, 1970)이다. 특별한 관련성이 있는 다른 저서로는, 린드버그와 스테넥의 『르네상스 시대의 과학과 의학과 사회 분야에서의 '시각과 현대 과학의 기원'』(David C. Lindberg & Nicholas H. Steneck, "*The Sense of Vision and the Origins of Modern Science*," in *Science, Medicine and Society in the Renaissance*, Allen G. Debus, ed., vol. I, 1972), 킹의 『망원경의 역사』(Henry C. King, *The History of the Telescope*, 1955), 로슨의 『망원경의 이름 짓기』(Edward Rosen, *The Naming of the Telescope*, 1947), 그리고 실비오 A. 베디니의 수많은 논문들, 특히 "멀리 볼 수 있는 망원경 (17세기 초 망원경의 물리적 특성)"(Silvio A. Bedini, "The Tube of Long Vision (The Physical Characteristics of the early 17th Century Telescope)," *Physis*, vol. 13, 1971, pp. 149-204)이 있다.

현미경의 역사는 우주론이나 천체들과 거의 명확한 관련이 없어서 갈릴레오와 망원경 연구에 불어넣었던 열정으로 활기를 얻거나 고통에 시달리지도 않았다. 즐겁게 읽어 볼 수 있는 입문서로는 레이우엔훅의 일상을 모두 알 수 있는, 도벨의 『안톤 판 레이우엔훅과 '작은 동물들'』(Clifford Dobell, *Antony van Leeuwenhoek and His "Little Animals"*, 1932; 1960)이다. 레이우엔훅이 직접 쓴 서신과 메모들을 담고 있는 이 저서는 다행히 도버(Dover)에서 재발행한 책(1960)으로 값싸게 구할 수 있다. 그 외에도 브래드버리와 터너의 『현미경 사용의 역사적 측면들』(S. Bradbury & G. L'E. Turner, eds., *Historical Aspects of Microscopy*, 1967), 브래드버리의 『현미경의 진화』(S. Bradbury, *The Evolution of the Microscope*, 1967), 클레이와 코트의 『현미경의 역사』(Reginald S. Clay & Thomas H. Court, *The History of the Microscope: Compiled from Original Instruments and Documents up to the Introduction of the Achromatic Microscope*, 1932), 디즈니의 『현미경의 기원과 발달』(Alfred N. Disney, *Origin and Development of the Microscope, as Illustrated by Catalogues of the Instruments and Accessories in the Collection of the Royal Microscopical Society*, 1928), 스하르베이크의 『보이지 않는 세계의 측정, 안톤 판 레이우엔훅의 생애와 업적』(A. Schierbeek, *Measuring the Invisible World, the Life and Works of Antoni van Leeuwenhoek . . . with a biographical chapter by Maria Roosenboom*, 1959)과 『얀 스바메르담, 1637-1680, 그의 생애와 업적』(A. Schierbeek, *Jan Swammerdam, 1637-1680, His Life and Works*, 1967) 등이 있다.

앞서 인용한 저서들 이외에 중국과 일본의 망원경과 현미경에 관해서는, 드 엘리아의 『중국의 갈릴레오: 로마 대학을 통한 갈릴레오와 예수회 과학자 선교사들의 관계, 1610~1640년』(Pasquale M. D'Elia, *Galileo in China*: *Relations through the Roman College between Galileo and the Jesuit Scientist Missionaries*, (*1610–1640*), 1960), 레븐슨의 『근대의 중국』(John R. Levenson, *Modern China*, 1971), 시빈의 『동아시아의 과학과 기술』(Nathan Sivin, ed., *Science and Technology in East Asia*, 1977)과 『중국의 연금술: 예비 연구』(Nathan Sivin, *Chinese Alchemy*: *Preliminary Studies*, 1968), 킨의 『일본의 유럽 발견, 1720~1830년』(Donald Keene, *The Japanese Discovery of Europe*, *1720–1830*, 1969) 등이 있고, 더욱 넓은 맥락을 위해서는 샌섬의 『서양과 일본』(G. B. Sansom, *The Western World and Japan*, 1951)을 참고하면 된다.

의학의 역사는 의료 전문직의 역사와 뗄 수 없는 관계에 있다. 그러나 모든 전문직의 역사를 연대순으로 기록하기는 쉽지 않았다. 전문직 내부자들은 흔히 방어의 벽을 쌓고 외부자들은 전문화된 주제를 터득하는 데 필요한 전문 지식이나 전문용어를 거의 알지 못하기 때문이다. 모든 전문직 주제를 괴롭히는 문제들을 흥미 있게 소개한 글이 『국제 사회과학 백과사전』(*International Encyclopedia of the Social Sciences*, vol. 12, pp. 536–47; with bibliography)에 나오는 탤컷 파슨스(Talcott Parsons)의 "전문직"("Professions")이라는 소논문이다. 안타깝게도 이 글에서도 필자의 사회학적인 전문용어들이 어렵게 표현되고 있다. 10부의 주제를 더 넓은 맥락으로 다룬 저서는 벌로우의 『전문직으로서 의학의 발달』(Vern L. Bullough, *The Development of Medicine as a Profession*, 1966)이 있다. 이 저서는 중세 대학이 현대 의학에 이바지한 공적을 다루고 있다. 그 외에도 엘리아데의 『대장간과 도가니: 연금술의 기원과 체계』(Mircea Eliade, *The Forge and the Crucible*: *The Origins and Structures of Alchemy*, 1971), 프랭클린의 『생리학 역사의 개요』(K. J. Franklin, *A Short History of Physiology*, 1933), 킬리의 『임상의학의 진화』(Kenneth B. Keele, *The Evolution of Clinical Methods in Medicine*, 1963), 하비(Harvey)에 이르기까지 해부학과 생리학의 발견을 다룬 싱어의 『해부학의 진화』(Charles Singer, *The Evolution of Anatomy*, 1925) 등이 있다. 현대 의학의 발견에 대한 전문직 장애물과 기법을 좀 더 깊이 살펴보고 싶다면, 버나드의 고전 『실험 의학의 연구에 관한 입문』(Claude Bernard, *Introduction to the Study of Experimental Medicine*, 1927)을 읽어 보면 된다.

파라셀수스의 저작물은 쉽게 이용할 수가 없다. 하지만 파라셀수스의 경력을 소개하고 있는 『위대한 파라셀수스라 불리는 테오파라투스 필리푸스 아우레올루스 봄바스투스 폰 호엔하임의 신비학과 연금술 저작물』(A. E. Waite, trans., *The Hermetic and Alchemical Writings of Aureolus Philippus Theophrastus Bombast of Hohenheim, Called Paracelsus the Great*, 2 vols., 1894)과 『파라셀수스의 논문 4편』(Henry E. Sigerist, ed., *Paracelsus, Four Treatises*, 1941)을 참고하면 된다. 파라셀수스를 소개하는 짧지만 가장 뛰어난 글은 『과학 전기 사전』(*Dictionary of Scientific Biography*, vol. 10, pp. 304-13)에 나오는 파겔(Walter Pagel)의 "파라셀수스"("Paracelsus")라는 소논문이 있다. 그리고 같은 저자의 『파라셀수스』(Walter Pagel, *Paracelsus*, 1958)라는 저서를 참고하면 좋다. 그 외에도 텔레프네프의 『불안한 세계 속의 천재, 파라셀수스』(Basilio de Telepnef, *Paracelsus: A Genius Amidst a Troubled World*, 1945), 팍터의 『과학에 마술을 도입한 파라셀수스』(Henry M. Pachter, *Paracelsus: Magic into Science*, 1951), 파라셀수스가 세상을 떠난 뒤 영국에 미친 영향을 조사한 『영국의 파라셀수스주의』(Allen G. Debus, *The English Paracelsians*, 1965) 등이 있다.

대표적인 갈레노스의 저작물은 『서양의 위대한 저서』(*Great Books of the Western World*, vol. 10)에서 편리하게 이용할 수 있다. 갈레노스에 관한 적절한 소개는 『과학 전기 사전』(Dictionary of Scientific Biography, vol. 5, pp. 227-37)에 실린 레너드 G. 윌슨(Leonard G. Wilson)의 글에서 확인할 수 있다. 영어 표준판으로는 『신체의 각 부분의 용도』(Galen, *On the Usefulness of the Parts of the Body*, Margaret T. May, trans. & ed.; 2 vols., 1968)가 있고, 이 내용을 유용하게 보충해 주는 저서가 템킨의 『갈레노스식 의술: 의학 철학의 번성과 쇠락』(Owsei Temkin, *Galenism: Rise and Decline of a Medical Philosophy*, 1973)이다. 의학의 이름으로 철학, 심리학, 연금

술, 점성술, 과학, 신학 등을 혼합하여 소개한 흥미로운 저서는 버턴의 『우울의 해부』(Robert Burton, *Anatomy of Melancholy*, 1624-51)이다. 근대 이전의 마지막 의학 고전으로 통하는 이 책은 여러 차례 재발행되어 있어서 쉽게 이용할 수 있다.

해부학자로서 레오나르도를 설명하는 문헌으로는 리히터의 『레오나르도 다 빈치의 노트북』(Jean Paul Richter, ed., *The Notebooks of Leonardo da Vinci*, Dover reprint, 1970), 필립슨의 『레오나르도 다빈치, 르네상스 천재의 모습』(Morris Philipson, ed., *Leonardo da Vinci, Aspects of the Renaissance Genius*, 1966), 그리고 파노프스키의 흥미로운 논문 "예술가, 과학자, 천재: 르네상스 황혼기의 비망록"(Erwin Panofsky, "Artist, Scientist, Genius : Notes on the 'Renaissance-Dämmerung,'" *The Renaissance*, 1962)이 있다.

르네상스를 더 넓은 관점을 살펴보려면, 데버스의 『르네상스의 과학과 의학과 사회』(Allen G. Debus, ed., *Science, Medicine and Society in the Reinaissance*, 2 vols., 1972), 크리스텔러의 『르네상스의 철학자 8인』(Paul O. Kristeller, *Eight Philosophers in the Renaissance*, 1964), 사턴의 『여섯 날개: 르네상스 시대의 과학인』(George Sarton, *Six Wings : Men of Science in the Renaissance*, 1957)을 참고하면 된다.

베살리우스에 관해서는 다행히 분량이 많고, 정확하며, 읽기 쉬운 전기, 오맬리의 『브뤼셀의 안드레아스 베살리우스, 1514-1564년』(C. D. O'Malley, *Andreas Vesalius of Brussels, 1514-1564*, 1964)이 있다. 그리고 미국 의학의 개척자 쿠싱이 저술한 탁월하고 개념이 독특한 저서 『안드레아스 베살리우스의 전기가 포함된 서지학』(Harvey W. Cushing, *A Bio-Bibliography of Andreas Vesalius*, 1962)을 참고하면 좋다. 그 외에도 『인체의 구조에 관하여』(Andreas Vesalius, *De Humani Corporis Fabrica*, 1967), 『안드레아스 베살리우스의 개요』(L. R. Lind, trans., *The Epitome of Andreas Vesalius*, 1949) 그리고 한 의학도의 목격담을 기록한 『1540년 볼로냐에서 처음으로 실시한 안드레아스 베살리우스의 공개 해부』(Baldasar Heseler, *Andreas Vesalius' First Public Anatomy in Bologna, 1540*, Ruben Eriksson, ed., 1959)가 있다.

윌리엄 하비에 관해서는 제프리 케인스의 매우 읽기 좋은 불후의 작품 『윌리엄 하비의 일생』(Geoffrey Keynes, *Life of William Harvey*, 1966)이 있다. 그 외에도 킬리의 『인간과 의사와 과학자로서의 윌리엄 하비』(Kenneth D. Keele, *William Harvey, the Man, the Physician, and the Scientist*, 1965), 파겔의 『윌리엄 하비의 생물학 사상』(Walter Pagel, *William Harvey's Biological Ideas*, 1967), 휘터리지의 『윌리엄 하비와 혈액 순환』(Gweneth Whitteridge, *William Harvey and the Circulation of the Blood*, 1971) 등이 있다. 엄선된 하비의 저작물은 『서양의 위대한 저서』 제28권에 실렸으며, 또한 하비의 『혈액 순환과 다른 저술들』(William Harvey, *The Circulation of the Blood and Other Writings*, Kenneth J. Franklin, ed.; Everyman ed., 1963) 이 있다.

산토리오에 관한 영문 저서는 쉽게 이용할 수 없으나, 『과학 전기 사전』에 실린 그르메크(M. D. Grmek)의 참고 문헌이 함께 있는 글(*Dictionary of Scientific Biography*, vol. 12, pp. 101-104)로 시작하면 좋다. 그 외에도 메이저의 뛰어난 개요 "산토리오 산토리오"(Ralph H. Major, "Santorio Santorio," *Annals of Medical History*, vol. 10, 1938, pp. 369-81), 렌본의 "무감각 발한의 자연사: 건강과 질병의 잊어버린 이론"(E. T. Renbourn, "The Natural History of Insensible Perspiration: A Forgotten Doctrine of Health and Disease," *Medical History*, vol. 4, 1960, pp. 135-52), 미들턴의 『온도계의 역사』(W. E. Knowles Middleton, *A History of the Thermometer*, 1966), 미첼의 『의학 정밀 기기의 초기 역사』(S. Weir Mitchell, *The Early History of Instrumental Precision in Medicine*, 1891) 등이 있다.

말피기에 관해서는 『과학 전기 사전』에 실린 루이지 벨로니(Luigi Belloni)의 글 (*Dictionary of Scientific Biography*, vol. 9, pp. 62-66)에서 잘 소개되어 있고, 니덤의 저서 『발생학의 역사』(Joseph Needham, *A History of Embryology*, 1934)로 보충할 수 있다. 그러나 의학의 역사에서 읽고 참조할 기쁨을 주는 저서로는 비할 데가 없는 아델만의 훌륭한 『마르첼로 말피기와 발생학의 발달』(Howard B. Adelmann, *Marcello Malpighi and the Evolution of Embryology*, 5 vols., 1966)이 있다. 이 저서에는 말피기의 많은 저작물이 다시 실려 있거나 편집되어 있다.

11부 과학의 대중화

이 책의 집필 과정에 큰 도움을 주었던, 존 지만의 흥미로운 『공공의 지식』(J.

M. Ziman, *Public Knowledge*, 1968)과 『지식의 힘』(J. M. Ziman, *The Force of Knowledge*, 1976)은 과학의 역사에서 현대의 특징적인 과학 조직으로 향하는 길을 터 주고 있다. 물론 과학의 역사는 일반적으로 방대한 문헌을 제공하고 있으며, 어디서 시작해야 할지 결정하기가 쉽지 않다. 철학자이며 수학자인 알프레드 노스 화이트헤드는 과학 사상의 대담한 시도를 명쾌하고 세련되게 소개하는데, 특히 그의 저서 『과학과 근대 세계』(Alfred North Whitehead, *Science and the Modern World*, 1931)와 『관념의 모험』(Alfred North Whitehead, *Adventures of Ideas*, 1933)이 잘 알려져 있다. 그 외에도 이용하기 쉬운 저서로는, 버터필드의 『현대 과학의 기원』 (H. Butterfield, *The Origins of Modern Science*, 1957), 진저리치가 편집한 코페르니쿠스 탄생 500주년 기념 논문집 『과학 발견의 본질』(Owen Gingerich, ed., *The Nature of Scientific Discovery*, 1975), 그레이엄의 『과학과 가치 사이에서』(Loren R. Graham, *Between Science and Values*, 1981), 홀의 『과학 혁명, 1500~1800년』 (A. R. Hall, *The Scientific Revolution 1500~1800*, 1954), 하이에크의 『과학의 반혁명』(F. A. Hayek, *The Counter-Revolution of Science*, 1979), 주요 과학 역사가들이 활발하게 격론을 벌인 논문집 『과학의 공포-과학의 신뢰』(Andrei S. Markovits & Karl W. Deutsch, eds., *Fear of Science-Trust in Science*, 1980), 머튼의 『17세기 영국의 과학과 기술과 사회』(Robert K. Merton, *Science, Technology and Society in Seventeenth-Century England*, 1970)와 사회와 과학 사상의 경계에 관해 많은 함축성을 띠는 『과학의 사회학』(Robert K. Merton, *The Sociology of Science*, 1973), 니덤의 『위대한 적정: 동양과 서양의 과학과 사회』,(Joseph Needham, *The Grand Titration: Science and Society in East and West*, 1969), 피어슨의 『과학의 문법』 (Karl Pearson, *The Grammar of Science*, 1957), 플레지의 『1500년 이후의 과학』(H. T. Pledge, *Science Since 1500*, 1959), 솔라 프라이스의 『바빌로니아 이후의 과학』 (Derek J. de Solla Price, *Science Since Babylon*, 1961), 과학과 예술과 역사에 관한 혁신적인 논문 『구조의 탐구』(Cyril S. Smith, *A Search for Structure*, 1981), 17세기의 풍부한 자료가 담긴 『마술과 실험 과학의 역사』(Lynn Thorndike, *A History of Magic and Experimental Science*, 8 vols., 1923~1958) 등이 있다.

유럽의 이상과 학문 연구의 전통에 관해 살펴보려면, 『서양의 위대한 저서』 제30

권과 옥스퍼드 대학교 출판부의 『세계의 고전』(World's Classics, Oxford University Press, 1929)에 실려 있는 프랜시스 베이컨 경의 『학문의 진보』(Francis Bacon, Advancement of Learning, 1605), 『신기관』(Francis Bacon, Novum Organum, 1620), 『새로운 아틀란티스』(Francis Bacon, New Atlantis, 1626)를 참고하면 좋다.

내가 과학의 의회라고 부르는 지식 분야의 출현에 관해서는 학문적이고 읽을 만한 저서들이 많이 있다. 예컨대 예이츠의 『16세기의 프랑스 아카데미』(Frances A. Yates, The French Academies of the Sixteenth Century, 1947), 오른스타인의 『17세기의 과학 사회의 역할』(Martha Ornstein, The Role of Scientific Societies in the Seventeenth Century, 3d ed., 1938), 크레인의 『보이지 않는 대학: 과학계의 지식 확산』(Diana Crane, Invisible Colleges: Diffusion of Knowledge in Scientific Communities, 1972), 브라운의 『17세기 프랑스의 과학 조직들, 1620-1680년』(Harcourt Brown, Scientific Organizations in Seventeenth Century France, 1620-1680, 1934) 등이 있다. 최근의 관련 자료로는 미국 의회 도서관의 의회 조사국과 과학자의 이동에 관한 청문과 보고에서 비롯된 출판물로, 『국제 기술의 진화』(The Evolution of International Technology, 1970)와 『과학 시대의 새로운 외교를 향하여』(Toward a New Diplomacy in a Scientific Age, 1970)가 있다.

마랭 메르센에 관해서는 『과학 전기 사전』제9권에 실린 크롬비의 글 "메르센"(A. C. Crombie, "Mersenne," Dictionary of Scientific Biography, vol. 9, pp. 316-22)으로 시작하면 좋다. 메르센의 모든 자료는 르노블의 『메르센 또는 기계론의 탄생』(R. Lenoble, Mersenne ou la naissance du Mécanisme, 1943)에서 살펴볼 수 있다. 메르센의 핵심 자료는 당연히 그의 『서신』(Cornelis de Waard & others, eds., Correspondence, 1932-)이다. 그 외에도 팝킨의 『에라스뮈스에서 데카르트에 이르는 회의론의 역사』(R. H. Popkin, History of Scepticism from Erasmus to Descartes, 1964), 예이츠의 『조르다노 브루노와 신비학의 전통』(Frances A. Yates, Giordano Bruno and the Hermetic Tradition, 1964), 그리고 출간 예정인 크롬비와 카루고의 『갈릴레오와 메르센: 16세기와 17세기 초의 과학과 자연과 감각들』(A. C. Crombie and A. Carugo, Galileo and Mersenne: Science, Nature and the Senses in the Sixteenth and Early Seventeenth Centuries)가 있다.

토머스 스프랫 주교의 『영국 왕립학회의 역사』(Bishop Thomas Sprat, *History of the Royal Society*, 1667; facsimile reprint, Washington University Studies, 1958) 에서는 열렬한 지지자들의 열정과 반대론자들의 의혹을 확인할 수 있다. 스프랫은 당시에 겨우 7년밖에 되지 않아 권위가 아직 세워지지 않았던 왕립학회에 관해 과장된 주장을 내세운다. 갈릴레오와 하비처럼, 스프랫도 자신을 고전 저술가의 망토로 감싸고 '심지어 자연까지 포함하여, 다른 모든 저술가들 가운데 가장 오랜 인물'로 여기지만, 프랜시스 베이컨의 제자라는 주장과 새로운 것을 옹호하는 그의 태도는 새로운 방향을 제시하는 모습을 보여 주고 있다. 스프랫에 관해 매우 훌륭하게 소개하고 있는 자료는 『과학 전기 사전』 제12권에 실린 한스 아르슬레프(Hans Aarsleff)의 글(*Dictionary of Scientific Biography*, vol. 12, pp. 580-87)이다. 또한 『과학 전기 사전』에 실린 루퍼트 홀(Rupert Hall)의 글(*Dictionary of Scientific Biography*, vol. 10, pp. 200-3)에 서는 올덴부르크를 간략하게 가장 잘 소개하고 있다. 과학 의회 초기의 분위기와 열정과 희망이 가장 잘 느껴지는 저서는 루퍼트 홀과 마리 보애스 홀이 편집한 『헨리 올덴부르크의 서신』(A. Rupert Hall and Marie Boas Hall, eds., *The Correspondence of Henry Oldenburg*, 12 vols., 1965-)이다. 이 책을 편집한 두 사람은 당대의 과학 논쟁 속의 올덴부르크와 그의 위상에 관한 많은 글을 과학의 역사 학술지에 기고해 왔다.

가장 뛰어난 일부 수학자들은 가장 효과적인 대중화의 선구자이기도 했다. 이와 관련한 흥미로운 입문서로는 화이트헤드의 『수학 입문』(Alfred North Whitehead, *An Introduction to Mathematics*, Home University Library, 1911)이 있다. 일반 독자들의 주목을 끄는 다른 저서로는, 라우스 볼의 『수학사 개요』(W. W. Rouse Ball, *A Short Account of the History of Mathematics*, 1960), 수학자들의 전기를 이용해 이야기를 능숙하게 인간적으로 그려 낸, 벨의 『수학하는 사람들』(E. T. Bell, *Men of Mathematics*, 1937), 댄치그의 『과학의 언어, 숫자들』(Tobias Dantzig, *Numbers, the Language of Science*, 1939), 클라인의 『고대에서 현대에 이르는 수학 사상』(Morris Kline, *Mathematical Thought from Ancient to Modern Times*, 1972), 유진 스미스의 『수학의 자료집』(David Eugene Smith, *A Source Book in Mathematics*, 2 vols., 1929), 끝없는 의미를 부여하며 경제를 해설하는 호그벤의 역작 『백만인의 수학』(Lancelot Hogben, *Mathematics for the Million*, 1937), 뉴먼의 진취적이며 재치

있는 자료 선집『수학의 세계』(James R. Newman, *World of Mathematics*, 4 vols., 1956)와『수학과 상상력』(James R. Newman & Edward Kasner, *Mathematics and the Imagination*, 1940), 유진과 미카미의『일본의 수학사』(David Eugene Smith & Yoshio Mikami, *A History of Japanese Mathematics*, 1914) 등이 있다.

시몬 스테빈에 관해서는,『과학 전기 사전』제13권에 실린 미네르트(M. G. J. Minnaert)의 참고 문헌이 포함된 글(*Dictionary of Scientific Biography*, vol. 13, pp. 47-51)과 딕스테르하위스의『시몬 스테빈: 1600년경의 네덜란드의 과학』(D. J. Dijksterhuis, *Simon Stevin: Science in the Netherlands Around 1600*, 1970)이 좋은 출발점이다. 스테빈의 논문 "10분의 1의 예술"("Art of Tenths")은 앞서 언급한 스미스의『수학의 자료집』에 재수록되어 있다. 십진법의 출현에 관해서는 역사학 학술지『아이시스』(*Isis*)에 유용한 논문이 많이 실려 있다. 예컨대 제21권(1934년) 241-303페이지와 제23권(1935년) 153-244페이지에는 조지 사턴의 글이 실려 있고, 제25권(1936년) 46-56페이지에는 디르크 스트라위크(Dirk Struik)의 글이 실려 있다.

수학의 발달과 과학 기구와 기구 제작 사이의 관계를 흥미롭고 다양하게 나타내고 있는 저서들로는 커닝햄의『외국인의 영국 이민』(William Cunningham, *Alien Immigrants to England*, 1969), 도마스의『17세기와 18세기의 과학 기구들』(Maurice Daumas, *Scientific Instruments of the Seventeenth and Eighteenth Centuries*, 1972), 딕스테르하위스의『세계상의 기계화』(E. J. Dijksterhuis, *The Mechanization of the World Picture*, 1969), 하우스의『그리니치 천문대: 관측소와 기구들』(Derek Howse, *Greenwich Observatory: the Buildings and Instruments*, 1975)과『프랜시스 플레이스와 그리니치 천문대의 초기 역사』(Derek Howse, *Francis Place and the Early History of the Greenwich Observatory*, 1975), 홀의 "과학 혁명의 학자와 기술자"(Rupert Hall, "The Scholar and the Craftsman in the Scientific Revolution," *Critical Problems in the History of Science*, Institute for the History of Science, Proceedings, 1959, pp. 3-23), 미셸의『예술과 역사의 과학 기구』(Henri Michel, *Scientific Instruments in Art and History*, 1966), 미들턴의 필수적인 안내서『기압계의 역사』(W. E. Knowles Middleton, *The History of the Barometer*, 1964)와『온도계의 역사』(W. E. Knowles Middieton, *A History of the*

Thermometer, 1966), 미첼의 『의학 정밀 기기의 초기 역사』(S. Weir Mitchell, *The Early History of Instrumental Precision in Medicine*, 1891) 등이 있다.

도량형의 표준을 고안하고 합의하는 문제는 과학의 열정뿐만 아니라 정치와 경제와 애국의 열정까지 불러일으켰다. 오늘날에도 미터법을 별로 중요하지는 않으나 사회적인 만병통치약으로 여기는 적극적인 사람들이 있다. 도량형과 관련된 서양의 역사를 살펴보려면, 사턴의 고대에 관한 『과학의 역사』(George Sarton, *A History of Science*, 2 vols., 1970), 핼록과 웨이드의 『도량형과 미터법의 발달 개요』(William Hallock & Herbert T. Wade, *Outlines of the Evolution of Weights and Measures and the Metric System*, 1906), 모로의 『미터법: 고대의 도량형에서 현대의 국제단위계까지』(Henri Moreau, *Le Système Métrique: des Anciennes Mesures au Système International d'Unité*, 1975), 니컬슨의 『인간과 도량법: 고대에서 현대에 이르는 도량형의 역사』(Edward Nicholson, *Men and Measures: A History of Weights and Measures Ancient and Modern*, 1912), 미국 표준청 특별 간행물인 "미국의 미터법 논쟁의 역사"("A History of the Metric System Controversy in the United States," *U.S. Metric Study Interim Report*, 1971), 『미국의 미터법: 결정의 때가 왔다』(*A Metric America: A Decision Whose Time has Come*, 1971), 주프코의 『혁명 이전의 프랑스 도량형』(Ronald E. Zupko, *French Weights and Measures Before the Revolution*, 1978) 등의 문헌을 참고하면 된다.

신비롭고 매우 모순이 많은 뉴턴의 전기 작가로서 자격을 갖추기 위해서는 역사가가 뉴턴 학설의 전문가에 가까운 능력이 있어야 한다. 웨스트폴의 『휴식 없는 삶: 아이작 뉴턴의 전기』(Richard S. Westfall, *Never at Rest: A Biography of Isaac Newton*, 1980)는 뉴턴의 삶과 관련된 사실을 이용하여 그의 이론을 조명하고, 또 뉴턴의 이론을 이용해 그의 삶을 비추는 감탄할 만한 성과를 거두고 있다. 뉴턴의 사상을 가장 읽기 쉽도록 풀어 놓은 문헌으로는 버나드 코헨의 저서들이 있다. 그는 일반 독자들에게 과학을 해설하는 뛰어난 재능을 갖춘 인물이다. 미국 독자들은 먼저, 코헨의 저서 『프랭클린과 뉴턴: 추론적인 뉴턴의 실험 과학과 그 실례로서의 프랭클린의 전기 실험 연구』(I. Bernard Cohen, *Franklin and Newton: An Inquiry into Speculative Newtonian Experimental Science and Franklin's Work in Electricity as an*

Example Thereof, 1956)를 읽어 보면 좋을 것이다. 코헨은 또한『과학 전기 사전』제 10권 42-101페이지(A. P. 유쉬케비치의 뉴턴에 관한 의미 있는 소비에트 문헌들도 소개하고 있다)에서 뉴턴에 관한 포괄적이면서 훌륭한 글을 남기고 있다. 그리고 코헨의 더욱 광범위한『뉴턴의 프린키피아 입문』(I. Bernard Cohen, *Introduction to Newton's Principia*, 1971)도 참고하면 좋다. 뉴턴의『프린키피아』(*Principia*)는 여러 출판사에서 출간되었으며 재발행된 서적으로도 많이 존재한다. 미국 독자들은 뉴턴에 관한 편리한 자료로『서양의 위대한 저서』제34권을 이용할 수 있고, 또한 그 안에는 뉴턴의『광학』(*Opticks*)도 재수록되어 있다.

뉴턴의 참고 문헌은 방대하고, 앞서 언급한 코헨의 글에 상세하게 나와 있다. 예컨대 알렉상드르 쿠아레가 뉴턴의 폭넓은 철학의 세계를 보여 주는 훌륭한 소론으로는,『닫힌 세계에서 무한 우주로』(Alexandre Koyré, *From the Closed World to the Infinite Universe*, 1957),『뉴턴 연구』(Alexandre Koyré, *Newtonian Studies*, 1965),『형이상학과 계량법』(Alexandre Koyré, *Metaphysics and Measurement*, 1968) 등이 있다. 일부 도외시되어 온 뉴턴의 모습을 새롭게 살펴보고 싶다면, 프랭크 E. 마누엘의 뉴턴에 관한 저서를 읽어 보면 좋다. 그의 저서『역사가 아이작 뉴턴』(Frank E. Manuel, *Isaac Newton, Historian*, 1963)은 뉴턴이 천문학과 성서의 예언을 역사에 응용하여 과학에 어떤 의미를 담고 있는지를 탐구하고 있으며,『아이작 뉴턴의 초상』(Frank E. Manuel, *A Portrait of Isaac Newton*, 1968)은 뉴턴의 초기 생활과 심리 문제들을 강조하여 잘 알려진 모습보다 비호의적인 모습을 그려 내고 있다. 이 분야에서 헨리 게를락(Henry Guerlac)이 남긴 수많은 저술 가운데 내게 큰 도움이 된 자료는 "뉴턴의 조각상은 어디 서 있었는가: 18세기의 뉴턴에 충성한 다양한 추종자들"(Earl R. Wasserman, ed., "Where the Statue Stood: Divergent Loyalties to Newton in the Eighteenth Century," *Aspects of the Eighteenth Century*, 1965)이다. 뉴턴의 또 다른 모습을 담고 있는 문헌들도 있다. 예컨대 유럽의 과학 사상이라는 당시의 더욱 넓은 맥락에서 뉴턴과 라이프니츠의 논쟁을 다루고 있는, 루퍼트 홀의『싸우는 철학자들: 뉴턴과 라이프니츠의 논쟁』(A. Rupert Hall, *Philosophers at War: The Quarrel between Newton and Leibniz*, 1980), 크레이그의『조폐국의 뉴턴』(Sir John Craig, *Newton at the Mint*, 1946), 영국 낭만주의의 근원에 관심이 있는 사람이라면 놓쳐서는 안 될 니컬슨의 『뉴턴이 뮤즈에게 요구하다: 뉴턴의 '광학'과 18세기의 시인들』(Marjorie Hope Nicolson, *Newton Demands the Muse: Newton's "Opticks" and the Eighteenth-Century Poets*, 1946), 노스의 『아이작 뉴턴』(J. D. North, *Isaac Newton*, 1967), 웨스트폴의 『17세기 영국의 과학과 종교』(Richard S. Westfall, *Science and Religion in Seventeenth-Century England*, 1958) 등이 있다.

과학 발견에서 우선권의 중요성이 점점 커지고 있다는 사실을 다루는 자료로는 로버트 머튼의 사회학 저술, 특히 "과학적 발견의 우선권"(Robert K. Merton, "Priorities in Scientific Discovery," *The Sociology of Science*, 1973)이 있다. 그 외에도 패터슨의 『역사적인 관점에서 본 저작권』(Lyman R. Patterson, *Copyright in Historical Perspective*, 1968), 왓슨의 『이중 나선 구조: DNA 구조 발견의 개인적인 기록』(James D. Watson, *The Double Helix: A Personal Account of the Discovery of the Structure of DNA*, 1968)을 권한다.

12부 만물을 분류하다

초기의 생물학 사상을 학문적으로 연구한 가장 읽기 쉬운 저서는 노르덴셸드의 『생물학 역사』(Erik Nordenskiöld, *The History of Biology*, 1928)이다. 더 최근의 발달로 자료를 더욱 보충할 수 있는 저서로는, 랜햄의 『현대 생물학의 기원』(Url Lanham, *Origins of Modern Biology*, 1968), 피터 메더워와 장 메더워의 설득력 있고 활기 넘치는 『생명과학: 현대의 생물학 사상』(P. B. & J. S. Medawar, *The Life Science: Current Ideas of Biology*, 1977), 진화 사상의 역사를 이용해 모든 생물학의 역사를 포괄적이고 흥미 있게 해석한, 마이어의 『생물학 사상의 성장: 다양성과 진화와 유전』(Ernst Mayr, *The Growth of Biological Thought: Diversity, Evolution, and Inheritance*, 1982) 등이 있다. 관련 철학자들의 관점을 살펴보려면, 콜링우드의 『자연 사상』(R. G. Collingwood, *The Idea of Nature*, 1960)을 참고하면 된다. 더욱 전통적인 식물학의 역사를 다룬 문헌으로는, 식물학 분야의 개척자 펄트니가 저술한 『식물학 기원에서 린네의 분류법이 도입될 때까지의 영국 식물학의 진보에 관한 개요』(Richard Pulteney, *Sketches on the Progress of Botany in England from its Origin to the Introduction of the Linnaean System*, 1790), 폰 작스의 『식물학의

역사』(Julius von Sachs, *History of Botany*, 1890), 호크의 『식물 연구의 개척자들』(Ellison Hawke, *Pioneers of Plant Study*, 1969), 리드의 『식물 과학 역사의 개요』(Howard S. Reed, *A Short History of the Plant Sciences*, 1942)가 있다. 정원사와 식물 애호가들은 앨리스 M. 코츠의 『꽃과 그 역사』(Alice M. Coats, *Flowers and their Histories*, 1968)와 『식물 수집가들』(Alice M. Coats, *The Plant Hunters*, 1969)에서 멋진 삽화와 방대하고 유익한 역사로 향하는 길을 확인할 수 있다. 특히 『식물 수집가들』은 르네상스 시대 이후 원예학 개척자들과 그들의 탐구를 역사로 다루고 있다. 브록웨이의 『과학과 식민지 팽창』(Lucile H. Brockway, *Science and Colonial Expansion*, 1979)은 영국 왕립식물원을 통해 식물학의 역사를 식민지와 영국 제국과 관련시키고 있다. 그 외에도 콕스의 『중국의 식물 수집』(E. H. M. Cox, *Plant-Hunting in China*, 1945)을 참고하면 좋다. 식물학과 인쇄 역사의 관련성을 살펴보고 싶다면, 1977년 브뤼셀에서 열린 전시회의 목록인 서양의 삽화 도서(*Le Livre Illustré en Occident*)을 참고하면 된다.

고대와 중세의 생물학에 관한 문헌으로는, 레윈손의 『동물과 인간과 신화』(Richard Lewinsohn, *Animals, Men and Myths*, 1954), 레이의 『동물학의 시작』(Willy Ley, *Dawn of Zoology*, 1968), 웨더레드의 『고대 세계의 정신… 플리니우스의 자연사』(Herbert H. Wethered, *The Mind of the Ancient World . . . Pliny's Natural History*, 1968)를 참고하면 좋다. 플리니우스의 『자연사』는 러브 고전 문고(Loeb Classical Library)에서 라틴어 원전과 영문 번역판(H. Rackham et al., trans., 10 vols., 1942-63) 10권으로 실려 있다.

식물지에 관한 문헌으로는, 아버의 『식물지의 기원과 진화… 식물학의 역사, 1470-1670년』(Agnes Arber, *Herbals, Their Origin and Evolution . . . the History of Botany, 1470-1670*, 2d ed., 1970), 앤더슨의 『삽화가 들어간 식물지의 역사』(Frank J. Anderson, *An Illustrated History of the Herbals*, 1977), 블런트의 『식물 삽화 기법』(Wilfrid Blunt, *The Art of Botanical Illustration*, 1950) 등이 있다. 그리고 디오스코리데스에 관한 자료로는 건서의 『디오스코리데스의 그리스 식물지』(Robert T. Gunther, ed., *The Greek Herbal of Dioscorides*, 1959)와 해리스의 『완전한 식물지』(Ben C. Harris, *The Compleat Herbal*, 1972)가 있다. 동물 우화집은 여러 종류를 찾

아볼 수 있으며 변화무쌍한 특징이 있음을 알 수 있다. 예컨대 테오발트 주교의 『피시올로구스… 1492년 쾰른에서 인쇄된 동물 우화시』(Bishop Theobald, *Physiologus . . . a metrical bestiary printed in Cologne*, 1492, Alan W. Rendall, trans., 1928), 톱셀의 『네발짐승과 뱀과 곤충의 역사』(Edward Topsell, *History of Four-footed Beasts and Serpents and Insects*, reprinted by Da Capo Press, 3 vols., 1967), 웨스턴의 "피시올로구스"(Jesse L. Weston, ed., "Physiologus," *The Chief Middle English Poets*, 1914, pp. 325-34), 플리니우스의 네덜란드 번역판(1601)과 멋지게 인쇄된 삽화가 들어 있는 『역사』(Edward Topsell, *History*, Godine, 1979)에서 자료를 골라 집필한 톱셀의 『엘리자베스 시대의 동물원』(Edward Topsell, *The Elizabethan Zoo*), 라틴어 동물 우화를 특유의 재치로 번역한 화이트의 『영국의 동물 우화』(T. H. White, *English Bestiary*, 1954) 등의 문헌이 있다. 콘라트 게스너에 관해서는, 참고 문헌을 포함하여 게스너의 생애를 간략히 담아낸 글이 『과학 전기 사전』 제5권, 378페이지 이후에 나와 있다. 그 외에도 잊을 수 없는 게스너의 산악 찬가를 수록해 놓은 소링턴의 『콘라트 게스너와 토이어당크의 등산』(J. Monroe Thorington, *On Conrad Gesner and the Mountaineering of Theuerdank*, 1937), 읽기 쉬운 엥겔의 『알프스 등산, 역사적인 연구』(Claire-Elaine Engel, *Mountaineering in the Alps, an Historical Survey*, new ed., 1971)와 『저술가와 등산가들의 시선으로 본 몽블랑』(Engel, ed., *Le Mont Blanc, vu par les écrivains et les Alpinistes*, 1965) 등의 문헌이 있다.

존 레이에 관한 기본 문헌으로는 레이븐의 방대한 『존 레이의 생애와 업적』(C. E. Raven, *John Ray, His Life and Works*, 2d ed., 1950)이 있다. 레이의 전집은 케인스의 『존 레이의 참고 문헌』(G. L. Keynes, *John Ray, A Bibliography*, 1951)에서 살펴볼 수 있다. 레이의 『창조 작업에 나타난 하느님의 지혜』(John Ray, *Wisdom of God, manifested in the Works of the Creation*, 1691)는 1974년에 재발행된 저서로 이용할 수 있다.

린네를 가장 잘 소개한 자료로는 『과학 전기 사전』 제8권 374-381페이지에 실린 스텐 린드로스(Sten Lindroth)의 린네에 관한 광범위한 글이다. 영어로 나온 최고의 린네 전기는 프리스(T. M. Fries)의 스웨덴어 저서를 요약한, 잭슨의 『린네의 생애에 관한 이야기』(D. Jackson, *Linnaeus: The Story of His Life*, 1923)이다. 그리고 블런트의 간결하고 삽화가 훌륭한 『완벽한 박물학자: 린네의 생애』(Wilfrid Blunt, *The Compleat Naturalist: A Life of Linnaeus*, 1971)도 참고하면 좋다. 분량과 논란이 많은 린네의 문헌 가운데 내게 가장 유용했던 자료들은, 라슨의 『이성과 경험: 칼 폰 린네의 연구에 나타나는 자연 질서의 표현 방식』(James L. Larson, *Reason and Experience: The Representation of Natural Order in the work of Carl von Linné*, 1971), 스타플뢰의 『린네와 린네학파, 1735-1789년까지 식물분류학 사상의 전파』(Frans A. Stafleu, *Linnaeus and the Linnaeans, the Spreading of Their Ideas in Systematic Botany, 1735-1789*, 1971), 게이지의 『런던 린네학회의 역사』(A. T. Gage, *A History of the Linnean Society of London*, n.d.), 스턴의 『린네와 로버트 브라운에의 3개의 서문』(W. T. Stearn, *Three Prefaces on Linnaeus and Robert Brown*, 1962), 그리고 내게 큰 도움이 된 "계통생물학의 명명법과 방법론에 기여한 린네의 배경"(W. T. Stearn, "The Background of Linnaeus's Contributions to the Nomenclature and Methods of Systematic Biology," *Systematic Zoology*, vol. 8, 1959, pp. 4-22) 등이 있다. 더욱 넓은 맥락을 위해서는, 모르네의 『18세기 프랑스의 박물학』(D. Mornet, *Les Sciences de la Nature en France en XVIIIe Siècle*, 1911), 테라의 『홈볼트: 알렉산더 폰 홈볼트의 생애와 시대, 1769-1859년』(Helmut de Terra, *Humboldt: The Life and Times of Alexander von Humboldt, 1769-1859*, 1955), 보팅의 『홈볼트와 우주』(Douglas Bottong, *Humboldt and the Cosmos*, 1973) 등을 참고하면 좋다.

뷔퐁에 관해 가장 잘 살펴볼 수 있는 자료는 『과학 전기 사전』 제2권 576-82페이지에 실린 자크 로저(Jacques Roger)의 글과 펠로우즈와 밀리켄의 『뷔퐁』(Otis E. Fellows & Stephen F. Milliken, *Buffon*, Twayne's World Authors Series, 1972)이 있다. 특히 관심을 끄는 논문은 "아서 러브조이의 뷔퐁과 종의 문제"(Arthur O. Lovejoy, "Buffon and the Problem of Species," *Popular Science Monthly*, vol. 79, 1911, pp. 464-73, 554-67)이다. 뷔퐁의 저술을 가장 훌륭하게 펴낸 문헌은 라네상의 『뷔퐁 전집』(J. L. Lanessan, ed., *Oeuvres complètes*, 14 vols., Paris, 1884-1885)이다. 로저의 『자연의 시대』(Jacques Roger, ed., *Les Epoques de la Nature*, 1962)에는 광범위한 연구 자료가 수록되어 있다. 인류의 발견 계획에서 지질학의 위치를 잘

나타내고 있는 저서로는, 무어의『우리가 살아가는 지구: 지질학 발견에 관한 이야기』 (Ruth Moore, *The Earth We Live On: The Story of Geological Discovery*, 1956) 와 슈니어의『지질학의 역사를 향하여』(Cecil J. Schneer, ed., *Toward a History of Geology*, 1969)가 있다. 더욱 명확하게 중점을 두어 연구한 흥미로운 문헌으로는 길리스피의『창세기와 지질학… 1790-1850년까지 영국의 과학 사상과 자연 신학과 사회 여론』(Charles C. Gillispie, *Genesis and Geology . . . Scientific Thought, Natural Theology, and Social Opinion in Great Britain, 1790-1850*, 1951)을 들 수 있다. 열성적인 독자들은 매우 함축성 있고 이해하기 어려운 글래컨의『로도스섬 해안의 흔적들』(Clarence J. Glacken, *Traces on the Rhodian Shore*, 1976)에 도전해 보고 싶을 것이다. 이 문헌은 18세기 말까지 서양 사상에 담겨 있는 자연과 문화를 연구하고 있으며, 지구의 설계, 환경의 영향, 지리적 행위자로서의 인간에 관한 개념들 사이의 변화하는 관계를 상세히 파헤치고 있다.

루이 파스퇴르의 전기들은 위대한 발견자의 동기에 관한 해석들을 비교할 기회를 제공한다. 초기의 이론적인 연구들을 포기하지 않았다면, 파스퇴르는 생물학의 뉴턴이 되었을까? 명성과 정부 지원에 대한 기대 때문에 파스퇴르는 가장 중요한 과학 연구를 멀리하게 되었던 것일까? 파스퇴르에 관해서는『과학 전기 사전』제10권 350-416페이지에 실린 제럴드 L. 게이슨(Gerald L. Geison)의 훌륭한 글로 시작하고, 제6장에서 그 시대의 사실과 열정을 충분히 고려하여 자연 발생의 문제를 다루고 있는 뒤보스의 흥미로운 저서『루이 파스퇴르: 과학의 자유 활동가』(René J. Dubos, *Louis Pasteur: Free Lance of Science*, 1951)에서 이 문제들을 검토하면 좋을 것이다. 또는 더욱 전문적인 내용을 담고 있는, 뒤클로의『파스퇴르: 한 지성인의 역사』(Emile Duclaux, *Pasteur: The History of a Mind*, 1920)에서 검토해도 좋다. 짧으면서도 가장 훌륭한 전기는 파스퇴르의 손자가 저술한 발레리-라도의『루이 파스퇴르의 위대한 생애 개요』 (Pasteur Vallery-Radot, *Louis Pasteur: A Great Life in Brief*, 1958)이다. 이러한 저서들은 모두 파스퇴르의´사위이며 비서였던 르네 발레리-라도의 정평이 있는 저서『생애』(René Vallery-Radot, *Life*, 2 vols., 1901)에 크게 의존하고 있다. 발레리-라도는 처음에는 익명으로『어느 무지한 사람을 통한 학자 파스퇴르 이야기』(René Vallery-Radot, *Pasteur, histoire d'un savant par un ignorant*, Paris, 1883)라는 제목의 꾸밈없는 소론을 펴냈다.

러브조이의 『존재의 거대한 고리』(Arthur O. Lovejoy, *The Great Chain of Being*, 1936)는 사상사와 과학사의 새로운 길을 열어 주었고, 그에 뒤따르는 자료들은 『사상사 저널』(*Journal of the History of Ideas*)에 실려 있다. 타이슨에 관한 기본 자료는 애슐리 몬터규의 훌륭한 저서 『에드워드 타이슨(1650-1708년)과 영국의 인간 및 비교해부학의 발달』(M. F. Ashley-Montagu, *Edward Tyson, 1650-1708, and the Rise of Human and Comparative Anatomy in England*, 1943)이 있다. 타이슨의 『오랑우탄이나 호모 실베스트리스: 또는 피그미 해부』(Tyson, *Orang-Outang, sive Homo Sylvestris: or the Anatomy of a Pygmie*, 1699)는 애슐리 몬터규의 서문(1966년)이 들어 있는 재발행된 서적을 구할 수 있다. 비교해부학에 관한 문헌으로는, 콜의 『비교해부학의 역사』(F. J. Cole, *A History of Comparative Anatomy*, 1944), 콜먼의 『동물학자 조르주 퀴비에』(William R. Coleman, *Georges Cuvier, Zoologist*, 1964), 간의 『인종들』(Stanley M. Garn, *Human Races*, 3d ed., 1971)과 『인종에 관한 해설』 (Stanley M. Garn, *Readings on Race*, 2d ed., 1968) 등이 있다.

다윈에 관해서는, 『과학 전기 사전』 제3권 565-577페이지에 참고 문헌과 함께 실린 개빈 드 비어(Gavin de Beer)의 간결하고 사실로 가득하며 섬세한 글에서 가장 잘 소개하고 있다. 다윈의 저술 대부분과 특히 『종의 기원』은 『서양의 위대한 저서』 제49권에 실려 있어 편리하게 이용할 수 있고, 그 외에도 재발행된 저서들이 많이 있다. 다윈을 생생하게 그려 낸 문헌으로는 비어의 『찰스 다윈… 토머스 헨리 헉슬리 자서전』(Gavin de Beer, ed., *Charles Darwin . . . Thomas Henry Huxley Autobiographies*, 1974)과 배럿의 『찰스 다윈의 논문집』(Paul H. Barrett, ed., *The Collected Papers of Charles Darwin*, 1980)이다. 테오도시우스 도브잔스키 (Theodosius Dobzhansky)의 서문이 들어 있는 『찰스 다윈의 논문집』은 1권으로 된 문고본(시카고 대학교 출판부)으로 편리하게 이용할 수 있다. 멋진 삽화가 들어 있고 쉽게 이용할 수 있는 2권의 문고본, 무어헤드의 『다윈과 비글호』(Alan Moorehead, *Darwin and the Beagle*, 1971)와 리처드 리키(Richard E. Leakey)의 개요가 들어간 『삽화가 들어간 종의 기원』(Charles Darwin, *The Illustrated Origin of Species*, abridged, 1979)은 다윈이 관찰한 내용을 확인하는 데 도움이 된다.

앨프리드 러셀 월리스는 다윈의 그늘에 가려져 거의 대중에게 알려지지 못했다. 너그럽고 변덕스러우며 용감한 월리스는 『과학 전기 사전』 제14권 133-40페이지에 실린 루이스 매키니(H. Lewis McKinney)의 글에서 처음으로 제대로 인정을 받기 시작했다. 좀 더 긴 문헌으로는, 호그벤의 『위대한 발견자, 앨프리드 러셀 월리스의 이야기』(Lancelot T. Hogben, *Alfred Russel Wallace, the Story of a Great Discoverer*, 1918)가 있고, 월리스의 『나의 삶과 사건과 의견의 기록』(Alfred Russel Wallace, *My Life, A Record of Events and Opinions*, 2 vols., 1905)에서는 글 속에서 월리스의 모습을 발견할 수 있다.

다윈주의와 진화와 진화론에 관한 방대한 문헌을 논리적이며 연대순으로 훌륭하게 나타낸 입문서는 헉슬리의 『자연계에서 인간의 위치를 알려 주는 증거』(Thomas H. Huxley, *Evidence as to Man's Place in Nature*, 1863)이다. 가장 시사적인 다른 저서로는 애플맨의 『다윈』(Philip Appleman, ed., *Darwin*, 1970), 버로우의 『진화와 사회, 빅토리아 시대의 사회 이론 연구』(J. W. Burrow, *Evolution and Society, a Study in Victorian Social Theory*, 1966), 다윈 이전과 이후의 진화론자들의 상관관계를 뛰어난 이야기체로 요약한, 아이슬리의 『다윈의 세기』(Loren Eisley, *Darwin's Century*, 1961), 길레스피의 『찰스 다윈과 창조의 문제』(Neal C. Gillespie, *Charles Darwin and the Problem of Creation*, 1979), 현대의 박물학에 관한 활기 넘치는 소론들을 담은 스티븐 제이 굴드의 『다윈 이후』(Stephen Jay Gould, *Ever Since Darwin*, 1977), 다윈에게서 흘러나오는 사상의 흐름을 통찰력 있게 기록하고 있는 힘멜파브의 『다윈과 다윈 혁명』(Gertrude Himmelfarb, *Darwin and the Darwinian Revolution*, 1959), 자연 개념의 변화를 연대순으로 기록한 루스의 『다윈 혁명: 인정사정 보아주지 않는 과학』(Michael Ruse, *The Darwinian Revolution: Science Red in Tooth and Claw*, 1979) 등이 있다. 그리고 『종의 기원』 발간 기념 논문집 『다윈 이후의 진화』(Sol Tax & Charles Callender, *Evolution After Darwin*, 3 vols., 1960, vol. 1 The Evolution of Life, vol. 2 The Evolution of Man, vol. 3 Issues in Evolution)가 있고, 과학 월간지 『사이언티픽 아메리칸』(Scientific American)의 1978년 9월호에 실린 소론인 "진화"("Evolution")는 분자생물학의 광범위한 성과 등의 최근 과학 발전이 다윈의 진화 개념에 미치는 영향을 탐구하고 있다.

감사의 말

이 책을 집필하게 된 계기는 내 기억으로, 적어도 50여 년 전 내가 처음으로 피렌체를 방문했을 때와 처음으로 오스발트 슈펭글러와 에드워드 기번의 저서를 읽었을 때까지 거슬러 올라간다. 지난 15년 동안 이 책을 집필해 온 개인적인 시간은 내게 기쁨이었다. 내가 이전에 저술한 책들과 달리 이 책은 동료, 학생, 연구 조수, 또는 강연 청중들의 평가나 조언을 받지 않았다. 그러나 많은 친구들이 내게 그들의 통찰력을 보여 주거나 의견을 제시하거나 원고의 일부를 교정해 주었다. 그 친구들은 내가 잘못 판단한 사실들을 올바르게 고쳐 주었고 나의 해석이나 주안점에 다른 의견을 제시하기도 했다. 나는 기쁜 마음으로 그들에게 감사를 전한다. 워싱턴 D.C.의 스미스소니언 협회가 관리하는 국립 미국사 박물관의 실비오 A. 베드니, 하퍼 앤드 로우 출판사의 시몬 마이클 베시, 노스캐롤라이나 리서치 트라이앵글 파크의 국립 인문학 센터의 대표이자 책임자인 찰스 A. 블리처 박사, 시카고 대학의 천체물리학과 모턴 D. 헐 석좌교수인 수브라마

니안 찬드라세카르, 미시간 대학의 역사학과 앨리스 프리먼 팔머 석좌교수인 엘리자베스 아이젠슈타인, 도쿄의 일본-미국 친선위원회의 이반 P. 홀 박사, 워싱턴 D.C.의 폴저 셰익스피어 도서관 관장인 O. B. 하디슨 박사, 시카고 대학의 지리학과 사무엘 N. 하퍼 석좌교수인 천시 D. 해리스, 존스 홉킨스 대학의 미술사학과 산드라 하인드먼 교수, 하버드 대학의 과학사와 물리학 맬린크롯 석좌교수인 제럴드 홀턴 박사, 워싱턴 D.C.의 솔 리노위츠, 예일 대학의 미국사 스털링 석좌교수인 에드먼드 S. 모건 박사, 예일 대학의 역사와 종교학 스털링 석좌교수인 야로슬라프 펠리컨 박사, 조지타운 대학의 의학 및 의료 인문학과 존 캐롤 석좌교수인 에드먼드 D. 펠레그리노 박사, 『뉴욕 타임스』의 윌리엄 새파이어, 하버드 대학의 제머레이-스톤-래드클리프 석좌교수인 에밀리 베르뮬 박사, 이집트의 미국 연구 센터 상임이사인 폴 E. 워커 박사, 그리고 나의 세 아들 폴 부어스틴, 조너선 부어스틴, 데이비드 부어스틴 모두에게 감사한다. 이 책의 제목을 지을 때는 아들 폴 부어스틴의 도움을 받았다.

원고를 작성하는 단계마다 제네비브 그레밀리언의 도움과 세심한 정확성과 분별력이 중요한 역할을 했다. 그녀의 깊은 우정과 헌신은 내게는 극히 드문 행운이었고 이 책을 완성하는 데 무한한 큰 도움을 주었다.

랜덤하우스 출판사의 부사장이며 편집장인 로버트 D. 루미스는 처음부터 이 책에 대한 나의 바람을 직관적으로 완전히 이해하고 있었다. 그의 인내력, 비판적인 식견, 이 책이 향하는 방향의 옳고 그름을 판단하는 감각, 열정과 격려 등이 여러 해에 걸쳐 큰 힘이 되었다. 내게 루미스는 출판사의 편집인이 저자를 이끌어 줄 수 있는 이상적인 모습이었다.

그러나 기분 좋게 늘 함께 있어 주고, 진심으로 협력하고, 지적인 자극을 주고, 꼼꼼하게 편집을 해 주며, 창조적인 관점을 제시해 준 아내 루스 F. 부어스틴의 헌신이 없었다면 이 책은 완성되지 못했을 것이다. 늘 그랬듯이, 루스는 내게 가장 주요하고 통찰력 있는 편집인이다. 이전의 저술과 달리 더욱 개인적으로 몰두했던 이 책은 루스의 창의적이고 격려를 북돋우며 영감을 불러일으킨 역할이 매우 소중하게 담겨 있다. 이 책을 그녀에게 헌정한다는 표현은 너무나 부족하기만 하다. 루스에 대한 고마움은 말로 다 표현할 수가 없다. 루스는 다시 한번 내게 없어서는 안 될 발견의 동반자가 되었고, 내게 가장 기쁜 발견의 존재로 남아 있다.

이전에 출판된 다음과 같은 자료를 발췌할 수 있도록 허락해 준 점에 감사를 드린다.

에드워드 아널드 출판사(Edward Arnold Publishers Ltd): 피터 버크의 "근대사 문헌" 시리즈 중 『르네상스의 과거 의식』에서 발췌("Documents of Modern History," *The Renaissance Sense of the Past*, by Peter Burke. Edward Arnold, London, 1969).

베이직 출판사(Basic Books, Inc.): 어니스트 존스의 『지그문트 프로이트의 생애와 업적』에서 발췌(*Life and Work of Sigmund Freud*, by Ernest Jones. Originally published by Doubleday-Anchor Books, Copyright © 1963 by Ernest Jones.).

블랙웰 사이언티픽 출판사(Blackwell Scientific Publications Ltd): 윌리엄 하비의 『혈액의 순환』에서 발췌(*The Circulation of the Blood*, by William Harvey, Kenneth J. Franklin, ed. Everyman's Library Edition, 1963).

케임브리지 대학 출판부: 조지프 니덤의 『하늘의 시계: 중세 중국의 위대한 천문시계』와 C. E. 레이븐이 번역한 『존 레이의 생애와 업적』과 조지프 니덤의 『중국의 과학과 문명』에서 발췌(*Heavenly Clockwork; The Great Astronomical Clocks of Medieval China*, Joseph Needham, Cambridge, 1960. *John Ray, His Life and Works*, second edition, quoted and translated by C. E. Raven, Cambridge, 1950. *Science and Civilization in China*, volume III, by Joseph Needham, Cambridge, 1959).

코넬 대학 출판부: 『마르첼로 말피기와 발생학의 발달』에서 발췌(*Marcello Malpighi and the Evolution of Embryology*, 5 volumes, Cornell University Press, 1966).

도드, 미드 앤드 컴퍼니(Dodd, Mead & Company, Inc.): 앨프리드 러셀 월리스의 『나의 삶』에서 발췌(*My Life*, by Alfred Russel Wallace, 2 volumes, Dodd, Mead & Company.).

해클루트 협회(Hakluyt Society): 헨리 율의 『중국과 그곳으로 향하는 길』에서 발췌(*Cathay and the Way Thither*, Henry Yule, ed., revised by Henri Cordier.

Copyright © The Hakluyt Society, London).

G. K. 홀 앤드 컴퍼니(G. K. Hall & Co.): 뷔퐁의 『자연사』에서 발췌(Buffon, *Histoire Naturelle*, translated by Fellows and Milliken, Copyright © 1972 by Twayne Publishers, Inc., and reprinted with the permission of Twayne Publishers, a division of G. K. Hall & Co., Boston).

루이스 행크의 『아메리카 정복에서 스페인의 정의를 위한 투쟁』에서 발췌(*The Spanish Struggle for Justice in the Conquest of America*, by Lewis Hanke. Little Brown, 1965, pp. 17, 21, 80, 121, 123, 129, 131).

하코트 출판사와 맥밀런 앤드 컴퍼니(Harcourt Brace Jovanovich, Inc., and Macmillan and Company Ltd, London): 존 메이너드 케인스의 『평화의 경제적 결과』에서 발췌(*Economic Consequences of the Peace*, by John Maynard Keynes. Harcourt, Brace & Howe, 1920).

하코트 출판사: 클리퍼드 도벨의 『안톤 판 레이우엔훅과 '작은 동물들'』에서 발췌 (*Antony Van Leeuwenhoek and His 'Little Animals*,' by Clifford Dobell, from Translations of the Philosophical Society, Harcourt, Brace, 1932).

하퍼 앤드 로우 출판사(Harper & Row): 『의학 역사의 연대기』에서 랠프 메이저가 번역한 "산토리오 산토리오"에서 발췌(an article translated by Ralph Major, "Santorio Santorio," in *Annals of Medical History*, volume 10, New York, Paul B. Hoeber, publisher, 1938).

하버드 대학 출판부: 헨리 오스본 테일러의 『중세의 사고』에서 발췌(*The Medieval Mind*, by Henry Osborn Taylor, Fourth Edition).

호더 앤드 스토턴 출판사(Hodder & Stoughton Ltd): 아서 P. 뉴턴의 『위대한 발견의 시대』에서 발췌(*The Great Age of Discovery*, Arthur P. Newton, ed., University of London Press, 1932).

리틀, 브라운 앤드 컴퍼니(Little, Brown & Company): 새뮤얼 엘리엇 모리슨의 『항해자, 크리스토퍼 콜럼버스』에서 발췌(*Christopher Columbus, Mariner*, by Samuel Eliot Morison. Copyright © 1955 by Samuel Eliot Morison. Reprinted by permission of Little, Brown & Company in association with the Atlantic Monthly

Press).

맥밀런 앤드 컴퍼니(Macmillan & Company Ltd, London): 로이 F. 해러드의 『존 메이너드 케인스의 생애』에서 발췌(*Life of John Maynard Keynes*, by Roy F. Harrod. Macmillan, London, 1951. Used by the permission of Macmillan, London and Basingstoke).

맥그로힐 출판사(McGraw-Hill): 사울 파도버의 『카를 마르크스, 친밀한 전기』에서 발췌(*Karl Marx, An Intimate Biography*, by Saul Padover, McGraw-Hill, 1978).

메디치 소사이어티 출판사(The Medici Society Limited): E. B. 퍼시가 번역한 『성 아우구스티누스의 고백록』에서 발췌(*The Confessions of St. Augustine*, translated by E. B. Pusey, Medici Society, London, 1930).

메수엔 출판사(Methuen & Co., Ltd): H. T. 킴블의 『중세의 지리학』에서 발췌(*Geography in the Middle Ages*, by H. T. Kimble, Methuen, London, 1938).

옥타곤 북스(Octagon Books): 프레더릭 J. 폴의 『수석 수로 안내인, 아메리고 베스푸치』에서 발췌(*Amerigo Vespucci, Pilot Major*, by Frederick J. Pohl, Octagon, 1966).

옥스퍼드 대학 출판부: 그윈 존스가 저술한 『고대 스칸디나비아인들의 대서양 전설』의 "그린란드의 전설"과 개빈 드 비어가 편집한 『찰스 다윈과 토머스 헨리 헉슬리의 자서전』에서 발췌(*The Norse Atlantic Saga*, quoting "The Greenlander's Saga," by Gwyn Jones, Oxford, 1964. *Autobiographies of Charles Darwin and Thomas Henry Huxley*, Gavin de Beer, ed., Oxford, 1974).

펭귄 북스(Penguin Books Ltd): R. E. 래섬이 번역한 『마르코 폴로의 여행기』에서 발췌(*Marco Polo: The Travels*, translated by R. E. Latham. Penguin Classics, 1958. Copyright © 1958 by Ronald Latham. Reprinted by permission of Penguin Books Ltd.).

파퓰러 사이언스(Popular Science): 아서 O. 러브조이가 번역한 뷔퐁의 『자연사』와 러브조이의 논문 "뷔퐁과 종의 문제"에서 발췌(Buffon, *Histoire Naturelle*, translated by Arthur O. Lovejoy, "Buffon and the Problem of Species," by Arthur

O. Lovejoy, 1911. Reprinted with permission from Popular Science, copyright 1911).

아서 프롭스타인(Arthur Probsthain): J. J. L. 뒤벤다크의 『중국의 아프리카 발견』에서 발췌(*China's Discovery of Africa*, by J. J. L. Duyvendak, Lectures at University of London. Copyright 1949 Arthur Probsthain).

랜덤하우스(Random House, Inc.): 루이스 J. 갤러거, SJ가 번역한 마테오 리치의 『16세기의 중국: 마테오 리치의 일기 1583-1610년』에서 발췌(*China in the Sixteenth Century: The Journals of Matthew Ricci: 1583-1610*, by Matthew Ricci, translated by Louis J. Gallagher, S.J. Copyright 1953 by Louis J. Gallagher, S.J. Reprinted by permission of Random House, Inc.).

찰스 스크리브너스 선스 출판사(Charles Scribner's Sons): 『과학 전기 사전』 제7권, 제9권, 제11권에서 발췌(*Dictionary of Scientific Biography*, volumes VII, IX, and XI are quoted with the permission of Charles Scribner's Sons. Copyright © 1973, 1974, 1975 American Council of Learned Societies).

캘리포니아 대학 출판부: C. D. 오맬리의 『브뤼셀의 안드레아스 베살리우스』에서 발췌(*Andreas Vesalius of Brussels*, by C. D. O'Malley. University of California Press, 1964).

미시간 대학 출판부: 제롬 J. 랭퍼드의 『갈릴레오와 과학과 교회』에서 발췌(*Galileo, Science, and the Church*, by Jerome J. Langford. Copyright © 1966, 1971 The University of Michigan. Reprinted by permission of University of Michigan Press).

워커 앤드 컴퍼니(Walker & Company): J. H. 패리의 『유럽의 정찰: 선별된 문서』에서 발췌(*The European Reconnaissance: Selected Documents*, J. H. Parry, ed. Published by Walker & Co., 1968).

존 와일리 앤드 선스 출판사(John Wiley & Sons, Inc.): 토머스 프랜시스 카터의 『중국의 인쇄술 발명』에서 발췌(*The Invention of Printing in China*, Second Edition, by Thomas Francis Carter, revised by L. C. Goodrich. Ronald Press, 1955. Reprinted by permission of John Wiley & Sons, Inc.).

저자에 관하여

세계적으로 유명한 역사학자인 대니얼 J. 부어스틴은 미국 의회 도서관 명예관장이었으며 1979년부터 1987년까지 의회 도서관 운영 책임을 맡았다. 이전에는 미국 국립 역사·기술 박물관 관장과 워싱턴 스미스소니언 박물관 수석 역사 연구원을 역임했다. 그는 또한 시카고 대학에서 '프레스턴 및 스털링 모턴 석좌교수'로 25년 동안 역사학 강의를 했다.

부어스틴은 미국 조지아주의 애틀랜타에서 태어나 오클라호마주에서 자랐고, 하버드 대학에서 최우수 학생으로 졸업했으며, 예일 대학에서 박사 학위를 받았다. 그는 또한 옥스퍼드 대학 베일리얼 칼리지(Balliol College)의 로즈 장학생으로 졸업 시험에서 '두 과목 최우등생'의 명예를 얻었고, 런던의 이너 템플(Inner Temple) 변호사협회 회원 자격을 획득했으며, 미국의 매사추세츠주 변호사협회 회원이 되기도 했다. 그리고 소르본 대학 미국사 최초의 재직 교수와 케임브리지 대학 트리니티 칼리지 미국사 교수를 비롯해 로마 대학, 교토 대학, 푸에르토리코 대학, 제네바 대학의 객원 교수로 활동하는 등 미국과 세계 전역에서 널리 강의를 해 왔다. 그는 책을 저술할 때마다 편집인 역할로 늘 도움을 주는 루스 프랭클과 결혼하여 세 아들을 두었다.

부어스틴의 주요 저서로는 미국 문화의 특징을 과거의 이야기를 통해 밝혀내면서 미국 역사의 새롭고도 광범위한 관점을 담은 3부작이 대표적이다. 첫째는 밴크로프트 상(Bancroft Prize)을 받은 『미국인들: 식민지 경험The Americans: The Colonial Experience』(1958), 둘째는 프랜시스 파크먼 상(Francis Parkman Prize)을 받은 『미국인들: 국민적 경험The Americans:The National Experience』(1965)이며, 셋째는 역사학 분야의 퓰리처상과 '이달의 북 클럽(Book-of-the-Month Club)'의 주요 저서로 뽑힌 『미국인들: 민주적 경험The Americans: The Democratic Experience』(1973)이다. 그 외에도 미국 고등학교 역사 교과서로 채택된 『미합중국의 역사A History of the United States』(1980), 『창조자들The Creators』(1993), 『탐구자들The Seekers』(1998) 등이 있으며, 그의 저서들은 모두 전 세계 20개 언어로 번역되어 널리 읽히고 있다.

발견자들 2

세계를 발견하고 인류를 발전시킨 탐구와 창조의 역사
[3편 자연]

1판 1쇄 발행 2022년 3월 20일

지은이 ㅣ 대니얼 J. 부어스틴
옮긴이 ㅣ 이경희

펴낸이 ㅣ 김유열
콘텐츠기획센터장 류재호 ㅣ 북&렉처프로젝트팀장 유규오
북팀 박혜숙, 여운성, 장효순, 최재진 ㅣ 마케팅 김효정, 최은영
책임편집 ㅣ 도서출판 혜화동

펴낸곳 ㅣ 한국교육방송공사(EBS)
출판신고 ㅣ 2001년 1월 8일 제2017-000193호
주소 ㅣ 경기도 고양시 일산동구 한류월드로 281
대표전화 ㅣ 1588-1580 홈페이지 ㅣ www.ebs.co.kr
전자우편 ㅣ ebs_books@ebs.co.kr

ISBN 978-89-547-6397-4 04300
     978-89-547-6391-2 (세트)